# La terminología del dominio de la seguridad de la navegación marítima en inglés y en español : formalización ontológica a partir de recursos digitales y corpus especializados

STUDIEN ZUR ROMANISCHEN SPRACHWISSENSCHAFT UND INTERKULTURELLEN KOMMUNIKATION

Herausgegeben von
Gerd Wotjak, José Juan Batista Rodríguez und Dolores García-Padrón

180

PETER LANG

María Araceli Losey León
Gloria Corpas Pastor

# La terminología del dominio de la seguridad de la navegación marítima en inglés y en español

## Formalización ontológica a partir de recursos digitales y corpus especializados

PETER LANG

**Bibliografische Information der Deutschen Nationalbibliothek**
Die Deutsche Nationalbibliothek verzeichnet diese Publikation in der Deutschen Nationalbibliografie; detaillierte bibliografische Daten sind im Internet über http://dnb.d-nb.de abrufbar.

ISSN 1436-1914
ISBN 978-3-631-87429-5 (Print)
E-ISBN 978-3-631-89040-0 (E-PDF)
E-ISBN 978-3-631-89041-7 (EPUB)
DOI 10.3726/b20209



Peter Lang – Berlin · Bern · Bruxelles ·
New York · Oxford · Warszawa · Wien



Diese Publikation wurde begutachtet.

www.peterlang.com

# Índice

# Índice de tablas

# Índice de figuras

# Introducción

Esta monografía[1] adopta un enfoque digital y de aplicación de tecnologías lingüísticas, más concretamente, la compilación y la explotación de corpus para la creación de bases de datos y de una término-ontología para la comunicación especializada. Se persigue, por un lado, mostrar las posibilidades que brindan las nuevas tecnologías para el procesamiento del lenguaje natural, en particular, el uso del corpus y su aplicación en ontologías, para representar y organizar el constructo terminológico de un dominio especializado, en este caso, de la seguridad de la navegación marítima a bordo del buque. Por otro lado, el objetivo final es que sea de utilidad para la consulta de marinos mercantes y profesionales del sector marítimo en general, de especialistas de la lengua —lingüistas, intérpretes y traductores especializados, redactores técnicos, docentes e investigadores de las lenguas de especialidad, concretamente de inglés marítimo, mediadores lingüísticos—, investigadores y estudiantes de carreras náuticas, de titulaciones afines y de cualquier usuario interesado en este dominio con necesidades formativas y/o de profesionalización. Es por ello que las características subyacentes con las que se ha gestado el glosario término-ontológico, como producto final de esta investigación, han estado determinadas por la necesidad del usuario de este sector de la comunicación especializada de disponer de un recurso con contenido pertinente, preciso, riguroso y abierto para su consulta.

En todo acto comunicativo que se produce en y sobre un dominio especializado existe un compromiso comunicativo[2] y no cabe duda de que la selección de las unidades terminológicas desempeña un papel determinante a la hora de resolver ambigüedades y facilitar la fluidez del discurso escrito y oral de especialidad. Tanto es así que el uso acertado del término[3] evidencia el nivel

---

1 El presente trabajo se ha realizado en el marco de varios proyectos de investigación en tecnologías lingüísticas aplicadas a la traducción y la interpretación (ref. E3/04/21, PID2020-112818GB-I00, PDC2021-121220-I00 y ProyExcel_00540), desarrollados en el IUITLM (Universidad de Málaga).

2 Esto se cumple en el supuesto de que los usuarios participen de una reciprocidad en el nivel de especialización; de lo contrario, podría suceder que se incorporasen unidades del léxico general al especializado, lo que se viene a denominar *desterminologización* o el movimiento de términos especializados al lenguaje común, lo que iniciaría el proceso de banalización del término.

3 El conocimiento compartido por los miembros de una misma comunidad especializada se plasma no solo en el manejo de la terminología, sino en la habilidad para

de dominio que el usuario de la lengua especializada tiene sobre el campo de conocimiento e incide aún más decisivamente en la eficacia de la comunicación especializada si esta, además, se produce en una segunda lengua. Precisamente, el uso de una terminología consensuada y compartida por los miembros de la misma comunidad discursiva permite asegurar un margen de fluidez óptimo. El estudio terminológico que presentamos tiene su origen en la necesidad de una comunicación flexible y eficaz en el ámbito marítimo y, concretamente, en lo relativo al conjunto de medidas, equipos, dispositivos y medios para la gestión y el gobierno de la seguridad de la navegación marítima con los recursos de los que dispone el buque a bordo. Se trata de un campo específico del área científico-técnica, siempre atento a la incorporación de nuevos términos que designen las realidades de los avances tecnológicos y con un caudal de textos no solo técnicos, sino técnico-normativos a través de los cuales se realiza discursivamente.

En el contexto de las lenguas de especialidad y en el campo terminológico objeto de nuestro estudio, el inglés marítimo, se observa que este tiene una predisposición natural a incorporar términos procedentes de otras disciplinas, como es el caso de la electrónica, la meteorología, la química, la física, el derecho y la medicina, entre otras. Esta confluencia aporta una gran riqueza léxica, al tiempo que brinda al lingüista una fuente jugosa en la que explorar, analizar para, posteriormente, explotar con un fin determinado. Ante la extensa y variada dimensión terminológica del inglés marítimo es, pues, fundamental, desde nuestro punto de vista, aproximarse a su estudio sabiendo delimitar y organizar su campo de acción, parcelar su dominio, localizar y reunir contextos clave de modo que se pueda desarrollar un trabajo que dé forma y saque a la luz las unidades terminológicas decisivas, los enlaces y relaciones conceptuales que le confieren sentido en todos sus niveles y entre los diferentes campos de disciplinas afines que también participan en el arsenal léxico de la fraseología marítima. Se pretende, pues, desde este trabajo, llegar a un modelo de representación conceptual inteligible desde el que se ofrezca un repertorio organizado y nutrido de información terminológica que siente las bases para el desarrollo de un recurso bilingüe basado en corpus, que sirva como fuente de consulta especializada.

Con esta finalidad, estructuramos el estudio en cuatro capítulos. El primer capítulo reúne los conceptos clave en Terminología y los avances que se han

---

distinguir y elaborar documentos en función del género textual. No nos detendremos en el estudio de este aspecto porque no es objeto central de esta investigación.

experimentado en esta disciplina con los recursos digitales y las tecnologías lingüísticas. A continuación, se expone el enfoque término-ontológico del estudio y la metodología de elaboración de la término-ontología NavSAFE. La lingüística de corpus se aborda en el segundo capítulo en el que se detalla el protocolo de compilación, el diseño del corpus *ad hoc* creado para este estudio y se presentan los primeros resultados del corpus que nos permiten describirlo y conocer su representatividad. En el tercer capítulo se concentra la tarea de extracción terminológica y el trabajo terminográfico que se escinde en la fase de captación y en el diseño de la base de datos NavSAFE TermOnto Database. El capítulo cuarto presenta la fase de conceptualización, dotada de cinco acciones, que convergen en la formalización e implementación de la término-ontología y de su transferencia a un recurso término-ontológico, como producto final, denominado NavSAFE: *Glosario término-ontológico basado en corpus sobre la seguridad de la navegación marítima,* que se puede consultar en http://www.lexytrad.es/apps/ontoprint/index.php y del que se ofrece una muestra completa de la representación término-ontográfica del subdominio de la guardia de navegación al final de este estudio.

Esperamos que las páginas que se abren a continuación contribuyan de forma efectiva a cubrir el vacío de recursos ontológicos e, incluso, terminográficos, existente en este ámbito. Confiamos, además, en que sirvan como fuente de inspiración para investigaciones posteriores.

# CAPÍTULO I
# Organización y representación ontológica del conocimiento especializado[4]

Este capítulo aborda los conceptos clave sobre los que se asienta el presente estudio y ofrece una breve panorámica de la evolución de la Terminología moderna, desde la propuesta clásica de Eugene Wüster, en el siglo XX, sobre los principios metodológicos del trabajo terminológico[5], hasta su tratamiento actual en la ya denominada era de la digitalización. La primera sección recorre los fundamentos de la Teoría General de la Terminología (TGT), los principios de la Escuela de Praga y de la Escuela de Moscú, la socioterminología, la Teoría Comunicativa de la Terminología (TCT), la terminología textual, la Teoría Sociocognitiva de la Terminología (TST) y la Terminología Basada en Marcos (TBM), pues constituyen los pilares teórico-prácticos sobre los que se ha ido apoyando la terminología para avanzar en el siglo XXI con nuevas propuestas y recursos, cada vez más tecnificados, que se adaptan al ritmo y necesidades de la sociedad. Para completar el telón de fondo, introducimos seguidamente los postulados básicos sobre las ontologías en los sistemas de organización del conocimiento y se presenta la metodología de construcción de la término-ontología bilingüe para el dominio de la seguridad de la navegación marítima a bordo, que hemos denominado NavSAFE.

El desarrollo de una ontología de dominio es un medio habitual en la ingeniería del conocimiento, en biblioteconomía o en las ciencias de la computación para formalizar la representación conceptual de un dominio y es especialmente valiosa su aportación por la profundidad de información consignada. No es muy habitual, en cambio, desarrollar una ontología orientada a la terminología.

---

4 En este trabajo el formato de citación textual y de las referencias bibliográficas utilizado es el recogido en American Psychology Association (2020). *Publication Manual of the APA (7th ed.)* https://content.apa.org/record/2019-59141-000

5 El concepto de trabajo terminológico empleado es el que contempla la norma *ISO 1087: 2019* (ISO, 2019): «Trabajo relativo a la compilación, descripción, procesado y presentación de conceptos y de sus designaciones. Nota 1: También tiene como objetivo crear y mantener recursos terminológicos. Nota 2: A menudo tiene como objetivo la planificación terminológica, la armonización conceptual, la armonización del término y la formación del término» (nuestra traducción). https://www.iso.org/obp/ui/#iso:std:iso:1087:ed-2:v1:en:term:3.5.1

El objetivo principal de conjugar ambas en la término-ontología NavSAFE es promover la circulación de una terminología organizada, consistente y abierta a su compartición, a pesar del desafío que supone la interoperabilidad para una ontología de dominio, como indican Ramis Ferrer et al. (2021, p. 1275), debido a que implica integrar modelos diferentes de dominio con niveles de especificación ontológica que también pueden ser distintos.

El estudio terminológico que se presenta está regido por una secuencia de tareas ontológicas, artífices de la representación y organización del dominio de la seguridad de la navegación marítima a bordo. La unificación de la terminología y de la ontología propuesta permite un acceso completo a la naturaleza de la alianza que se establece entre el signo lingüístico, el significado y el entramado de relaciones semánticas y conceptuales en este dominio del saber. Su organización en sistemas conceptuales obedece al compromiso ontológico que acometemos mientras que el repertorio terminológico de esta parcela del discurso marítimo especializado aporta su representación. Los términos representan los conceptos y el conocimiento especializado de una determinada materia. Es por ello que el usuario no experto puede encontrar dificultades en la comprensión de los textos generados en este ámbito especializado.

Este estudio se basa en la comunicación especializada de un sector del ámbito marítimo, la navegación marítima y el marco teórico principal desde el que se aborda es la Teoría Comunicativa de la Terminología (TCT) (Cabré, 1999) porque nos interesa la dimensión lingüística, la dimensión cognitiva y la dimensión comunicativa del término. A este enclave se accede desde la base metodológica práctica de la lingüística de corpus a través de un macrocorpus paralelo bidireccional constituido por textos producidos por, en y para la comunicación náutica especializada en el par de lenguas inglés y español. Los mecanismos de explotación del corpus NavSAFE para el vaciado terminológico de tipo cualitativo y cuantitativo parten de un procesamiento semiautomático, ya que se utiliza un programa de procesado textual y, paralelamente, se realiza una revisión y validación manual. En cuanto a la metodología para la extracción y representación de los conceptos usados en este trabajo, esta se origina en la propuesta de Meyer y Mackintosh (1996a, 1996b) y Meyer (2001), denominada *knowledge-rich context* o contexto rico en conocimiento, sin olvidar los fundamentos de la semántica léxica. Teniendo en cuenta estas líneas teóricas y prácticas, presentamos un estudio con una metodología de trabajo en la que aplicamos distintas estrategias desde las que tener puntos de acceso para detectar patrones típicos de conocimiento con los que estructurar y organizar el esqueleto conceptual del dominio a través de su terminología. El término no es un ente aislado, sino que está inmerso en unas coordenadas lingüísticas. Por tanto, la lingüística adquiere un papel preponderante en el análisis sintáctico-semántico de los segmentos textuales a lo largo de este trabajo.

## 1.1. Evolución de las teorías y corrientes de la Terminología

Desde que la Terminología fuese reconocida por primera vez como disciplina a mediados del siglo XX grandes cambios han acaecido en torno a sus principios, características, métodos, tratamientos y aplicaciones, por lo que es abundante la literatura sobre ello (Felber y Picht, 1984; Cabré, 1993, 2000, 2003a y 2003b; Rey, 1995; Sager, 1990; Temmerman, 1998, 2000, 2001; L'Homme, Heid y Sager, 2003). Se suele apuntar a la primera mitad del siglo XX, en torno a 1930, como el periodo en el que se inician las primeras aportaciones formales a la Terminología si bien se reconoce que en los siglos precedentes ya existía la inquietud de los profesionales de las distintas áreas por normalizar la terminología de su colectivo[6]. En las líneas que siguen se exponen cuáles han sido los constructos teórico-prácticos más influyentes en la evolución de la historia de la terminología hasta la fecha.

### 1.1.1. Aportación de las teorías y corrientes de la Terminología

Se suele distinguir entre las corrientes tradicionales de la Terminología, representadas por la Escuela de Viena, de la que surge la teoría tradicional o Teoría General de la Terminología —TGT— (Wüster, 1968, 1974, 1979), la Escuela de

6 Hay constancia de que en España las obras sobre terminología o los repertorios léxicos de especialidad ya circulaban desde finales del siglo XVI y que, curiosamente, tres de ellos eran repertorios de voces marineras, como relata Álvarez de Miranda (2008, pp. 14–15). Eran glosarios concebidos como elementos auxiliares para la lectura de la obra, aunque también incluían términos no usados en la misma. Se trata de *Vocabulario de los nombres que usa la gente de mar en todo lo que pertenece a su arte, por orden alphabetico*, de Diego García de Palacio, de dos folletos con el encabezado *Vocabulario marítimo*, que se imprimen en Sevilla en 1696 y 1722 y de un diccionario, *Diccionario marítimo español... redactado por orden del Rey Nuestro Señor*, de 1831, elaborado por los capitanes de fragata don Timoteo O'Scanlan y don Manuel del Castillo con la colaboración del director del Depósito Hidrográfico, don Martín Fernández de Navarrete quien en 1831 escribió el prólogo del Diccionario marítimo, anteriormente mencionado, con el título: *Discurso sobre la utilidad de los diccionarios facultativos, con un examen de los que se han escrito de marina y con las advertencias concernientes para formarlos y corregirlos en lo sucesivo.* Este prólogo se considera un estudio histórico pionero sobre la lexicografía náutica (Álvarez de Miranda, 2008, p. 15).

Praga y la Escuela de Moscú[7] y las corrientes o teorías modernas, entre las que se encuentran la socioterminología (Boulanger, 1991, 1995; Gambier, 1991, 1993; Gaudin, 1993a, 1993b, 2003), la Teoría Comunicativa de la Terminología o TCT (Cabré, 1999), la teoría sociocognitiva de la terminología o TST (Temmerman, 1998, 2000), la terminología textual[8] (Bourigault y Slodzian, 1999) y la terminología basada en marcos o TBM (Faber, 2009). Cabré (1993, pp. 28–29) presenta una distribución de dichas aportaciones a la evolución de la Terminología como disciplina científica en cuatro periodos cronológicos:

- El primer periodo de la terminología (1930–1960) se caracteriza por el inicio de los métodos de trabajo terminológico que tienen en cuenta el carácter sistemático de los términos. Se crea el comité técnico 37 de la ISO encargado de preparar la normativa sobre la metodología y los principios del trabajo terminológico.
- En la segunda etapa o etapa de estructuración (1960–1975) se desarrollan sistemas informáticos y técnicas documentales. Aparecen los primeros bancos de datos y se publican las primeras normas sobre Terminología de ISO/CT 37.
- El tercer periodo, de eclosión (1975–1985), destaca por la proliferación de proyectos de planificación lingüística que incluyen la terminología. Se pone de relieve el papel que la terminología desempeña en el proceso de modernización de una lengua y de la sociedad que la utiliza.
- El periodo de ampliación se inicia en 1985 y constituye la última etapa. Se caracteriza por el desarrollo del avance de la informática, que facilita la labor en el tratamiento de los datos y es artífice de un cambio en la elaboración del trabajo terminológico. En ese momento, los terminólogos disponen de instrumentos y recursos de trabajo más adaptados a sus necesidades, más sencillos en cuanto a su manejo y más eficaces. Finalmente, se consolida y amplía la cooperación internacional y se crean redes internacionales que sirven de enlace entre los organismos y los países[9].

---

7 Para profundizar en la etapa inicial de la terminología y en las distintas escuelas, consúltese Felber y Picht (1984) y Laurén y Picht (1993).

8 La clasificación de esta corriente procede de L'Homme, Heid y Sager (2003, p. 154).

9 Fedor de Diego (1995, pp. 21–27) concreta que también surgieron iniciativas en otros países para conducir actividades terminológicas y nombra, entre otros, a Dinamarca, Noruega, Finlandia, Suecia e Islandia que fundaron NORDTERM en 1976. En cuanto a los países hispanohablantes, se crea en 1977 en el seno del Consejo Superior de Investigaciones Científicas de España la Organización HISPANOTERM y, posteriormente, en 1988, la Red Iberoamericana de Terminología (RITerm), vigente en la

El surgimiento de la Terminología en la era moderna se inicia con la publicación de la tesis doctoral del ingeniero Eugen Wüster[10], traducida al español como *Normalización internacional del lenguaje técnico, con especial énfasis en la electrotécnica*, que versa sobre una propuesta de normalización de la terminología técnica. La terminología alcanzó la condición de disciplina científica con Wüster, fundador y máximo representante de la Escuela de Viena (1931) y de la Teoría General de la Terminología (TGT) (1979). A partir de aquí, su labor comienza a ser reconocida a nivel internacional y organismos como la *International Standards Organization* u Organización Internacional de Normalización (de ahora en adelante, ISO), en 1951, establece el Comité Técnico 37 para la normalización terminológica del que Wüster fue designado secretario. Este comité continúa vigente en la actualidad y, a partir de él, se han ido forjando, con el paso del tiempo, otros comités normalizadores y certificadores en cada país. En España se puede mencionar a AENOR[11], la Asociación Española de Normalización y Certificación, creada en 1986 y que ha estado activa hasta 2017, fecha en la que fue sustituida por UNE, actual Sociedad Española de Normalización.

Para realizar un recorrido cronológico ordenado sobre los aspectos fundamentales de la TGT conviene aclarar que, después de la publicación de la tesis doctoral de Wüster, la siguiente publicación que tuvo un gran impacto fue su diccionario, *The Machine Tool* (1968), a partir del cual se realizaron las propuestas que servirían de base teórica para la TGT y que se recopilan en su obra póstuma.

Wüster (1974) define la TGT como una «zona fronteriza entre la Lingüística, la Lógica, la Ontología, la Informática y las diferentes especializaciones» (p. 62)[12]. Su propuesta teórica se caracteriza por centrar la atención en los conceptos, es decir, parte de un enfoque onomasiológico y orienta el trabajo terminológico hacia la normalización. Considera la terminología como un instrumento de trabajo que ha de servir de manera eficaz a la desambiguación de la comunicación científico-técnica.

---

actualidad. En Austria se crea INFOTERM en 1971 desde donde en 1976 se crea la red internacional de cooperación terminológica Termnet.

10 Eugen Wüster (1898–1977) nació en Wieselburg, Austria.

11 Tanto las normas UNE como la adopción de normas internacionales, se lleva a cabo por medio del CTN (Comité Técnico de Normalización). http://www.aenor.es/aenor/aenor/perfil/perfil.asp

12 Nuestra traducción. El texto en lengua original (alemán) es «Die Allgemeine Terminologielehre —ein Grenzgebiet zwischen Sprachwissenschaft, Logik, Ontologie, Informatik und den Sachwissenschaftern» (Wüster, 1974, p. 62).

Básicamente, se pueden resumir las líneas principales de la TGT del siguiente modo:

1. En lexicografía, la unidad léxica es el punto de partida mientras que en terminología es el concepto[13].
2. La esfera de los conceptos es independiente de la esfera de los términos.
3. Solo los términos derivados de los conceptos (enfoque onomasiológico) son de interés para el terminólogo, ni las reglas gramaticales ni la sintaxis tienen repercusión.
4. El sistema conceptual se concibe como independiente del terminológico y, por consiguiente, los términos son independientes del contexto.
5. El término se presenta como uniforme y estático. Se obtiene, así, una unidad de comunicación estandarizada y descontextualizada culturalmente. Por lo tanto, los aspectos sintácticos, gramaticales, discursivos y comunicativos del término son irrelevantes.

El objeto de estudio en la TGT es el concepto; el término es la unidad que designa un concepto. El estudio del término se concibe orientado hacia la normalización conceptual y denominativa; el objetivo de la normalización es la precisión y la univocidad. Wüster también desarrolló las relaciones entre conceptos que se exponen más adelante en este estudio.

Una vez que la TGT se fue asentando, fueron surgiendo voces que cuestionaban la adecuación de esta teoría para describir la realidad terminológica y para explicar partes del trabajo terminológico que no eran compatibles con los objetivos que la TGT había definido. Se trataba de un modelo idealizado que «silenciaba la diversidad y la variación, concebía los elementos de la realidad como estáticos y no contempla la circularidad del conocimiento» (Cabré, 1999, pp. 105–106), es decir, el motivo de la insatisfacción con la TGT era el carácter reduccionista de la misma. Cabré (1999, p. 73) resume las aportaciones de la TGT a la Terminología del siguiente modo: «Su importancia reside en el hecho de que, hasta ahora, ha sido la única escuela que ha desarrollado un corpus sistemático de principios y fundamentos que permiten llevar a cabo una actividad aplicada sistemática y controlada». También puntualiza que los distintos cambios sociales, políticos y económicos acaecidos en la segunda mitad del siglo XX de alguna manera forzaron nuevos replanteamientos. Temmerman (2000,

---

13 La TGT no tiene en cuenta la existencia de obras lexicográficas que tienen un enfoque onomasiológico, dado que concibe el diccionario como un recurso esencialmente semasiológico.

p. 15) aclara que el motivo principal de esta inadecuación fue que el interés por la estandarización impedía ver la realidad en la investigación terminológica. Por su parte, L'Homme, Heid y Sager (2003, p. 152) señalan que la TGT se adecúa a los objetivos para los que fue diseñada: «It is now conceded that the GTT is well suited for the objectives it was initially designed for»

En los años 90, diferentes autores ofrecieron su propia visión sobre el aparato teórico de la terminología como reacción ante los postulados de la TGT que no se adecuaban a la realidad terminológica. Cabe preguntarse cuáles son concretamente los aspectos de carácter reduccionista de la TGT[14] que suscitaron reacción en el aparato crítico posterior. Son fundamentalmente cuatro:

1. La univocidad del término en la comunicación especializada: No contempla la posibilidad de que el mismo término se encuentre en distintos dominios, en distintos sistemas conceptuales. No considera, por tanto, la sinonimia, ni la polisemia.
2. El enfoque onomasiológico[15]: el trabajo terminológico se realiza a partir del concepto. No se admite, pues, que la información terminológica parta del término, que es precisamente el enfoque más utilizado cuando la terminografía se basa en corpus.
3. Los términos son independientes del contexto: no se hace referencia a la incidencia del entorno del término para acceder a su potencial comunicativo.
4. La reducción de la unidad terminológica a su condición denominativa. Esto implica considerar que los términos no tienen ningún valor sintáctico.

En este sentido, Sager et al. (1993, p. 35)[16] identifican tres dimensiones que debe contemplar una teoría de la terminología:

1. La dimensión cognoscitiva, que relaciona la forma lingüística al contenido conceptual, es decir, los referentes en el mundo real;

---

14 De alguna forma estas características reduccionistas son lógica consecuencia de los principios generales de economía del lenguaje y prioridad del uso establecido de un término, es decir, la universalidad, que Wüster fija para garantizar la precisión y la concisión del mismo.

15 Trasladado al panorama actual, numerosos terminólogos trabajan a partir del término, especialmente, en los estudios basados en corpus, como punto de partida para la extracción de las relaciones conceptuales. Esta es la perspectiva que utilizamos en la presente investigación.

16 Se utiliza la publicación en español publicada en 1993 de la obra original publicada por Sager en 1990.

2. La dimensión lingüística, que examina las formas existentes y potenciales de la presentación de las terminologías;
3. La dimensión comunicativa, que examina el uso de las terminologías y debe justificar la actividad humana de la compilación y el procesamiento terminológicos.

Fueron varios los autores que, conscientes de las restricciones de la TGT, presentaron nuevas alternativas con las que se inician las corrientes o teorías modernas de la terminología, las cuales son, en palabras de Desmet (2007, p. 3):

> Les approaches modernes en sont la preuve: la glottopolitique et la socioterminologie, où la dimensión sociale de la terminologie gagne sa place; la terminologie sociocognitive, fondée sur des príncipes sociocognitifs; la terminologie axée sur le caractère polyédrique des termes et leurs dimensions cognitive, formelle, conceptuelle et fonctionnelle; la terminologie culturelle, orientée veers la cultura spécifique d'une communauté humaine donnée. Ces approaches sont en fin de compte la conséquence d'une terminologie qui s'est progressivement confrontée à un seul phénomène: la variabilité, la variété et la variation inherentes à toute langue naturelle, phénomène bien connu dans la linguistique contemporaine et dans les sciences du langage en général.

La primera línea de las corrientes y teorías modernas de la terminología se gestó a principios de la década de los noventa en Francia y en Canadá y es conocida como Socioterminología. Aborda la dimensión social de la Terminología y se fundamenta en que los términos están sujetos a variación en función del contexto social en el que se utilicen. Propuesta por Gambier (1991, 1993), Gaudin (1993a, 1993b, 2003) y Boulanger (1991, 1995), esta vertiente social de la terminología aboga por un enfoque descriptivo del uso real de la lengua como ente cambiante y en interacción social. Se centra en los siguientes puntos:

- Incorpora el estudio de la sinonimia y de la polisemia, rechazando así la idea de monosemia y la delimitación absoluta de los dominios propuestos por la TGT.
- En lugar de considerar a los términos como compartimentos estancos, aboga por una perspectiva en *continuum* de las ciencias.
- Aplica el concepto de diacronía al estudio de la terminología.
- Considera que, además del canal escrito, ha de incorporarse el estudio de la producción oral en la investigación terminológica, ya que la comunicación especializada se puede producir en ambas modalidades (Boulanger, 1995, p. 202).

Esta perspectiva, por tanto, permite acometer aquellos aspectos que habían sido ignorados por la teoría tradicional.

En el marco de la búsqueda de una alternativa que pueda dar cuenta de la complejidad de las unidades terminológicas en la comunicación especializada, después de realizar una profunda revisión, Cabré (1999) desarrolla los principios de la que sería la Teoría Comunicativa de la Terminología, para huir del «*reduccionismo* con que se había concebido la materia y de la excesiva *uniformización* a la que se había querido someter la disciplina en aras de la universalidad de los principios que la sustentaban», como declara en Cabré (2005, p. 69). Desde esta nueva visión, se busca dar cuenta tanto de la función representativa como de la función comunicativa de la materia terminológica. La Teoría Comunicativa de la Terminología parte de la base fundamental de que el término ha de contemplarse desde la dimensión cognitiva, lingüística y comunicativa y de que «el objeto terminológico como disciplina son las *unidades llamadas terminológicas* que se utilizan en los ámbitos de especialidad». Estas unidades, asimismo, «deben analizarse *funcional, formal* y *semánticamente* (…) en relación al sistema de la lengua de que forman parte (…) y en relación a la terminología del ámbito de especialidad en que se usan». (Cabré, 2005, p. 84)

Los postulados de la Teoría Comunicativa de la Terminología o TCT (Cabré, 1999, pp. 122–124) se resumen a continuación:

1. La Terminología es un campo interdisciplinar que integra aportaciones de la teoría del conocimiento, de la teoría de la comunicación y de la teoría del lenguaje.
2. El objeto de estudio son las unidades terminológicas (UT). Estas son unidades denominativo-conceptuales con capacidad de referencia, que pueden ejercer funciones distintas y que, desde dentro del discurso, pueden constituir núcleos predicativos o argumentos de los predicados. Las UT tienen «un valor semántico específico (valor especializado), asociado a un ámbito que consolida la estructura conceptual del dominio del que forman parte» (Cabré y Estopà, 2005, pp. 78–83).[17]
3. Los términos son unidades léxicas de forma y contenido en las que el contenido es simultáneo a la forma.

17 Guantiva, Cabré y Castellà (2008) consideran que el conjunto de unidades especializadas está integrado por las unidades terminológicas y por las unidades de conocimiento especializado (UCE), a las que definen como «unidades de distinto nivel descriptivo que transmiten un tipo de conocimiento específico (condiciones cognitivas y semánticas), bajo un uso restringido en el discurso (condiciones pragmático-discursivas)» (p. 25).

4. Los conceptos de un mismo ámbito especializado sostienen entre sí distintos tipos de relaciones y el conjunto de estas relaciones constituye la estructura conceptual de la materia.
5. La terminología teórica se ocupa de describir formal, semántica y funcionalmente las unidades que pueden adquirir valor terminológico, dar cuenta de cómo lo activan y explicar sus relaciones con otros tipos de signos del mismo o distinto sistema. En la rama aplicada se recopilan las unidades de valor terminológico sobre un tema y situación determinados y se establecen sus características.
6. La función de los términos es doble: la representación del conocimiento especializado y su transferencia.

Con posterioridad, Cabré profundizó más en estos postulados y desarrolló tres principios y tres condiciones (Cabré, 2005, pp. 85–89) que se exponen, brevemente, a continuación:

1. Principio sobre la poliedricidad del término: las UT integran al mismo tiempo aspectos lingüísticos, cognitivos y sociales, con independencia de que una investigación pueda adoptar una posición integradora o limitarse al estudio de un solo fenómeno.
2. Principio sobre el carácter comunicativo de la terminología: toda UT persigue una finalidad comunicativa que puede ser inmediata (comunicación directa o indirecta). En otras ocasiones, la comunicación se sirve de las UT para la representación del conocimiento, como medio para *etiquetar* los nudos de conocimiento correspondientes a conceptos del mundo especializado. En estos casos, la finalidad última es favorecer la univocidad de la comunicación entre expertos o entre expertos y sistemas expertos.
3. Principio sobre la variación: todo proceso de comunicación comporta variación (sinonimia, polisemia). Este principio admite grados según las condiciones de la situación comunicativa.
4. Condición de lenguaje natural: un objeto de análisis solo se establece cuando se sitúa en un espacio de conocimiento (entendido este como la lingüística, las especialidades, la traducción, la interpretación, la redacción técnica, la planificación lingüística) y en él las UT poseen su carácter lingüístico, cognitivo y social.
5. Condición de comunicación especializada[18]: La comunicación especializada se diferencia de la comunicación general en la selección de unidades, en los

18 Para profundizar en este aspecto, se recomienda la consulta de Cabré (2005, pp. 87–88).

modos de significar, en la frecuencia de las funciones lingüísticas que seleccionan, en la organización del discurso, etc.

6. Condición de especialización: El carácter especializado es una condición necesaria que debe cumplir el discurso. La especialización de un texto no se basa tanto en la temática que vehicula sino en cómo vehicula (sic) esta temática, pudiendo variar el grado de especialización en función de la densidad terminológica y de la cantidad de variación expresiva para hacer referencia a un mismo concepto.

Otra teoría que surgió como respuesta a ciertos preceptos de la TGT es la Teoría Sociocognitiva de la Terminología (TST). Esta nueva teoría y metodología basada en la semántica cognitiva tiene su máximo exponente en Rita Temmerman (2000), artífice de su desarrollo. Parte de la constatación de la inadecuación de los principios de la terminología tradicional, que ilustra comparándolos con su propia observación de la realidad terminológica de las ciencias de la naturaleza, que se reproduce en la tabla 1.

**Tab. 1:** Contraste entre los principios de la Terminología tradicional y la realidad terminológica en el ámbito de las ciencias de la naturaleza (Temmerman, 1998, p. 79)

| **Principios de la terminología tradicional** | **Nuestras observaciones sobre la terminología del lenguaje especializado** |
|---|---|
| **Primer principio:** la Terminología se origina a partir del concepto sin considerar el lenguaje. | El lenguaje desempeña un rol en la concepción y en la comunicación de categorías. |
| **Segundo principio:** los conceptos están definidos y se les puede asignar un lugar en un sistema de conceptos lógica u ontológicamente estructurado. | Muchas categorías son difusas y no pueden ser clasificadas ni mediante la lógica ni mediante ontologías. |
| **Tercer principio:** lo ideal es que a un concepto se le defina mediante una definición intensiva. | Una definición intensiva[a] a menudo no es ni posible ni deseable. |
| **Cuarto principio:** a un concepto se remite con solo un término y un término solo designa a un concepto. | La polisemia, la sinonimia y el lenguaje figurativo existen y cumplen una función en el lenguaje especializado. |
| **Quinto principio:** la asignación concepto/término es permanente. | Las categorías evolucionan, los términos cambian de significado, la comprensión aumenta. |

[a] En inglés, *intensional definition* o definición por intensión o comprimida está en oposición a *extensional definition* o definición por extensión o extensiva.

La Teoría Sociocognitiva de la Terminología (TST) aporta unos principios nuevos a nivel teórico y la propuesta de una metodología novedosa para la práctica terminológica, denominada Termontografía (en inglés, *Termontography*). Los postulados sociocognitivos de la TST se concretan en cinco puntos, como se indica a continuación:

1. El término es el punto de partida en la descripción terminológica. Sustituye el «concepto» por *units of understanding* o *unidades de comprensión*. Se basa en que el ser humano entiende el mundo a través de marcos cognitivos o Modelos Cognitivos Idealizados (MCI) —*Idealised Cognitive Models, ICM*— (Lakoff, 1987) en los que se relacionan unidades de comprensión estructuradas prototípicamente a las que se refiere como «categorías». Por el contrario, denomina «conceptos» a las unidades de comprensión que no presentan esta estructura.
2. Comprensión equivale a categorización. La comprensión es un evento estructurado que tiene dos aspectos. La unidad de comprensión consta de estructuras intracategoriales y de estructuras intercategoriales y una categoría tiene una estructura prototípica. Las estructuras intracategoriales y las estructuras intercategoriales de una categoría se observan en el discurso e implica más módulos de información que las simples características diferenciadoras o la posición en una clasificación lógica u ontológica. Intracategorialmente se tienen en cuenta varios módulos de información (definición nuclear, información histórica, información procedimental, etc.) e intercategorialmente se han de considerar tanto el dominio como la perspectiva e intención del modelo cognitivo.
3. En la TST las descripciones podrán tener un número mayor o menor de unidades de información por lo que amplía los tipos de definición. Propone *templates of understanding* o plantillas de comprensión en la que se alojará información esencial dependiendo del tipo de unidad de comprensión y de factores como la perspectiva desde la que se comprende la unidad de comprensión. La tabla 2 ilustra el modelo de plantilla de comprensión de Temmerman.
4. En la plantilla de Temmerman se puede observar que la información relativa a las relaciones conceptuales se encuentra alojada en el apartado sobre información intercategorial. Una de las ventajas de esta lista es su flexibilidad, ya que está abierta a que puedan introducirse nuevos tipos de relación intercategorial y, por tanto, de relaciones conceptuales.
5. La sinonimia y la polisemia tienen una función en el proceso de progreso de la comprensión.

6. La TST considera que el lenguaje figurado en los lenguajes de especialidad tiene una labor funcional, que consiste en facilitar el pensamiento y el desarrollo de nuevas ideas.

**Tab. 2:** Plantilla para la descripción de las *unidades de comprensión* (Temmerman, 2000, p. 122)

| | |
|---|---|
| Categoría/Término | .... |
| Tipo de categoría | a) entidad<br>b) actividad<br>c) categoría colectiva<br>d) ...etc. |
| Definición nuclear | .... |
| Información intracategorial | a) es una parte de<br>b) consta de partes<br>c) es un tipo de<br>d) tiene los siguientes tipos<br>e) tiene como objetivos<br>f) usos<br>g) aplicación<br>h) ...etc. |
| Información intercategorial | a) perspectivas<br>b) dominios<br>c) intenciones |
| Información histórica | .... |

La TST aporta su propia metodología asentada en la Terminografía y denominada Termontografía (*Termontography*) que sus autores definen así: «Termontography is a methodology for knowledge management and representation for specific domains of experience, combining domain expertise with information provided in natural language» (Temmerman y Kerremans, 2003, p. 4). Desde la TST también se propone la integración de ontología y terminología como una fórmula de aportación recíproca:

> Termontography is a multidisciplinary approach in which theories and methods for multilingual terminological of the sociocognitive approach (Temmerman 2000) are combined with methods and guidelines for ontological analysis (Gómez-Pérez et al. 1996; Fernández et al. 1997; Sure y Studer, 2003) (Temmerman y Kerremans, 2003, p. 4).

El trabajo del termontógrafo procede, pues, de un marco predefinido, independiente del lenguaje, de categorías específicas del dominio y de relaciones intercategoriales, establecidas en colaboración con los expertos del campo objeto de estudio. Las lexicalizaciones que se refieren a las categorías se introducen en la base de datos termontológica ofreciendo no solo la descripción de cada categoría, sino "specifications of posible culture-specific and/or language-specific items" (Temmerman y Geentjens, 2010, p. 138).

El logro principal de esta novedosa aportación al trabajo terminográfico ha sido acercar por primera vez la organización y la representación del conocimiento que nos ofrecen las ontologías, habituadas al entorno técnico, al terreno terminográfico y poder relacionar los conceptos de forma semiautomática. En los siguientes capítulos nos referiremos a esta aportación en la que, de alguna manera, se halla la génesis técnica de la presente investigación.

Ante el uso extendido de corpus textuales, Bourigault y Slodzian (1999) propusieron un cambio en los enfoques terminológicos consistente en una tarea de análisis de corpus textuales. Desde esta nueva práctica terminológica, a la que denominaron Terminología textual (1999, pp. 29–32), abogan por una revisión de la terminología cuya base se sitúe en el terreno de la lingüística textual y proponen, además, que la tarea de análisis terminológico sea realizada conjuntamente con un experto del ámbito de especialidad y un analista. Sitúan al texto en el epicentro de los estudios terminológicos y esbozan algunas propuestas centradas en la noción de texto, «l'objet empirique d'une linguistique textuelle, le texte, est le point de déapart de la description lexicale» (Bourigault y Slodzian, 1999, p. 31). Abordan la unidad terminológica de forma distinta apoyándose en el análisis lingüístico y textual. No obstante, algunos autores determinan que más que una teoría o corriente es una metodología.

Una de las líneas de investigación en terminología más concurridas en los últimos años es la Terminología Basada en Marcos (TBM) —en inglés, *Frame-based Terminology* (FBT)—, cuyo máximo exponente es Faber (2009, 2011, 2012). Sus trabajos representan cómo esta teoría, junto a los datos extraídos de análisis de corpus, puede dinamizar la estructura conceptual de la terminología especificando los eventos[19] que caracterizan los distintos dominios

19 A partir de la especificación de eventos se ha diversificado la investigación hacia distintos dominios especializados, como el evento de la ingeniería de costas —*Puerto-Term*, (Faber et al. 2006), *MarcoCosta* y *Ecosistema* (López-Rodríguez, et al. 2006)— y el evento medioambiental —*EcoLexicon* (León Araúz, et al. 2019)—. Para una información más detallada de estos proyectos, se puede consultar <http://ecolexicon.ugr.es/es/>.

especializados: «Frame Semantics, on the basis of data extracted from corpus analysis, can be used to represent a specialized knowledge field as a dynamic construct made up of clusters of processes and events» (Faber et al., 2005, p. 3). La autora concibe el contexto como un factor primordial en la representación de conocimiento. Su teoría es una reformulación de los marcos semánticos de Fillmore (Faber, et al., 2005; Faber et al., 2006; Faber et al., 2007) y del modelo léxico-gramatical o *Lexical-Grammar Model* (Faber y Mairal, 1999). De una forma general, la FBT se describe así: «In Frame-based Terminology, conceptual networks are based on an underlying domain event as well as a closed inventory of both hierarchical and non-hierarchical semantic relations» (Faber, 2011, p. 15). Su herramienta de organización del conocimiento son los marcos. Estos se conciben como un tipo de estructura que proporciona la información sintáctico-semántica de las unidades de conocimiento especializadas (Faber, 2009, p. 123).

### 1.1.2. La Terminología y su naturaleza interdisciplinar

La Terminología viene siendo el centro desde el que se han pronunciado distintas teorías y reformulaciones, haciéndola así más visible y revalorizándola desde la lingüística aplicada[20], terreno variopinto que, desde el campo de las humanidades y de las ciencias sociales, le ha abierto las puertas hacia estudios de diversa índole, más allá del ya asimilado terreno de la traducción y la interpretación, hacia el área de la filología, de la documentación y de las ciencias de la computación. Como indica Casas Gómez (2006, p. 25):

> Aunque su nacimiento se sitúa fuera de la lingüística, sobre todo desde el último tercio del siglo pasado se ha integrado en el panorama lingüístico, entrando desde la lingüística generativa y, de forma especialmente significativa, desde la lingüística aplicada a formar parte de las distintas materias que cubre la semántica y ocupando un lugar de enorme importancia en el ámbito de traducción, la política y planificación lingüísticas

20 Cook (2015), en el último número de la edición especial de *Applied Linguistics*, reflexiona tras el sugerente título *Birds out of Dinosaurs: The death and life of Applied Linguistics*, sobre la actual fragmentación e incoherencia conceptual de la lingüística aplicada. Consúltese en https://doi.org/10.1093/applin/amv038. Verdaderamente, la lingüística aplicada parece estar desbordada de contenido, lo que dificulta diseñar un concepto que la defina. La 23ª. edición del DRAE (RAE, 2014) recoge la siguiente acepción de lingüística aplicada: «Rama de los estudios lingüísticos que se ocupa de los problemas que el lenguaje plantea como medio de relación social, especialmente de los que se refieren a la enseñanza de idiomas». http://dle.rae.es/?w=lingüísticaym=formyo=formyo=h

> o la variación lingüística, así como plenamente interrelacionada con disciplinas como la informática y la documentación.

Otra de las singularidades de la Terminología en este panorama de la investigación es que por el hecho de ser objeto de estudio interdisciplinar y multidisciplinar con un grado de intervención especialmente alto de la informática[21] parece estar siempre expuesta y receptiva a nuevos tratamientos textuales. Su carácter interdisciplinar ya fue señalado por Sager et al. (1993, p. 20) que lo razonaba así: «Es un elemento vital para el funcionamiento de todas las ciencias, se ocupa de la designación de todos los campos temáticos y está íntimamente relacionada con un número de disciplinas específicas». Cabré (1999, p. 25), la considera una interdisciplina en su definición de terminología:

> ... la terminología es una *interdisciplina*, constituida por elementos procedentes de la base de la lingüística, de la ontología y de las especialidades, ligada necesariamente a la documentación, de la que se sirve y a la que sirve, y usuaria, y al mismo tiempo contribuyente, de las nuevas tecnologías de la información.

Como es bien sabido, la Terminología ha recibido aportaciones desde diversas corrientes, metodologías y reformulaciones siendo la concepción de esta como disciplina dinámica en constante evolución y su capacidad de representación del conocimiento especializado de forma integral y de transferencia de la comunicación, los pilares que han sustentado de forma definitiva la investigación en terminología de la última década. Todo ello ha promovido el inicio de una línea de trabajos prolíficos que se han gestado desde tres cauces interrelacionados

---

21 La sinergia entre la terminología y la ciencia de la computación tiene denominación propia. Moreno Sandoval (2009) indica que, en un principio, los términos acuñados para conjugar esta sinergia fueron introducidos a través de los proyectos de los *Programas Marco de la Unión Europea*, fundamentalmente. Por ejemplo, el término, *industrias de la lengua* o *language industries*, muy en alza a mediados de los años 80 y principios de los 90, o el término *ingeniería lingüística* o *language engineering*, acuñado a mediados de los años 90. El autor matiza que en América muestran preferencias por el término *natural language processing* o *procesamiento del lenguaje natural*. Finalmente, añade que, desde 1997, se utiliza *tecnologías del lenguaje* o *human language technologies* (p. 102). En el plano académico, se conoce también como *terminótica* en el panorama español. Periñán Pascual alude asimismo a lo que denomina «caos terminológico» y resuelve que «términos como lingüística computacional, PLN y tecnologías lingüísticas suelen referirse a una misma área de conocimiento aunque enfatizando aspectos diferentes dependiendo del punto de vista de la disciplina que la estudie» (Periñán Pascual, 2012, p. 15).

como son la lingüística cognitiva, la lingüística de corpus y la lingüística computacional, fundamentalmente.

En lo que se refiere al cauce de la lingüística cognitiva[22], son varias las propuestas sobre organización conceptual que han confluido en la misma. Sus aportaciones, según un estudio realizado por Ruiz de Mendoza (2001, p. 20), se pueden resumir en tres grandes líneas,[23] cuyo texto se reproduce a continuación:

a) Los estudios de metáfora y metonimia (Lakoff y Johnson, 1980); aplicaciones novedosas como la teoría de los espacios mentales combinados de Turner y Fauconnier (1996, 1998, 2001) quienes intentan explicar las proyecciones metafóricas como una cuestión más de integración conceptual.
b) La semántica de marcos (Fillmore, 1985) o de modelos cognitivos proposicionales, cuyo objetivo es describir con detalle los componentes y la organización de las estructuras conceptuales en toda su complejidad.
c) La gramática cognitiva o los estudios de diversos aspectos de la gramática desde el punto de vista de su motivación cognitiva (Langacker, 1982), cuyos resultados más elaborados se encuentran en Langacker (1987, 1990, 1991) y la gramática de construcciones en las versiones de Kay y Fillmore (1994) y de Goldberg (1995).

Estas líneas han mostrado ser un terreno fértil para el cultivo de reformulaciones de teorías o de extensiones de las mismas. Por ejemplo, Ruiz de Mendoza y Mairal (2008) desarrollaron el modelo léxico construccional o *Lexical Constructional Model* (*LCM*) a partir de modelos funcionales del lenguaje y de la lingüística cognitiva.

Otra de las líneas reflejadas en la clasificación anterior es la semántica de marcos o *frame semantics* (Fillmore, 1976, 1977, 1982, Fillmore y Baker, 2010), que ha tenido una importante repercusión en diversas investigaciones. Situada en la lingüística cognitiva[24], se basa en el principio de que los significados de las unidades léxicas se construyen con relación al conocimiento previo. Se representa en marcos semánticos que modelan una situación

22 Esta se ocupa de los problemas de la categorización conceptual, de las formas de organización y de almacenamiento del conocimiento desde una concepción enciclopédica de la semántica y de la conexión entre la conceptualización, el razonamiento y las categorías conceptuales (Ruiz de Mendoza, 2001, p. 1).

23 Ruiz de Mendoza (2001, p. 20) menciona varias fechas y varios autores, pero solo reproducimos el autor con la primera fecha del trabajo central.

24 La lingüística cognitiva también tiene un marcado carácter interdisciplinar en el que confluyen la lingüística, la psicología, la neurología y la inteligencia artificial.

concreta compuesta de participantes, acciones y de otros elementos conceptuales. Entre las principales aplicaciones que ha tenido la semántica de marcos destaca el desarrollo de una metodología de elaboración de diccionarios especializados con información sintáctico-semántica que, junto al uso de la metodología FrameNet[25] (Ruppenhofer, et al. 2010) ha dado lugar al desarrollo de recursos en línea como *DiCoInfo*,[26] sobre la terminología del dominio de la informática y de Internet (L'Homme, 2008), *DiCoEnviro*[27] (L'Homme, 2012; L'Homme, 2018), sobre el área del medioambiente y del cambio climático que, posteriormente se han extendido a otros dominios como el jurídico, mediante la implementación en una base de datos de la terminología legal, *JuriDiCo*[28] (Pimentel, 2012) que, en palabras de su autora, está basada en los principios teóricos y metodológicos de FrameNet y en la metodología para compilar diccionarios de *DiCoInfo* (L'Homme, 2008). Todos estos recursos han sido desarrollados en el *Observatoire de linguistique Sens-Texte* (OLST)[29] de la Universidad de Montreal.

Otro enfoque que ha servido para resituar la Terminología en un plano más dinámico es la lexicología combinatoria explicatoria *—Explanatory Combinatorial Lexicology (ECL)—* (Mel'čuk, 1995; Mel'čuk et al., 1995), aplicada, como señala L'Homme (2007), al análisis de estructuras léxicas de dominios especializados.

Como hemos señalado anteriormente, la investigación en lingüística de corpus y en lingüística computacional, sobre la que nos detendremos en el siguiente capítulo, ha crecido exponencialmente, lo que ha incidido, a su vez, en una dinámica de avance constante de las disciplinas circundantes. Así, en lo que se refiere a las aplicaciones prácticas del trabajo terminológico, la terminografía, adquiere especial relevancia el trabajo de Meyer (Meyer et al. 1992,

25 FrameNet es un recurso léxico en línea basado en marcos semánticos. Puede consultarse en https://framenet.icsi.berkeley.edu/fndrupal/ y, para el proyecto español, en http://web.archive.org/web/20060213105938/http://gemini.uab.es/SFN/.

26 El recurso puede consultarse en http://olst.ling.umontreal.ca/cgi-bin/dicoinfo/search.cgi.

27 Este proyecto también se ha trasladado al español, como expone Ortego (2011).

28 *JuriDICo* consta de un corpus comparable de textos de juicios del Tribunal Supremo de Canadá (Supreme Court of Canada) y del Tribunal Supremo de Justicia de Portugal (Supremo Tribunal de Justiça de Portugal). En la actualidad incluye solo verbos especializados del dominio jurídico. Se puede acceder a la consulta del recurso en línea en: http://olst.ling.umontreal.ca/cgi-bin/juridico/search.cgiparteuncorpuscom

29 Disponible en http://olst.ling.umontreal.ca/.

Meyer y Mckintosh, 1996a y 1996b; Meyer, 2001) como precursora del desarrollo de la base de conocimiento terminológica o *Terminological Knowledge Base* (TKB). Esta ha abierto vías nuevas para la investigación en los lenguajes especializados que tienen su centro en el concepto de *knowledge-rich context* (Meyer, 2001), es decir, los contextos y las redes de relaciones conceptuales que contienen información útil para el estudio terminológico y que se pueden identificar mediante los denominados patrones de conocimiento o *knowledge patterns*. Los patrones de conocimiento son secuencias lingüísticas que revelan las relaciones semánticas entre los conceptos, que pueden ser del tipo «is a kind of» para indicar una relación hiperónima o «is a part of» para indicar una relación meronímica, entre otros. Este trabajo ha devenido en otros, centrados en diversos campos de las lenguas de especialidad en inglés, y que dan cabida a la localización de las relaciones conceptuales y semánticas de los textos a través del reconocimiento, del análisis y de la extracción automática y semiautomática (Condamines y Rebeyrolle, 2001; Feliu, 2004; L'Homme y Marshman, 2006). Es evidente que el estudio de las relaciones conceptuales ha supuesto un impulso singular en la forma de entender a las unidades terminológicas como portadoras de conocimiento especializado. Además, el tratamiento informático de las mismas en recursos para la organización del conocimiento ha ampliado y potenciado la tarea del terminógrafo, aunque esta sea de forma semiautomática.

La lingüística computacional es, asimismo, otro campo interdisciplinario vinculado a la lingüística y a la informática cuyo fin es el procesamiento del lenguaje mediante sistemas informáticos. Contiene una parcela teórica (con los fundamentos y principios teóricos y metodologías) y una parcela aplicada, conocida como ingeniería lingüística, que está más volcada en el diseño y desarrollo de sistemas informáticos para el estudio lingüístico; sobre ellas nos detendremos en el siguiente capítulo por ser el marco concreto de trabajo aplicado de la presente investigación.

La Terminología ha sido, pues, un campo de exploración sustancial para el desarrollo de la lingüística de corpus y de la lingüística computacional; de forma recíproca, estas disciplinas han servido para revalorizar los estudios terminológicos. McEnery (2003, p. 460) destaca así el trabajo colaborativo de ambas:

> Corpora have placed a useful role in the development of human language technology to date. In return, corpus linguistics has gained access to every more sophisticated language processing system. There is no reason to believe that this happy symbiosis will not continue –to the benefit of language engineers and corpus linguistics alike – in the future.

No es de extrañar la visión actual de la terminología que L'Homme expone en una entrevista concedida a TermCoord[30] el 12 de abril de 2021. Directora del grupo de investigación canadiense *Observatoire de linguistique Sens-Texte (OLST)*, destaca la naturaleza multidisciplinar de la disciplina terminológica, su rol en la lexicografía general y especializada, en el modelado del conocimiento, en el procesamiento automático y semiautomático de los textos especializados y en las tareas de planificación lingüística.

### 1.1.3. La «tecnificación» del trabajo terminológico

En poco más de treinta años, la Terminología se ha dotado de recursos que han permitido mejorar y modernizar el flujo de trabajo y las estrategias heurísticas documentales. Ello se ha reflejado en multitud de publicaciones científicas, muchas de ellas mencionadas a lo largo de estas páginas, así como en los congresos y talleres específicos de la disciplina[31], donde se pone de relieve el papel preponderante de los recursos digitales y de las tecnologías lingüísticas para el trabajo terminológico. No en vano Lorente (2014, p. 12) usa la expresión «tecnificación de la terminología» para describir la situación actual, tras una paulatina transición digital.

En términos generales, se podría afirmar que los principales campos en los que se ha avanzado en la Terminología son la documentación —auspiciado por el acceso al trabajo con corpus electrónicos— y la metodología de la investigación en el trabajo terminológico —con el uso de todo tipo de recursos digitales y herramientas tecnológicas—, ambos promovidos por el progreso tecnológico en las ciencias de la computación y en su interacción con la lingüística y la

---

30 La entrevista, titulada «Why is Terminology your Passion?», fue publicada en línea el 12 de abril de 2021. La entrevistadora fue Olina Khomiakova y puede consultarse en https://termcoord.eu/2021/04/interview-with-marie-claude-lhomme/

31 Entre los congresos, conferencias y talleres que se celebran periódicamente, podemos mencionar a las conferencias anuales y los talleres de *TOTh Terminology and Knowledge Engineering*, organizados cada año de forma conjunta entre la Université Savoie Mount Blanc y el Centro de Lingüística de la Universidad Nova de Lisboa desde 2007, E*urolex conference*, también anual, la Cumbre de Terminología de la Asociación Europea para la Terminología o *European Association for Terminology (EAFT)*, celebrada cada dos años, el Congreso internacional *Europhras*, celebrado conjuntamente con *Multi-word Units in Machine Translation and Translation Technology (MUMTTT), así como Terminology and Artificial Intelligence Conference (TIA), eLex Conference, Knowledge Engineering and Knowledge Management Conference (EKAW)*, y *Multilingual Digital Terminology Today (MDTT).*

ingeniería del conocimiento. Los avances en las telecomunicaciones y en la computación en la nube han contribuido también a fomentar el trabajo terminológico colaborativo, como se verá más adelante.

En este breve excurso por los recursos lingüísticos disponibles para el trabajo terminológico, nos centraremos en aquellas herramientas y recursos digitales compartidos por asociaciones, organismos e instituciones, en las iniciativas de transferencia de conocimiento más relevantes, así como en diversos tipos de recursos digitales y herramientas tecnológicas (bases de datos terminológicas, repertorios terminográficos, ontologías, corpus, etc.) en abierto o en línea.

Las asociaciones de terminología suelen compartir numerosos y variados recursos lingüísticos de gran fiabilidad. Un claro exponente es la Asociación Europea de Recursos Lingüísticos (ELRA)[32], que aloja en su sitio web un amplio catálogo con más de 100 recursos lingüísticos —corpus escritos y orales, bases de datos terminológicas, lexicones multilingües, etiquetadores morfológicos, sintácticos (*parsers*) y semánticos en varias lenguas—, a los que define de este modo:

> a set of speech or language data and descriptions in machine readable form, used for building, inproving or evaluating natural language and speech algorithms or systems, or, as core resources for the software localisation and language services industries, for language studies, electronic publishing, international transactions, subject-area specialists and end users. (ELRA, 2021)[33]

En este contexto, adquiere especial relevancia la existencia de asociaciones, instituciones y redes de terminología con sedes en distintos países porque han contribuido a generar un nutrido foro de intercambio de información sobre los avances de la disciplina tanto a nivel nacional[34], como internacional. Entre las

---

32 Nuestra traducción de *European Language Resources Association*. Disponible en http://www.elra.info/en/

33 Recuperado de http://www.elra.info/en/about/what-language-resource/ el 28 de octubre de 2021.

34 En cuanto a las asociaciones a nivel nacional, en España destacan la Asociación Española de Terminología (AETER), de ámbito nacional, fundada en 1997 para promover el estudio de la Terminología y la elaboración y consulta de recursos terminológicos en español y en las demás lenguas de España; Redesterm Scaterm (*Societat Catalana de Terminologia*), SGAT (*Sociedade Galega de Terminoloxía*), UZEI (*Terminologia eta Lexikografia Zentroa*), Redesterm (Red Española de Terminología) y TermCat (*Centre de Terminologia*). Por otro lado, mencionaremos las asociaciones e instituciones dedicadas a la terminología en otros países: Nordterm (*Association for Terminology in the Nordic Countries*), impulsado por The Finnish Terminology Centre; en Alemania, RaDT *(Rat für Deutschprachige Terminologie)*; en Italia, *Associazione Italiana per la*

instituciones, foros y organizaciones internacionales cabe mencionar a *European Association for Terminology (AET/EAFT)*, la Red Panlatina de Terminología (Realiter), Riterm (Red Iberoamericana de Terminología)[35], Infoterm[36], *European Language Resources Association*[37], TermNet (*International Network for Terminology*)[38], *Association for Terminology and Knowledge Transfer/ Gesellschaft für Terminologie und Wissenstransfer (GTW)*[39], Terminorgs[40], entre otras. También en la Dirección General de Traducción del Parlamento Europeo destaca la sección de Coordinación de Terminología TermCoord (*Terminology Coordination Unit*)[41], desde la que se puede acceder a un catálogo de glosarios, a trabajos de investigación sobre terminología y a enlaces con instituciones y proyectos relacionados con la Terminología. Cabe mencionar el proyecto de Termcoord denominado *Terminology without Borders*[42]. El objetivo es mejorar la comunicación entre los ciudadanos sobre la terminología y aglutina diez dominios: medicina, medioambiente, cultura y patrimonio, género, derecho, marítimo, educación, agroalimentario, tecnológico y finanzas.

---

*Terminologia* (Ass. I. Term); en Francia, *Société Française de Terminologie*; en Grecia, *The Hellenic Society for Terminology*; en Suecia, *The Swedish Centre for Terminology*; en Hungría, *The Council of Hungarian Terminology*; en Dinamarca, *Danterm Technologies*; en Canadá, *Office Québécois de la langue Françoise*; en Irlanda, *the Irish Terminology Committee*, entre otras.

35 https://sites.google.com/view/riterm/es

36 El sitio web de Infoterm (*The International Information Centre for Terminology*), es http://www.infoterm.info/. Fundado en 1971 con el apoyo de la Unesco para apoyar la cooperación internacional en terminología. Publicaron en 2005 el documento originalmente en inglés y en 11 idiomas denominado *Directrices para políticas terminológicas: Formulación e implementación de una política terminológica en comunidades lingüísticas*. Recuperado de http://www.infoterm.info/pdf/activities/guidelines/DirectricesparaPolticasTerminolgicas_es.pdf el 12 de agosto de 2021.

37 http://www.elra.info/en/about/

38 https://www.termnet.org/

39 https://sf.cbs.dk/gtw

40 http://www.terminorgs.net/

41 Puede consultarse en https://termcoord.eu/who-we-are/. Dicha unidad cuenta, asimismo, con una sección dedicada a revisar y a alimentar la base de datos terminológica interinstitucional de la Unión Europea, IATE, https://iate.europa.eu/home en la que se puede consultar terminología específica en 26 lenguas de la Unión Europea. Además, ofrecen plazas para realizar prácticas de terminología y traducción, que brindan la posibilidad de aunar experiencia en el perfil académico-profesional de la Terminología.

42 Puede consultarse en https://yourterm.org/

En estas instituciones se alojan y comparten tanto iniciativas o propuestas particulares de recursos terminológicos y asuntos de política lingüística sobre la terminología y las lenguas de especialidad, como procedimientos estándares para compilar, documentar, sistematizar y difundir la información terminológica de las distintas comunidades lingüísticas de un país. Asimismo, realizan labores de cohesión de comunidades de lenguas minoritarias y son particularmente activas en la (retro-) digitalización. Una de las iniciativas que mayor impacto ha tenido desde el inicio de su andadura es ELEXIS (*European Lexicographic Infrastructure*)[43], creada en 2018. Sigue la línea de plataformas anteriores (como, por ejemplo, CLARIN-ERIC[44], 2012) y entre sus objetivos está promover la formación en el uso de técnicas lexicográficas en entornos digitales e introducir estándares comunes, desarrollar herramientas de conversión y, sobre todo, interconectar los recursos existentes para optimizar la eficacia de las nuevas tecnologías digitales. Ofrece el uso gratuito de los siguientes recursos y herramientas digitales para terminólogos, lingüistas, traductores y profesores: a) un sistema de gestión, compilación y procesado de corpus (Sketch Engine)[45]; b) un sistema de creación y publicación de recursos lexicográficos, vinculado a Sketch Engine (Lexonomy)[46]; c) un sistema de redacción de diccionarios en línea, vinculado a los dos componentes anteriores (One-click dictionary)[47]; y d) un sistema de conversión de diccionarios en .pdf a formato .xml en la nube (ELexifier)[48].

Los organismos oficiales, especialmente en contextos multilingües, suelen proporcionar también bases de datos terminológicas (BDT), en su mayoría de acceso libre. Algunos ejemplos de BDT multidominio son, entre otros, IATE[49],

43 Se pueden consultar todos los detalles del proyecto en https://elex.is/objectives/. Cuestiones como la interoperabilidad y la compartición de datos implica el conocimiento de los lenguajes propios de las humanidades digitales, LMF, SKOS, TEI y XM. Impulsar la escritura en estos lenguajes, particularmente en TEI es uno de los objetivos del proyecto ELexis gracias al cual se ha promovido la formación para la digitalización de diccionarios. En concreto, TEI (Text Encoding Initiative) consiste en una guía con métodos de codificación legibles para las máquinas.

44 https://www.clarin.eu/content/about-clarin

45 Aproximadamente 350 instituciones han podido acceder gratuitamente a Sketch Engine, según consta en https://elex.is/tools-and-services/, recuperado el 12 de octubre de 2021.

46 https://lexonomy.elex.is/

47 https://github.com/elexis-eu/ocd

48 https://elexifier.elex.is/

49 Su acceso es gratuito y está disponible en https://iate.europa.eu/home

que es un banco de datos terminológico[50] de la Unión Europea; Cercaterm[51], un buscador de las fichas terminológicas proporcionadas por el Centro de Terminología catalán TermCat; Euskalterm[52], un banco público de terminología creado por el Gobierno vasco en 2001; TERGAL[53], un banco de datos terminológico desarrollado por TERMIGAL (Servicio de Terminología Gallega, Centro Ramón Piñeiro); TermSciences[54], portal terminológico multidisciplinar que integra recursos terminológicos de distintos organismos y UNTERM[55], la base de datos terminológica multilingüe de Naciones Unidas. Ejemplos de BDT específicas de un dominio concreto son Oncoterm[56], sobre enfermedades, medicinas, tratamientos y ámbitos relacionados con el cáncer, desarrollada por el grupo LexiCon de la Universidad de Granada; Silvaterm[57], dedicada a la silvicultura; DeCS[58], dedicada a las Ciencias de la Salud y desarrollada por BIREME (Biblioteca Regional de Medicina)[59], entre otras.

La existencia de redes de información terminológica y de bases de datos institucionales de acceso libre[60] también ha contribuido a crear un entorno terminológico-tecnológico compacto y heterogéneo compartido por los profesionales de la lengua, lingüistas, traductores e intérpretes, profesores, mediadores lingüísticos y, aunque en menor proporción, por expertos de los dominios de especialidad, como médicos, arquitectos e ingenieros, entre otros expertos, que también se implican en la elaboración de recursos lingüísticos y terminológicos a partir de corpus. Hay organizaciones dedicadas a la creación,

50 IATE o *InterActive Terminology for Europe* es un conjunto estructurado de varias bases de datos interrelacionadas. Eurodicautom fue su antecesora y la primera base de datos terminológica de la Comisión Europea.

51 https://www.termcat.cat/es/cercaterm

52 https://www.euskadi.eus/web01-apeuster/eu/ac36aEuskaltermWar/publiko/erakutsiBilaketa?locale=eu

53 http://bernal.cirp.gal/ords/f?p=121:1

54 http://www.termsciences.fr/

55 https://untermportal.un.org/portal/welcome

56 http://www.ugr.es/~oncoterm/alpha-index.html

57 https://www.iufro.org/es/science/special/silvavoc/silvaterm-base-de-datos-terminologicos/query-silvaterm-database/

58 https://decs.bvsalud.org/E/decsweb2020.htm

59 Según consta en el sitio web https://www.paho.org/es/bireme, es un centro especializado de la Organización Panamericana de la Salud/Organización Mundial de la Salud (OPS/OMS), orientado a la cooperación técnica en información científica en salud.

60 Véase, en este sentido, la nube de datos lingüísticos abiertos vinculados que puede consultarse en https://linguistic-lod.org/, la cual está en continuo crecimiento.

compilación y distribución de recursos de corpus. Entre ellas cabe mencionar a CSLU (*Centre for Spoken Language Understanding*)[61], ELRA/ELDA (*European Language Resources Association*[62] y *European Network in language and speech*[63], respectivamente), ELSNET[64] (*European Network of Excellence in Human Language Technologies*), ENABLER (*European National Activities for Basic Language Resources*)[65], ICAME (*International Computer Archive of Modern and Medieval English*)[66], LDC (*The Linguistic Data Consortium*)[67], OTA (*Oxford Text Archive*)[68], entre otras.

Indudablemente, los recursos lingüísticos de consulta con acceso abierto son también una vía para la transferencia de conocimiento y la difusión de la terminología, lo cual contribuye a fomentar la transición digital o «tecnificación» del trabajo terminológico. Este es el caso de Wordnet[69], FrameNet[70], VerbNet[71], que representan un paso más en la compartición de datos y en la interoperabilidad, difícil cuestión teniendo en cuenta la existencia de más de una organización de estandarización, como ISO y la Web Semántica, cada una de ellas con lenguajes o sintaxis de formalización distintos. También merece especial mención BabelNet 5.0[72], diccionario enciclopédico multilingüe. Ofrece redes semánticas/ontologías que conectan conceptos y entidades. Su información procede de la integración de, al menos, ocho plataformas —lexicones, enciclopedias, wikis, etc.—, entre ellas, Wordnet. Por último, en este grupo se puede incluir ConceptNet[73] un recurso gratuito de redes semánticas.

En esta línea de compartición de datos y, especialmente ilustrativo para nuestro estudio, es la existencia de un grupo comunitario sobre ontologías, denominado *Ontology-Lexica Community Group*, alojado en la plataforma

61 http://www.cslu.ogi.edu/tts/
62 http://www.elra.info/en/
63 http://portal.elda.org/en/about/elda/
64 http://www.elsnet.org/
65 http://www.ilsp.gr/enabler/search_sel.asp
66 http://clu.uni.no/icame/
67 https://www.ldc.upenn.edu/
68 http://ota.ox.ac.uk/
69 Disponible en inglés en https://wordnet.princeton.edu/
70 https://framenet.icsi.berkeley.edu/fndrupal/about. También está disponible para el español.
71 Disponible en https://verbs.colorado.edu/verbnet/. También está disponible para el vasco.
72 https://babelnet.org/about
73 https://conceptnet.io/

W3C. En ella se pueden consultar los resultados del trabajo de desarrollo de un modelo léxico para ontologías, Lemon (*Lexicon Model for Ontologies*), creado en 2016 (Cimiano, McRae y Butelaar, 2016)[74].

En cuanto al uso de las tecnologías de la información y de la comunicación para el trabajo terminológico en línea, se pueden mencionar recursos en la nube con una gestión sencilla, como GoogleDocs o Dropbox que permiten, con una organización previa, compartir, editar documentos y trabajar a varios usuarios sobre el mismo documento en tiempo real. Respecto a los demás recursos para el trabajo terminológico en línea, actualmente existen corpus, glosarios[75], diccionarios, bases de datos terminológicas, sistemas de gestión terminológica, extractores, ontologías y tesauros. Tanto para el trabajo terminológico como para la traducción especializada, el panorama de funcionalidades que ofrecen herramientas como las memorias de traducción (MT) es muy amplio y ciertos entornos permiten su compartición; es más, algunos programas de MT permiten recuperar un glosario previo para consulta. También hay programas que permiten acceder gratuitamente a memorias de traducción de gran volumen. Este es el caso de herramientas comerciales como SDL Trados y Wordfast que incluyen esta funcionalidad a través de complementos.

Para la gestión terminológica colaborativa, Ramírez Polo (2014) describe la existencia de plataformas similares a Wikipedia, como Wiktionary (http://en.wikitionary.org/), en la que se pueden crear recursos colaborativos para «traductores, terminólogos, expertos en la materia e incluso público en general» (pp. 65–66). Este conjunto de recursos se denomina técnicamente *Collaborative Knowledge Bases (CKBs)* o bases de conocimiento colaborativas. De forma similar operan los recursos construidos de forma colaborativa o *Collaboratively-Constructed Resources (CCRs)*, que ofrecen un producto al que han contribuido usuarios de distintas procedencias y dominios. Algunos de ellos son TermWiki (http://es.termwiki.com/) y OmegaWiki (http://www.omegawiki.org). También existen gestores para el funcionamiento de estos entornos, como el gestor terminológico colaborativo en línea TermWeb 4.0[76], entre otros.

---

74 https://www.w3.org/community/ontolex/

75 La incorporación de glosarios terminológicos a las herramientas de gestión terminológica o de traducción para el trabajo colaborativo en línea realizado por empresas y organizaciones reduce el tiempo de trabajo empleado en recuperar términos y traducciones previas que tomar de referencia, en realizar tareas de revisión, de corrección o de reescritura de definiciones, de posedición, etc.

76 https://www.interverbumtech.com/products-services/termweb/

Las herramientas en entornos colaborativos aplicables al trabajo terminológico o terminográfico se han extendido al nivel ontológico. Así se refleja en el modelo colaborativo propuesto por Kudashev, Carlson y Kudasheva (2010) para TermFactory, concebida como plataforma para el flujo de trabajo terminológico colaborativo basado en ontología. Entre las múltiples ventajas de este servicio destacan una mayor rapidez en la creación del contenido, en comparación con los modelos tradicionales, un menor coste directo respecto al volumen del contenido y la obtención de resultados más objetivos del sistema conceptual del dominio debido a la implicación de varias partes interesadas, tanto empresas como terminólogos y expertos del dominio. Señala como limitaciones la necesidad de herramientas de control de calidad y un entorno de recursos de consulta que creen un «ecosistema» favorable y motivador.

Otro de los desafíos tecnológicos que se le ha presentado al terminólogo es el conocimiento del lenguaje de formalización o sintaxis para entornos digitales, pues es el vehículo de comunicación persona-máquina en lógica descriptiva. Las normas de estandarización terminológica han de ir adaptándose a las nuevas exigencias técnicas de la digitalización, como el lenguaje de marcado (*Lexical Markup Framework/LMF*). La norma *ISO-24613-1: 2019 Language resource management* (ISO, 2019)[77] se centra en este descriptor usado para consignar los datos léxicos monolingües o multilingües en formato electrónico, para anotaciones y para el tratamiento automático de la lengua. Como se indica en la norma, en su versión digital, por ahora publicada solo en inglés, «LMF provides mechanisms that allow the development and integration of a variety of electronic lexical resource types».

Además de LMF tenemos otros dictados sobre lenguajes de marcado para crear diccionarios legibles por máquinas, como TEI—Text Encoding Initiative— (Ide y Véronis, 1995)[78], que es un estándar de codificación para el intercambio de textos en formato digital. Cuenta con una amplia comunidad de usuarios y se ha utilizado en varias investigaciones. Una de ellas se centra en la versión TEI Lex0 (Banski, Bowers y Erjavec, 2017; Salgado, Costa, Tasovac

77 La versión gratuita parcial de esta norma está disponible en línea en https://www.iso.org/obp/ui/#iso:std:iso:24613:-1:ed-1:v1:en

78 Según Ide y Véronis (1995, p. 176), los miembros que formaron parte del equipo de trabajo desarrollador de TEI fueron Robert Anslew, Nicoletta Calzolari, Carol Van Ess-Dykema, John Fought, Nancy Ide, W. Frank Tompa, Jean Véronis y Susan Warwick-Armstrong.

y Simões, 2019). Al hilo de esta cuestión, se torna indispensable aludir a otros recursos y sistemas de creación de recursos terminográficos y lexicográficos[79]. Este es el caso de Oxygen XML Editor 22.1[80], un entorno de codificación de textos digitales. Permite editar con TEI y en la actualidad se aplica especialmente en tareas de digitalización de diccionarios. Función similar es la del sistema GROBID-Dictionaries, que es un sistema de conversión de diccionarios impresos a formato digital usando TEI. Estos recursos son especialmente válidos para digitalizar obras en formato papel que no se han vuelto a imprimir o que están descatalogadas. Este nuevo paradigma pone en valor y preserva el patrimonio histórico-cultural de obras que ya no se imprimen o editan.

Como parte contribuyente a este tipo de trabajos de digitalización se halla el objetivo de SKOS (*Simple Knowledge Organization System*), una iniciativa de W3C nacida en el año 2003. Se trata de un entorno en forma de aplicación RDF que permite representar los datos estructurados y los esquemas conceptuales de los sistemas de organización del conocimiento como tesauros, encabezamientos y lenguajes controlados, entre otros. Al estar basado en RDF estructura los datos en forma de tripleta. Permite alojar en su entorno textos codificados en una sintaxis determinada, por ejemplo, TEI, asegurando así su compartición con otros sistemas o recursos. En SKOS los conceptos se identifican con referencias URI. Pueden etiquetarse en cadenas de texto en varios idiomas y estructurarse a través de relaciones semánticas de distintos tipos.

Finalmente, merece la pena señalar que la mayoría de los recursos y herramientas tecnológicas que forman parte de estos flujos de trabajo «tecnificados» (especialmente en el estado actual de la disciplina) utilizan corpus en mayor o menor grado. El enfoque de corpus ha dado acceso a un mayor conocimiento de las lenguas de especialidad. Si bien, originariamente, la lengua general se constituía en el objeto de estudio de las primeras aproximaciones a los estudios de corpus, el interés por los mismos se ha visto potenciado por su aplicación a estudios lingüísticos de dominios especializados y, fundamentalmente, por la sinergia entre la lingüística y las ciencias de la computación. La lingüística computacional, la lexicografía computacional, la traducción automática y el procesamiento de lenguaje natural son solo algunos de los enclaves en los que se sitúan las distintas tecnologías basadas en corpus. Del diseño y compilación

79 Cabe mencionar que, durante la primera década del siglo XX, ya se habían desarrollado entornos electrónicos para crear diccionarios. Este es el caso de TshwaneLex y LexiView.

80 https://www.oxygenxml.com/

de los corpus y subcorpus en los que se basa nuestro estudio nos ocuparemos con detalle en el capítulo II.

### 1.1.4. El terminólogo y el trabajo terminográfico

Las aportaciones teórico-prácticas de la lingüística aplicada se han adaptado a las exigencias del trabajo terminológico y, concretamente, a las del terminográfico, viéndose este último revalorizado, especialmente en la última década, al poder mostrar empíricamente sus resultados a partir de las aplicaciones computacionales de corpus. El terminólogo es, en general, un profesional de la lengua, filólogo, lingüista o traductor, especializado en llevar a cabo, con un fin y dirigido a un usuario final, un sistema de documentación, compilación, análisis, estructuración y consignación de la terminología de un dominio especializado en una o en varias lenguas, para presentar un producto dotado de información terminológica —es decir, con las propiedades lingüístico-conceptuales del término y sus relaciones— tras una investigación exhaustiva.

El repertorio de datos se ingresa de forma estructurada en una ficha terminográfica que, en la actualidad, se puede generar en forma electrónica, y que constituye una base de datos. En ella se almacena y organiza, para su recuperación y uso posterior, la información sobre los términos en campos —entrada terminológica, dominios y subdominios, categoría gramatical, nivel de comunicación, marca diatópica, variantes, marca diastrática, definición, sinónimos, conceptos relacionados, referencias cruzadas, muestra en contexto oracional, fuente, estado de validación, audio/imagen, entre otros— y, en el caso de recursos o herramientas en otras lenguas, el(los) equivalente(s) en otra(s) lengua(s), que aportan también el registro de los mismos campos si se trata la bidireccionalidad de las lenguas implicadas.

La actividad terminológica de establecer los criterios que rigen la búsqueda, compilación, identificación, selección, registro y almacenamiento en un entorno que permita la búsqueda, consignación, recuperación y validación de los términos se denomina terminografía o trabajo terminográfico. La norma *ISO 1087-1: 2000 Terminology work. Vocabulary. Part I* (ISO, 2000), establece que la terminografía es la parte del trabajo terminológico que se ocupa de la consignación y la presentación de los datos terminológicos (p. 12). En cambio, la definición que ofrece la versión actualizada de la norma en el año 2019, *ISO 1087: 2019 Terminology work and terminology science* (ISO, 2019), es «terminology work aimed at creating and maintaining terminology resources»[81]. Esta

81 Recuperado de https://www.iso.org/obp/ui/#iso:std:iso:1087:ed-2:v1:en el 26 de abril de 2021

definición tiene un enfoque más técnico e incluye, entre sus funciones, el mantenimiento del recurso terminológico. De cualquier forma, la actividad terminográfica se ocupa de registrar los datos en la ficha terminológica, elaborar o buscar definiciones, organizar los datos, etiquetarlos y revisarlos, en definitiva, gestionarlos. Esta actividad se ha visto especialmente agilizada con el procesamiento automático de los corpus, pues así se puede disponer de la fuente real de los documentos desde los que contextualizar el término de forma sincrónica y diacrónica y localizar la información para la tarea denominativa y descriptiva de los mismos. Facilita, asimismo, la identificación de neologismos, de variaciones denominativas y conceptuales, entre otras características. Además, existen sistemas de gestión terminológica (SGT) que permiten automatizar la gestión desde la compilación del corpus hasta el registro final de las entradas terminológicas.

El producto resultante (terminología, diccionario terminológico, glosario terminológico, glosario término-ontológico, diccionario onto-terminológico, etc.) puede funcionar como recurso o herramienta independiente o ser la antesala de una aplicación posterior en el diseño y preparación de material de enseñanza de lenguas especializadas, en traducción o interpretación especializada —para alimentar memorias de traducción, por ejemplo—, en trabajos de revisión terminológica, de posedición, de localización o de redacción técnica, entre otras de las prácticas actuales. La información de la que se nutre el trabajo terminológico, hoy en día, se constituye en forma de corpus lingüístico especializado en formato electrónico, normalmente compilado por el propio terminólogo. Además del corpus lingüístico, el terminólogo, en el proceso de validación de los candidatos a término, se vale de consultas a experto(s)/a(s) en la materia objeto de estudio, así como de diferentes fuentes textuales. En cuanto al flujo del trabajo basado en corpus del terminólogo[82], se divide en varias fases, que pueden ampliarse y/o adaptarse a un orden distinto, en algunos casos. En términos generales, abarca:

a) Fase de búsqueda y selección de la documentación.
b) Fase de compilación del corpus lingüístico especializado.
c) Fase de extracción de candidatos a término.
d) Fase de análisis de datos que acompañan a los candidatos a término en los niveles textual y macrotextual (definiciones, descripciones, etc.).

---

82 Conviene mencionar que el flujo de trabajo tradicional del terminólogo ha sufrido ciertas modificaciones con la llegada del paradigma de trabajo terminológico colaborativo en línea.

e) Fase de comprobación en herramientas terminológicas y en fuentes textuales.
f) Fase del establecimiento del sistema de términos. Se compone de distintas acciones: delimitar los términos y discernir las unidades terminológicas polilexemáticas, si las hubiera, en distintas combinaciones (Adj.+N/N+Adj/V+N, entre otras); detectar las variaciones, localizar con criterios fundamentados casos de creación neológica.
g) Fase de conceptualización: desarrollo de los campos conceptuales y definición del sistema conceptual del dominio objeto de estudio.
h) Fase de identificación de conceptos y de relaciones.
i) Fase de establecimiento del patrón de definición terminográfica, de los criterios de calidad y desarrollo de las definiciones.
j) Fase de validación por el terminólogo y el experto en la materia.
k) Fase de diseño de la ficha terminográfica.
l) Fase de búsqueda de equivalentes en otras lenguas, en el caso de proyectos bilingües o multilingües.
m) Fase de formalización en la base de datos terminológica.

La gestión de la calidad en el trabajo terminológico debe asegurarse estableciendo criterios adecuados para cada una de las fases, las cuales pueden ser tratadas de forma recursiva. Así, hay fases de revisión intercaladas y, por ejemplo, una fase de selección del modo de presentación de los datos en la base de datos. Mientras tanto, son varias las competencias que intervienen. El terminólogo es, pues, un analista de la lengua y hace uso fundamentalmente de competencias documentales —casi con destrezas propias de la biblioteconomía—, de competencias lingüísticas —un profundo conocimiento de la lengua origen y de la lengua meta—, de competencias textuales —reconocimiento de los rasgos distintivos de un texto—, de competencias tecnológicas y de competencias discursivas —la capacidad de describir e identificar los rasgos del tipo y del género textual que se ha producido para un tipo concreto de contexto comunicativo y que sirve como fuente de documentación; un análisis adecuado del discurso permitirá acceder a datos como el nivel de especialización del texto, sus variaciones tras un análisis genérico y contrastivo y su grado de hibridación textual, esto es, las características multigenéricas que pueda llegar a alcanzar (textos marítimo-técnicos-jurídicos, por ejemplo)—.

Hay que tener en cuenta que las características del dominio influirán en la forma de abordar el trabajo terminológico. Así, la diferencia de caudal documental y de recursos de consulta existentes en los distintos ámbitos de especialidad incidirá en su tratamiento, pues, por ejemplo, no es lo mismo abordar la terminología en el dominio biosanitario que la terminología del deporte, que difieren en niveles de estructuración y en el número de recursos de consulta, en la actualidad. También hay que evaluar la dificultad añadida que para el terminólogo puede suponer enfrentarse a textos de naturaleza híbrida, como es el caso de textos jurídicos imbricados en textos médicos, por ejemplo, los documentos de consentimiento informado o los textos científicos imbricados en el dominio agroalimentario, de los que una muestra podrían ser los textos sobre las características y el uso de los pesticidas para el riego del campo. En el caso de los textos híbridos, en nuestra opinión, siguen siendo muestras de la lengua especializada matriz, en este caso, del lenguaje biosanitario, pero realizado discursivamente en el lenguaje jurídico.

El tratamiento de los datos se puede realizar desde un enfoque onomasiológico —identificación de conceptos, sus relaciones y de los términos que los designan—, semasiológico —identificación del término, su concepto y las relaciones que lo representan— o complementando ambos enfoques entre sí en las distintas fases del trabajo.

En cuanto a la ocupación que origina el término, el trabajo terminológico, se han de seguir unas pautas metodológicas para la tarea de recopilación y gestión terminológica o terminográfica, como ya hemos señalado. En este sentido, el Comité técnico 37 de ISO, que tiene la misión de regularizar principios y métodos, ha especificado en la norma *ISO 704: 2009 Terminology work. Principles and methods* (ISO, 2009), cuáles son las principales actividades de las que se ocupa todo trabajo terminológico, a saber: identificar conceptos y las relaciones conceptuales, analizar y modelar sistemas conceptuales a partir de conceptos identificados y de relaciones de conceptos, establecer representaciones de sistemas conceptuales a través de diagramas de conceptos, definir conceptos, atribuir designaciones a cada concepto en una o más lenguas. En lo que al trabajo terminográfico concreto se refiere, indica que su función es registrar y presentar los datos terminológicos en modo impreso o electrónico, actividad principal de la que nos ocuparemos en la fase de elaboración de la base de datos término-ontológica[83].

---

83 Realizamos la observación de que en la revisión de ISO 704 del año 2009 en su versión original en inglés se indica que para la lengua inglesa el término *terminology work* designa la disciplina mientras que *terminology* utilizado en plural o precedido por un artículo se refiere al conjunto de designaciones de un tema en particular (ISO 704, 2009, p. v). Esta norma ha sido sustituida recientemente por *ISO 704: 2022 Terminology work. Principles and methods* (ISO, 2022).

Para operar con la terminología basada en corpus, el terminólogo se apoya en recursos y herramientas informáticas de gestión terminológica, desde el programa Microsoft Excel hasta un amplio abanico de tecnologías de la lengua disponibles —corpus electrónicos, programas de concordancias, repositorios documentales, recursos terminográficos, sistemas gestores de bases de datos (SGBD) que permiten alojar y archivar términos de forma estructurada, programas de exportación de documentos a formatos habituales para el procesado textual, sistemas de procesamiento textual que permiten la extracción (semi-)automática y el análisis de términos, bancos de datos etiquetados que permiten recuperar información conforme a criterios lingüísticos concretos, programas de memorias de traducción que permiten importar glosarios creados anteriormente con los que el terminólogo, en su faceta de traductor, si es el caso, puede verificar la reutilización de un término o no, programas de autoedición, buscadores en red, correctores ortográficos, programas de alineación de secuencias textuales en distintas lenguas, programas de traducción asistida por ordenador (CAT), programas para importar memorias de traducción y glosarios creados con TAO (traducción asistida por ordenador), programas de anotación, lematizadores, programas de creación y organización de mapas conceptuales y editores de ontología, entre otras tecnologías—. Los usuarios del producto final pueden ser expertos o semiexpertos de la materia, estudiantes de lenguas o de la materia objeto de estudio, empresas del sector, lingüistas, empresas que ofrecen servicios de traducción, traductores, redactores técnicos, revisores, instituciones académicas, organizaciones gubernamentales, canalizándose su distribución en formato papel o electrónico. Las distintas partes o grupos de interés —individuales o corporativos— en el trabajo terminológico y, por ende, en la transferencia del conocimiento especializado, fluyen en función del tipo de servicio demandado, de su proyección final, como se muestra en la figura 1 y suelen ir acompañados de necesidades de traducción a una o a varias lenguas.

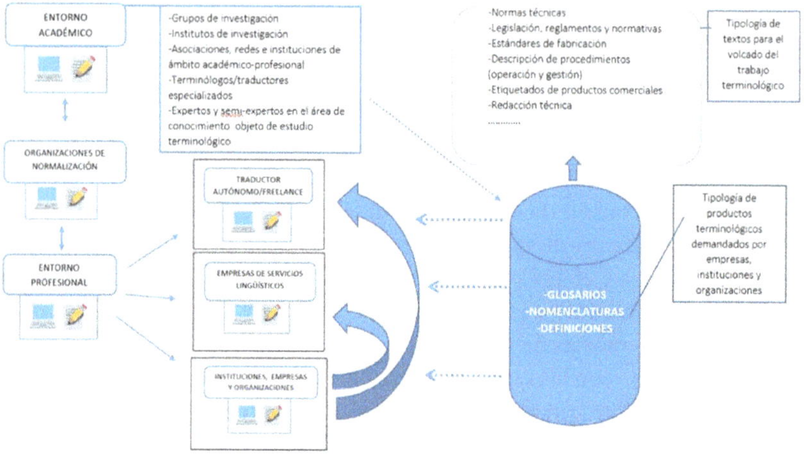


**Fig. 1:** Panorama actual de flujo de interés en el desarrollo de trabajos y productos terminológicos.

La investigación en terminología en el ámbito académico y en el ámbito profesional ha realizado grandes progresos en volumen de trabajo y en las metodologías de trabajo en los últimos 30 años. En términos globales, el terminólogo ha recibido un mayor reconocimiento y se ha podido apreciar un incremento de los trabajos publicados en revistas científicas y especializadas y un aumento de la demanda de glosarios, diccionarios especializados y bases de datos terminológicas desde las empresas de servicios lingüísticos. En cuanto al papel del terminólogo en el entorno empresarial, desde su estación de trabajo debe conocer tanto los métodos de investigación de la disciplina como las técnicas de gestión del flujo de trabajo en las áreas de actividad o departamentos de la empresa. Además de generar productos terminológicos, los tipos de tareas más habituales hoy en día son la redacción técnica, la localización, la revisión terminológica y la posedición, en el caso de la traducción automática. El terminólogo se ha tenido que adaptar a las nuevas formas en la que los datos y el conocimiento se representa y a la forma en la que los datos se interrelacionan. La reinvención del terminólogo pasa por saber integrar sus conocimientos lingüísticos y los recursos tecnológicos de apoyo en una metodología de trabajo adecuada.

## 1.2. Conceptos clave

La contextualización de los estudios terminológicos es fundamental para comprender el alcance de su evolución, impulsada por diferentes circunstancias, a saber: a) las posibilidades que la lingüística de corpus ofrece a la hora de sistematizar, en particular, la fase de documentación y de extracción (semi)-automática de los términos gracias a los avances de la informática; b) el papel unificador de los comités y subcomités de organismos de normas internacionales a través de la elaboración concreta de estándares sobre terminología; la labor divulgativa de asociaciones y redes de terminología y de traducción especializada, la organización periódica de encuentros académicos y profesionales del sector de la terminología y de la traducción; c) el crecimiento del interés global por la terminología, tanto en el plano académico como en el profesional u ocupacional y la creación de recursos de consulta electrónicos; d) la tendencia a la digitalización y «tecnificación» del trabajo terminológico, últimamente también desde un enfoque colaborativo. Prueba de ello es el aumento exponencial de bases de datos terminológicas y del diseño de numerosos recursos de apoyo en tecnologías de la lengua para afrontar el caudal de trabajo terminológico que han surgido en los últimos 25 años.

Antes de presentar los principios término-ontológicos en los que se sustenta nuestra investigación basada en corpus, conviene aclarar algunas de las nociones clave que manejaremos a lo largo de este trabajo. Concretamente, nos ocuparemos de dilucidar qué se entiende (y qué entendemos) por Terminología, término, concepto y relaciones conceptuales, además de abordar el papel que desempeña la categorización en la organización y representación del conocimiento.

### 1.2.1. Terminología: definición y estatus

Uno de los paradigmas sobre la Terminología reside en la base de su propia definición, pues su estatus (como disciplina o como ciencia) no estaba claramente definido en sus inicios. El reconocimiento de la Terminología como disciplina ha sido un objeto de debate como declaran L'Homme, Heid y Sager (2003), entre otros. Tampoco hay consenso sobre su denominación; hay autores que abogan por una denominación distinta, como lexicografía especializada o lexicografía terminológica, es decir, una lexicografía que estudia las unidades temáticamente especializadas (Lerat, 1995; Rey, 1995; Edo Marzá, 2012).

En esta sección repasaremos algunas de las definiciones y caracterizaciones que, a lo largo de los últimos años, han convergido y han colaborado en la consolidación de la Terminología como disciplina y ciencia. La vigesimotercera edición del *Diccionario de la lengua española, de Real Academia Española* (s.f.), en su página web[84], contempla dos acepciones para Terminología: «1. El conjunto

84 https://dle.rae.es/terminolog%C3%ADa, recuperado el 28 de julio de 2021.

de términos o vocablos propios de determinada profesión, ciencia o materia» y «2. Estudio de la terminología». Ambas se refieren al objeto de su actividad y queda categorizada como estudio, sin mención a su categoría como disciplina. En cambio, la norma de estandarización *UNE- ISO 1087-1:2000 Trabajos terminológicos. Vocabulario. Parte I* (ISO, 2000) le asigna la categoría de disciplina en una de las dos definiciones que ofrece, a saber, «conjunto de designaciones pertenecientes a una lengua de especialidad»[85], y, además, «disciplina que estudia la estructura, la formación, el desarrollo, el uso y la gestión de terminologías en diferentes campos temáticos» (p. 23). Sager et al. (1993) la describe a partir de tres dimensiones: la cognoscitiva, la lingüística y la comunicativa. La define formalmente como «el estudio y el campo de actividad relacionado con la recopilación, la descripción y la presentación de términos, es decir, los elementos léxicos que pertenecen a áreas especializadas de uso en una o más lenguas» (Sager et al., 1993, p. 21). Este autor también destaca su carácter interdisciplinar:

> [...] se puede afirmar que la terminología es verdaderamente interdisciplinaria. Es un elemento vital para el funcionamiento de todas las ciencias, se ocupa de la designación dentro de todos los campos temáticos, y está íntimamente relacionada con un número de disciplinas específicas, como ya señaló E. Wüster, su preconizador más distinguido. Wüster la denominó un campo de estudio interdisciplinario que relaciona la lingüística, la lógica, la ontología y las ciencias de la información con los diversos campos temáticos. (Sager et al., 1993, pp. 20–21)

Gutiérrez Rodilla (1998, p. 86) apunta al vínculo de la Terminología con otras áreas, entre ellas, la lingüística aplicada:

> La terminología, en cuanto rama del conocimiento humano, mantiene fuertes relaciones con otras áreas de éste: desde la lingüística aplicada –de la cual forma parte– hasta la informática, la documentación o la epistemología, además de tener su origen y razón de ser en todos los dominios científicos y técnicos, cuyas terminologías particulares se benefician de los avances y mejoras de la teoría terminológica y, sin las cuales, esta última no tendría demasiado sentido.

Cabré (1996, p. 16), desde su Teoría Comunicativa de la Terminología (TCT), concede tres significados a la Terminología, como la disciplina, como la práctica y como el producto generado por la práctica. Considera que su función es doble, representar y comunicar, siendo el objetivo de la terminología como disciplina «dar cuenta de cómo el conocimiento especializado se estructura

---

85 ISO 1087-1 (2000) la distingue de «nomenclatura» a la que define como «terminología estructurada de manera sistemática según reglas de denominación preestablecidas» (p. 23).

en unidades conceptuales y denominativas que forman parte de un sistema de expresión y facilitan un determinado tipo de comunicación, la comunicación especializada» (Cabré, 2004, p. 94). Meyer (1993) estima que la Terminología tiene tanto una dimensión lingüística como conceptual (p. 140)[86]. En este sentido, Roche (2005), en el contexto de la ingeniería del conocimiento, coincide y se refiere también a la doble cara del término: «Un terme est donc une entité à double face, combinaison indisociable d'un nom —une désignation—et d'un concept» (p. 53). En su opinión, la Terminología es la ciencia de los términos —*science des termes*— y arguye que «est à la fois une activité pratique dans sa volonté de compréhension des objets du monde et de clarification des discours et une science qui repose sur la distinction entre la langue et l'extralinguistique». La define como una lengua de intelección «qui étudie las rapports entre les concepts et les choses» (p. 53) y la categoriza como una disciplina científica cuyo objetivo primordial es «to understand the world, describe the objects that populate it and find the right words to talk about them» (Roche, 2012, p. 17). En el marco de los estudios terminológicos en Canadá, Gélinas-Suprenant y Hussman (1993, p. 23) consideran que la Terminología es una ciencia: «Terminology is the science or art of labelling concepts (...) inasmuch as it is based on a logical methodology, it is a science». Depecker (2015, p. 36) se refiere a la ciencia de la terminología y precisa que tiene como objetivo primordial alinear signo, concepto y objeto: «The aim of terminology work is to ensure that a "sign" designates a precise "concept" and that the "concept" fits the "object" it describes».

El papel de los organismos de los estándares o normas internacionales en Terminología[87] ha sido fundamental en su consolidación actual como ciencia. Desde principios del siglo XX la Comisión Electrotécnica Internacional (CEI)[88] y la Organización Internacional de Normalización (ISO), han sentado estándares de trabajo para las disciplinas. En el caso de la Terminología, destaca especialmente el trabajo de la comisión ISO/TC 37, que asienta los términos y las definiciones consensuadas por los miembros de la comunidad científica internacional. La lengua oficial de publicación es el inglés y, además, existen traducciones a otras lenguas mayoritarias realizadas por los organismos de

86 Esta referencia a la autora Meyer aparece en un capítulo que ha vuelto a editarse en 2022 por la editorial John Benjamins Publishing Company y la página correspondiente es la 111.

87 Una compilación de los estándares aplicables a la Terminología hasta 2015 ha sido desarrollada por Alcina Caudet (2015).

88 También conocida por su sigla en inglés IEC (International Electrotecnical Commission).

normalización de los distintos países. Actualmente, existe un banco de datos terminológicos en español, Terminesp[89], que proporciona las definiciones desarrolladas por el trabajo de los organismos de normalización sobre terminología.

UNE[90] es el organismo de normalización español en la actualidad y uno de sus comités, concretamente el Comité Técnico de Normalización 191 (CTN 191), se ocupa de la normalización de los principios, métodos y aplicaciones relativos a la terminología así como del vocabulario especializado de los distintos ámbitos con el fin de homogeneizar el uso de la lengua. Una de las normas, especialmente significativa al referirse a la terminología como ciencia, es *ISO 1087: 2019 Terminology work and terminology science-Vocabulary* (ISO, 2019) En ella se define «terminology science» como «science studying terminologies (3.1.11), aspects of terminology work (3.5.1), the resulting terminology resources (3.7.1), and terminological data (3.6.1.)»[91], reflejando así el panorama actual de la actividad terminológica. En la misma línea de su consideración como ciencia, la página web de TermCoord, sección de la Dirección General de Traducción del Parlamento Europeo, con fecha de 23 de agosto de 2021, ofrece la acepción de la ciencia de la Terminología a la que define así: «A theory explaining the relationships between concepts and terms which are fundamental for a coherent activity of collecting, describing and presenting terms»[92].

La terminología de múltiples dominios y subdominios es objeto de numerosos estudios y ha intensificado su actividad junto a la traducción especializada en respuesta a las demandas de la sociedad del siglo XXI. Prueba de ello es el aumento exponencial de bases de datos terminológicas y de otros recursos de apoyo que han surgido para realizar el trabajo terminológico. Podría decirse que ha sido a partir de los años 90 cuando las actividades terminológicas se han desplegado con mayor vigor. La inter-, trans- y multidisciplinariedad de

---

89 Se ha desarrollado a partir de los datos proporcionados por la Asociación Española de Normalización y Certificación AENOR, actualmente UNE. La Asociación Española de Terminología (AETER) ha promovido la creación de Terminesp en colaboración con la Fundación del Español Urgente (Fundéu BBVA). Puede consultarse en http://www.wikilengua.org/index.php/Wikilengua:Terminesp

90 UNE sustituye a AENOR, Sociedad española de normalización y certificación, que estuvo vigente desde 1986 hasta 2017.

91 Recuperado el 31 de julio de 2021 de https://www.iso.org/obp/ui/#iso:std:iso:1087:ed-2:v1:en. El acceso a las normas ISO no es gratuito pero el previsionado de la versión electrónica sí permite la consulta de algunas de las definiciones del vocabulario, como en este caso.

92 TermCoord (23 de agosto de 2021). *What we do. TermCoord in Action!* https://termcoord.eu/what-we-do/

la terminología se demuestra en su presencia en tareas de la traducción especializada —memorias de traducción, TAO, traducción automática y traducción automática neuronal, posedición—, en el procesamiento automático y semiautomático de los textos especializados, en el modelado del conocimiento —la lingüística computacional—y en las tareas de planificación lingüística. Su estudio teórico-práctico forma parte de los planes de estudio de todos los niveles universitarios. La gestión terminológica también se ha adaptado al entorno de trabajo colaborativo en línea y se ha investigado sobre la denominada terminología colaborativa (Vargas Sierra, 2014; Contreras, 2017). Cabe destacar el proyecto NeuroNEO (García Palacios, Maroto y Torres del Rey, 2018) que persigue, a través de un entorno colaborativo de wiki y con la participación de terminólogos y de neurocientíficos, la localización de los neologismos en el campo de las neurociencias.

A partir de todo lo aquí expuesto, podemos colegir que la Terminología es una actividad de orden lingüístico y cognitivo en la que el término, su conceptualización y su representación son centrales. El objetivo del presente trabajo encaja con los postulados de estos autores sobre la disciplina terminológica, pues recopilaremos, describiremos y organizaremos los términos en función de sus relaciones conceptuales para el dominio especializado de la seguridad de la navegación marítima a bordo del buque.

La premisa de la que partimos es la consideración de la disciplina terminológica como una ciencia empírica, dotada de un aparato teórico y metodológico sistemático, riguroso y documentalmente verificable desde el que, a través del razonamiento y la observación permite la organización y estructuración del conocimiento especializado proyectado en su objeto de estudio, los términos. La terminología es un objeto de estudio y, en sí misma, también es un sustento con el que alimentar otros recursos y herramientas tecnológicas.

### 1.2.2. El término

El estudio del término conlleva una multiplicidad de conceptos en virtud de la disciplina o enfoque desde el que se trate. Es curioso observar la variedad de definiciones que suscita[93], circunstancia que se constata tanto desde las distintas teorías y corrientes terminológicas como desde los distintos organismos normalizadores. Según la norma *ISO 1087* (2000), un término se define como «designación verbal de un concepto general en un campo temático específico»,

93 Kageura (2002, pp. 17–20), en su estudio teórico-descriptivo sobre la dinámica de la terminología, recoge las restricciones a ciertos conceptos de término.

y se puede distinguir entre término simple o «término formado por un único lexema» y «término formado por dos o más lexemas» (p. 9). No obstante, el vocablo «término» suele ser sustituido en el campo de la terminología por el de «unidad terminológica», «unidad de conocimiento especializado» y, en función de sus componentes, podrá ser «unidad terminológica monolexemática» (compuesta por un solo elemento) o «unidad terminológica polilexemática» (compuesta por dos o más elementos)[94]. Esta última apreciación suele ser conocida en el terreno anglosajón como *multiword unit (MWU).*

Incluso dentro de las normas ISO se pueden observar distintas posiciones para la conceptualización de «término», en función de la clasificación previa y del enfoque del tipo de norma. Así, en *ISO 12620 Management of terminology resources* (ISO, 2019), norma referida a la implementación de un registro de categorías de datos[95] aplicables a todos los tipos de recursos del lenguaje, se define término como «la categoría término (term), entendido como la designación de un concepto en un lenguaje de especialidad por medio de una expresión lingüística».

La norma *ISO 25964.2 Information and documentation* (ISO, 2013, p. 14) desarrollada para los tesauros y la interoperabilidad con otros vocabularios define término como «word or phrase to label a concept»[96], es decir, se atiene a un concepto clásico.

---

94 En el contexto de la Teoría Comunicativa de la Terminología (TCT), Cabré, Estopà y Lorente (1996, pp. 4–5) proponen, siguiendo a Corbin (1994), utilizar el término «unidad terminológica polilexemática» al que definen como «unidad léxica propia de un dominio de especialidad formada por más de un lexema» y lo distinguen de «unidad fraseológica especializada» porque esta es una unidad sintáctica.

95 Estas categorías de datos se refieren a los tipos de elementos que han de aparecer en una Base de Datos Terminológica (BDT); están compuestas por 10 subgrupos (categoría de datos término, categoría de dato que contiene información sobre el término, categoría de dato sobre la equivalencia de los términos, etc.). Sin embargo, la norma ISO no establece cómo se han de relacionar los datos entre los diferentes campos. Para ello, el documento *Common Language Specification* o *CLS Framework* presenta un conjunto de características de lenguaje básicas requeridas por la mayoría de las aplicaciones para poder interactuar. De forma complementaria también se ha estado utilizando ISO 12200: 1999 *Computer Applications in Terminology* (ISO, 1999). Soluciones como estas venían siendo reclamadas por distintos autores, entre ellos, Galinski y Budin que, en 1993, lo expresaban así: «Holistic strategies are necessary in order to integrate all types of activities and all types of software into a single (usually very complex) model for information flow within an organization» (p. 73).

96 «palabra o frase para etiquetar un concepto» (nuestra traducción).

Cabré (1999) destaca que los términos son unidades lingüísticas y, a su vez, unidades de conocimiento específico y de comunicación especializada (Cabré, 1999, p. 13) y añade que, de acuerdo con el concepto de signo de Ogden y Richards[97], concibe el término como «una unidad poliédrica compuesta de tres elementos: el significado o concepto, el nombre o denominación y la cosa o referente» (Cabré, 1999, p. 20) y es el contexto comunicativo el que activa la aparición o la existencia del término: «Any lexical unit would thus have the potential of being a terminological unit. [...] The condition of *terminological unit* applied to a lexical unit does not exist prior to its usage in a specific communicative context» (Cabré, 2003b, p. 190), siendo este el concepto al que nos adherimos en este trabajo. Faber (2012, p. 11) también menciona el vínculo del concepto en su definición de término: «terms are linguistic units which convey conceptual meaning within the framework of specialized knowledge texts»[98].

La óptica de la lingüística computacional sobre el concepto de término también ofrece matices diferentes. Jacquemin y Bourigault (2003, p. 600) aducen que difícilmente se puede utilizar la concepción clásica de término en lingüística de corpus o en lingüística computacional por dos motivos:

1. El experto no puede construir un mapa conceptual desde la introspección.
2. Los recursos de construcción y explotación semiautomática de recursos terminológicos generan una gran variedad de datos terminológicos para el mismo campo. Existen tantos recursos como tipos de aplicaciones (*families of applications*), entre los que nombran a tesauros para el indexado automático y la recuperación de la información, índices estructurados por hiperdocumentos, listas de autoridades para la redacción asistida por ordenador, ontologías para inteligencia industrial, etc.

Estos autores definen el término en el contexto de lo que ellos denominan *terminological engineering* del siguiente modo: «According to a definition that is better suited to corpus-based terminology, a term is the *output* of a procedure of terminological analysis» (Jacquemin y Bourigault, 2003, p. 600).

Como se ha expuesto anteriormente, el término, unidad terminológica o unidad de conocimiento especializado, es de naturaleza lingüística y conceptual, con capacidad representativa de conocimiento especializado para transmitir información en el ámbito de la comunicación. Diversos repertorios

97 Se refiere al conocido triángulo semiótico presentado por estos autores en 1923.

98 «Los términos son unidades lingüísticas que transmiten significado conceptual en el marco de los textos sobre el conocimiento especializado» (nuestra traducción).

terminológicos son el ejemplo fehaciente de la necesidad de representar, trasladar y registrar los vocablos de carácter específico, temáticamente restringidos e identificativos de un colectivo, es decir, de compilar los términos y estructurar sus sistemas conceptuales especializados. Los medios que tradicionalmente se han utilizado para la representación del conocimiento especializado han sido el diccionario técnico, el glosario, la taxonomía, la nomenclatura y el vocabulario[99], amparados todos por la terminología de un dominio concreto. En ellos, el tipo y el rango de conocimiento representado varía en función del producto terminológico de que se trate; de esta manera, el usuario que consulta un diccionario espera encontrar, como mínimo, las unidades terminológicas (recogidas en entradas monolexemáticas), su definición, sus variantes semánticas, el origen del término, sinónimos, marcas diatópicas, marcas de (sub-) dominios, variantes ortográficas y su traducción, en el caso de que sea bilingüe; si es un glosario, espera encontrar una lista de términos de un campo determinado acompañados de una definición o de un comentario específico, preferiblemente tanto unidades terminológicas monolexemáticas como polilexemáticas y acompañadas del equivalente en otra(s) lengua(s); en el caso de una taxonomía, observará agrupaciones de términos, objetos o seres vivos, ordenados de forma jerárquica de acuerdo con una característica peculiar; una nomenclatura incluiría los términos de un campo científico-técnico o de una especialidad profesional de forma sistematizada, organizándolos en clases o categorías y, en ocasiones, se acompañaría de un gráfico; ante un vocabulario, el usuario espera encontrar desde unidades terminológicas hasta fraseología u oraciones completas[100]. En todos estos recursos se encuentra representado el conocimiento

99 No hemos incluido entre los ejemplos de sistemas de organización del conocimiento instancias claves de listas relacionadas como los tesauros, más extendidos en el área de la organización documental, en las redes semánticas y en las ontologías. Entre los que proporcionan listas de términos se hallan, además de los glosarios y de los diccionarios, las listas de autoridades y los índices toponímicos. En cuanto a los de tipo clasificador y de esquemas de categorización se encuentran las taxonomías, los encabezamientos de materias y los esquemas de clasificación y categorización en biblioteconomía y documentación (CDU, CDD).

100 Este es el caso del *Vocabulario normalizado de la navegación marítima* o *Standard Marine Navigational Vocabulary* (1985) de la Organización Marítima Internacional *(International Maritime Organization)*, que consiste en un compendio de oraciones y fraseología para las comunicaciones marítimas a bordo del buque o con el exterior. Desde 2001, el término *vocabulary* ha sido sustituido por *frases* en la nueva versión, ampliada y con modificaciones, bajo la designación de *Frases normalizadas para las comunicaciones marítimas de la OMI* —en inglés, *IMO's Standard Marine Communication Phrases*—.

gracias a la asociación consensuada del término y el concepto; de ahí que la organización conceptual haya sido siempre centro de investigación en la terminología y en la comunicación especializada (Budin, 1994; Meyer y Mackintosh, 1996a, 1996b; Meyer et al. 1997; Cabré, 1999; Pozzi, 1999; Faber et al. 2007; León Araúz y Faber, 2010; Faber y L'Homme, 2014, entre otros).

En la sociedad contemporánea, las formas de representación del conocimiento son hipertextuales y la información se suele transmitir mediante varias técnicas (recursos lingüísticos, imagen, sonido) en las que la estructuración de su contenido es fundamental para transferirlo adecuadamente. Por ello, la organización y la representación del conocimiento resultan elementos claves en la terminología y el medio de acceso al estudio de las categorías que rigen las relaciones conceptuales. Las actividades propias conducentes a la organización y representación del conocimiento a partir de corpus implican la compilación del mismo para extraer las unidades terminológicas o grupos de conocimiento[101], la clasificación y validación de las mismas en función del vínculo con el campo conceptual que cubren, la identificación de las relaciones conceptuales entre las unidades terminológicas y su estructuración conforme a un sistema conceptual válido desde el que clasificar, indexar y recuperar el conocimiento especializado intrínseco.

### 1.2.3. El concepto

En este apartado se exponen las distintas acepciones sobre la noción de *concepto*, su naturaleza y las características en Terminología de la mano de autores como Meyer y Mackintosh (1996a y 1996b), Meyer (2001), Sager et al. (1993) y de las normas ISO. En el ámbito del trabajo terminológico y ontológico, los conceptos se pueden definir como las representaciones mentales de los objetos dentro de un contexto o campo especializado. Un concepto es una construcción mental que sirve para clasificar los objetos individuales del mundo exterior o interior a través de un proceso de abstracción. Debido a que el trabajo terminológico trata de lenguaje especializado en un campo particular del conocimiento, el concepto ha de contemplarse no solo como una unidad de pensamiento, sino como una unidad de conocimiento.

Son varios los autores que se han pronunciado sobre el concepto especializado y sus características, de los que destacamos algunas visiones:

---

101 *Unit-of-understanding* (UoU) o *unidades de comprensión*, según la Termontografía (Kerremans et al., 2003).

a) Los conceptos especializados son el resultado de un contexto sociocultural y profesional determinado por lo que el concepto evolucionará en la misma medida (Gaudin, 1993b; Cabré, 1999).
b) El concepto es poliédrico y multidimensional en relación con los elementos cognitivos, comunicativos y lingüísticos del particular acto de habla (Cabré, 2002).
c) El concepto es, ante todo, un dispositivo descriptivo y explicativo para captar las características de las pautas de formación de los términos (Kageura, 2002).
d) Los conceptos especializados son el resultado del conocimiento de un objeto por medios lingüísticos y su contenido se amolda a los usos discursivos. Los elementos textuales, pues, también participan de la configuración del concepto especializado (Cabré, 1999; Temmerman, 2000).

Otros de los autores que han aportado su propia caracterización de la naturaleza del concepto son Sager et al. (1993, p. 47), que definen los conceptos como «construcciones de los procesos cognoscitivos humanos que ayudan a la clasificación de los objetos mediante la abstracción sistemática o arbitraria», es decir, introducen una perspectiva cognitiva en el estudio de los conceptos y de sus relaciones. En un primer momento, Sager (1990) establece los tipos de conceptos y distingue entre conceptos de clases, de propiedades, de relaciones y de funciones. Posteriormente, los amplía a entidades, actividades, cualidades y relaciones (Sager et al., 1993, p. 52)[102].

En este sentido, L'Homme (2018, p. 4), desde la perspectiva de la Semántica de marcos (Fillmore, 1976; Fillmore y Baker, 2010), se centra en las propiedades lingüísticas del término para mostrar cómo está vinculado a la expresión del conocimiento en los campos especializados. Desarrolla, en este sentido, una metodología basada en FrameNet, que es la implementación léxica de la Semántica de marcos (Ruppenhofer et al. 2016), a la que hemos aludido anteriormente.

Meyer (2001) señala que el análisis conceptual es la piedra angular de la terminografía, «the conceptual analysis is the cornerstone of terminography» (2001, p. 279). Se basa en la distinción conceptual procedente de la filosofía del lenguaje para realizar la siguiente clasificación de características

102 No profundizamos en cuestiones intrínsecas del propio concepto como las distintas teorías sobre la estructura de los conceptos o los tipos de conceptos, ya que son objeto de un estudio específico sobre el concepto en sí, lo que se aleja del fin fundamental de esta investigación.

conceptuales: los atributos, que son propios y no implican a los otros conceptos del dominio (color, altura, peso, etc.); y las relaciones, que unen el concepto a otros conceptos del dominio (por ejemplo, la hiperonimia, la meronimia y la causalidad). Tanto estas características como las distintas formas de identificarlas y extraerlas de los textos conforman el presupuesto básico de la autora, que denomina *knowledge-rich context* o, literalmente, contexto rico en conocimiento, al que define así:

> By *knowledge-rich context*, we designate a context indicating at least one item of domain knowledge that could be useful for conceptual analysis. In other words, the context should indicate at least one conceptual characteristic, whether it be an attribute or a relation. (Meyer, 2001, p. 281).

Meyer et al. (1997, p. 103) subrayan que las relaciones para la gestión de la terminología facilitan la adquisición del conocimiento especializado:

> Among the types of characteristics that concepts may have, relations play a very important role in terminology management because they are fundamental to understanding how concepts within a subject field are interlinked, which in turn is crucial to the process of acquiring subject-field knowledge.

Distintos autores mencionan características de otra naturaleza y a sus clasificaciones. De este modo, Cabré (1993, p. 185) desde la TCT, se refiere a las características intrínsecas y extrínsecas de la siguiente forma: las intrínsecas son aquellas que están ligadas a su descripción como representante de una clase (por ejemplo, forma, color o medida en el caso de los objetos), mientras que las características extrínsecas son aquellas que pueden considerarse externas a su definición como clase (por ejemplo, función, origen, localización o inventor de un objeto).

Estellés y Alcina (2008, p. 324) proponen un modelo de clasificación de características basado en los siguientes criterios: según su relevancia en la definición del concepto; según se puedan observar o no mediante un examen superficial; según su tipo en la representación de conceptos; según su clase o categoría descriptiva como concepto; según el ámbito de especialidad al que pertenecen. A su vez, estos criterios se pueden subdividir en dos grandes grupos: i) los que tratan la categoría como concepto, por ejemplo, atributo y valor, clase o categoría descriptiva, redefinida o definida, ámbito temático; y ii) los que la tratan como elemento que ayuda a describir conceptos, es decir, esenciales, no esenciales y distintivas, por un lado, e intrínsecas y extrínsecas, por otro.

La norma española UNE-ISO 1087-1: 2009 (UNE-ISO, 2009, p. 6)[103] sobre trabajos terminológicos, teoría y aplicación, define concepto[104] como «unidad de conocimiento creada por una combinación única de **características**». Identifica, asimismo, *característica* como «propiedad abstracta de un **objeto** o de un conjunto de objetos» y destaca que las características sirven para describir los conceptos. En cambio, la norma ISO 704: 2009 (ISO, 2009) dedicada al trabajo terminológico, principios y métodos, contempla una definición de concepto más revitalizada en su relación con la terminología y describe la naturaleza de los conceptos para el trabajo terminológico del siguiente modo:

> Concepts are not to be confused with abstract or imagined *objects* (...). The link between an *object* and its corresponding *designation* or *definition* is made through the *concept*, a higher level of abstraction. (...) Because terminology work always deals with specialized language in a particular field of knowledge (i.e. a subject field), the *concept* should be viewed not only as a unit of thought but also as a unit of knowledge. (ISO 704, 2009, p. 3).

Como se puede observar, la consideración del concepto ha evolucionado entre ambas normas, de ser una unidad de pensamiento ha pasado a ser una unidad de pensamiento y una unidad de conocimiento.

Los conceptos están provistos de *características*[105] (en un nivel de abstracción) que, como hemos mencionado anteriormente, sirven para describirlos, y de *propiedades* (mundo real), que también sirven para describirlos, pero a un nivel inferior de generalización. En la tabla 3 presentamos un ejemplo de las diferencias entre características y propiedades que ilustramos con ejemplos extraídos de nuestro corpus, NavSAFE, al cual dedicamos el siguiente capítulo.

---

103 Esta norma es la versión en español de la Norma Internacional *ISO 1087-1: 2000.*

104 ISO 25964-2: 2013 (ISO, 2013), en cambio, desde su campo de acción, define concepto como unidad de pensamiento (p. 4) y añade que los conceptos se pueden expresar de diversas formas. Existen en la mente como entidades abstractas independientes de los términos utilizados para expresarlos y pueden ser desde conceptos simples como «niño» a conceptos complejos como «legislación protectora infantil». Esta norma indica que en un esquema de clasificación tal grupo se denomina una *clase* (ISO 25964-2, 2013, p. 2).

105 *Característica* está utilizada en ISO como un concepto lingüístico y no se debe confundir con el concepto *propiedad* en la tecnología de la información.

**Tab. 3:** Ejemplo de características y propiedades para el término *Bulk-carrier a partir del modelo de ISO 704: 2009 (ISO, 2009).*

| Concepto: abstracción basada en un grupo de buques de carga<br>Designación (término): *Bulk-carrier* (granelero) | | | |
|---|---|---|---|
| Propiedades del objeto 1 (Capesize) | Propiedades del objeto 2 (Panamax) | Propiedades del objeto 3 (Handymax) | Características |
| Embarcación marítima que flota | Embarcación marítima que flota | Embarcación marítima que flota | Embarcación marítima que flota |
| Transporta carga a granel | Transporta carga a granel | Transporta carga a granel | Transporta carga a granel |
| Navega con propulsión a motor | Navega con propulsión a motor | Navega con propulsión a motor | Navega con propulsión a motor |
| 100.000 TPM | 60.000 TPM | 40.000 TPM | Tiene capacidad de carga mínima |
| 200.000 TPM | 100.000 TPM | 60.000 TPM | Tiene capacidad de carga máxima |

Se observa que hay una serie de características que todos los buques graneleros comparten (características) y una serie de características que son propias de cada uno de los tipos de buques graneleros, en función de color y capacidad mínima y máxima de carga (propiedades), sin que por ello dejen de compartir las características comunes.

De acuerdo con ISO: 704 (ISO, 2009, pp. 4–5), la metodología utilizada para realizar el análisis de la terminología anterior sería: a) identificar el contexto o el dominio, b) identificar las propiedades atribuidas a los objetos del dominio, y c) determinar las propiedades que se abstraen en características. Quedarían, pues, por realizar las dos últimas fases: d) combinar las características para formar un concepto y e) atribuir una designación.

En el presente estudio se van a realizar actividades de conceptualización y, por tanto, quisiéramos aclarar cuál es la noción que utilizaremos de ciertos términos. En primer lugar, nos referiremos al concepto de categoría como tal, ya que su estudio es colindante con el concepto y con las relaciones conceptuales, a los que dedicaremos una mayor extensión en el siguiente apartado. En el terreno de la terminología, se observa que el concepto de categoría se utiliza indistintamente por el de clase conceptual y, por otro lado, es casi imposible referirnos a la categoría sin tratar el concepto o las relaciones conceptuales. El concepto de categoría[106] es recogido por ISO 25964-2: 2013 (ISO, 2013, p. 2), que lo define como concepto o grupo de conceptos similares o relacionados utilizados como una división o subdivisión en una taxonomía. De cualquier forma, las categorías son etiquetas cognitivas que el individuo asigna continuamente como parte de su conocimiento del mundo y sobre el que continúa operando, es decir, categorizando, dentro de la comunidad discursiva especializada a la que pertenece, estableciendo distintos niveles, descartando categorías, incorporando otras e, incluso, rescatando algunas que había descartado. Por lo tanto, según el contexto, las categorías pueden ser percibidas y organizadas de distinta manera.

En cuanto a la actividad de conceptualizar en Lingüística, seguimos, como base, la definición expuesta por el *Diccionario de la Lengua Española* (RAE, 2014), es decir, «reducir algo a un concepto o representación mental» a lo que añadiríamos, como se verá, «tomando como referencia un sistema conceptual». También en Lingüística, el ámbito de conocimiento es el dominio o subdominio temático que integra un sistema conceptual. La concepción de conocimiento especializado que aquí empleamos es la de un concentrado de información adquirida que ha sido desarrollada, compartida y difundida sobre un ámbito. A nuestro modo de ver, el concepto es una unidad de pensamiento y de conocimiento que incentiva y promueve la construcción de unidades de significación que pueden relacionarse entre sí constituyendo categorías de conceptos y estos, a su vez, sistemas conceptuales. La conceptualización es el proceso mediante el cual se captura el concepto y el sistema conceptual que lo abriga. En este proceso, el concepto es el punto de apoyo principal del pensamiento sobre el que se realiza la conceptualización de manera que el ser humano puede comprender el significado de un término mediante sus conexiones con la periferia textual y discursiva.

Para poder ilustrar el concepto, el sistema conceptual y su relación ontológica, acudimos al término *bulkhead*. Este se define en el sistema lingüístico como «a bulkhead is a wall which divides the inside of a ship or aeroplane into separate sections»; el concepto que denota es <Wall that divides a ship or aeroplane into sections>. En un sistema conceptual organizado ontológicamente la etiqueta que lo relaciona conceptualmente con los demás elementos de dicho sistema sería `partOfShipWall`.

106 Otro término relacionado con el concepto es *faceta* que se define como el grupo de conceptos pertenecientes a la misma categoría inherente (ISO 25964-2, 2013, p.5).

De todas formas, adelantamos que nuestro planteamiento para extraer las relaciones conceptuales es amplio. La mayoría de los estudios en terminología han mostrado contextos del término en definiciones de los que obtener la información conceptual. Sin embargo, en nuestra opinión, no solo el discurso metalingüístico de una definición, aunque esta sea la fórmula más directa, puede arrojar información sobre su concepto sino también un texto en el que se narre o describa un evento, suceso o acción, pues la información que antecede y que sigue al término, es decir, el cotexto, es otra de las vías que colaboran para refinar su definición.

### 1.2.4. Las relaciones conceptuales

Como es bien sabido, la elaboración de sistemas de relaciones conceptuales son parte de la terminología y de la comunicación especializada y, en este sentido, se han pronunciado Budin (1994), Meyer y Mackintosh (1996a, 1996b), Cabré (1999), Pozzi (1999) y Nuopponen (2014), entre otros. Soler y Alcina (2010, p. 98) aclaran que, en Terminología, «los conceptos de una misma disciplina especializada están relacionados entre sí para formar su propio campo conceptual especializado».

La dimensión conceptual de la terminología es fundamental para constituir un marco adecuado desde el que desarrollar distintas estructuras de conocimiento y formas de representación en la comunicación especializada. A continuación, realizaremos un recorrido por las distintas formulaciones de las relaciones conceptuales, pues nuestro campo de trabajo ha de llegar necesariamente a conocer los vínculos conceptuales de los términos y la naturaleza de estos para poder organizar y representar el sistema conceptual de la seguridad de la navegación marítima.

La existencia de la representación mental del concepto se debe a vínculos o relaciones previamente establecidas con otros conceptos: por similitud (temática, espacial, temporal), por contigüidad (espacio-temporal), por contraste, dependencia u origen de otro concepto y que terminan confluyendo en un sistema conceptual. Por tanto, este se compone de las relaciones conceptuales que se crean entre los conceptos. Así pues, la terminología de un dominio se estructura en los sistemas de conceptos.

Cada concepto individual, en terminología y en la comunicación especializada, se considera parte integrante de un sistema conceptual que, a la vez, refleja la ordenación y la estructuración de algún campo de conocimiento. Desde Wüster hasta la actualidad son varias las propuestas de tipos de relaciones conceptuales realizadas por investigadores de varios campos del conocimiento[107] y por organismos normalizadores de terminología. Cabré (1999, p. 48) explica así la relación entre conceptos:

> Cada unidad terminológica corresponde a un nudo cognitivo dentro de un campo de especialidad y el conjunto de dichos nudos conectados por relaciones específicas (causa-efecto, todo-parte, contigüidad, anterioridad-posterioridad, etc.) constituye la representación conceptual de dicha especialidad. Si ello es así, no cabe duda de que mediante la terminología representamos la realidad especializada. Paralelamente a la representación de la realidad, categorizada en clases de conceptos relacionados, las unidades terminológicas sirven también para la transmisión de este conocimiento, es decir, para la comunicación.

Sager et al. (1993, pp. 56–63) con un planteamiento que, además de la Lingüística, acoge disciplinas como la Lógica, lleva a cabo un estudio sobre las relaciones conceptuales que se usan con más frecuencia en terminología y aporta un extenso listado de posibles relaciones que siguen sirviendo de orientación en la investigación terminológica actual. Entre ellas figuran la relación genérica —concepto superordinado u subordinado a otro—, la relación partitiva —de un todo con sus partes o miembros constituyentes—, la relación polivalente —un concepto puede encontrarse en diferentes posiciones de un mismo sistema conceptual (casos representativos son aquellos en los que un concepto que funcione como una parte de un todo y, al mismo tiempo, pueda ser un todo con partes constituyentes o los casos de sinonimia)— y las relaciones complejas, que albergan un listado muy amplio compuesto tanto por relaciones jerárquicas como no jerárquicas, siendo sus principales exponentes las del tipo causa-efecto, proceso-paciente, etc. Una muestra se reproduce a continuación en la tabla 4.

**Tab. 4:** Extracto de la lista de relaciones conceptuales de Sager (1993, pp. 62–63)

| Relaciones | Ejemplos |
|---|---|
| causa-efecto | *explosión-lluvia ácida* |
| material-producto | *acero-viga* |
| material-propiedad | *cristal-frágil* |
| material-estado | *hierro-corrosión* |
| objeto-contragente | *veneno-antídoto* |
| objeto-forma | *libro-rústica* |
| proceso-paciente | *teñir-textil* |

107 Por ejemplo, se puede constatar la existencia de investigaciones sobre las relaciones conceptuales en el área de la psicología y de la neurolingüística (Yanina, 2012) a las que clasifican en dos tipos generales: taxonómicas y temáticas; si bien el interés

Felber (1984) expone que las relaciones entre conceptos, según una simplificación de la clasificación wüsteriana[108], se dividen de la siguiente forma:

1) Relaciones lógicas.
2) Relaciones ontológicas.
    2.1) Relaciones partitivas.
    2.2) Relaciones de sucesión.
    2.3) Relaciones de material-producto.
3) Relaciones de efecto.
    3.1) Causalidad.
    3.2) Instrumentación.
    3.3) Descendencia.
        3.3.1) Descendencia genealógica.
        3.3.2) Descendencia ontogenética.
        3.3.3) Descendencia entre etapas de sustancias.

Esta clasificación, como se observa, más adelante, en la figura 2, sufre ciertas modificaciones en la norma ISO que, en su edición de 2000, ofrece una taxonomía bastante simplificada. No obstante, conviene mencionar, como aspecto a valorar, el hecho de que Wüster considere las relaciones ontológicas, pues no todos los autores las han incluido en sus clasificaciones.

Otra clasificación de relaciones conceptuales bastante conocida es la propuesta por Weissenhofer (1995) a raíz de un estudio de la terminología inglesa del béisbol en su obra *Conceptology in Terminology, Semantics and Word-formation*. En ella presenta un conjunto de relaciones morfoconceptuales extraídas de dicho dominio y entre las que cabe mencionar las relaciones de material, de meronimia, de cantidad, lugar, tiempo, origen, finalidad, agente, causa, instrumento, etc.

Como adelantábamos, la norma ISO 1087: 2000 (ISO, 2000, p. 18) presenta un esquema conceptual con una clasificación de relaciones conceptuales que se muestra en la figura 2:

---

radica en el procesamiento de dichas relaciones y en la organización del conocimiento conceptual, sus técnicas de estudio bien podrían extrapolarse a aplicaciones en el campo de la Terminología.

108 Wüster incluye las relaciones conceptuales de carácter ontológico.

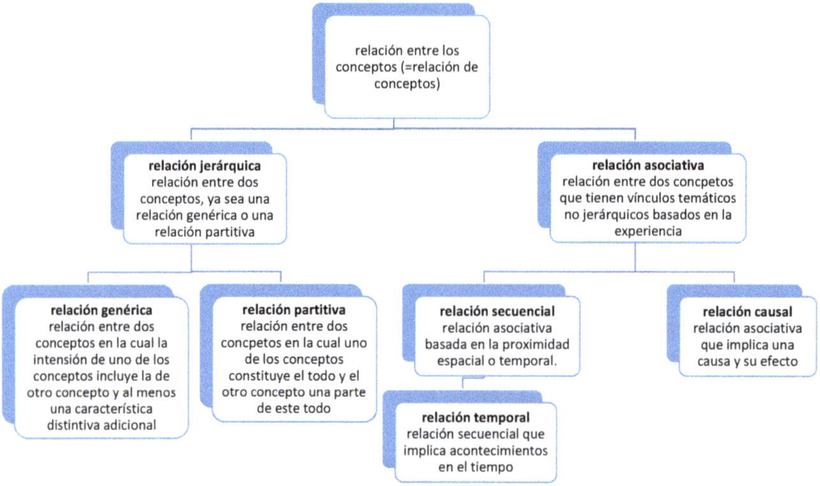


**Fig. 2:** Esquema conceptual de las relaciones conceptuales según ISO 1087-1: 2000 (ISO, 2000, p. 18).

En ella se advierte que la relación secuencial no está completa, ya que se vincula a la relación temporal mientras que la relación espacial no se contempla. En nuestra opinión, es un esquema aceptable siempre y cuando admita flexibilidad para incluir nuevos marcos de relaciones. Nuopponen (2014, p. 228) considera inadecuada la distribución, ya que implica que todo aquello que no sea jerárquico es jerárquico por definición. Precisamente esta autora propone una de las clasificaciones más granuladas y extensas, tanto que es difícilmente reproducible en este medio dada la amplitud de subclases que presenta[109]. A pesar de ello, reproducimos su clasificación en la figura 3 porque consideramos importante destacar, dentro de la exhaustiva y rica taxonomía de relaciones conceptuales que la autora propone, la introducción de las relaciones conceptuales ontológicas (Nuopponen, 2006, p. 8 y Nuopponen, 2018, pp. 459 y 462).

109 La propia autora reconoce, en su trabajo de 2014, que conforme lo iba redactando iba desarrollando nuevas clases como *nexus relation* cuyo ejemplo sería *mobile device-Internet* (Nuopponen, 2014, p. 228).

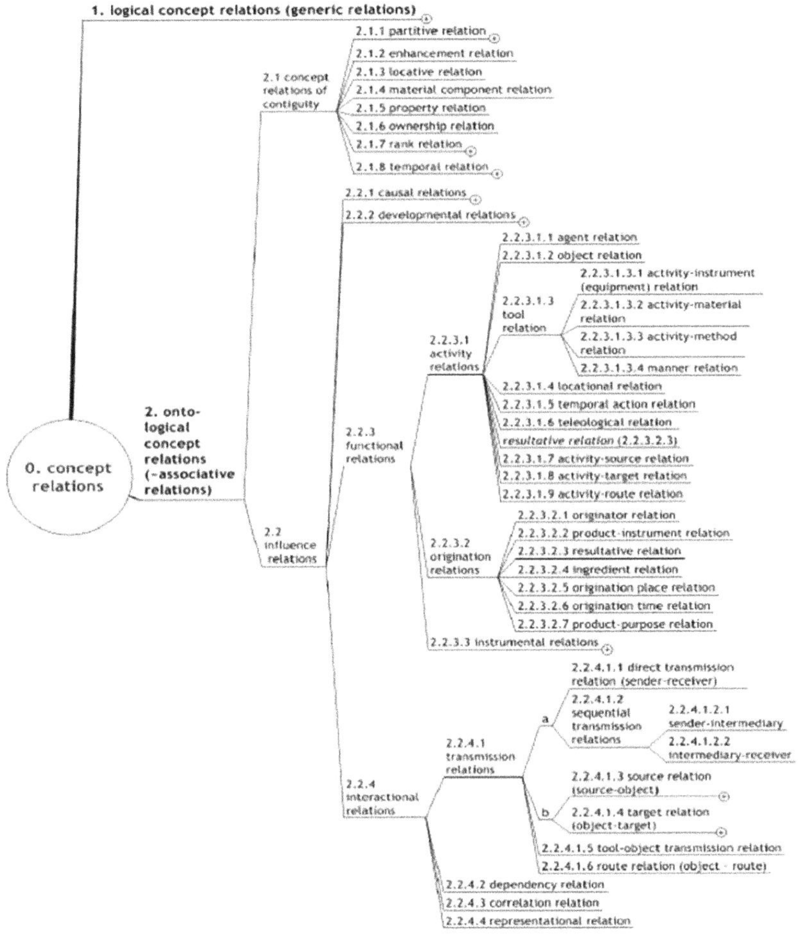


**Fig. 3:** Relaciones conceptuales de tipo lógico y de tipo ontológico (Nuopponen, 2006, p. 8)

Barrière (2002, pp. 95–98) también propone una jerarquía de las relaciones partitivas y otra de las relaciones causales, que son, según esta autora, las más frecuentes entre textos de ámbitos de especialidad, pues suelen responder a acciones, pero su clasificación reviste cierta complejidad.

Feliu et al. (2002) y Feliu (2004) realizan un extenso estudio de las relaciones conceptuales apoyándose en la TCT y en la Semántica Léxica como base para la extracción de información sobre relaciones en corpus especializados. Sugiere que una teoría adecuada de las relaciones conceptuales debe cumplir los siguientes requisitos:

a) Debe aportar criterios para identificar los distintos tipos de relaciones a partir de los elementos lingüísticos y conceptuales.
b) Debe contener criterios para identificar y describir las diferentes configuraciones dentro de cada relación. Estos criterios deberían tener en cuenta la presencia o no de determinadas propiedades para determinar el grado de relevancia de cada propiedad.
c) Debe proporcionar parámetros para comparar los diversos tipos de relación y configuraciones para determinar cuáles son semejantes entre sí y cómo se pueden distinguir unas de otras.
d) Debe indicar qué elementos permiten establecer el grado de pertinencia de las propiedades de cada configuración a pesar de la diversidad de configuraciones.
e) Debe describir vías de formación de nuevas configuraciones.

A continuación, resumimos la tipología definitiva de relaciones conceptuales propuesta por Feliu (2004, p. 51) en la tabla 5.

**Tab. 5:** Tipología de relaciones conceptuales (Feliu, 2004, p. 51)

| Tipos de relación conceptual | Subtipos de relación conceptual | | Especificación de las unidades relacionadas |
|---|---|---|---|
| Semejanza | a. Semejanza positiva | -Equivalencia total o sinonimia<br>-Equivalencia parcial o semejanza | |
| | b. Semejanza negativa | -Total u oposición<br>-Parcial o contraste | |
| Inclusión | de clase o de hiponimia | | genérica-específica |
| Secuencialidad | a. espacial | -de localización<br>-de dirección | |
| | b. temporal | -simultaneidad<br>-anterioridad-posterioridad | |
| Causalidad | a. causal | -causa-efecto<br>-proceso-resultado | |
| Instrumental | | | Instrumento-función |

**Tab. 5:** Continuación

| | | | |
|---|---|---|---|
| Meronimia | Parte-todo | | Componente-objeto<br>Miembro-colección<br>Porción-masa<br>Material-objeto<br>Etapa-proceso<br>Lugar-área |
| Asociación | -general | | |
| | -especializada | | |

Feliu parte del hecho de que los conceptos, las relaciones conceptuales y las clases conceptuales (que otros autores denominan categorías) son puntos esenciales del esquema cognitivo, pues son elementos clave del proceso de adquisición del conocimiento (aprenden de la realidad), de la categorización (como interioriza la realidad) y de la organización del conocimiento (como transfiere la información al usuario).

La tipología de Feliu (2004), dada su versatilidad, ha servido de base para localizar las relaciones conceptuales de nuestro corpus, conjuntamente con la propuesta de Sager et al. (1993) y la de ISO 1087-1: 2000 (ISO, 2000), pues no nos hemos ceñido a una sola tipología para no limitar las posibilidades de que en el curso de la investigación se desvelen nuevos tipos de relaciones para el corpus especializado NavSafe compilado al efecto.

Con el fin de ilustrarlo en términos simplificados y básicos, las principales relaciones conceptuales son de tipo taxonómico o «vertical»[110] y de tipo temático u «horizontal». Ejemplos del primer tipo son las relaciones jerárquicas de tipo superordinadas (*liquid cargo ship-ship*), en las que un concepto genérico se considera superior a otro más específico y las subordinadas (*liquid cargo ship-tanker*), que comparten características genéricas, pero tienen características específicas y diferenciales. En cuanto al segundo tipo, una de las relaciones más comunes es la coordinada, por ejemplo, los conceptos específicos <very large crude carrier> y <ultra large crude carrier>, que comparten el mismo concepto genérico pero que se diferencian entre sí por algún rasgo distintivo.

Los mecanismos de detección de los vínculos conceptuales son diversos y los recursos de análisis de corpus facilitados por la lingüística computacional

110 Se corresponden con las relaciones jerárquicas genéricas.

son fundamentales para su detección automática y semiautomática. Como se verá en el capítulo III, entre las estrategias de localización de las relaciones conceptuales se hallan la búsqueda de marcadores del discurso, de palabras clave en contexto o la comparación de conceptos contextualizados en los textos del corpus y que se hallen contiguos en el eje sintagmático. Tras comparar las propiedades de dichos conceptos se decide cuál es la naturaleza de su vínculo. Las propiedades constituyen el eje fundamental desde el que poder trazar las relaciones. Por ejemplo, si contemplan relaciones polivalentes, circunstancia que refleja que un mismo concepto pueda encontrarse en distintas posiciones del mismo sistema conceptual, habrá que tenerlas en cuenta en la organización ontológica.

## 1.3. El enfoque término-ontológico basado en corpus

Los estudios de corpus para uso terminológico han originado una mejora sustancial en la metodología de acceso y extracción de términos para su formalización terminográfica al tiempo que han allanado el camino para el estudio de las relaciones conceptuales y para la elaboración de ontologías. La unión de la actividad terminológica y ontológica, además de dotar de un mayor dinamismo a la investigación en torno a los lenguajes especializados, ha propiciado, sobre todo, un mayor entendimiento conceptual del lenguaje de los dominios especializados y un progreso en la desambiguación de los términos. En este contexto y en el ámbito de la presente investigación se persigue mostrar que la terminología marítima, al igual que la de otros ámbitos, puede encontrar en el corpus su lugar natural para explicar las circunstancias lingüísticas que acontecen a los términos en determinados contextos para posteriormente formalizarlas a partir de análisis empíricos.

Por consiguiente, esta investigación centrada en el inglés especializado del dominio de la seguridad en la navegación a bordo del buque se encauzará, en su primera fase de formalización término-ontológica hacia la terminografía basada en corpus. Compartimos, en este sentido, la aclaración de De Bessé (1997, pp. 65–66) referente a la terminología entendida como reguladora de la estructuración conceptual de los dominios de especialidad y a la terminografía como encargada de la descripción de dicha estructuración. Los términos se relacionan a través de una red de relaciones conceptuales cuya identificación es necesaria para asignarle su lugar en una ontología y permitir la asociación de la información de la base de datos y la ontología. Esta operación debe ser común a todo desarrollador de ontología por lo que el enfoque es el elemento diferenciador fundamental.

Nuestro enfoque deriva del uso del corpus como suministrador de los términos del dominio especializado y, por consiguiente, el término es el origen de nuestro estudio y es desde él que accederemos al concepto y a sus relaciones. Partimos de un término proporcionado por un corpus y la siguiente tarea es su conceptualización. Por consiguiente, la apertura de la investigación se practica desde un enfoque semasiológico, de ahí que desarrollemos una término-ontología. No obstante, es conveniente aclarar que, en la fase de revisión y de validación, procedemos de forma onomasiológica, necesariamente, cuando intentamos localizar en el corpus las variantes lingüísticas de un concepto. El objetivo del diseño es que el producto resultante sirva de herramienta para la adquisición de información organizada y relacionada de manera que el usuario pueda recuperarla en cualquier momento.

Se ofrece, pues, una clasificación de los términos, de los campos conceptuales y del sistema conceptual que subyace al dominio de la seguridad de la navegación marítima organizados conforme a una estructura jerárquica y no jerárquica y que incorpora para su significación un inventario de relaciones conceptuales que reproducen el conocimiento especializado.

Partiendo de un enfoque semasiológico, la término-ontología se ha desarrollado en tres fases: la fase de especificación, en la que se ha llevado a cabo un proceso de extracción y validación terminológica; la fase de conceptualización, caracterizada por un proceso de explicitación conceptual y la fase de formalización, en la que se ha representado la información con el lenguaje del editor de ontologías de forma que sea inteligible para las máquinas. Seguidamente profundizaremos en las ontologías, sus tipos, sus componentes, lenguajes y modelos de formalización y otras cuestiones de metodología.

### 1.3.1. El concepto de ontología

Nuestra investigación se inscribe en el desarrollo de un sistema de organización de conocimiento de tipo relacional y, concretamente, de una ontología. En esta sección se define y describe el concepto de ontología en el que nos basamos, ubicándola, en primer lugar, como uno de los sistemas de organización del conocimiento —en inglés, *Knowledge Organization Systems* (KOS)—. Estos son instrumentos que posibilitan categorizar recursos de acuerdo con un sistema de organización determinado para facilitar su recuperación posterior. Permiten al usuario interpretar estructuras de conocimiento de una manera organizada. Zeng y Chan (2004, p. 377) los definen como «the tools that present the organized interpretation of knowledge structures». Zeng y Chan (2004, p. 377) los agrupan en tres categorías generales, esto es, los listados de términos, los sistemas de clasificación y categorización y los vocabularios relacionales. En esta última categoría, centrada en las relaciones y conexiones entre los términos y los conceptos que representan, se hallan las ontologías junto a las listas de encabezados, los tesauros y las redes semánticas (Zeng y Chan, 2004, p. 378).

Zeng (2008, p. 161) lo representa en un diagrama que se reproduce en la figura 4. Según este esquema, las ontologías y las redes semánticas comparten las funciones principales de eliminar ambigüedades, controlar la existencia de sinónimos, establecer relaciones de orden jerárquico y de orden asociativo, así como presentar propiedades.

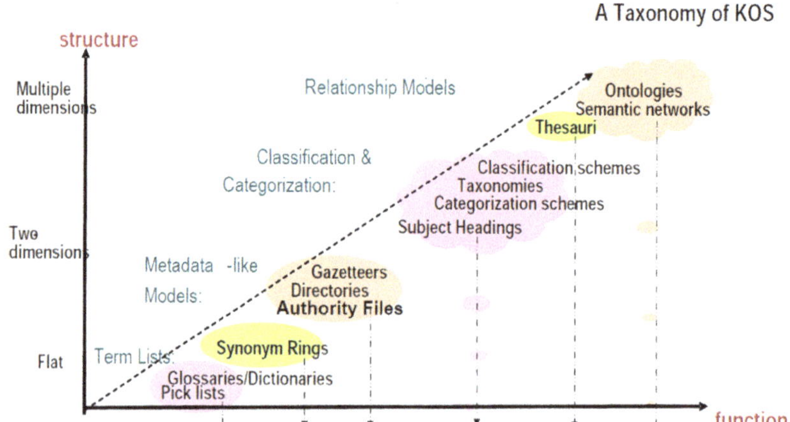


| | | | | | | |
|---|---|---|---|---|---|---|
| eliminating ambiguity | xxx | | xxx | xx | xxxx | xx |
| controlling synonyms | | xxxx | xxx | xx | xxxx | xx |
| establishing relationships: hierarchica | | | x | xxxx | xxx | xxx |
| establishing relationships: associative | | | | | xxxx | xxxxx |
| presenting properties | | | | | | xxxxx |

**Fig. 4:** Sistemas de organización del conocimiento (Zeng, 2008, p. 161)

Gruber (2009) también señala que, debido a su expresividad, las ontologías pertenecen al nivel semántico, más que al nivel lógico. Hodge (2000), por su parte, manifiesta que los sistemas de organización del conocimiento engloban todos los tipos de esquemas para la organización de la información y para la mejora de la gestión del conocimiento, desde los más generales hasta los que tienen un mayor nivel de estructuración, como los tesauros, o los esquemas menos tradicionales, como las redes semánticas y las ontologías[111]. Estas últimas son idóneas para la tarea de definir los conceptos y las relaciones con los que modelar un dominio de conocimiento por lo que, entre otras razones, se ajustan a los objetivos de este estudio. Veamos, pues, a continuación, qué se entiende por ontología, cuál es su aplicación en el presente estudio, cuáles son los tipos principales y sus características.

La definición clásica de una Ontología[112], escrita en singular y con su inicial en mayúscula, es «parte de la metafísica que trata del ser en general y de sus propiedades trascendentales» (Real Academia Española, 2014). Sin embargo, este concepto se ha ido aplicando a las tareas de sistemas de organización del conocimiento propias de disciplinas como la biblioteconomía, la documentación y las ciencias de la computación en general. Es en estos campos en los que el término «ontología» adquiere un nuevo significado, especialmente en el marco de la lingüística computacional y de la inteligencia artificial. Incluso el *Diccionario de la Lengua Española,* tras la primera acepción clásica, se ha hecho eco del uso actual del vocablo y, en una de las últimas actualizaciones de la versión en línea [versión 23.5], lo clasifica como perteneciente a las ciencias de la comunicación y de la inteligencia artificial y lo define como «red o sistema de datos que define las relaciones existentes entre los conceptos de un dominio o áreas del conocimiento» (Real Academia Española, s.f.)[113].

Se ofrecen, seguidamente, las aportaciones que sobre el concepto de ontología han realizado diversos autores. Comenzaremos por la definición de Gruber (1993, p. 199) que, en este ámbito, se ha convertido ya en clásica: «An ontology is an explicit specification of a conceptualization», es decir, una ontología es una especificación explícita de una conceptualización. Esta es una definición sintética y densa, pero, al mismo tiempo, flexible, que ha permitido ser complementada y ampliada con posterioridad por otros investigadores como Studer et al. (1998, p. 184), quienes proponen la definición siguiente: «An ontology is a *formal specification* of a *shared conceptualisation*»[114], a la que explican por partes y que resumimos a continuación.

111 La irrupción de las ontologías en prácticamente todos los sistemas de información ha sido de tal dimensión que se ha venido a denominar *ontology-driven information systems.*

112 El término ontología procede del griego *Ontos* (Ser) y *Logos* (Palabra).

113 Real Academia Española [version 23.5 en línea]. Recuperado el 3 de enero de 2022 de https://dle.rae.es/ontolog%C3%ADa?m=form

114 Las cursivas son nuestras.

En primer lugar, una ontología es una *conceptualización*, es decir, es un modelo abstracto de un fenómeno cualquiera en el que se han identificado los conceptos relevantes, los cuales son *compartidos*, es decir, utilizados y aceptados por una comunidad, grupo o colectivo. Esta conceptualización, además, comprende una *especificación*, porque ha de contar con un vocabulario representativo de un dominio de discurso compartido —es decir, hay que definir sus clases, relaciones, las funciones y otros objetos—, que, al mismo tiempo, es, por un lado, *explícita* porque tanto el tipo de conceptos que se usa como las restricciones sobre su uso se han definido clara y determinadamente y, por otro lado, *formal*, es decir, computacionalmente procesable. Gruber (2009, p. 1) aclara que, en el campo de las ciencias de la computación y de la información, una ontología es «a technical term denoting an artifact that is *designed* for a purpose, which is to enable the modeling of knowledge about *some* domain, real or imagined.»

La norma ISO 25964-2: 2013 (ISO, 2013, p. 10) incorpora la definición de ontología de Studer et al. (1998, p. 184), distinguiéndola como la más aceptada en las comunidades desarrolladoras de ontologías y añade que una ontología incluye definiciones de conceptos y las relaciones específicas de tal forma que puedan ser formalizadas computacionalmente. Esta perspectiva coincide con la concepción de ontología en el contexto de modelado de datos, es decir, «the use of a formal language to set out a formalized representation of a domain of knowledge». En relación con esta perspectiva, Moreno Ortiz (2004, p. 31) señala que el término «ontología» se emplea en el ámbito de la ingeniería del conocimiento para hacer referencia a un conjunto de conceptos organizados jerárquicamente, representados en algún sistema informático, cuya utilidad es la de servir de soporte en diversas aplicaciones que requieren de conocimiento específico sobre la materia que la ontología representa.

Otros autores, como Guarino (1998, p. 6), proponen una definición de ontología que sería aplicable solo a las ontologías que se desarrollen en el marco de una teoría lógica de primer orden, pues las define como «a set of logical axioms designed to account for the intended meaning of a vocabulary». En el contexto de la web semántica, Geeb (2009, p. 224) describe a la ontología como «a way to store information in a structured way but with connections between the information blocks adding a semantic meaning to these blocks».

Todas estas definiciones podrían servir de punto de partida para entender el concepto de ontología, el cual, como hemos indicado, ha sufrido algunas modificaciones a partir de los diferentes dominios en los que ha ido adentrándose y de las metodologías y procesos utilizados. Sin embargo, cuando se aplica al terreno de la Terminología es posible que surja cierta confusión sobre su función al mezclarse con base de datos de conocimiento, lexicón computacional o tesauro. Por ello, aunque proveniente del campo de las ciencias de la computación, una de las definiciones más conocidas de ontología por su claridad expositiva es la proporcionada por Neches et al. (1991, p. 40): «An ontology defines the basic terms and relations comprising the vocabulary of a topic area as well as the rules for combining terms and relations to define extensions to the vocabulary». Realmente, esta es una definición que se acerca a lo que serán los fundamentos de su aplicación a la Terminología. Para ilustrarlo, comenzamos con una de las propuestas más tempranas en combinar ontología y terminología. Nos referimos al paradigma de la combinación de ontología y terminología propuesta, con un enfoque onomasiológico[115], por Roche et al. (2009, p. 324):

> Unlike textual terminology's semasiological approach which relies essentially on texts for specialised vocabulary extraction (Buitelaar et al. 2005), (Daille et al. 2004), ontoterminology is based on an onomasiological approach (…) Buiding ontoterminology requires a dedicated methodology from concept to term.

Su metodología de trabajo se concreta en tres herramientas diferentes que se corresponden con diferentes fases para la creación de los recursos ontoterminográficos; en primer lugar, desarrolla una conceptualización semiformal mediante la aplicación *iMap* para crear redes semánticas o mapas conceptuales con la ayuda del experto del dominio quien se encarga de representar los conceptos y las relaciones entre ellos. A continuación, utiliza la herramienta *iConcept* en la que se introduce la información lingüística y se establecen las asociaciones entre términos y conceptos. Por último, se visualizan los datos en forma de diccionario especializado, y se puede acceder a todo tipo de información, tanto semántica como lingüística, que se haya ingresado.

115 Los autores denominan paradigma a su enfoque ontoterminológico.

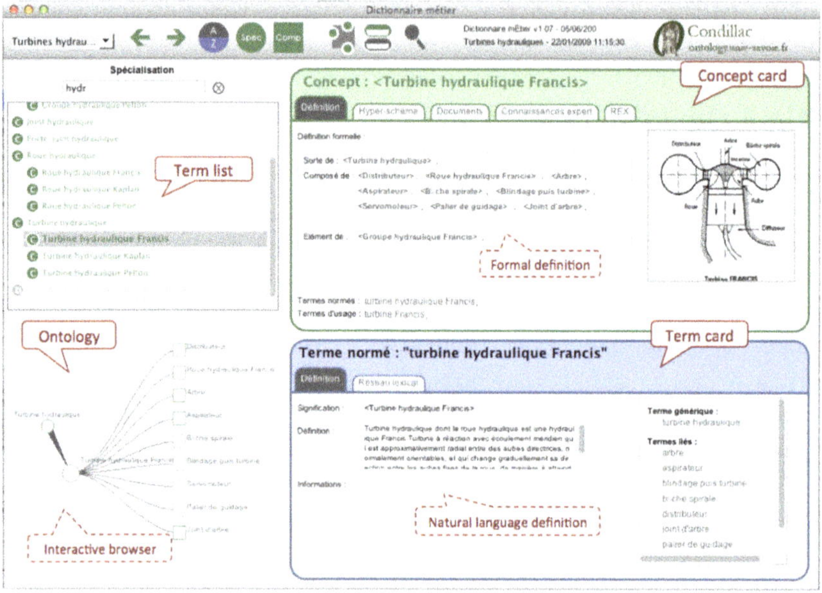


**Fig. 5:** Representación ontoterminológica de las turbinas hidráulicas (Roche, 2020).

La figura 5 ilustra la representación ontológica de las turbinas hidráulicas en la que, entre otra información, aparece la estructura conceptual de una turbina y un hiperesquema de la turbina (ilustración). Se distingue la ficha terminológica con la definición en lenguaje natural de la ficha conceptual con la definición en lenguaje formal. La afiliación de los términos y sus relaciones se obtienen en la sección de la ontología. No cabe duda del logro de esta propuesta ontoterminológica por su versatilidad, funcionalidad y apertura no solo a los terminólogos, sino a cualquier campo o comunidad especializada y por la clara representación de la parte lingüística y de la parte conceptual. En palabras de Roche et al. (2014, p. 8):

> Combining ontology and terminology into a single paradigm leads to the notion of ontoterminology [Roche 2012], a terminology whose conceptual system is a formal ontology. A double semantic triangle specifies the different involved notions and their relations. So, terms are separated from concepts as well as term definitions written in natural language are separated from concept definitions written in a formal language. It becomes possible to manage the two dimensions, conceptual and terminological, which compose every terminology and thesaurus.

Esta concepción ilustrada en la figura 6 constituye un enfoque adecuado para el tratamiento de la representación de los sistemas conceptuales de la terminología y de los tesauros.

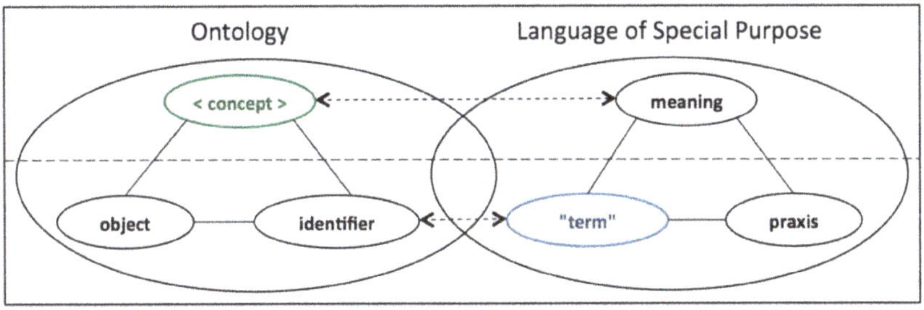


**Fig. 6:** El doble triángulo semántico (Roche et al. 2014, p. 8)

Como puede observarse, la aplicación de las ontologías a la terminología puede servir para crear recursos de consulta terminológico y recursos formativos en el aprendizaje de la terminología de un dominio, pues lo destacable de las ontologías es la capacidad de precisión que ofrecen. Continuando con otros planteamientos metodológicos, Uschold y King (1995) proponen un conjunto de pasos o fases, que pueden resumirse en identificar el fin, capturar los conceptos y relaciones entre estos conceptos y los términos usados para referirse a estos conceptos y codificar la ontología. Gruninger y Fox (1995) desarrollaron una metodología particular, consistente en usar preguntas para extraer los conceptos, sus propiedades, las relaciones y los axiomas, que se formalizaron en Prolog. Además de todas estas propuestas, se han desarrollado ontoterminologías con metodologías diferentes (Bautista Zambrana, 2013; Carvalho, Roche y Costa, 2015; Almeida y Costa, 2021), gestores de ontologías como Ontoterm™ (Moreno Ortiz, 2000) y ontoterminografías aplicadas a la traducción (Durán Muñoz, 2011a).

En nuestro estudio, como ya ha quedado expuesto, fusionamos la terminología y la ontología en una propuesta término-ontológica, pues partimos de una concepción semasiológica. Nuestro material de estudio, el término, proviene de un corpus de textos escritos y es a partir de ellos que se procederá a su conceptualización o proceso de construcción de conceptos que establecen entre sí distintas relaciones. En este sentido, nuestra propuesta difiere del enfoque onomasiológico de Roche et al. (2009) y se justifica porque esta investigación, basada en corpus, parte necesariamente del término extraído de un corpus *ad hoc* según criterios de frecuencia de uso por lo que el enfoque, en su origen, es semasiológico. Por tanto, este planteamiento no responde a un simple cambio de posición del término, de «ontoterminología» a «término-ontología», sino al enfoque elegido para la confluencia de terminología y ontología, según el cual, a partir de una investigación terminológica se procede a la proyección ontológica y a la consiguiente formalización término-ontológica.

Llegados a este punto conviene mencionar cuáles son las principales ventajas de la aplicación de la ontología a la terminología de un dominio, de acuerdo con nuestro objetivo de desarrollar un glosario término-ontológico sobre el dominio de la seguridad de la navegación marítima. Las razones principales son que las ontologías —a través de un entorno informático adecuado como es un editor de ontologías— nos han permitido: organizar los conceptos de un dominio en una taxonomía clara y concisa; relacionar conceptos; formalizar estas relaciones de manera que quede representado el dominio de forma precisa; una vez formalizada, permite transferir los datos a otros entornos informáticos en los que desarrollar un recurso término-ontológico; su implementación permite operar con otras redes de conocimiento, compartiendo y enlazándose los datos, lo que favorece el consenso en el uso de los términos en la comunicación especializada. De ahí la importancia de que los conceptos queden definidos de la forma más precisa posible. Además, hay una demanda cada vez mayor de recursos que sean fácilmente accesibles, interoperables y reutilizables y esto lo ofrecen las ontologías.

### 1.3.2. Tipos de ontologías

Los distintos autores que han propuesto tipos de ontologías se han basado en unos criterios concretos. Se podrá observar que, en algunos casos, aunque coincidan las denominaciones en distintas clasificaciones, el fin de la ontología puede diferir.

Una de las clasificaciones más básicas se fundamenta en el nivel de complejidad de la ontología, el cual se mide en función de la existencia de axiomas o restricciones lógicas. Por un lado, están las ontologías ligeras o *lightweight ontologies* y, por otro lado, las ontologías pesadas o *heavyweight ontologies*, con axiomas y restricciones entre los conceptos almacenados en ella (Lozano-Tello, 2002, p. 10).

Wielinga y Schreiber (1993, pp. 110–112) distinguen cinco tipos de ontologías según el nivel de complejidad y de compromiso ontológico:

1. Terminología de aplicación en un dominio: Este tipo de ontología es de menor nivel de complejidad y define el vocabulario de una base de conocimiento.

2. Ontología de dominio: Representa el vocabulario específico de un dominio y un conjunto de tipos y relaciones básicas.
3. Ontología orientada al modelo de un dominio: Es una ontología consensuada de un dominio que representa teorías generales de un dominio.
4. Ontología orientada a un tipo de tarea: Es un tipo de ontología que comprende una cierta clase de tareas.
5. Ontología de un método específico: A semejanza del tipo anterior, comprende la aplicación de un método particular de resolución de problemas.

Van Heijst et al. (1997, pp. 192–193) proponen dos dimensiones distintas de clasificación. Por un lado, identifican cuatro tipos de ontología en función del ámbito de conceptualización, a saber:

a) Ontologías de representación del conocimiento, que proporcionan conceptualizaciones subyacentes a los paradigmas o formalismos de representación del conocimiento, es decir, proporcionan el vocabulario necesario para modelar otras ontologías, utilizando un determinado paradigma de representación del conocimiento.
b) Ontologías genéricas o de alto nivel, que incluyen términos genéricos reutilizables en diferentes dominios. Por ejemplo, los términos: estado, evento, acción, componente, etc.
c) Ontologías de dominio o de tareas, que expresan conceptualizaciones específicas para dominios concretos. Estas ontologías proporcionan vocabularios sobre conceptos y sus relaciones específicas, sobre las actividades que se desarrollan y sobre las teorías y principios que rigen en ese dominio determinado. Por ejemplo, se consideran ontologías de dominio a las que están formadas por conceptos de un ámbito concreto, como puede ser el derecho, la medicina, el turismo, el comercio electrónico, etc. y ontologías de tareas, a aquellas que incluyen los conceptos relativos al diagnóstico.
d) Ontologías de aplicación, que contienen todas las definiciones que son necesarias para modelar los conceptos requeridos por una aplicación particular.

Por otro lado, distinguen tres tipos de ontología en función del volumen y tipo de estructura de la conceptualización y del tema de la conceptualización:

a) Ontologías terminológicas como lexicones, en las que se especifican los términos que se usan para representar el conocimiento de un dominio.
b) Ontologías de la información, que especifican la estructura de los registros en la base de datos. Este modelo, por ejemplo, en el caso de una ontología del dominio clínico de pacientes médicos, proporciona un marco de registro de

observaciones básicas sobre los pacientes, pero no distingue entre síntomas, signos, tratamientos, etc.

c) Ontologías de modelado de conocimiento, que especifican conceptualizaciones del conocimiento y tienen una estructura interna más rica que la de las ontologías de la información. A menudo se usan para adaptarlas a un uso particular del conocimiento que describen.

Mizoguchi et al. (1995, pp. 51–52) desarrollan una tipología de ontologías en la que el contexto y la orientación práctica de resolución de problemas tienen un papel preponderante. Realizan una clasificación general dividida en cuatro clases genéricas que, a su vez, se subdividen en clases particulares:

1. Ontologías de contenido *(content ontology):* Son ontologías basadas en el conocimiento directo[116]. Se subdividen en tres tipos, a saber, ontologías de tareas, ontologías de dominio y ontologías generales o comunes.
   a) Las ontologías de tareas o *task ontology*, que sus autores describen como «a system of vocabulary for describing problem solving structure of all the existing tasks domain-independently» (p. 51) se obtiene analizando las estructuras de tareas de problemas del mundo real. Constan de cuatro tipos de conceptos:
      a.1. Nombres genéricos que representan objetos que reflejan los roles que aparecen en el proceso de resolución de problemas (por ejemplo, "due date", "schedule recipient", "goal", etc.)
      a.2. Verbos genéricos que representan actividades unitarias que aparecen en el proceso de resolución de problemas (por ejemplo, "assign", "classify", "select", "pick up", etc.).
      a.3. Adjetivos genéricos que modifican los objetos (por ejemplo, "unassigned", "the last", "idle", etc.).
      a.4. Otros conceptos específicos de la tarea (por ejemplo, "strong constraint", "constraint satisfaction", etc.).
   b) Las ontologías del lugar de trabajo (*domain ontology* o *workplace ontology)* se definen como «a system of vocabulary for describing the domain» (p. 51). Se dividen, a su vez, en tres categorías:
      b.1. Ontología de objeto (*object ontology*): relacionada con los objetos de consideración de la tarea. Esta ontología cubre la estructura y los componentes del objeto.

116 Para desarrollar la tipología de ontologías, estos autores parten de la existencia de tres métodos básicos: los métodos directos de conocimiento, los métodos indirectos de conocimiento y los métodos basados en casos (Mizoguchi et al. 1995, p. 46).

b.2. Ontología de actividad *(activity ontology)*: relacionada con las actividades que tienen lugar en el dominio. Los verbos desempeñan un papel crucial en esta ontología. Los verbos de acción propios de la travesía serían propios de esta categoría.

b.3. Ontología de campo *(field ontology)*: relacionada con las teorías y principios que gobiernan el dominio. Entendemos que el reglamento para prevenir abordajes podría incluirse en esta categoría.

c) La ontología común o general *(General/common ontology)*: se utiliza para representar el mundo del sentido común a través de cosas, eventos, tiempo, espacio, causalidad, comportamiento, función, etc.

2. Ontologías de comunicación *(Tell y Ask ontology)*, para compartir conocimiento.
3. Ontologías de indización *(Indexing ontology)*, para recuperación de textos.
4. Metaontologías *(Meta-ontology)*, equivalentes a las ontologías de representación de Gruber (1993).

Existen numerosas clasificaciones de ontologías, pero en este apartado hemos pretendido tratar las más comunes y extendidas en este ámbito. Procedemos a concretar cuál es el concepto de ontología utilizado en esta investigación. Nos acogemos a la concepción de ontología expuesta por Studer et al. (1998) porque no es restrictiva en cuanto al grado de nivel de formalización y nos permitirá modelar, en este sentido, nuestra ontología con mayor flexibilidad. En cuanto al tipo de ontología, basándonos en las propuestas anteriores, procedemos a definir nuestra ontología. Previamente, consideramos importante aclarar que la propuesta de categorías de ontología de dominio de Mizoguchi et al. (1995) sí se adecuarían al tipo de actividades y de objetos peculiares de la navegación marítima como la resolución de problemas o la detección de averías, pero este no es el objeto concreto de nuestro estudio. Dado que nuestra ontología se concibe modelada en el entorno de un dominio y no aspira a recoger la organización de tareas o procesos específicos y contiene únicamente los términos de la categoría gramatical sustantiva, optamos por la clasificación y caracterización de tipos de ontología de Van Heijst et al. (1997). Por consiguiente, según el criterio de ámbito de conceptualización, podemos definir nuestra ontología como ontología de dominio (Van Heijst et al. 1997), pues se centra en los agentes, objetos, sucesos y relaciones del dominio específico de la seguridad de la navegación marítima, contemplando los conceptos, las relaciones entre los conceptos y las propiedades inherentes que lo describen. De ahí que la ontología se haya centrado en la categoría gramatical del sustantivo. Además, este tipo de ontologías resultan útiles para dominios y aplicaciones concretas como la traducción, la representación del conocimiento y la enseñanza de una lengua de especialidad, aplicaciones que se contemplan en nuestros objetivos. En cuanto al volumen, tipo de estructura de la conceptualización y el tema de la conceptualización, es una ontología terminológica (Van Heijst et al., 1997), pues recoge la terminología y la organización conceptual de un ámbito especializado. Desde el punto de vista de su complejidad, se puede considerar una ontología ligera.

Como se verá más adelante, desarrollaremos una aplicación para alojar la base de datos término-ontológica, NavSAFE Term-onto Database, basada en el corpus NavSAFE que servirá de estación de almacenaje en la que se alojen los datos del trabajo terminográfico y emplearemos un editor de ontologías independiente, *Protégé 5.1*, para formalizar la término-ontología. Nuestra ontología pertenece al tipo de ontología de dominio, terminológica y es de tipo ligera. En nuestro modelado, hemos procurado ajustarnos y cumplir las máximas de organización, estructuración y representación presentes en los criterios generales para la creación de ontologías tradicionalmente expuestas por el aparato crítico.

### 1.3.3. Componentes de una ontología

Las técnicas de modelado de las ontologías, usando lógica de primer orden o lógica descriptiva, influyen en los componentes de las ontologías. La formalización de las relaciones conceptuales en una ontología requiere una clasificación de estas en función de los componentes de una ontología[117]. Según Gruber (1993), las ontologías están compuestas por los siguientes elementos:

- *Conceptos* (también llamados clases): representan ideas sobre los objetos físicos o abstractos que configuran un dominio y constituyen la pieza básica de estructuración del conocimiento. Los conceptos pueden ser clases de objetos, métodos, planes, estrategias, procesos de razonamiento, etc., y normalmente se organizan en forma de taxonomías a las que se pueden aplicar mecanismos de herencia. De este modo, una clase puede dividirse en subclases que representen conceptos más específicos.
- *Relaciones*: representan un tipo de asociación entre los conceptos de un dominio. Suelen formar la taxonomía del dominio. La mayoría de relaciones enlazan un concepto con otro, por lo que son de tipo binario. Algunas

117 Distintos autores han aportado una clasificación coincidente en el contenido, aunque con denominaciones distintas como es el caso de *concepts*, aludido como *classes* u *objects* en algunos editores de ontologías.

relaciones semánticas básicas son las siguientes: SUBCLASE_DE, PARTE_DE, TIPO_DE, etc.

- *Funciones*: son de un tipo concreto de relación donde se identifica un elemento mediante el cálculo de una función que considera varios elementos de la ontología. Por ejemplo, pueden aparecer funciones como asignar fecha, categorizar-clase, etc.
- *Instancias:* se utilizan para representar individuos o elementos específicos de una ontología que ejemplifican una clase o una relación. Las instancias hacen remisiones a ejemplos reales y su colección constituye la base de datos o base de conocimiento.
- *Reglas de restricción o axiomas*: son expresiones lógicas que se añaden a la ontología y permiten describir relaciones que deben cumplir los elementos de la ontología. Se establecen a partir de valores específicos de las propiedades y se utilizan para especificar sus restricciones. Por ejemplo, «Si A y B son de la clase C, entonces A no es subclase de B», «Para todo A que cumpla la condición B1, A es C», etc. Los axiomas, junto con la herencia de conceptos, permiten inferir conocimiento que no esté codificado explícitamente en la taxonomía de conceptos.

Hay otras técnicas de modelado de ontologías que complementan o modifican a la de Gruber (1993). Este es el caso de la propuesta de Gómez-Pérez et al. (2004, p. 145)[118], que añade *constantes* (hacen referencia a valores numéricos que no cambian en un determinado dominio), *atributos* (que describen las propiedades de los conceptos y de las instancias) y, por último, las *reglas*, que se utilizan para inferir conocimiento de la ontología.

Contreras y Martínez Comeche (2008) completan esta relación con los siguientes elementos:

- *Clase abstracta:* clase que no permite que existan instancias de ella.
- *Instancia indirecta*: sucede cuando una clase es instancia indirecta de otra, es decir, que es instancia de alguna de sus clases derivadas.
- *Faceta* (restricción sobre las propiedades): es alguna propiedad de la propiedad.
- *Anotación*: es el proceso de relleno de instancias a partir de texto libre.

118 Desde METHONTOLOGY se propone conceptualizar una ontología usando un conjunto de representaciones que permiten modelar los principales componentes que son los conceptos, relaciones, instancias, constantes, atributos, axiomas y reglas (Gómez-Pérez et al., 2004).

- *Herencia*: se refiere a la propiedad de la relación <es_un> que permite que las clases relacionadas (heredadas) cuenten con los atributos de la clase con la cual se relacionan (clase padre).
- *Herencia múltiple*: sucede cuando una clase hereda o cuenta con las propiedades de dos clases padre con las que establece dos relaciones del tipo <es_un>.
- *Derivación:* es la organización de las clases de la ontología en un árbol de jerarquía mediante sucesivas relaciones <es_un> con la propiedad de herencia. Esta organización permite el encadenamiento sucesivo de herencias desde las clases de nivel superior a las clases de nivel inferior o clases derivadas.

### 1.3.4. Criterios generales para la creación de ontologías

Gruber (1995, pp. 909–910) señala que el diseño de toda ontología debe guiarse por unos criterios objetivos, pensados en el producto, más que en nociones *a priori* y, por ello, propone unos criterios cuyo propósito es compartir conocimiento y facilitar la interoperabilidad entre programas basados en una conceptualización común.

1. Claridad: una ontología debe proporcionar al usuario el significado del término mediante definiciones objetivas.
2. Coherencia: una ontología debe ser coherente, es decir, debería ser consistente incluso con las definiciones que se definan informalmente para asegurar la corrección de las inferencias realizadas.
3. Capacidad de extensión: una ontología debería ser capaz de definir nuevos términos para usos especiales a partir del vocabulario ya existente de manera que no se requiera la revisión de las definiciones existentes.
4. Mínimo sesgo de codificación: la conceptualización debería especificarse con una codificación mínima de forma que no interfiera limitando la representación.
5. Especificidad: la ontología debe definir solo los términos esenciales para la comunicación del conocimiento, ya que se basa en un uso consistente del vocabulario.

Gómez-Perez et al. (2004) añaden a la lista de Grüber los siguientes criterios: representar disjuntos y un conocimiento exhaustivo, reducir la distancia entre hermanos (*siblings*) en las herencias y mejorar la claridad en la estandarización de los nombres.

A los criterios anteriores se pueden sumar otros de carácter más específico que deberían cumplir los editores de ontologías tales como flexibilidad (en el nivel de complejidad, en el tipo de relaciones que se quieran plasmar, en la posibilidad de editar contenidos, etc.), interfaz (muestra visual clara para la interacción), razonadores (con distintos niveles de granularidad), compatibilidad (su diseño ha de permitir que pueda ser reutilizada posteriormente) y facilidad en la conversión de los datos para su implementación.

Contreras y Martínez-Comeche aconsejan en su *Tutorial Ontologías* (2008, p. 9) seguir tres reglas básicas en el diseño de una ontología, que se reproducen a continuación:

- No existe un único modo correcto de modelizar un dominio; al contrario, siempre hay alternativas posibles. La mejor solución casi siempre depende del propósito u objetivo final de la ontología, o de las aplicaciones en las que vaya a emplearse.
- El desarrollo de una ontología es necesariamente un proceso iterativo.
- Los conceptos o clases de una ontología deberían ser muy cercanos a objetos o entes (tanto físicos como lógicos) y a las relaciones existentes en nuestro dominio de interés. Estos conceptos o clases serán muy probablemente nombres (objetos) o verbos (relaciones) que encontraremos en frases que describen nuestro dominio.

Aguado de Cea et al. (2015, p. 156) recomiendan una serie de buenas prácticas, basadas en las convenciones de Schoeber et al. (2009), para generar las etiquetas de clase (objetos en Protégé) y las etiquetas de propiedades (relaciones). Se resumen a continuación:

- Las etiquetas de las clases deberían ser cortas, autónomas y significativas de manera que capturen el significado de la clase de forma concisa. Deberían respetarse los patrones sintagmáticos de cada lengua natural.
- Se desaconseja el uso de abreviaturas de palabras o de términos porque el objetivo principal de las etiquetas es que sean lo más descriptivas y significativas posible de la entidad ontológica, para garantizar un uso apropiado y, por tanto, la adopción de la ontología por parte de los usuarios finales. Por ejemplo, para la etiqueta propiedad «classification», sugeriríamos, *se clasifica de acuerdo con*. En el caso de las siglas, lo conveniente sería desglosarlas.
- Se deberían incluir varias etiquetas (sinónimos y variantes terminológicas) si se utilizan como equivalentes en un dominio en concreto.

- Los términos que se etiquetan como clases deberían cumplir las convenciones específicas de formación de términos aceptadas para cada lengua. Por ejemplo, los nombres comunes en español se escriben con letra pequeña o minúsculas.
- Las etiquetas de las clases deberían ir en singular. Sería aconsejable elegir una etiqueta que acepte sufijos para cumplir con los casos de derivación: *creator, creation, is creator of, created by.*
- En el caso de las etiquetas de las propiedades proponen una etiqueta que conste de un patrón sintagmático, por ejemplo, una unidad sintáctica compuesta de, al menos, un verbo y de la unidad sintagmática que acompaña a dicho verbo, normalmente el objeto que represente el argumento más cercano del verbo o de la preposición. Por ejemplo, tiene (*has*) o tiene sede en (*has site in*). De esta forma, se podrá leer la tripleta como una oración o con una estructura sintáctica bastante cercana a la interpretación en la lengua natural. Por ejemplo, Organización – tiene sede en- Sede sería *Organization – hasSite-Site*
- En el caso de lenguas con marcas de género gramatical, las etiquetas deberían reflejar el género por varias razones. En español, el género se debe tener en cuenta en los participios de pasado de las formas verbales, ya que el sujeto de la relación se puede referir a los sustantivos en femenino o en masculino. Por ejemplo, está ubicada en, está ubicado en, cuando se refiere a una organización o a una institución, la cual tiene género femenino, pero también podemos encontrar negocio que es masculino. Todas las definiciones (comentarios, notas de uso) deberían seguir el mismo formato. En el caso del español, el formato es el propuesto por la norma *UNE ISO 1087-1* (UNE-ISO, 2009) que, a su vez, sigue a las normas *ISO 1087-1: 2000* (ISO, 2000) e *ISO 1087-2: 2000* (ISO, 2000)[119] en la que una definición intensional establece el concepto superordinado y las características diferenciadoras. Esto significa que las definiciones no deberían empezar con un verbo.

Todos estos criterios se han tenido en cuenta toda vez que fueran de aplicación. Se desea indicar que un concepto fundamental sobre las ontologías es su evaluación, aspecto que solo está contemplado en algunas de las metodologías anteriormente descritas y que no abordamos en este estudio.

119 Reunidas actualmente en la norma internacional *ISO 1087:2019* (ISO, 2019).

### 1.3.5. Lenguajes descriptivos para la formalización de ontologías

Los lenguajes de marcado para las ontologías son[120]:

- OWL[121] es un lenguaje semántico para publicar y compartir ontologías en la web. Es una recomendación del W3C. Permite definir el significado de términos en vocabularios y las relaciones entre los términos, adaptándose al nivel de expresividad que precise el usuario y a las aplicaciones existentes. Tiene tres sublenguajes con un nivel de expresividad creciente: OWL Lite, OWL DL y OWL Full. Según W3C (McGuinness y Van Harmelen, 2004), la sintaxis OWL contiene más vocabulario «para describir propiedades y clases: entre otros, relaciones entre clases (por ejemplo, disociación), cardinalidad (por ejemplo, «uno exacto»), igualdad, más tipos de propiedades, características de propiedades (por ejemplo, simetría) y clases enumeradas». Por consiguiente, en cuanto a su capacidad para representar contenido interpretable por un ordenador en la Web, «OWL tiene mayor capacidad para expresar significado y semántica que XML, RDF, y RDF-S (…) »[122].
- El lenguaje XML[123] proporciona una estructura sintáctica para que los datos puedan ser interpretados por computadoras. XMLS permite la definición de gramáticas y de etiquetas significativas para los documentos. Sin embargo, no son sintaxis suficientes porque aportan una estructura superficial pero no impone restricciones semánticas.
- El lenguaje RDF aporta mayor expresividad para el procesamiento semántico de los datos a través de recursos y de las relaciones entre ellos, proporcionando una sintaxis simple. No obstante, carece de poder expresivo para la negación, implicación, cardinalidad, entre otros. RDF Schema es el vocabulario utilizado para describir las propiedades y las clases con una semántica para la generalización y la jerarquización.

### 1.3.6. Modos de integración de terminología y ontología

En cuanto a la fase de formalización, en líneas generales, existen dos vías para inscribir una descripción integrada de terminología y ontología:

120 Gómez-Perez et al. (2004) nombran más lenguajes de marcado para ontologías: SHOE, XOL, OIL, DAML+OIL, OWL (pp. 241–284). Nosotros hemos reducido la lista a los más utilizados en la actualidad.

121 https://www.w3.org/2007/09/OWL-Overview-es.html

122 https://www.w3.org/2007/09/OWL-Overview-es.html

123 https://www.w3.org/XML/

1. Los editores o desarrolladores de ontologías[124]: Estas herramientas son aplicaciones informáticas para crear y editar ontologías nuevas o reutilizadas y permiten a los usuarios definir nuevos conceptos, relaciones e instancias, importar y exportar las ontologías y suelen ir acompañados de librerías y motores de búsqueda adjuntos. Conviene mencionar que, como afirma Durán Muñoz (2010, p. 115), hay que tener en cuenta que el objetivo de los editores de ontologías no es la elaboración de recursos terminológicos, aunque puedan proporcionar una mínima información terminológica, sino crear la representación del conocimiento, es decir, construir ontologías.

Varios autores han realizado estudios comparativos de los distintos desarrolladores que existen en la actualidad (Noy y Musen, 2002; Gómez-Pérez, 2004; Durán Muñoz y Bautista Zambrana, 2013; entre otros). Los criterios utilizados han sido el formato de exportación, el tipo de elementos que incorpora, si dispone de representación gráfica, si admite fusión con otras ontologías ya desarrolladas, si la interfaz de usuario es clara, si dispone de documentación de uso, entre otros rasgos. Gómez-Pérez (2004, p. 268) presenta también algunas herramientas como ONE-T, OntoAnalyzer, ODEclean y OntoGenerator para evaluar a los editores de ontologías. Estos estudios nos han ayudado a decidir qué editor sería el más conveniente para nuestro propósito.

A continuación, se describen los editores más conocidos y utilizados, algunos de los cuales cuentan con versiones de mejora de sus funcionalidades.

*Protégé*[125] es uno de los editores de ontologías más utilizados; entre sus ventajas se halla la facilidad de su manejo en comparación con otros editores, además de ser un programa muy completo. Ha sido desarrollado por la Universidad de Stanford, es de acceso gratuito y permite construir modelos de dominio y aplicaciones basadas en el conocimiento con ontologías. Utiliza varios lenguajes estándares (OWL, RDF y XML Schema).

*OntoStudio 3.2*[126]es un editor de ontología desarrollado por *Semafora systems GmbH*. Originariamente se conocía como OntoEdit, fue desarrollado por la

---

124 Una alternativa es utilizar los buscadores y repositorios de ontologías (también denominados librerías de ontologías) para la búsqueda, consulta y recuperación de ontologías en la Web. Hay varios tipos según su función. Así, podemos encontrarnos con anotadores semánticos (*Gate*) o repositorios de patrones léxico-semánticos multilingües (*Ontology Design Patterns Portal*).

125 Está disponible en <http://protege.stanford.edu/>

126 Se puede acceder en https://www.softpedia.com/get/Science-CAD/OntoStudio.shtml

Universidad de Karlsruhe y comercializado por Ontoprise GmbH; desde 2012 es *Semafora systems.* Permite el formato en OWL, RDF, ObjectLogic y SPARQL y ofrece las siguientes funciones: creación de clases e instancias, definición de propiedades (atributos y relaciones) y asignación de valores a propiedades al nivel de instancias. La figura 7 ilustra la interfaz de *OntoStudio 3.1.2.*

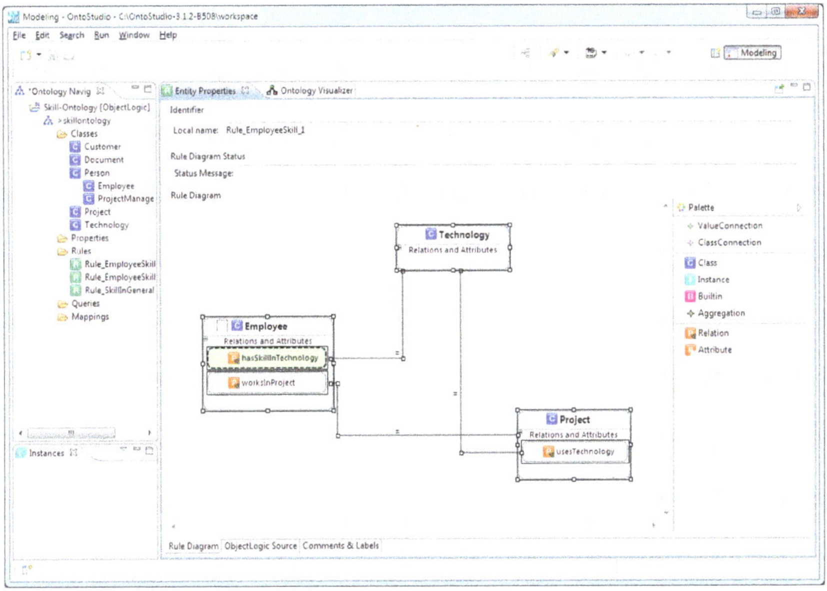


**Fig. 7:** Interfaz de *OntoStudio 3.1.2*
Disponible en https://www.softpedia.com/get/Science-CAD/OntoStudio.shtml

*TOPBRAID COMPOSER*[127] es un recurso para crear ontologías y mapas semánticos. Proporciona soporte para el modelado de ontologías y de datos, la conexión de fuentes de datos, el diseño de las consultas, reglas y cadenas de procesamiento de datos semánticos y el desarrollo de aplicaciones web semánticas. La figura 8 muestra su interfaz en la que se representa la taxonomía, las propiedades y el modelo gráfico que ilustra las clases, subclases y las relaciones entre ellas.

127 Disponible en http://www.topquadrant.com/tools/ide-topbraid-composer-maestro-edition

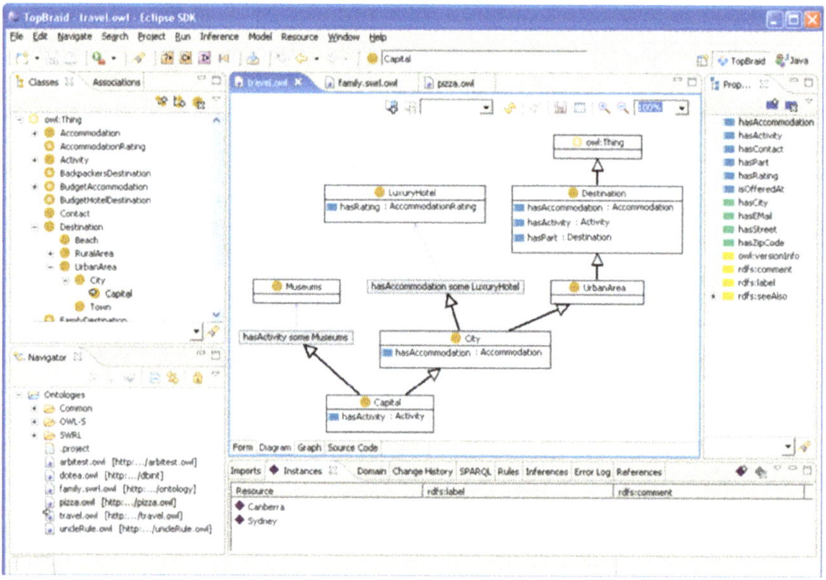


**Fig. 8:** Interfaz de *Topbraid Composer 3.0*
Disponible en http://www.topquadrant.com/tools/ide-topbraid-composer-maestro-edition

*Vitro*[128] es una aplicación para la web semántica y para la edición de ontologías. Es simple y de reciente creación y puede exportar y cargar ontologías en formato OWL, editar instancias y relaciones.

*PROTON*, de *Ontotex*[129], es una plataforma para construir ontologías ligeras de alto nivel, que especifica jerarquía de clases y de dominios y el rango de propiedades que los definen, pero no impone otras restricciones en cuanto al significado de las clases y de las propiedades, lo que limita su capacidad. Sirve también para la anotación semántica y para la recuperación de la información.

*Fluent Editor*, desarrollado por Cognitum[130], es un editor de ontologías de acceso gratuito que se basa en el uso del lenguaje controlado en inglés para reducir posibles ambigüedades. Permite el trabajo colaborativo en línea y la interoperabilidad con otros editores como *Protégé*.

128 Disponible en http://vitro.mannlib.cornell.edu
129 Disponible en http://ontotext.com/proton-ontology
130 Disponible en https://cognitum.eu/semantics/fluenteditor/#section-010d91d

*VocBench* es una plataforma colaborativa multilingüe basada en la web para gestionar ontologías en lenguaje OWL, SKOS (/XL) y tesauros. También proporciona soporte para los lexicones de Ontolex-lemon y datos genéricos en RDF. Dispone de una comunidad de usuarios y de una guía de consulta. Actualmente está la versión 3.0 (Stellato et al., 2020) y su primera versión data de 2015 (véase la figura 9).

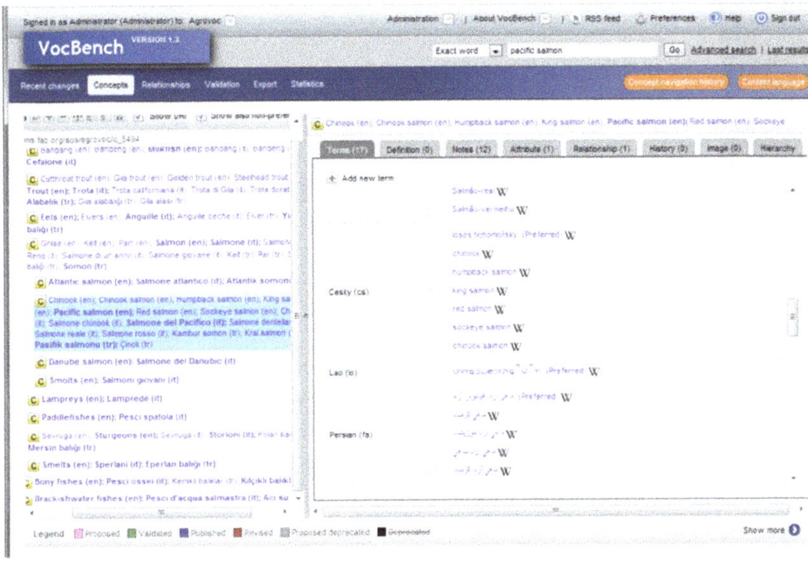


**Fig. 9:** Un ejemplo de formalización del tesauro AGROVOC en *VocBench* (Stellato et al., 2020).

*WebOWL Editor*[131] es una aplicación de modelado de ontología visual basado en la web. Es el editor de ontologías más reciente y se caracteriza por el modelado visual de la ontología, por estar dotado de una interfaz amable y por la facilidad de su uso en comparación con los demás editores. Está indicado para construir ontologías pequeñas y medianas. No incluye un razonador para hacer las inferencias. Incluye una guía durante el modelado y el proceso de edición e indica al usuario si hay alguna restricción que no haya contemplado (véase la figura 10).

131 Disponible en http://editor.visualdataweb.org/. Una descripción detallada se recoge en Wiens, Lohmann y Auer (2018).

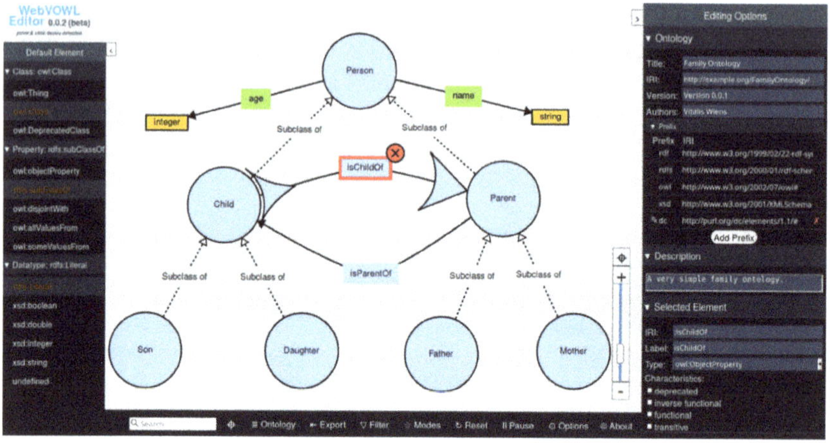


**Fig. 10:** Captura de pantalla con una muestra de modelado de *WebOWL Editor*

2. Los sistemas de gestión ontoterminográficos[132]: Son aquellos que permiten crear de forma integrada la descripción terminológica y la ontología. Entre los más conocidos cabe mencionar a *Oncoterm* y a *Genoma-KB*. A continuación, realizamos una breve descripción de cada uno de ellos por el vínculo especial que tienen con nuestro estudio al ser los primeros trabajos en los que se aplica la representación del conocimiento mediante ontologías a la Terminografía.

*Oncoterm*[133] es un sistema de información sobre el subdominio biomédico de la oncología en el que los conceptos están vinculados a una ontología. Su principal resultado ha sido una base de datos en Internet con información sobre el

132 Por otro lado, también hay recursos que complementan y ayudan en la labor terminográfica hacia la ontología. Algunos de los más conocidos son *TerminoWeb*, plataforma que a partir de la construcción de un corpus ayuda al terminógrafo a través de la operación de tres módulos, esto es, construcción de corpus, extracción de términos y exploración de contextos ricos en conocimiento (Barrière y Agbago, 2006, p. 9).

133 Este proyecto, liderado por la investigadora Pamela Faber, se ejecutó entre 1999 y 2002 por un equipo multidisciplinar de investigadores de las Universidades de Granada, Málaga y Valladolid y el Hospital Universitario Virgen de las Nieves de Granada.

cáncer, destinada, como señalan sus autoras, a profesionales de la comunicación y de la salud, a pacientes y al público general (López-Rodríguez et al., 2006, p. 228). Para la codificación del conocimiento especializado siguen el modelo lexemático funcional y la semántica de marcos. Su protocolo fue crear un corpus de textos médicos y desarrollar las relaciones conceptuales del EVENTO MÉDICO y del EVENTO MÉDICO-ONCOLÓGICO, especificar esquemas por categoría o *category templates* que reflejen «la organización interna de cada categoría del conocimiento sobre oncología», que se desarrollará en la base de datos (López-Rodríguez et al., 2006, p. 229) y aportar información pragmática para el médico y el paciente.

*Genoma-KB* es una base de conocimiento terminológico trilingüe (inglés-español-catalán) sobre el genoma humano desarrollada por Cabré (2006) desde el Instituto de Lingüística Aplicada de la Universidad Pompeu Fabra. Alberga cuatro módulos, a saber, banco textual, banco documental, banco terminológico y ontología.

Debido a la similitud con el fin del producto terminológico propuesto, aunque la metodología de conceptualización y formalización que hemos desarrollado es diferente, es pertinente que se mencionen en esta sección algunos estudios precedentes en otros ámbitos. Presentamos, pues, los sistemas de gestión ontoterminográficos con una metodología explícita. Nos gustaría destacar a una de las metodologías más conocidas en este campo; nos referimos a *Termontography* (Temmerman y Kerremans, 2003), la cual tiene su base en la teoría Sociocognitiva de la Terminología cuyo máximo representante es Temmerman (2000). Se concibe como una metodología para la gestión del conocimiento y para la representación de dominios específicos combinando el conocimiento del experto en el dominio con la información proporcionada en el lenguaje natural (Temmerman y Kerremans, 2003, p. 4). Podría decirse que su enfoque es híbrido porque, en un primer momento, utiliza el enfoque onomasiológico, pero, a lo largo de las distintas etapas, también recurre al enfoque semasiológico, es decir, se parte del término para llegar al concepto. La figura 11 ilustra las tres partes de las que consta, a saber, el trabajo preparatorio, la compilación de la base de datos y la exportación.

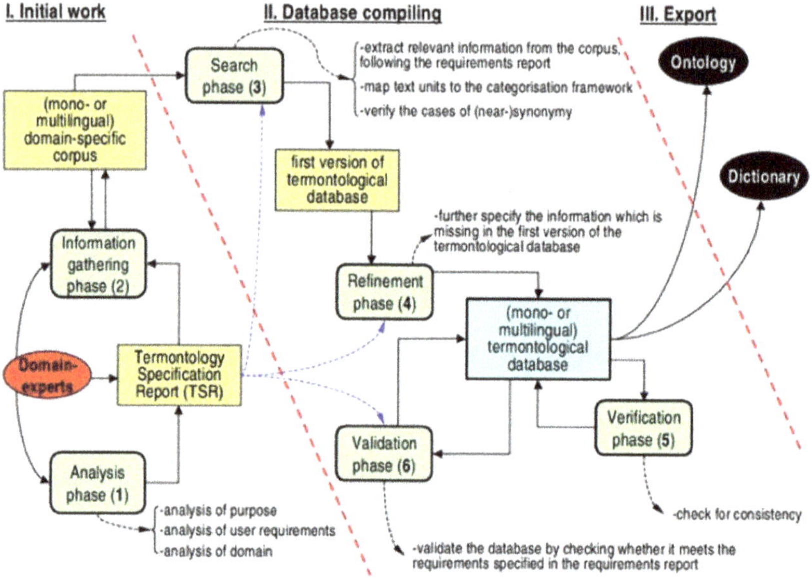


**Fig. 11:** Diagrama de flujo del trabajo termontográfico de *Termontography* (Temmerman y Kerremans, 2003)

Su actividad se inicia con la fase de análisis desde la que se trabaja en el nivel conceptual intentando acceder al conocimiento del dominio y, posteriormente, se reúne toda la información posible con la participación del experto. Se utiliza el programa *Categorisation Framework Editor*, desde el que se podrá crear una conceptualización (o categorización, según Temmerman, 2000) con un marco predefinido de categorías y relaciones.

Una vez representado el dominio mediante sus conceptos, se utiliza la siguiente herramienta, *Termontography Workbench*, que permite cargar los textos que componen el corpus que se ha compilado previamente y comienza así la extracción de la terminología que se realiza manualmente (véase la figura 12).

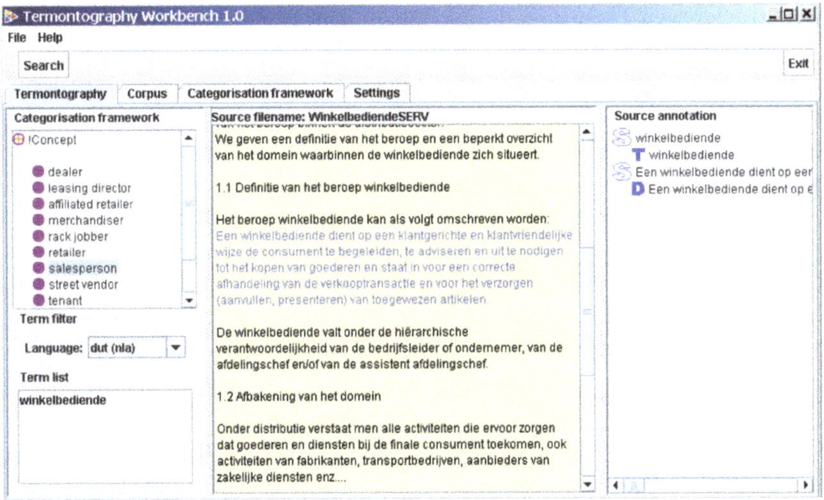


**Fig. 12:** Pantalla de muestra de la herramienta *Termontography workbench* (Temmerman y Kerremans, 2003)

Toda la información conceptual y terminológica se exporta a la tercera herramienta, *Dictionary*, que presenta los datos referidos a definición, términos relacionados, fuente e idioma en formato diccionario ofreciendo diferentes opciones de búsqueda.

Otra de las metodologías orientadas al trabajo terminológico se encuentra en la concepción de TERMINAE, herramienta de ingeniería de conocimiento escrita en Java y diseñada para conducir metodologías que integren Terminología, Ontología y Semántica léxica. La herramienta, como indican Biébow et al. (1999) está basada en corpus lingüísticos y su metodología permite construir conceptos terminológicos a partir del estudio del término correspondiente extraído del corpus. El primer paso consiste en establecer el listado de términos, lo que requiere la compilación de un corpus relevante sobre el dominio. A continuación, LEXTER, un extractor terminológico, propone al usuario un conjunto de candidatos a término, del que ha de seleccionar los términos con la ayuda de un experto. El próximo paso es conceptualizar cada término. El ingeniero del conocimiento analiza los usos del término en el corpus para definir todas las nociones (significados) del mismo. Proporciona una definición en lenguaje natural y luego la traduce en un formalismo. Si se valida el concepto terminológico se incluye en la ontología. Con el paso de los años se han realizado varias mejoras en TERMINAE, en la metodología y en el software, como indican Aussenac-Gilles et al (2008, p. 200). La primera tarea es la compilación del corpus que se realiza con extractores de forma automática y recomiendan la ayuda del experto del dominio o del bibliotecario para la selección de la composición de los textos del corpus. Durante el proceso de selección y validación de los candidatos a término, la herramienta permite importar ontologías, tesauros y modelos conceptuales. La siguiente tarea es un análisis lingüístico de los términos. Esta es una acción reiterativa porque se realiza en distintos momentos. En palabras de Aussenac-Gilles et al. (2008, p. 211), el objetivo de esta tarea es reunir «all potential terms [...], syntactic and semantic relations, statistics about terms, occurrences or term clusters that could be relevant for knowledge modeling». Después, se aplica la tarea de modelado conceptual y normalización y es durante el modelado conceptual que los conceptos se definen y organizan. En cuanto a la tarea de normalización, su objetivo es explicitar el significado de cada concepto, comprobar que las definiciones son precisas y que hay homogeneidad en la descomposición de los conceptos en subclases. La última tarea es la de formalización ontológica que se realiza usando lógica descriptiva.

Basado en los principios de fusión ontoterminológica, Christophe Roche ha diseñado un editor ontoterminológico, TEDI, que permite formalizar los términos y los conceptos en distintas lenguas y de forma independiente (véase figura 13). Los términos se vinculan a través de una ontología compartida. Permite editar objetos y nombres propios y su exportación a los formatos RDF/OWL (*Protégé*), HTML (diccionarios electrónicos), a CSV y a OTE (*OntoTerminology Exchange*). Hay ontodiccionarios elaborados con TEDI sobre indumentaria griega (Papadopoulou y Roche, 2017),[134] y sobre vasijas griegas (Roche y Papadopoulou, 2019)[135]. Papadopoulou y Roche (2017, pp. 82–83) definen la ontoterminología de este modo:

> Ontoterminology is a terminology whose conceptual system is a formal ontology. It makes explicit two dimensions, linguistic and conceptual, which make up any terminology. Thus, ontoterminology makes it posible to distinguish the term and the name of the concept without confusing them since the fall under different semiotic systems, i.e., the first one linguistic, the other one conceptual, where the name of the concept plays the role of identifier of the concept.

134 Se puede consultar en http://ontoterminology.com/wp-content/uploads/2020/05/GreekDress.en_.html
135 Se puede consultar en http://ontoterminology.com/wp-content/uploads/2020/11/krater.en_.html

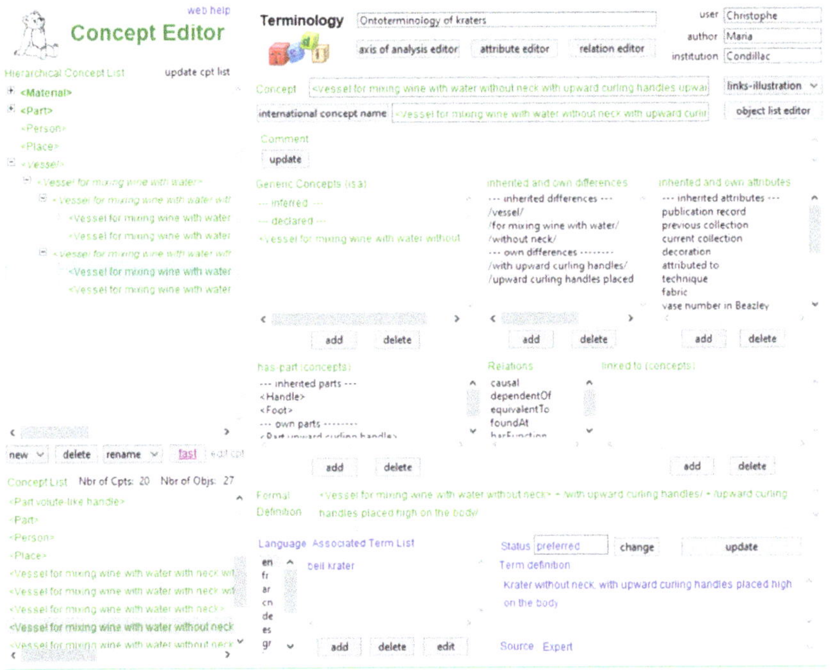


**Fig. 13:** Captura de pantalla del editor ontoterminológico TEDI.
Disponible en http://ontoterminology.com/concept-editor

## 1.3.7. Metodologías para desarrollar una ontología

Son varios los autores que han realizado propuestas sobre la metodología[136] a seguir para desarrollar una ontología (Uschold y King, 1995; Grüninger y Fox, 1995; Fernández-López, et al. 1997, Noy y McGuinness, 2001). Revisamos sus propuestas de una forma resumida.

Comenzando por Uschold y King (1995), presentan cuatro secuencias para construir una ontología, a saber, identificar el propósito, construir la

136 Además de metodologías hay métodos para crear ontologías, este es el caso de Cyc, creado en la década de 1980. Gómez-Pérez et al. (2004) explican que Cyc utiliza tres procesos y que cuenta con un motor de inferencia del lenguaje CycL que permite las herencias múltiples, la clasificación automática y la comprobación de restricciones, entre otras funcionalidades (p. 113–115).

ontología —para ello, hay que capturarla, codificarla e integrarla con ontologías existentes—, evaluar y documentar. En opinión de estos autores, como se puede observar en las dos últimas secuencias, la ontología debe ser evaluada y ha de estar documentada. También sugieren la reutilización de ontologías previas.

En cuanto a la metodología de Grüninger y Fox (1995), se concreta en cuatro pasos: determinar la competencia de la ontología, definir la terminología de la ontología, especificar las definiciones y restricciones de la terminología y, por último, probar la competencia de la ontología para demostrar la integridad de las teorías. Destaca el uso de lo que denominan cuestiones de competencia (*competency questions*), que son un conjunto de preguntas en lenguaje natural para determinar qué conceptos, propiedades, relaciones y axiomas se van a plasmar en la ontología para un ámbito concreto.

En 2001, Noy y McGuinness proponen una metodología con unos pasos más desglosados y parten de la experiencia con *Protégé*, entre otros editores de ontología. Sus pasos son los siguientes: 1. Determinar el dominio y el alcance de la ontología; 2. Considerar la reutilización de ontologías ya creadas; 3. Hacer un listado con los términos importantes de la ontología; 4. Definir las clases y la jerarquía de clases; 5. Definir las propiedades de las clases; 6. Definir las facetas de las propiedades (*slots*); 7. Crear instancias. Los autores consideran que los pasos 4 y 5 están entrelazados. Además de ilustrar cada uno de los pasos, la guía contiene algunos consejos sobre el manejo de las herencias múltiples, sobre cómo incluir una clase nueva, sobre el uso de las subclases disjuntas, las convenciones aplicables para las denominaciones, las dudas sobre instancias o clases, etc. (Noy y McGuinness, 2001, pp. 5–23). Se puede considerar como una guía bastante ilustrativa del proceso de construcción de una ontología en la que también se aclaran conceptos fundamentales sobre los componentes de una ontología.

La herramienta On-To Knowledge (Staab et al., 2001) nace como proyecto del programa europeo CORDIS y presenta una metodología para desarrollar ontologías basadas en la gestión del conocimiento y está orientada fundamentalmente a empresas, personal de ventas y de gerencia. Su objetivo es servir de soporte a usuarios no especializados para acceder a la búsqueda y localización de fuentes de información relevantes.

Una de las metodologías más empleadas por ser una de las propuestas más completas es METHONTOLOGY (Gómez Pérez et al., 2004, p. 109).[137] Permite

137 El marco de trabajo de estos autores es la ingeniería ontológica que definen como el conjunto de actividades que tratan del proceso de desarrollo de la ontología, del ciclo de vida de la ontología, de los métodos y metodologías para desarrollar ontologías y de las bibliotecas y lenguajes que los apoyan. Resaltan que uno de los valores de

desarrollar ontologías nuevas o reutilizar ontologías previas. Propone la realización de una serie de actividades previas, a saber, encontrar las ontologías candidatas para su reutilización, inspeccionar el contenido y la granularidad de las ontologías candidatas, seleccionar las ontologías que se van a reutilizar y evaluar las ontologías seleccionadas desde el punto de vista de representación del conocimiento. Con el soporte del entorno de desarrollo ontológico WebODE se desarrolla en las siguientes etapas[138]: especificación, conceptualización, formalización, implementación y mantenimiento e incluye un ciclo de vida basado en prototipos evolucionados y su propia metodología que permite especificar los pasos necesarios para llevar a cabo las actividades de estas fases, las técnicas utilizadas, los resultados y cómo se han de evaluar, siendo varias las ontoterminografías que se han sumado a ella para su desarrollo.

La fase de conceptualización se compone de once tareas que los autores describen pormenorizadamente: 1. Construir glosario de términos; 2. Construir las taxonomías de los conceptos; 3. Construir diagramas de relación binarias *ad hoc*; 4. Construir el diccionario de conceptos. Relacionadas con la tarea 4 están la tarea 5 (describir las relaciones binarias), la tarea 6 (describir los atributos de instancias), la tarea 7 (describir los atributos de clase) y la tarea 8 (describir las constantes); 9. Describir los axiomas formales; 10. Describir las reglas y 11. Describir las instancias. Sus autores, el grupo de investigación *Ontology Engineering Group*, liderado por M. Asunción Gómez-Pérez, de la Universidad Politécnica de Madrid, la han sustituido con una versión que permite la construcción de redes de ontologías fundamentadas en el trabajo colaborativo a partir de escenarios, denominada NEON-METHONTOLOGY (véase la figura 14).[139]

---

Methontology, al igual que en otras metodologías como On-To-Knowledge y DILIGENT reside en haber dado un paso más allá al transformar la construcción de una simple ontología en una actividad de ingeniería. Definen ontología simple como aquella que no tiene ningún tipo de relación con otras ontologías (Suárez-Figueroa y Gómez-Pérez, 2009, p. 160).

138 En METHONTOLOGY, las actividades orientadas al desarrollo de la ontología se agrupan en actividades de predesarrollo, desarrollo y postdesarrollo.

139 Para profundizar en esta metodología, se puede consultar la dirección web del grupo de investigación de ingeniería ontológica de la Universidad Politécnica de Madrid, concretamente https://oeg.fi.upm.es/, además de los trabajos de Corcho et al. (2003, pp. 45–47) y Gómez-Pérez et al. (2004, pp. 107–197).

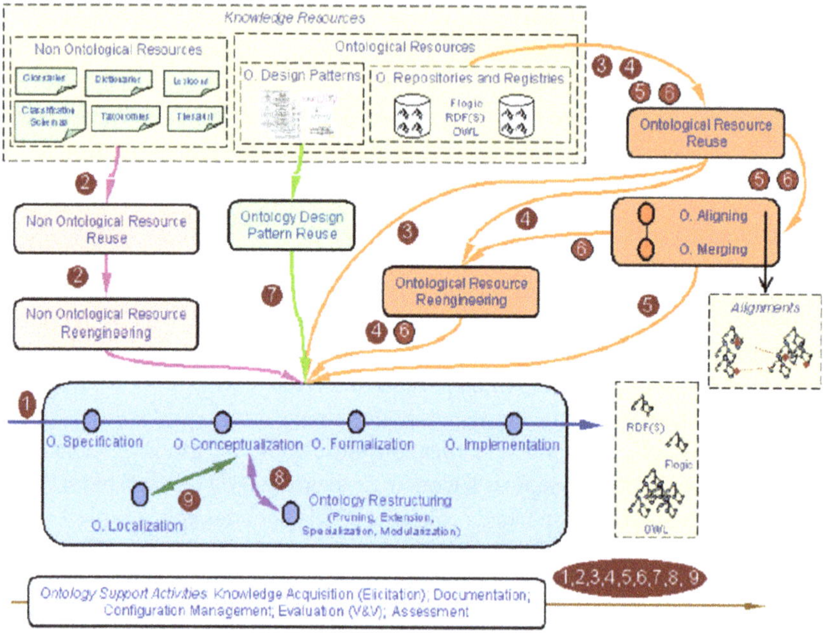


**Fig. 14:** Representación gráfica del desarrollo de una ontología conforme a *Neon-Methontology.* (Suárez-Figueroa y Gómez-Pérez, 2009)

Esta reinvención proporciona nueve escenarios para cubrir otros casos que no se contemplaban de forma integrada como la (re)adaptación, modularización o alineación de ontologías e, incluso, contempla la integración en recursos no-ontológicos (Suárez-Figueroa, Gómez-Pérez, Fernández-López, 2012, p. 9). Permite desarrollar redes de vocabularios y ontologías y los rasgos multilingües en las ontologías. Consta de un glosario de procesos y actividades, de modelos de ciclo de vida de las ontologías, un conjunto de directrices metodológicas para los distintos procesos y actividades. Las funcionalidades de *Neon-Methontology*[140] permiten aligerar el desarrollo de las ontologías.

En cuanto a la creación de ontologías basadas en Terminología, cabe mencionar a Temmerman y Kerremans (2003), Kerremans (2004), Maroto y Alcina (2009), Durán-Muñoz (2011a), Bautista Zambrana (2013), Estellés (2014), Losey-León (2016b), Papadopoulou y Roche (2017), Carvalho et al. (2018),

140 Para una información más detallada, se puede consultar https://oeg.fi.upm.es/index.php/es/methodologies/59-neon-methodology/index.html

Roche y Papadopoulou (2019) y Wei et al. (2020), entre otros, algunas de las cuales se han desarrollado a partir de cero y otras se han desarrollado reutilizando recursos de conocimiento ya existentes. Todos estos trabajos imprimen una metodología propia en el modo de transferir la información terminológica a la información ontológica.

## 1.4. Construcción de una término-ontología bilingüe sobre seguridad de la navegación marítima

Si bien existen recursos terminográficos en el dominio marítimo, la información que ofrecen sobre los términos es, en general, poco detallada. Suelen ofrecer un número de marcas muy reducido tanto en los diccionarios marítimos monolingües, en español y en inglés, como en los diccionarios bilingües y multilingües. Se observa que la tendencia en los diccionarios monolingües es ofrecer la definición y, en ocasiones, el subdominio o subcampo en el que se clasifica el término. En los diccionarios bilingües y multilingües se ofrecen los equivalentes y, en ocasiones, la marca gramatical de la lengua de partida, que suele ser el inglés. En cuanto al medio de acceso, los recursos terminológicos localizados en el campo marítimo son escasos, la mayoría se encuentra en formato impreso, algunos en formato electrónico y, solo en ciertos casos, en ambos formatos. Tenemos constancia del *Glosario sobre seguridad marítima*, en las lenguas español, inglés, francés y alemán (Izquierdo y Poveda, 2003), pero no se han localizado, en cambio, recursos terminológicos específicamente dedicados a un campo concreto del amplio dominio de la seguridad marítima. De ahí que, para cubrir este vacío, determináramos la importancia de desarrollar un recurso en el que representar y organizar conceptualmente el subdominio de la seguridad de la navegación marítima, restringiéndolo a los recursos de a bordo del buque, dada la ingente cantidad de terminología en este dominio. Los usuarios potenciales de este recurso son los marinos mercantes, marinos de guerra, ingenieros navales, docentes de inglés marítimo, estudiantes de náutica y transporte marítimo, estudiantes de ingeniería marina, de ingeniería marítima, de ingeniería radioelectrónica, de arquitectura y construcción naval, así como terminólogos, traductores e intérpretes especializados, docentes de las disciplinas de las áreas de conocimiento implicadas, profesionales de la lengua en general y del sector marítimo-naval.

### 1.4.1. Metodología de elaboración de la término-ontología NavSAFE

Desglosamos, a continuación, las acciones metodológicas claves en la representación término-ontológica y su carácter empírico desde la extracción semiautomática de un corpus especializado hasta su formalización ontológica, que se ilustran en la figura 16. Seguidamente, se exponen los criterios específicos subyacentes a las actividades propias de especificación, conceptualización y formalización con las que hemos forjado la transición terminológica a ontológica. Los criterios generales y los criterios específicos propios para la compilación del corpus y para la extracción de las unidades terminológicas se hallan en los capítulos II y III, respectivamente.

La término-ontología NavSAFE se ha desarrollado en dos entornos independientes, consistentes en una base de datos relacional orientada a la gestión de la información terminológica desarrollada con Microsoft Access, en la que se almacenan todos los datos que se formalizarán en el editor y en una ontología creada con el soporte de un editor de ontologías, *Protégé*, en el que se volcarán los resultados de la fase de conceptualización. El editor es la herramienta utilizada para la organización del conocimiento en el que se plasma la representación conceptual y en el que la ontología queda formalizada en el lenguaje que hemos seleccionado. Posteriormente, a través del desarrollo de una aplicación en PHP, se ha podido implementar la ontología en un glosario electrónico. En esta investigación se ha realizado, pues, una integración de sistemas de ingenierías del lenguaje en la combinación terminología y ontología.

En resumen, la término-ontología NavSAFE, desarrollada a partir de una base de datos terminológica denominada NavSAFE TermOnto DB, basada en el corpus *ad hoc* NavSAFE, puede describirse, según el tamaño y el tipo de estructura de la conceptualización[141], como una ontología terminológica y, según el tema de la conceptualización, como una ontología de dominio —porque se circunscribe a la terminología de un campo de conocimiento concreto— y es de constitución ligera. La metodología empleada ha tenido en cuenta parte de la guía para la construcción de una ontología de Noy y MacGuiness (2001), algunas de las recomendaciones de Uschold y King (1995), ciertas acciones de la fase de conceptualización de Fernández-López, Gómez-Pérez y Juristo (1997) contempladas en Methontology, así como criterios propios de organización del trabajo y de la conceptualización que se han creado específicamente para realizar un modelado del conocimiento más cercano al objetivo del trabajo.

### 1.4.2. Niveles de desarrollo de la término-ontología NavSAFE

Tal como se ilustra en la figura 16, representativa de los niveles de desarrollo de la término-ontología, para la metodología de construcción de la ontología

141 Adoptamos la clasificación de tipos de ontologías de Heijst et al. (1997, pp. 192–193).

dispusimos tres niveles por los que el trabajo término-ontológico tendría que discurrir.

### *1.4.2.1. Nivel 1: fase de captación terminológica*

Recoge las distintas fases del trabajo terminográfico basado en corpus, una vez que se ha concretado el dominio especializado, el objetivo, el tipo de usuario(s) a quien va dirigido, el nivel de especialización y su dimensión, hasta la compilación final del corpus NavSAFE, como se expone en el capítulo II. Tras documentarnos sobre el dominio y contando con la información que nos proporcionaba el corpus NavSAFE, nos adentramos en acciones que conducen a una mayor especificación y que se exponen en el capítulo III. Este nivel también acoge la acción de extracción terminológica del corpus, la cual tiene dos fases, un primer barrido básico y una segunda vuelta para refinar los resultados hasta conseguir un listado más depurado de los candidatos a unidades terminológicas en inglés que formarían parte de la ontología. Seguidamente, se procede a la validación por un grupo de expertos, paso que se concluye asignando un código identificador a cada unidad terminológica. La categoría gramatical en la que decidimos centrarnos es la del sustantivo porque fundamentalmente nos interesa recoger objetos, instrumentos, equipos, medidas y agentes que facilitan la seguridad de la navegación marítima a bordo y todos estos conceptos se designan de forma preferente con sustantivos.

El siguiente paso consiste en la asignación de los equivalentes en la lengua meta, el español, que se realiza en dos trayectos: por un lado, mediante la alineación de los bitextos del corpus en inglés y en español, acción para la que se usa el programa de acceso libre *LF Aligner 4.2.1* y, por otro lado, con la verificación de la traducción para lo que se usaron fuentes documentales y terminológicas.

Durante la localización de los términos en la lengua meta se realiza un análisis contrastivo de carácter interlingüístico para comprobar la existencia de sinónimos y de variantes que podrían existir en las dos lenguas. Esta acción nos permite ir esbozando los posibles casos que tendríamos que contemplar en la organización de las clases o entidades —término que, en ontología, es asimilable al concepto—. Una vez que disponemos de los datos del artículo en inglés, del identificador, del equivalente en español y de la muestra contextual en el corpus, se ingresan en la base de datos creada al efecto. Este es el momento en el que el primer nivel se completa. Conviene mencionar que se incluyen tanto a unidades terminológicas monolexemáticas como a unidades terminológicas polilexemáticas, ya que el corpus reveló la existencia de abundantes términos multipalabras.

### *1.4.2.2. Nivel 2: fase de conceptualización*[142]

A continuación, iniciamos la fase de conceptualización en la que tiene lugar la adquisición de conocimiento y su organización mediante categorizaciones, taxonomías, relaciones conceptuales y estableciendo los mecanismos de herencia. Para ello, analizamos el texto y el cotexto de aparición de la unidad terminológica en patrones sintáctico-semánticos, es decir, utilizamos los patrones de conocimiento (*knowledge pattern*) de Meyer (2001) y las líneas de concordancia obtenidas con los módulos de concordancias y de agrupaciones de 2-4-6 palabras (*clusters*) del programa *AntConc 3.5.8* (Anthony, 2019) para localizarlas. Utilizamos también las construcciones nominales obtenidas con *TermoStat 3.0* (Drouin, 2003b). Como se ha indicado anteriormente, abordamos tanto las unidades terminológicas monolexemáticas como las unidades terminológicas polilexemáticas de la categoría sustantivo. En esta fase se definen las clases, la organización jerárquica y no jerárquica y las relaciones conceptuales y se llevan a cabo cinco acciones:

- Acción 1: identificación de los eventos base del dominio.
- Acción 2: definición de las categorías de las clases de los campos conceptuales cubiertos. Para ello, procedimos de abajo a arriba, «bottom-up», pieza a pieza, para clasificar los términos en clases y distinguir las categorías de las clases que son funcionales y/o lingüísticas de los campos conceptuales cubiertos. En nuestro caso hemos identificado seis categorías matrices de las que se podrán escindir otras: agente, evento, objeto, instrumento, lugar y tiempo.
- Acción 3: organización de los conceptos mediante la creación de una taxonomía en lenguaje natural usando una guía sencilla como soporte para el proceso de abstracción y delimitación conceptual. Optamos por un Mentefacto, que es un diagrama jerárquico que funciona de organizador conceptual en torno a cuatro preguntas básicas, como se ilustra en la figura 15. ¿De dónde surge?, ¿de qué concepto o conjunción de conceptos se deriva? (supraordinación), ¿cómo se define?, ¿con qué se asocia? (isordinación), ¿cuáles son los subconceptos o subclasificaciones que se desprenden? (infraordinación) y ¿qué no es? (exclusión), elemento distintivo con respecto a otros. Nos permitió pergeñar cuáles son las posiciones de forma jerárquica, desambiguar términos, las relaciones semánticas, las relaciones conceptuales y una posible asociación en términos de simetría, transitividad o de relación

142 En el contexto de ingeniería de la computación, conceptualización se define como «an intensional semantic structure which encodes the implict rules constraining the structure of a piece of reality» (Uschold y King, 1995, p. 1).

inversa. Este proceso es fundamental y, a la vez, complejo. Asignar una UT a una clase, subclase o instancia implica, asimismo, una restricción, pues no pueden repetirse con la misma designación en la cadena de la jerarquía de clases[143]. Por ello, desarrollar una ontología implica asumir un ciclo de revisión constante en el que acciones de ampliación, reducción, sustitución u otro tipo de modificación tienen lugar, incluso una vez terminada, extendiéndose a la denominada actividad de mantenimiento de la ontología. Al final de este proceso se identifican las clases que se organizan en jerarquía de conceptos superordinados y subordinados, se especifican las definiciones terminológicas[144] siguiendo un patrón común, al tiempo que se reconocen las relaciones semánticas (hiperonimia, meronimia, homonimia, etc.) que se consignan en la base de datos NavSAFE TermOnto Database.

**Fig. 15:** Estructura de un Mentefacto conceptual (adaptación de Zubiría, 1998)

143 Las clases en OWL se solapan por defecto así que es necesario tener en cuenta la funcionalidad de hacer las clases disjuntas. *Protégé* no admite las herencias múltiples.

144 Este paso se corresponde con el paso 7 de la metodología de construcción de ontologías de Stuart (2016).

- Acción 4: desarrollo de diagrama de clases y determinación de las relaciones conceptuales. Se analizan las unidades terminológicas y los patrones de aparición y se identifican las relaciones conceptuales que se recogen en un inventario que queda alojado en la base de datos NavSAFE TermOnto DB. Al tratarse de una ontología de formato ligero el nivel de granularidad que establecemos no contiene demasiadas capas. En esta acción de modelado conceptual, los conceptos quedan definidos y organizados. Se explicita el significado de cada concepto y se comprueba que las definiciones son precisas. Hemos planteado el estudio en tripletas, que es el soporte gráfico usado para proyectar las relaciones entre conceptos, y las hemos alojado en diagramas de clase en los que se ha concentrado toda la información básica del concepto según los datos validados del corpus NavSAFE-EN.
- Acción 5: elaboración de un inventario de relaciones conceptuales. En él se detalla el concepto origen, la relación conceptual y el concepto meta[145].

### 1.4.2.3. *Nivel 3: fase de formalización e implementación término-ontológica*

En esta fase, se ultima en *Protégé v. 5.1* la información obtenida tras la conceptualización. Se asignan las clases desde las que se pueden extender las subclases e instancias que se relacionarán mediante la asignación de propiedades (relaciones conceptuales), formalizándose así los datos. En este proceso de formalización conviene mencionar que, además, se realiza con carácter previo un diseño y asignación de etiquetas en *Protégé*, equivalentes a los campos que hemos determinado que cubra la ficha terminográfica de cada artículo y se transfiere el contenido de cada campo de la base de datos a los contenidos de las etiquetas, siendo este proceso manual. La última acción se concreta en la codificación del modelo en uno de los lenguajes que ofrece *Protégé*. Se utiliza el lenguaje RDF. La implementación en el editor de ontologías culmina el proceso planteado en este trabajo, en el que se ha pasado del conocimiento implícito en el lenguaje al conocimiento explícito de un contenido estructurado que proporciona la ontología. Teniendo en cuenta que el objetivo ulterior de esta investigación es exportar la información a un glosario electrónico, al que denominaremos NavSAFE, hay que exportar la información contenida en los archivos RDF de la término-ontología de manera que sea legible en lenguaje natural. Los archivos RDF son archivos de texto plano que usan etiquetas XML. Por lo tanto, se ha desarrollado una aplicación (*script*) que analiza este texto plano, extrae la información

145 La descripción de cada relación conceptual se ha consignado en *Protégé 5.1*.

de los campos de la ontología teniendo en cuenta las etiquetas XML y muestra toda esa información en un formato concreto. El *script* se va a implementar en PHP, de manera que el resultado puede verse fácilmente en un navegador web, además de poder copiarse y pegarse en cualquier editor de texto.

### 1.4.3. Limitaciones generales y específicas

Las propuestas anteriores se desenvuelven en el terreno de la ingeniería ontológica y la adaptación de algunas de ellas al trabajo terminológico no ha estado exenta de problemas por los siguientes motivos:

1. En primer lugar, la complejidad de su formalización mediante reglas lógicas o axiomas formales dificulta la labor del trabajo del terminógrafo, el proceso es largo y laborioso incluso cuando el dominio especializado es reducido y, sobre todo, si no hay ningún modelo orientativo anterior sobre el dominio en cuestión y se desarrolla una ontología por primera vez, como es el caso que nos ocupa. Además, no podemos olvidar que en nuestro planteamiento término-ontológico establecemos como proyecto de implementación la plasmación de toda la información en un glosario, de manera que esta también será una condición subyacente en esta investigación.
2. Para elaborar nuestra ontología, nos hemos orientado por las pautas facilitadas para el desarrollo de ontologías de Noy y McGuinness (2001) y, al mismo tiempo, hemos seguido una metodología de trabajo propia conforme a nuestros objetivos y, en función de los criterios aplicables al desarrollo de una ontología de dominio, terminológica y ligera. Indudablemente, como se señala en varias ocasiones a lo largo de este trabajo, una de las aportaciones que más ha influido ha sido la concepción del contexto como proveedor de conocimiento desde el que localizar y extraer patrones lingüísticos y las relaciones conceptuales de las unidades terminológicas implicadas. De ahí que el contexto situacional sea básico en la evolución de nuestro trabajo.
3. Esta investigación absorbe la composición del corpus para organizar y representar con un enfoque término-ontológico el dominio especializado de la seguridad de la navegación marítima, lo cual necesariamente implica la utilización de la unidad terminológica y su contexto como centro de operaciones primario desde el que acceder a su contenido conceptual, pues las relaciones conceptuales pueden coincidir con las genéricas de otros dominios pero el contexto incidirá en la relevancia de unas con respecto a las otras, o dicho de otro modo, en la activación preferente de ciertas unidades terminológicas con respecto a otras. Todo ello, a nuestro juicio, depende de dos parámetros: i) la relevancia de las acciones en el contexto situacional del

lenguaje en su función comunicativa; y ii) la magnitud dimensional de la representación. A pesar de que el número de términos es exponencialmente superior, hemos tenido que limitar el número de unidades terminológicas y segmentar la representación ontológica para podernos adaptar a las capacidades de los editores de ontología, a la simplicidad en su representación y en aras de facilitar la comprensión del entramado.

4. Los beneficios de una representación terminológica granular añaden, como contrapartida, mayor complejidad a la representación ontológica, por lo que esta circunstancia ha derivado en un proceso de refinamiento aún mayor de la selección de las unidades terminológicas que conformarán la representación ontológica y que se expone en los apartados siguientes. Para la ontología utilizaremos como criterio el reagrupamiento en campos más generales desde los que se ampliarán jerarquías menos granuladas y que contemplarán básicamente a los participantes o agentes, a los componentes y las características registradas en condiciones sobrevenidas de navegación marítima adversas o no óptimas.
5. El desarrollo de una ontología vinculada a una base de datos creada en un entorno independiente conlleva una serie de limitaciones:
   a) La unificación semántica: cada sistema tiene un conjunto base independiente de expresión y representación de las clases, propiedades, relaciones e instancias. La base de datos NavSAFE TermOnto DB se ha configurado conforme a los datos que, a partir de nuestra investigación, requerimos representar. Exportar los datos a un editor de ontologías, implica adaptar las etiquetas de representación conceptual para poder acoplar sistemas heterogéneos basados en modelos de conceptualización diferente. Este problema ya fue identificado por Bachmann (1993). Diseñamos y definimos las etiquetas ontológicas teniendo en cuenta la necesaria adaptación posterior a los campos de la microestructura del glosario en tanto producto final. Seguidamente, se ingresaron los datos manualmente.
   b) Los operadores lógicos de ambos sistemas para vincular conceptos tienen bases distintas por lo que se ha de estudiar el funcionamiento de los distintos editores de ontologías para conocer cuál se podría adaptar a nuestra necesidad en la investigación.
   c) Una de las limitaciones que suele indicarse es la complejidad del lenguaje de formalización de los editores de ontologías. Son constructos diseñados por ingenieros de la computación y la formación del investigador de lenguas aplicadas, por lo general, carece de profundidad de conocimientos informáticos. No obstante, el modelo de datos para metadatos de *Protégé* que hemos elegido, rdf (*resource description framework*) o marco de descripción de recursos, es sencillo. Es un lenguaje para presentar

información de recursos en la red. Representa metadatos constituidos por tres partes: un sujeto, un predicado y un objeto. De ahí que se denomine gráficamente como tripleta. Esta configuración nos ha ayudado a designar y formalizar el concepto origen, el concepto meta y la naturaleza del vínculo que los asocia.

d) En cuanto al rango de etiquetas ofrecido por *Protégé* 5.1 no todas parecían ajustarse a los campos que necesitábamos incluir. Por ejemplo, no contiene una etiqueta para la definición terminológica. Hemos superado esta limitación usando el bloque de anotaciones y creando etiquetas adaptadas a los requisitos del artículo termontográfico. Por tanto, dentro del bloque de anotaciones de *Protégé 5.1*, hemos creado la etiqueta en `rdf: isDefinedBy`. A pesar de que la aplicación de ontologías en terminología tiende puentes hacia el intercambio de datos terminológicos, lo cierto es que parecen mostrar cierta rigidez. Otra limitación ha sido la inclusión del equivalente en español. Para ello, hemos usado la categoría anotaciones y, dentro de ella, se le ha asignado una etiqueta ya contemplada en *Protégé 5.1*, `rdf: comment`. Los ejemplos en el contexto del corpus, se han incluido también en las anotaciones; concretamente en una etiqueta proporcionada por *Protégé 5.1*, `rdf: seeAlso`. Las variantes se han ingresado en `rdf: variants`, que, en este caso, es una etiqueta que hemos creado. Sí ha permitido elegir una lengua para cada uno de estos apartados en un menú desplegable de modo que cada etiqueta se despliega en cada una de las lenguas de este estudio, en inglés y en español.

e) Los razonadores lógicos de *Protégé 5.1* no definen la ruta de error cuando este se produce. Sería necesario diseñar razonadores que lo trazaran para ayudar al desarrollador de la ontología a resolver la formalización. Únicamente avisa cuando se ingresa una clase que ya está incluida.

### 1.4.4. Diagrama de niveles de acciones metodológicas para la construcción de la término-ontología NavSAFE

Este conjunto de toma de decisiones constituye el fundamento de las acciones metodológicas para la evolución automatizada y sistematizada de la organización y representación término-ontológica del dominio de la seguridad en la navegación marítima a bordo del buque que hemos acometido con un método empírico-analítico y, concretamente, con un enfoque hipotético-deductivo. Dentro de una línea de acciones metodológicas, concebimos el proceso de integración de terminología y ontología como un modelo evolutivo de producción

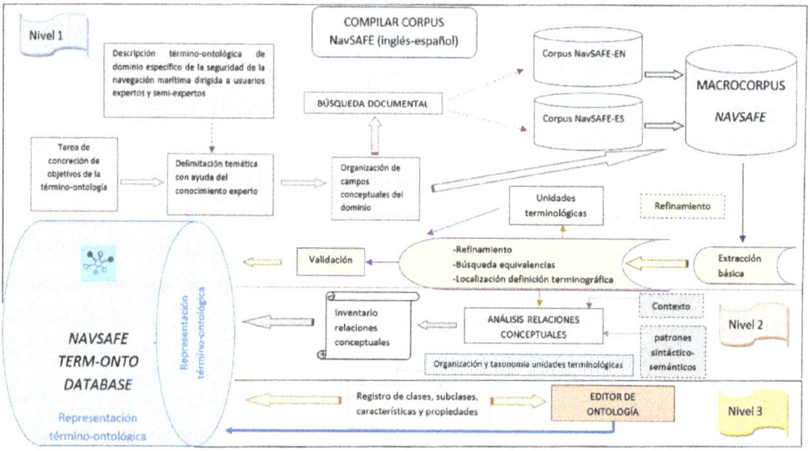


**Fig. 16:** Diagrama de acciones metodológicas propias conducentes a la organización y representación del dominio de la seguridad de la navegación marítima (Losey-León, 2016b, p. 263)

continua, que engarza el trabajo de carácter propiamente terminográfico, con procesos de refinamiento basados en el contexto, con los mecanismos empleados para la identificación de las categorías conceptuales, la organización de los conceptos y la extracción de las relaciones conceptuales, en la fase de conceptualización, cristalizando en la formalización e implementación término-ontológica a través de un editor de ontologías, como se ilustra en la figura 16.

En el diagrama se representan acciones metodológicas que responden a un modelo trifásico. La primera fase o fase de captación terminológica se representa en el nivel 1 y abarca la creación del corpus, descrita en el capítulo II —decisiones sobre la delimitación temática, la búsqueda documental, la selección de los textos, los criterios de diseño del corpus, su compilación, descripción y el análisis de su representatividad—, y la extracción terminológica y el diseño de la base de datos de datos término-ontológica —expuestos en el capítulo III—. Para la extracción terminológica, como se verá, se han combinado dos programas y una serie de técnicas que aseguran una visión central y periférica, lo que nos permitió ir obteniendo información conceptual relevante. Podemos decir que esta fase representa la actividad puramente terminográfica. El segundo bloque del diagrama es el nivel 2 o la fase de conceptualización, se presenta en el capítulo IV y consta de cinco acciones. Al final de esta fase, se da forma al modelo de datos que se consignará en la ontología NavSAFE, mientras que en el nivel 3 o fase de formalización e implementación, se produce la transición término-ontológica con la formalización en el editor de ontologías y su implementación. Se puede observar que en las tres fases de las acciones metodológicas se almacenan y registran datos lo que significa que, de forma simultánea a la extracción y al análisis de datos, se preparan y desarrollan medios de recuperación de la información.

# CAPÍTULO II
# Diseño y compilación del macrocorpus NavSAFE

El capítulo anterior ha ofrecido un recorrido por las principales teorías y corrientes de la Terminología, así como por los conceptos clave en terminología y ontología y se ha expuesto la metodología de elaboración de la término-ontología NavSAFE que concebimos como un modelo evolutivo de producción continua, que engarza el trabajo de carácter propiamente terminográfico con el de la formalización e implementación ontológica. En el presente capítulo se describen pormenorizadamente los criterios de diseño y de compilación de un macrocorpus *ad hoc*, NavSAFE, bilingüe y paralelo, de textos técnico-normativos, en el par de lenguas inglés y español. Este es el espacio de indagación en el que se ha llevado a cabo este estudio, cuyos datos se han formalizado, con distintos fines, en dos entornos tecnológicos, una base de datos, NavSAFE TermOnto Database y, posteriormente, en un editor de ontologías, como se verá en el capítulo III y en el capítulo IV, respectivamente.

## 2.1. Criterios de diseño y protocolo de compilación

En esta sección describimos la estructura, composición y protocolo de compilación de un corpus especializado *ad hoc* de seguridad de la navegación marítima en inglés y en español. Asimismo, se describe el dominio seleccionado y su oportunidad para la investigación. Finalmente, se indican las herramientas informáticas y el sistema de gestión de corpus que se utiliza para los análisis posteriores.

### 2.1.1. Seguridad de la navegación marítima: concepto y justificación

La seguridad de la navegación marítima (*safety of navigation/ navigational safety*) constituye una parte fundamental de la macroárea temática de la seguridad marítima (*maritime safety*) y es una línea prioritaria de atención en el transporte marítimo internacional, como subraya la Organización Marítima Internacional, junto a la dimensión de la protección marítima (*maritime security*)[146], de la prevención de la contaminación (*marine pollution*

146 Rodrigo de Larrucea (2015) señala que la expresión anglosajona *security* es una variante de seguridad, referida a la protección frente a actos que atentan contra el

*prevention*)[147] y de las condiciones de trabajo a bordo (*maritime labour*)[148]. La Organización Marítima Internacional, de ahora en adelante OMI[149]—en inglés, IMO—, es la institución que rige cuáles son las medidas, convenios y recomendaciones de interés para la seguridad marítima y, por ende, para la seguridad de la navegación marítima. La OMI[150] especifica que el conjunto de normativas aplicable a la seguridad está recogido en *The International Convention for the Safety of Life at Sea, SOLAS* (International Maritime Organization, 1974), en *The Convention on the International Regulations for Preventing Collisions at Sea,* COLREG (International Maritime Organization, 1972), y en *The International Convention on Standards of Training, Certification and Watchkeeping for Seafarers,* STCW (International Maritime Organization, 1978),[151] y en sus respectivas enmiendas[152]. En el caso del Convenio SOLAS, los aspectos de la seguridad de la navegación se localizan en el Capítulo V, revisado en diciembre de 2000. No obstante, conviene añadir que, junto a los convenios de la OMI anteriormente citados, también emanan directrices y normativas de funcionamiento para los equipos de ayuda a la navegación y para cualquier aspecto que forme parte del ámbito de la seguridad de la navegación marítima. Además, la OMI dispone, a través de sus distintos comités y subcomités técnicos

orden y la integridad de personas y bienes a bordo como pueden ser los actos de piratería (*piracy*).

147 El Convenio *MARPOL, Protocol of 1978 relating to the International Convention for the Prevention of Pollution from Ships* 1973, (International Maritime Organization, 1978), es el principal instrumento regulador a nivel internacional para prevenir la contaminación marina producida por los buques ya sea originada por la propia actividad operativa del buque o por causas accidentales.

148 La Organización Internacional del Trabajo (OIT) —en inglés, International Labour Organization (ILO)— dedica parte de su actividad a las condiciones de trabajo a bordo que quedan reguladas mediante el *Convenio sobre el trabajo marítimo (2006) —en inglés, Maritime Labour Convention—*. .

149 Es la institución dependiente de la ONU encargada de regir todos los asuntos en materia de seguridad marítima que afectan a aguas nacionales e internacionales y a su flota.

150 Puede consultarse en https://www.imo.org/es/OurWork/Safety/Paginas/Navigation Default.aspx

151 La versión en español es *Convenio internacional sobre normas de formación, titulación y guardia para la gente de mar* (revisado en 1995 y en 2010), *STCW* 1978/1995/2010.

152 En las referencias bibliográficas se incluyen solo los convenios originales en inglés y los textos vigentes, no así sus enmiendas, excepto en el caso del Convenio SOLAS, por constituir un soporte de consulta central en esta investigación.

especializados en asuntos marítimos, la revisión de los estándares de construcción naval orientados a la búsqueda de la seguridad en la navegación para los distintos tipos de buques, las medidas de organización del tráfico marítimo, las cuestiones de búsqueda y salvamento, así como las directrices y protocolos de funcionamiento para los sistemas de notificación para buques y las radiocomunicaciones marítimas. Actualmente existen dos comités sobre materias de seguridad marítima, a saber, el Comité de Seguridad Marítima —*Maritime Safety Committee* (MSC)— y el Comité de Protección del Medio Marino —*Marine Environment Protection Committee* (MEPC)—. Las tareas concretas de la seguridad de la navegación están encomendadas al Subcomité de Navegación, Comunicaciones y Búsqueda y Salvamento —*Subcommitteee on Navigation, Communications and Search and Rescue (NCSR)*—, encargado de la navegación y de las comunicaciones.

Las prescripciones y resoluciones dictadas por la OMI son seguidas por los fabricantes de los equipos y sistemas de ayuda a la navegación y se plasman en sus manuales de instrucciones o guías de usuarios, así como por las sociedades de clasificación, que las recogen a través de sus estándares de construcción de buques.

Pese a la complejidad de delimitar el amplio concepto de la seguridad marítima, tal y como los expertos del dominio así lo aseguran, en este trabajo la definimos como el conjunto de medidas —convenios y recomendaciones—, instrumentos, equipos y dispositivos que se emplean por el buque para garantizar el transporte marítimo y salvaguardar la vida humana mediante el manejo operativo y eficaz desde su salida, durante su tránsito y en la llegada a un puerto o a un punto específico y que, en el caso de que surjan situaciones de peligro, urgencia y seguridad, sirvan de soporte para la gestión responsable de las mismas.

La direccionalidad de la gestión de la seguridad marítima se puede orientar hacia recursos externos de apoyo al buque —entre ellos pueden mencionarse los puertos, estaciones costeras, embarcaciones de salvamento marítimo, servicios de tráfico marítimo y otros buques cercanos en el área o aeronaves—, con los que contactan mediante la tecnología en comunicaciones radioelectrónicas y vía satélite, o hacia los propios recursos de los que el buque está provisto, conforme a la normativa establecida. De forma más concreta, podemos distinguir entre los siguientes elementos:

a) Elementos de apoyo externo para la seguridad de la navegación marítima: se pueden citar los servicios de tráfico marítimo, sus dispositivos técnicos y medios de control, las ayudas marinas para la navegación como las ayudas visuales —luces de puerto y luces costeras, sistema de balizamiento marítimo, faros, el *Código internacional de señales marítimas* de la OMI (International Maritime Organization, 2005), en inglés, *International Code of Signals* (ICS)—, las señales acústicas —pitadas, sirenas de niebla, entre otras—. También se incluyen los avisos marítimos —avisos a los navegantes, los radioavisos náuticos, los avisos informativos sobre seguridad marítima (información sobre búsqueda y salvamento, avisos sobre peligros para la navegación, avisos meteorológicos, avisos de predicciones meteorológicas, avisos sobre interrupción o suspensión de los servicios de practicaje, notificación de suspensión o interrupción de los servicios satelitales de ayuda a la navegación, entre otros) y los sistemas que permiten la emisión, difusión y distribución de la información sobre seguridad marítima de radiocomunicaciones—, los avisos NAVTEX[153], los avisos NAVAREA[154], INMARSAT-C SafetyNET y el Sistema Mundial de Socorro y Seguridad Marítimos (SMSSM).

b) Elementos de apoyo interno o a bordo del buque para la seguridad de la navegación marítima: en cuanto a las ayudas internas orientadas a la seguridad de la navegación marítima de las que dispone el buque, estas son los aparatos y sistemas náuticos de a bordo, los dispositivos y medios de salvamento, el sistema y equipo para la prevención, detección y extinción de incendios, el equipo de radiocomunicaciones, la normativa sobre seguridad de la navegación marítima, las reglas sobre cuál debe ser la conducta del buque en movimiento dentro de o en las proximidades de zonas de convergencia de tráfico para evitar colisiones —*Reglamento Internacional para prevenir abordajes* (OMI, 2003)[155], en inglés *International Regulations for*

---

153 Es un servicio de recepción de mensajes en forma de texto impreso que llega al buque mediante el receptor NAVTEX y es un requisito del Sistema Mundial de Socorro y Seguridad Marítimos (SMSSM) —en inglés, *Global Maritime Distress and Safety System* (GMDSS)—. Su función es transmitir avisos sobre la navegación, sobre la meteorología o información de carácter urgente, como búsqueda y salvamento, interrupción o suspensión de los servicios de practicaje o notificación de averías de instrumentos electrónicos y satelitales de ayuda a la navegación. Este sistema fue implementado por la Organización Marítima Internacional el 19 de noviembre de 1987, según la Resolución A.617 (15).

154 A nivel mundial, se establece una división en áreas geográficas de navegación o NAVAREA y llevan asignado un número identificativo del área del mar a la que corresponden (NAVAREA I, NAVAREA II y, así, sucesivamente). Cada NAVAREA puede contener el mismo tipo de avisos sobre seguridad marítima y sirven para coordinar la transmisión de las alertas a los navegantes ya sea por radio o vía satélite. Fueron establecidas por la Organización Marítima Internacional.

155 Edición consolidada en 2003, de conformidad con el *Convenio sobre el Reglamento Internacional para prevenir los abordajes* (International Maritime Organization, 1972).

*Preventing Collisions at Sea* (International Maritime Organization, 2003)—, los dispositivos de organización del tráfico, el puesto de control y los recursos humanos en los que recae la responsabilidad durante la guardia y las condiciones del buque. Otro soporte de suma importancia para la seguridad de la navegación marítima son las publicaciones náuticas[156], entre las que cabe mencionar a las cartas náuticas, que son mapas —en formato impreso u electrónico—diseñados para guiar al navegante por zonas geográficas de todo el mundo con información sobre la profundidad del agua, la naturaleza del fondo marino, la configuración, características y la elevación de la costa. La forma en las que se organizan, gestionan, controlan, supervisan y monitorizan todas estas herramientas del navegante para la seguridad marítima se establece en turnos que se denominan guardias de navegación, realizados por el personal de la sección de puente y las guardias de máquinas, asignadas al personal de la sección de máquinas. Dado el carácter de vigilancia permanente que esta organización del trabajo implica, los periodos de guardia se consideran un instrumento conducente a la seguridad de la navegación marítima[157] y su terminología se incluye en este estudio. Procede, asimismo, mencionar que el diseño estructural del buque es otro factor que incide en la seguridad marítima; por ello, durante la construcción del buque, se tienen en cuenta una serie de estándares de carácter estructural[158] adaptados al tipo de buque para mejorar la seguridad. A modo de ejemplo, cabe citar la existencia de ciertos diseños estructurales del buque concebidos para prevenir y detectar incendios. Nos gustaría aclarar que los «sistemas y aparatos náuticos de a bordo de ayuda a la navegación» que se ubican en este apartado se designa en inglés con el término *navigational aid* que, según International Association of Marine Aids to Navigation and Lighthouse Authorities (2018, p. 30) se define como «an instrument, device, chart, etc. carried on board a vessel for the purpose of assisting navigation».

---

156 En España, el Instituto Hidrográfico de la Marina es la entidad oficial encargada de su elaboración.

157 Este estudio se limita a la organización de la seguridad de la navegación marítima gestionada por la sección de puente; de ahí que no se mencione la guardia de máquinas, a pesar de la indudable contribución de la guardia de máquinas a la seguridad de la navegación marítima.

158 Estos estándares no se han incluido en este estudio porque consideramos que, aunque compete a la seguridad de la navegación marítima, se categoriza primordialmente como parte del sector de la construcción naval y no de la explotación del buque, una vez que este ha sido construido. Por consiguiente, sería cuestión de otro dominio colindante, el de la construcción naval.

Se diferencia, así, del término «ayuda marina para la navegación», en inglés, *aid to navigation*, incluido en el apartado a) y referido a instrumentación, mecanismos o sistemas externos al buque diseñados para mejorar la seguridad de la navegación: «a device or system external to vessels that is designed and operated to enhance the safe and efficient navigation of vessels and/or vessel traffic» (International Association of Marine Aids to Navigation and Lighthouse Authorities, 2018, p. 30).

Debido a la extraordinaria dimensión del dominio de la seguridad marítima, a la dispersión de sus términos y al interés principal de tratar un área más concreta y especializada de la seguridad marítima, para nuestro estudio nos hemos decantado por acotar el terreno de trabajo terminológico y ceñirnos precisamente a la seguridad de la navegación marítima de a bordo del buque y gestionada por la sección de puente, tal y como se describe en el apartado b). El objetivo primordial de esta investigación es compilar, extraer, clasificar, organizar, describir, conceptualizar y representar término-ontológicamente esta parcela científico-técnica de la terminología de la navegación y el transporte marítimo, partiendo del inglés como la lengua origen y siendo el español la lengua meta, que aborde el equipamiento, los dispositivos, los medios de los que dispone el buque para enfrentarse a los riesgos para la seguridad de la navegación marítima[159] que afectan o pueden afectar al buque en su salida, travesía y llegada. Los términos y su frecuencia de aparición en estos campos conceptuales tendrán distinta incidencia en función del tipo de buque, del tipo de texto y del periodo cronológico en los que se hayan generado, pues los avances tecnológicos marcan la incorporación de nuevos términos en un periodo de tiempo determinado. Las decisiones sobre el dominio y subdominios objeto de análisis han influido, como se verá en los siguientes apartados, en los criterios de diseño del corpus. En términos generales, se ha determinado que el corpus aborde una tipología concreta de buques, los buques mercantes. Otras limitaciones son las referentes a los tipos de textos y al periodo temporal en el que se produjeron los textos que componen el corpus y que se describen y justifican más adelante.

En cuanto a la definición de buque mercante, utilizamos la establecida en el Real Decreto 973/2009 de 12 de junio[160], a saber, «todo buque civil de navegación

---

159 Zamora (2009) señala que la seguridad de la navegación incluye cualquier disposición que tenga por fin la salvaguardia de la integridad del buque y el normal desarrollo del transporte marítimo.

160 En la sección I de las disposiciones generales del Ministerio de Fomento del Gobierno de España, p. 55234, se recoge la normativa básica reguladora de las diferentes titulaciones para ejercer las actividades profesionales a bordo de los buques mercantes.

marítima, excluidos los pesqueros, los yates de recreo no dedicados al comercio y los buques de madera de construcción primitiva, de conformidad con el artículo III del Convenio STCW[161]» (2009, p. 55236). El motivo por el que se elige la lengua inglesa como lengua origen es su condición de *lingua franca* de la navegación, lo que atestigua la numerosa normativa internacional que incide en la obligatoriedad durante la formación académica y durante la vida profesional del marino de conocer el inglés marítimo. Así, en el Real Decreto 973/2009, de 12 de junio, por el que se regulan las titulaciones profesionales de la marina mercante se establece que, en cumplimiento de las disposiciones contenidas en el *Convenio Internacional sobre normas de formación, titulación y guardia para la gente de mar*, (*Convenio STCW-78/95*), Capítulo VI, artículo 41 sobre «Medios de comunicación en los buques mercantes»:

> (...) se usará el inglés en el puente como idioma de trabajo para las comunicaciones de seguridad de puente a puente y de puente a tierra, así como para las comunicaciones a bordo entre el práctico y el personal de guardia del puente, a menos que las personas que efectúen directamente la comunicación hablen un idioma común distinto del inglés.[162]

En fechas posteriores, concretamente en las *Enmiendas de Manila al Convenio STCW*, en inglés, *Manila amendments to the STCW Convention and Code* (IMO, 2010). se especifica que los oficiales han de tener como conocimiento y comprensión y manejo adecuado de la lengua inglesa:

> Adequate knowledge of the English language to enable the officer to use charts and other nautical publications, to understand meteorological information and messages concerning ship's safety and operation, to communicate with other ships, coast stations and VTS centres and to perform the officer's duties also with a multilingual crew, including the ability to use and understand the IMO Standard Marine Communication Phrases (IMO SMCP) (IMO, 2010, p. 40).

161 Las siglas del Convenio STCW equivalen al desglose en inglés en tanto que es la lengua original, *International Convention on Standards of Training, Certification and Watchkeeping for Seafarers*. Su equivalente en español es *Convenio Internacional sobre Normas de Formación, titulación y guardia para la gente de mar*. Se trata de un Convenio de formación de 1978 que fue enmendado en 1995 y, posteriormente, en 2010, con la inclusión de las enmiendas de Manila. La seguridad en la navegación forma parte del contenido curricular obligatorio de las instituciones de enseñanzas náuticas a nivel mundial, conforme a lo establecido en la última versión —*Convenio STCW 1978/1995/2010*—.

162 BOE núm. 159, de 2 de julio de 2009, Sec. I, pág. 55257.

Por último, la revisión del curso-modelo formativo en Inglés Marítimo, denominado *Model Course*[163] *3.17 Maritime English* (International Maritime Organization, 2015), recomienda que la formación en inglés marítimo ha de realizarse en dos etapas: la primera de ellas centrada en un inglés marítimo con un enfoque general o *General Maritime English (GME)* y la segunda de ellas con un enfoque más específico o *Specialized Maritime English (SME).*

Como se puede apreciar, tanto el Convenio STCW y su reciente enmienda, como el curso modelo de Inglés Marítimo y su revisión, junto a las disposiciones en el B.O.E. relativas a las competencias profesionales del marino mercante, justifican ampliamente que se utilice el inglés como la lengua origen para realizar esta investigación. La lengua meta en la que se proporcionarán los equivalentes será el español.

De una forma detallada, la elección del campo de la seguridad de la navegación marítima se debe a las siguientes razones:

a) La seguridad de la navegación marítima está firmemente arraigada en el ámbito marítimo y forma parte indispensable del trabajo de instituciones marítimas a nivel mundial, como la Organización Marítima Internacional (OMI). Se infiere que la documentación generada por esta institución posee un importante caudal terminológico[164], lo que podrá contribuir a enriquecer los datos a ingresar en la término-ontología.
b) La OMI distribuye los campos de trabajo de los que se ocupa la seguridad de la navegación marítima en comités[165]. Esta organización nos ha ayudado a localizar los campos conceptuales inscritos en este dominio y a seleccionar aquellos que abordará el corpus NavSAFE[166].

---

163 Los cursos modelo de la OMI son unas guías orientativas sobre la formación del marino mercante en diversas materias y competencias de carácter obligatorio.

164 Un intenso caudal terminológico puede también ir en contra para el terminólogo a la hora de delimitar el contenido de un recurso. Es por ello que hemos restringido los campos conceptuales en este estudio.

165 Estos comités están compuestos por representantes de varios países especialistas en la temática propia de cada comité y por representantes de otras instituciones de índole marítima con el fin de armonizar las ayudas a la navegación marítima.

166 Para la tarea de selección de los campos conceptuales también nos ha ayudado, como se expone más adelante, la consulta de los contenidos del plan de estudios del Grado en Náutica y Transporte Marítimo de la Universidad de Cádiz, a través de materias de Filología Inglesa, como Inglés Marítimo, Inglés Náutico y Control de Tráfico Marítimo y de materias de contenido de Navegación Marítima propiamente dichas, entre las que destacan las asignaturas de Navegación I, Navegación II, Navegación III, Reglamentos y Señales y Seguridad Marítima, fundamentalmente.

c) La extensión terminológica de la seguridad de la navegación marítima aglutina aspectos diversos como las radiocomunicaciones, los sistemas, dispositivos, equipos y servicios del buque para gobernar el buque con seguridad, para controlar el tráfico y para maniobrar, entre otros; esto permite una mayor maleabilidad a la hora de organizar y estructurar el entramado de relaciones de la término-ontología.
d) Se ha detectado una escasez de recursos de consulta terminológicos[167] en inglés y en español y, los que existen, proporcionan una información simplificada, apenas sin marcas de dominio; normalmente proporcionan el equivalente o la definición, pero no están dotados de ejemplos o de información detallada sobre el uso de cada término, lo que ayudaría al usuario a comprender su concepto, su relación con el resto de los términos de un dominio en concreto y a ubicarlo en la estructura del campo de conocimiento.
e) Se tiene constancia de un *Glosario sobre seguridad marítima* en los idiomas español, inglés, francés y alemán, recopilado por Izquierdo y Poveda (2003), de la Unidad de Traducción Española del Parlamento Europeo pero no se tiene constancia de la existencia de un recurso terminológico especializado en la seguridad de la navegación marítima disponible para su consulta en inglés y en español por lo que un recurso en este campo vendría a suplir esta carencia cubriendo esta parcela de la comunicación especializada en el ámbito marítimo-naval.
f) No se tiene constancia de la existencia de trabajos terminológicos con un enfoque ontológico en este dominio que hayan derivado en un glosario por lo que esta investigación abriría una nueva vía de exploración en el par de lenguas inglés-español o en otras lenguas.
g) Dada la expansión del transporte marítimo en la actualidad, la seguridad de la navegación demanda un nivel mayor de medios, de procedimientos y estrategias y de equipos que les permita estar preparados para poder responder a tiempo al riesgo de causas sobrevenidas, a la eventualidad de un incidente o de una amenaza grave para la seguridad durante la travesía. Es por ello que los textos en este campo se preocupan de precisar los detalles que afectan al estado óptimo del buque desde el punto de vista de su estructura, de su capacidad, de su operatividad y de su rendimiento. Resulta de interés, pues, estudiar cómo se refleja todo ello en el grueso de su

167 Existen recursos terminológicos sobre el dominio náutico en italiano (Rodríguez Reina, 2000) y en portugués europeo (Correia, 2005; Mineiro et al. 2006).

terminología, abundante en textos expositivos y prescriptivos (normativos e instructivos).

h) El desarrollo y los avances de la tecnología en este campo hacen presuponer que se podrán ir incorporando nuevos términos, neologismos, en este campo del saber por lo que sería útil ir recopilándolos por parcelas de especialización.
i) La exploración de este subdominio puede llevarnos a detectar variaciones terminológicas que pudieran existir con el fin de identificarlas y demarcar su uso.
j) El desarrollo de una término-ontología es clave para el objetivo de interoperabilidad entre los recursos terminológicos existentes, es decir, para lograr un cruce de datos y, así, enlazar en la web de datos los términos y optimizar su uso. La web de datos es una especie de web paralela a la web en la que el estándar SKOS es fundamental en la estructuración de datos para que cualquier máquina pueda leer, interpretar y entender los datos. Una vez que los datos sean entendidos por la máquina, podrán ser compartidos y, por tanto, se podrán establecer correspondencias entre los mismos. El lenguaje SKOS permite una estructuración de los datos, es el código entendible por la máquina para datos terminológicos y tesauros.
k) La base de una ontología es transferible y puede ampliarse a otros campos de especialización del ámbito marítimo.
l) La tendencia hacia la especialización en el Inglés Marítimo según las directrices sobre su aprendizaje establecidas en la reciente revisión de *Maritime English. Model Course 3.17* (International Maritime Organization, 2015). Un recurso terminológico en una vertiente tan relevante como la seguridad de la navegación bien podría contribuir a cubrir esta necesidad entre los profesionales del sector marítimo.
m) Teniendo en cuenta que, para el conocimiento de las autoras de esta investigación, hay un vacío en recursos terminológicos (EN-ES) dedicados exclusivamente a la seguridad de la navegación marítima, creemos que el glosario resultante de esta investigación puede servir de soporte al terminólogo que se inicie en este ámbito, al traductor e intérprete especializado y al docente de inglés marítimo que podrá explotarlo como material de enseñanza.
n) La tendencia hacia la digitalización en las obras de consulta terminológica es una realidad que se justifica aún más en el caso de terrenos o dominios que aún no han sido explorados.

### 2.1.2. El corpus especializado de dominio

Los estudios de corpus[168] gozan de una dilatada trayectoria como metodología de investigación lingüística propia y, hoy día, no cabe duda de la productividad de su legado en los trabajos de lenguas de especialidad, ya sea para actividades lexicográficas, terminológicas, de traducción, para la enseñanza de segundas lenguas o para crear ontologías de un campo de conocimiento, por citar los más destacados. El corpus general y el corpus especializado tienen su origen en fines distintos y, por lo tanto, sus características no son las mismas. McEnery et al. (2006, pp. 59–60) ejemplifican sus diferencias indicando que el corpus general será equilibrado en cuanto a los géneros y dominios que aborda y que contiene datos de fuentes orales, escritas o de ambos. En cuanto al corpus especializado, afirman que es aquel dedicado a un género o a un dominio específico. Flowerdew (2004, p. 21), por su parte, distingue una serie de parámetros para detectar a un corpus especializado, como se muestra en la tabla 6.

**Tab. 6:** Parámetros para definir los corpus como especializados (Flowerdew, 2004, p. 21)[a]

| **Parámetros** | **Detalles/Ejemplos** |
|---|---|
| Propósito específico de la compilación: | Investigar rasgos gramaticales, léxicos, léxico-gramaticales discursivos o retóricos |
| Contextualización: | Lugar (por ejemplo, auditorio)<br>Participantes (rol de hablante/oyente; escritor/lector)<br>Fin comunicativo (por ejemplo, promocionar, instruir) |
| Tamaño:<br>Corpus completo<br>Subcorpus o corpus de pequeña escala | <br>1–5 millones de palabras<br>20000–250000 palabras |
| Género: | Promocional (propuestas de becas, cartas de ventas) |
| Tipo de texto/ discurso: | Libros de texto de biología, conversaciones rutinarias |
| Tema/materia: | Economía, la meteorología |
| Variedad del inglés | Estudiante, no estándar (por ejemplo, indio, de Singapur) |

[a] Nuestra traducción del contenido de la tabla de Flowerdew (2004, p. 21).

168 Jan Svartvik (2007) relata que el término «corpus» fue introducido por el grupo de Randolph Quirk a propósito del *Survey of English Usage* (SEU), y que, en un primer momento, se barajaron otras denominaciones como «descriptive register», «primary material» o «texts» (p. 15). A propósito de la nomenclatura en este campo, Leech (1991/2013) afirma que el término LC comenzó a utilizarse a partir de 1984 aproximadamente y que el plural de corpus solía ser «corpuses», siendo más tarde cuando se introdujo el equivalente plural procedente del latín «corpora».

Desde cada ámbito de la lengua los fines y aplicaciones del corpus pueden ser diversos, desde la traducción hasta la enseñanza de una segunda lengua. El corpus general, a menos que se dedique a aspectos concretos (temas, tipos de textos, secciones de tipos de textos), difícilmente podrá abarcar todos los datos del lenguaje general mientras que el corpus especializado sí podría reunir las muestras más representativas de un dominio concreto, máxime si restringe su estudio a parámetros de tipo textual, temático, etc. El corpus general y el corpus especializado comparten ciertas características: ambos han de actuar dentro de un marco protocolizado de compilación, pueden ser monolingües o multilingües, comparables o paralelos, diacrónicos o sincrónicos.

En cuanto a sus diferencias, tradicionalmente ha existido controversia sobre la heterogeneidad propia del corpus general frente a la homogeneidad[169] de un corpus especializado, entendiéndose esta última como la uniformidad en cuanto al tipo de textos y el tipo de lenguaje que conforman un corpus. Sobre este asunto, Aston (2001) señala que los corpus homogéneos de textos de un tipo en particular proporcionan datos sobre la frecuencia y uso de las palabras en esos tipos de textos, «facilitating the design of ESP syllabuses and materials» (p. 11), lo que evidencia la factibilidad de la aplicación de los corpus especializados para la enseñanza del inglés con fines específicos.

En esta investigación mantenemos que, a pesar de que un corpus de un dominio se seccione en varios microcorpus de subdominios especializados con diferentes tipos de textos lo cierto es que, incluso así, no tiene por qué perder homogeneidad, pues siempre se podrá recuperar el grueso terminológico por la propia estructura modular del corpus. De igual modo, una aproximación a un corpus general puede dedicarse a una variante del lenguaje (por ejemplo, el lenguaje sentimental de los adolescentes), lo cual aumenta las posibilidades de uniformidad en el tipo de textos que lo conformen. Así pues, si bien un corpus especializado tiene mayor tendencia a la homogeneidad[170], la presencia de esta

---

169 Sinclair afirma que la homogeneidad ha de buscarse en la creación de todo corpus. Indica que el lingüista ha de ser hábil para distinguir y no incluir en el corpus ciertos textos por ser raros o poco usuales (en inglés, *rogue texts*) que podrían desequilibrar al corpus al no ser representativos: «As long as the choice of texts in a corpus still rests ultimately with the expertise and common sense of the linguist, it is appropriate for the linguist to use these skills to reject obviously odd or unusual texts. In any variety of a language there will be some texts —"rogue" texts— which stand out as radically different from the others in their putative category, and therefore unrepresentative of the variety on intuitive grounds». (Sinclair, 2005, p. 13)

170 Hay estudios que proponen métodos para cuantificar la homogeneidad de un corpus (Cavaglià, 2002).

cualidad en un corpus dependerá de la función comunicativa de los textos que lo integran y de la finalidad del mismo, independientemente de que se trate de corpus general o de corpus especializado. De hecho, algunos lingüistas de corpus (Bowker y Pearson, 2002; Meyer, 2002) prefieren el término *special-purpose corpus* o «corpus con fines especiales» porque los corpus siempre se diseñan con un fin particular *a priori*.

Al hilo de su trabajo sobre compilación de un corpus sobre la piedra natural, Vargas Sierra (2006, p. 5) emplea el término «corpus especializado», que define como «un repertorio de muestras textuales de un ámbito de conocimiento o actividad, ordenado según unos determinados parámetros y suficientemente extenso de modo que los datos que de él se obtengan sean representativos y susceptibles de generalización en lo referente al uso lingüístico específico del ámbito».

Laura Gavioli (2005, p. 7), en su estudio sobre la aplicación de los estudios de corpus al inglés con fines específicos, parte de la distinción establecida por Tribble (1997) y Gledhill (2000) entre *specialized corpora* y *general corpora*. Define al primero de este modo:

> [...] corpora designed for the purpose of creating a sample of specialized language either by collecting texts of similar content (e.g. science, medicine, business, philosophy) or of similar text-type or genre (e.g. research papers, letters, book chapters) or both (e.g. medical research articles or science lectures), or even texts from other specialized categories, such as newspaper language or academic language [...]

Considera que el corpus general es «corpora designed with the aim of representing a "whole" language (e.g. *English*) or a geographical variety (e.g. *British English*)»[171].

Creemos que es necesario afinar la designación de corpus especializado y añadir la precisión «de dominio especializado», como se expone y argumenta seguidamente. Partimos de la concepción de que el parámetro principal es la función de la comunicación especializada asociada a las categorías textuales que representan los textos que componen un corpus especializado. Sin embargo, como ya se ha descrito anteriormente, no todos los corpus especializados son del ámbito de las lenguas de especialidad, así que distinguiremos en este trabajo entre corpus especializado y corpus especializado de dominio, siendo este último nuestro objeto de análisis.

171 Gavioli (2005, p. 63) señala que es difícil establecer esta distinción cuando es discutible clasificar la variedad diacrónica de un corpus histórico como corpus general o especializado. Por esta razón, indica que existe un *continuum* entre los corpus especializados y los corpus generales.

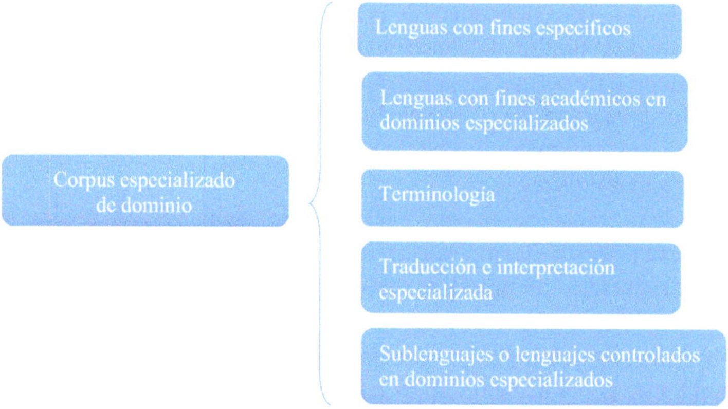


**Fig. 17:** Ámbitos de la lengua en los que habitualmente se aplica el desarrollo de corpus especializados de dominio.

Consideramos que un corpus lingüístico especializado de dominio, como se ilustra en la figura 17, engloba muestras de las lenguas aplicadas a contextos profesionales y ocupacionales (inglés médico, inglés empresarial, inglés en el ámbito de la educación física, inglés en la enseñanza musical, inglés de la hostelería, etc.), del inglés académico en dominios especializados y de los sublenguajes (frases normalizadas para las comunicaciones marítimas, el inglés de la aviación, el código Q en radiocomunicaciones marítimas, etc.). Los corpus compuestos por textos generados por aprendientes de una lengua para fines específicos (*pedagogic corpus y learner corpus*) se encontrarían ubicados en subcorpus de lenguas con fines específicos o de lenguas con fines académicos en dominios especializados.

La presente investigación se hace eco de las consideraciones anteriores y aporta su propio concepto de corpus especializado de dominio al que concibe como un conjunto de datos de la lengua procedentes de textos escritos reales o del habla real, identificativos de una comunidad de conocimiento especializado, compilados con criterios de selección para extraer información representativa de la lengua, que se podrá explotar con fines propios o externos.

Este estudio examina el dominio de la seguridad de la navegación marítima por entender que, bajo el mismo, se puede englobar al mayor número de parcelas que puedan finalmente conferir valor y aportar un estudio validado de una terminología con mayor cobertura que la que se desprende de los estudios realizados hasta la actualidad. Como ya ha quedado expuesto, nuestra investigación se nutre de un corpus lingüístico especializado de dominio que hemos compilado *ad hoc*, es decir, un corpus que parte desde cero, elaborado para cubrir unas necesidades y unos fines concretos (Corpas Pastor, 2001, pp. 164–165).

La sección empírica que se inicia con este capítulo expone los criterios de diseño y su justificación en esta investigación, el protocolo de compilación —ya que en la difusión de los resultados de trabajos de corpus se ha de pormenorizar cuál ha sido el método seguido para su recopilación, lo que propicia un análisis cualitativo adecuado—, una descripción del corpus constitutivo y un análisis de la representatividad desde el punto de vista cuantitativo del corpus de seguridad de la navegación marítima NavSAFE en el par de lenguas inglés y español. Además de estos criterios de diseño básicos de partida para cualquier tipo de corpus lingüístico, se suman otros criterios aplicables a corpus especializados cuyo fin es de carácter terminográfico[172], como se ha explicado con anterioridad en este capítulo, debido a la propia naturaleza específica del objetivo del trabajo (Meyer, 2001; Durán Muñoz, 2011b).

### 2.1.3. Criterios generales para el diseño del macrocorpus NavSAFE

Desde que se tiene en mente la elaboración de un corpus intervienen continuas tomas de decisiones tanto de carácter previo (el dominio especializado objeto del corpus, los fines del corpus, el nivel de especialización, la lengua original, etc.) como durante el proceso de compilación (disponibilidad de los textos, textos que comparten un estilo de lenguaje similar, textos agrupados por temas, el tipo de usuario, etc.) que, junto a unas pautas adecuadas, terminarán perfilando el diseño final del corpus. Son varios los autores que desde la década de los 90 han ido proponiendo un modelo o patrón que asegurase la calidad de un corpus.

Atkins, Clear y Ostler (1992) sostienen que, a la hora de diseñar un corpus de tipo lexicográfico, han de tenerse en cuenta los siguientes criterios: una taxonomía de tipos textuales, el tema del texto, el tipo de usuarios previsto (número de muestras, educación, grado de distancia/afinidad con el corpus, edad), autoría (sexo, nacionalidad, número de autores), formato, longitud, modo de constitución (individual, colección, etc.) y estructuración explícita (1991, pp. 15–20). En el proyecto EAGLES (Sinclair y Ball, 1996) identifican cuatro criterios generales de compilación, a saber, cantidad, calidad, documentación y simplicidad. Por cantidad se ha de entender el número de textos que componen el corpus

---

172 El concepto de terminografía en el que está inscrito este trabajo, como se ha indicado en el capítulo I, se corresponde con el expuesto en la norma ISO 1087-1: 2000 (ISO, 2000), que lo define como «part of the terminological work focused on the concept designation and presentation of the terminological data» (p. 12).

(Sinclair y Ball, 1996). Esta cuestión se torna controvertida en el caso de los corpus con fines generales, ya que hay diferencia de opiniones en cuanto a cuál debe ser la dimensión del corpus. En cambio, esta cuestión se vuelve más ligera en el caso de la terminología, ya que se tiende a valorar la densidad terminológica por encima del volumen de los textos. En cuanto al tamaño proporcionado de textos de diferentes estilos o géneros que componen el corpus, es decir, lo que se conoce como equilibrio del corpus, se incide en que, en el caso de los corpus especializados, no es necesario proporcionar muestras en todos los géneros textuales, pues podría ser que ciertos temas fueran de un ámbito tan restringido que fuesen ocurrentes en un solo género textual sin que, por ello, dejase de ser equilibrado para la finalidad lingüística descriptiva. En cuanto a la calidad del corpus esta se caracteriza por la autenticidad de sus textos. En el proyecto EAGLES (Sinclair y Ball, 1996) se aboga por las muestras reales del corpus, procedentes de fuentes originales y completas, sin tratamientos que conlleven la pérdida de información fundamental. Este criterio enlaza con el de la simplicidad, encarnada en textos planos, con las mínimas anotaciones. Los textos preferiblemente estarán en formato ASCII o texto plano (.txt) es decir, sin marcas HTML o código de otro tipo, siguiendo la «clean-text policy» expuesta por Sinclair (1991, p. 21): «The safest policy is to keep the text as it is, unprocessed and clean of other code».

Pearson (1998) propone dos tipos de criterios a tener en cuenta para la selección de los textos:

a) Criterios de orden externo, «which are essentially *non-linguistic*» (1998, p. 52) y que aglutinan categorías como género —«fiction/non-fiction; newspapers, magazines, ephemera correspondence, "typed" material which includes all types of reports and documentation, and manuscript material which consists of handwritten texts» (p. 53)—, modo –«whether it is a transcription of the "spoken" word or whether it was originally in written form»[173] (p. 53), origen — «author, editor, publisher, rights holder, translator and adapter» (p. 53) y los objetivos de los textos –«the target audience and the intended outcome of the text» (p. 53) que, como la propia Pearson admite, están basados en la tipología de textos *EAGLES* producidas por Sinclair y Ball (1996).
b) Criterios de orden interno, «those which are essentially linguistic» (p. 52) que agruparía dos parámetros: el tema, que se revela a partir del ámbito al que pertenece el texto y el estilo o tipo de modelo de lengua (1998, p. 53—55).

173 Pearson incluye una tercera categoría propuesta por Sinclair and Ball (1996), la de los textos electrónicos.

Teniendo en cuenta la evolución de las investigaciones en corpus lingüísticos, desde las primeras propuestas de los años 90 hasta la actualidad, existe un consenso generalizado sobre los requisitos básicos de orden interno y externo que todo corpus debe cumplir, ya sea de tipo general o especializado (McEnery y Wilson, 2001; McEnery, Xiao y Tono, 2006; Corpas Pastor, 2001, 2008; Villayandre, 2008, 2010; entre otros autores). Los criterios generales de selección de textos para el diseño del corpus en los que nos hemos basado son una síntesis de las propuestas de estos autores y se detallan seguidamente:

- Textos especializados del dominio
- Textos disponibles en formato electrónico de manera que permitan realizar una previsión del tamaño final del corpus.
- Textos generados por fuentes fiables.
- Textos auténticos y completos.
- Textos cuya lengua original sea lengua inglesa, de la variedad diatópica del Reino Unido y que pudiesen disponer de su traducción al español, en la medida de lo posible.
- Textos especializados generados por usuarios expertos y dirigidos a usuarios expertos.

En principio, nos fijamos en textos con un registro formal de la lengua y no realizamos una selección basándonos en las características estrictamente lingüísticas de los textos, ya que la extracción y análisis del corpus (un macrocorpus, en nuestro caso) se realiza en una etapa posterior a su compilación. Sí tuvimos en cuenta que el tipo de textos fuera de carácter técnico o de carácter técnico-normativo, ya que intuimos que ambas tipologías son las que contendrían la información que mejor podrían describir el dominio a representar.

### 2.1.4. Criterios específicos para el diseño del macrocorpus NavSAFE conducente a una término-ontología

Como se indicaba en el capítulo I, la metodología de construcción de la ontología dispone de tres niveles. De ellos, el nivel 1 o fase de captación terminológica se inicia en este momento del estudio con la concreción de los criterios específicos del diseño de corpus que alimenta a la término-ontología y continúa en el capítulo III con la extracción terminológica y la validación.

Este estudio se centra en los dispositivos, medios, equipos, recursos humanos del puente, sistemas y normativa de los que dispone el buque a bordo para garantizar la seguridad de la navegación marítima gestionada por la sección de puente.

El diseño del corpus es fundamental para perfilar el diseño de la investigación que nos llevará al diseño de la término-ontología. Se han establecido los siguientes criterios específicos para el diseño del macrocorpus NavSAFE:

1. Finalidad del corpus. Este es el punto de partida fundamental para el diseño de todo corpus, identificar qué objetivo se persigue con la compilación de un corpus. En nuestra investigación, la finalidad es explotar el corpus para realizar un estudio lingüístico de carácter descriptivo a partir de los datos de carácter terminológico obtenidos del corpus sobre la seguridad de la navegación marítima y consignarlos en una base de datos terminológica con proyección ontológica como cimiento para la creación de una ontología. Por tanto, el fin último es el desarrollo de un recurso término-ontológico[174] en el dominio de la seguridad en la navegación, en inglés como lengua origen y en español como lengua meta. Se tratará, pues, de un macrocorpus especializado de dominio.
2. Uso del corpus. Se persiguen los fines descriptivos de la lengua, pues con los datos arrojados por el macrocorpus se podrá desarrollar un recurso de consulta (inglés-español) basado en el uso de la lengua en contexto.
3. Determinación del tipo de usuario de la término-ontología basada en corpus. Se ha previsto que los usuarios sean los miembros de la comunidad discursiva[175] del dominio marítimo —profesionales del sector marítimo, inspectores de seguridad marítima, puertos, organizaciones e instituciones de carácter marítimo-naval, estudiantes de náutica y transporte marítimo y de estudios marítimos en general, docentes e investigadores de navegación marítima, de ingeniería marítima, de ingeniería radioelectrónica y del área científico-técnica vinculada al sector—, miembros de la comunidad lingüística con fines especializados —docentes de inglés marítimo, traductores e intérpretes especializados en el sector marítimo y náutico-jurídico, revisores, redactores técnicos, lingüistas aplicados, docentes e investigadores del área de conocimiento de lenguas para fines específicos vinculados a/o interesados en el sector y otros profesionales de la lengua— y cualquier tipo de usuario interesado. Por tanto, la selección de textos del corpus deberá

174 Este recurso se ha extendido hacia un glosario, cuyo concepto sigue lo expuesto en la norma ISO 1087-1: 2000 (ISO, 2000), es decir, «a terminological dictionary containing a list of designations of a given thematic field together with their translations into one or more languages» (p. 12).

175 Swales (1990) define comunidad discursiva o *discursive communities* como «common goals, participating mechanisms, information exchange, community specific genres, a highly specialized terminology and a high general level of expertise» (p. 29).

contener el nivel de especialización de acorde con el nivel de especialización máximo de la tipología de usuarios que se ha elegido, el experto en el dominio de la seguridad de la navegación marítima.

4. Delimitación del dominio y subdominio del corpus. Los criterios de diseño del macrocorpus NavSAFE se han regido desde el punto de vista temático, primordialmente, por el dominio específico de la seguridad de la navegación marítima y, dentro del mismo, por el subdominio de los equipos, dispositivos, instrumentación, reglas, recursos humanos del puente y medidas de a bordo del buque orientadas a controlar, comprobar, detectar, monitorizar, supervisar, regular, mantener y salvaguardar la seguridad de la navegación marítima.
5. Identificación de los campos conceptuales. Una vez decidida la parcela terminológica objeto de nuestra investigación, el siguiente paso ha sido identificar los dominios y subdominios conceptuales puramente propios de la seguridad en la navegación marítima. Tras la consulta de conocimiento especializado se determina que los campos conceptuales[176] implicados en la seguridad de la navegación marítima son los requisitos estructurales de seguridad del buque, las reglas de colisión y abordaje, el sistema de balizamiento y las señales marítimas, el equipo de gobierno del buque, los dispositivos de organización del tráfico marítimo, los servicios de tráfico marítimo, los equipos y sistemas de ayuda a la navegación, los dispositivos y medios de salvamento, los sistemas de contraincendios, los avisos a través de las comunicaciones radiomarítimas y satelitales, las frases normalizadas para las comunicaciones marítimas, los servicios y las operaciones de búsqueda y rescate marítimo, la dotación del buque, los avisos náuticos, los sistemas y aparatos náuticos de a bordo de ayuda a la navegación, los mensajes de peligro, urgencia y seguridad y los aparatos de gobierno. Aunque estos campos conceptuales se pueden, a su vez, subdividir en otros subcampos más específicos, el listado anterior conforma el esqueleto del sistema conceptual de la seguridad de la navegación marítima en términos generales.
   Como hemos indicado anteriormente, debido a la extensión de la seguridad de la navegación marítima, esta investigación se centra en la seguridad de la navegación marítima que se gestiona a bordo del buque desde la sección

176 Campo conceptual o conceptual field se define como «a set of unstructured but thematically related concepts that shall be used as the starting point for developing a concept system» (ISO 704:2009, 2009, p. 21). Es fundamental establecer este nexo de campos que configuran el sistema conceptual para la ontología a desarrollar.

de puente. Tras una consulta detenida, se ha determinado que son ocho los dominios competentes en este tema que formarán parte del corpus NavS-AFE y se muestran en la figura 18.

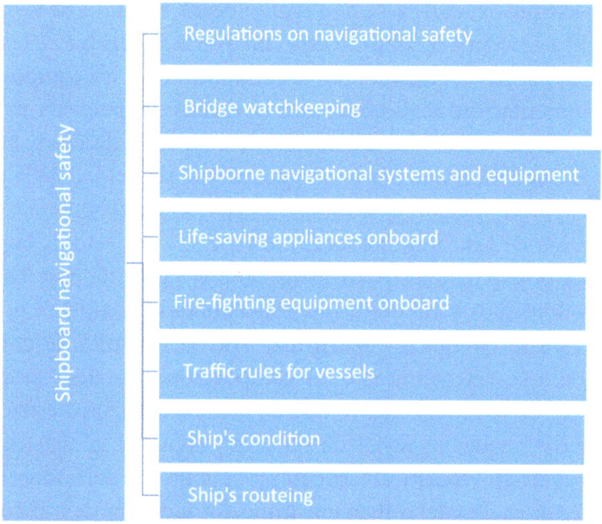


**Fig. 18:** Campos conceptuales del dominio de la seguridad de la navegación marítima a bordo del buque.

Por consiguiente, los campos conceptuales del macrocorpus NavSAFE son los aparatos y sistemas náuticos de a bordo del buque controlados desde el puente de navegación, los dispositivos y medios de salvamento de a bordo del buque, el equipo para la prevención, detección y extinción de incendios, las reglas sobre cuál debe ser la conducta del buque en movimiento dentro de o en proximidad de zona de convergencia de tráfico para evitar colisiones —*Reglamento internacional para prevenir abordajes*[177]—, los convenios normativos sobre la seguridad marítima (Convenio SOLAS) y sobre su gestión —Código Internacional de Gestión de la Seguridad (Código IGS) —en inglés, *ISM Code*—, la guardia del puente de navegación, las medidas, instrumentos y dispositivos para la organización del tráfico marítimo y los distintos

177 De conformidad con *The Convention on the International Regulations for the Prevention of Collisions at Sea/COLREGS* (International Maritime Organization, 1972).

estados en los que puede estar el buque y que inciden en la seguridad de la navegación. Se desea aclarar que las frases normalizadas para las comunicaciones marítimas no se han descartado en el nuevo mapa de campos conceptuales que abordará el corpus sino que se han incluido en la sección de comunicaciones marítimas del campo conceptual de los aparatos y sistemas náuticos de a bordo[178]. Asimismo, se incluye la organización del trabajo en turnos de guardias permanentes, pues se considera un instrumento propicio para la seguridad de la navegación marítima[179]. El macrocorpus se ha compilado siguiendo estos hilos temáticos, realizando una búsqueda documental dirigida a fuentes especializadas, como se expone en el apartado 2.1.5.

6. Selección de las fuentes documentales especializadas. La calidad de un corpus depende, en gran medida, de la adecuada selección de los textos del dominio que se pretende representar y este depende, a su vez, del contacto previo que el compilador haya tenido con dicho dominio, tanto directamente —por su propio conocimiento del tema—, como indirectamente —por la consulta de recursos especializados o de la comunidad de expertos en el tema—. Indudablemente, su nivel de conocimiento le inducirá a elegir los textos más idóneos y, con ellos, probablemente, los géneros textuales en los que los textos se despliegan con más asiduidad en el ámbito. En el corpus NavSAFE los textos seleccionados son de carácter técnico-normativo, proceden de instituciones y de organizaciones marítimas y de manuales

178 Se trata de un lenguaje controlado en inglés incluido en el manual denominado *Frases normalizadas para las comunicaciones marítimas de la OMI* (International Maritime Organization, 2002) —en inglés, *IMO Standard Marine Communication Phrases* (SMCP)— que recoge la fraseología y el procedimiento para utilizarla. Estas frases se dividen en: a) frases a utilizar para las comunicaciones con el exterior por medio de VHF (buque-buque; buque-estación costera; buque-helicóptero) o por medio de *walkie-talkie* (comunicaciones de corta distancia entre el buque y los servicios de puerto en los momentos de atraque o desatraque); b) frases para las comunicaciones con el interior por medio de megafonía o radiotelefonía interna. El uso de este conjunto de frases está protocolizado y regido por unos patrones de procedimiento de emisión y de recepción de llamadas, según se define en el *Reglamento de Radiocomunicaciones de la Unión Internacional de Telecomunicaciones* o *International Telecommunications Union Radio Regulations* (International Telecommunications Union, 2012, pp. 320, 331 y 335).

179 Se excluyen los estándares de carácter estructural de construcción adaptados a cada tipo de buque porque consideramos que, aunque el diseño del buque incide en aspectos relevantes de la seguridad marítima, este aspecto corresponde a la construcción naval, mientras que nuestro estudio se centra en la navegación.

técnicos, de carácter técnico-instructivo, procedentes de empresas del sector marítimo dedicadas a la fabricación de los equipos.
En este entorno, las formas del discurso especializado más habituales tienen una función referencial o informativa al tratarse de textos prescriptivos, es decir, se elaboran para difundir normas sobre el gobierno y la conducta del buque o sobre la designación de la dotación de a bordo implicada en protocolos como la guardia, mientras que en el caso de las instrucciones sobre el manejo de los instrumentos de ayuda para la navegación y sobre el equipo de salvamento y de contraincendios, cumplen, en general, una función descriptiva e instructiva. Con el fin de llevar a cabo un estudio específico, pero no restrictivo, se amplió el tipo de fuentes documentales especializadas y se incorporó la consulta de empresas proveedoras y fabricantes de los instrumentos, sistemas y equipos de ayuda a la navegación, de salvamento y de contraincendios. A pesar de la relevancia de esta cuestión y de la disponibilidad de documentos sobre este tema, como indica Losey-León (2016b), este subdominio de la seguridad marítima apenas ha sido objeto de investigación terminológica.

7. Tipos de textos. En cuanto a los tipos de textos que conforman el macrocorpus, pertenecen al ámbito científico-técnico y sus principales tipos son referencial o informativo, prescriptivo, descriptivo e instructivo, materializados en manuales de procedimiento, instrucciones de uso, normativa y reglamentación, entre otros; en algunos casos, son de carácter híbrido, pues en el mismo texto se hallan combinaciones diferentes, por ejemplo, técnico y jurídico. Son textos escritos, auténticos y completos. El criterio de selección de estos tipos de textos ha estado determinado por la percepción de la predominancia de sustantivos y verbos, aunque con distintos niveles de frecuencias en cada uno de ellos. Consideramos que, estratégicamente, los sustantivos permitirán un engarce con el verbo y, a partir de ahí, nos podrán abrir el camino para descubrir posibles colocaciones o combinaciones nominales y verbales. Esta técnica fue empleada en un estudio previo sobre las construcciones argumentativas verbales inglesas usadas en las maniobras de remolque marítimo (Losey-León, 2020). De cualquier modo, los sustantivos serán el centro de interés de nuestro estudio porque nuestro objetivo, como ha quedado expuesto en el capítulo I, no es realizar una ontología de tareas sino de dominio y terminológica.
8. El nivel de especialización de los textos. Vinculado al criterio anterior se halla el nivel de especialización de los textos que, en nuestro caso, es alto, ya que el recurso final va dirigido a la consulta de profesionales de este ámbito de la comunicación especializada. Por tanto, seleccionamos fuentes

de documentación reconocidas en el ámbito y realizamos acciones de retroalimentación para revisar la correcta selección de textos en una primera ronda. Este criterio, de alguna forma, implica que el macrocorpus distingue variedades diastráticas, concretamente se centra en los términos que se usan por grupos que desempeñan una misma actividad, lo que implica que los textos han de alcanzar un grado de especialización. En relación con esta característica se halla la variedad diafásica, es decir, el grado de formalidad o coloquialismo de las muestras de la lengua. El macrocorpus NavSAFE es un corpus electrónico escrito y formal, como se decidió en los criterios generales de diseño. Por tanto, teniendo en cuenta el objetivo final del corpus y el tipo de usuario final, NavSAFE incluye textos auténticos de expertos destinados a un usuario experto, a los que asignamos el número de nivel de especialización 1 (experto-experto). Se desea aclarar que esta característica no implica que el recurso final no pueda ser aprovechado por semiexpertos o legos en la materia.

9. Lenguas de los textos que conforman el macrocorpus y su distribución. El estudio se centra en dos lenguas, inglés y español, siendo el inglés la lengua origen. Por consiguiente, la búsqueda de textos se ha orientado a la localización de los textos en lengua inglesa, a la disponibilidad de textos en español, ya sean bitextos[180] de los identificados en lengua inglesa o no. La disponibilidad de los textos en ambas lenguas fija el criterio de diseño del corpus referido al número de lenguas y a la relación textual entre ellas, es decir, si el corpus es monolingüe, bilingüe o multilingüe y, en los dos últimos casos, si el corpus es comparable o paralelo. El macrocorpus NavSAFE se compone de un corpus paralelo en inglés, NavSAFE_EN y de un corpus paralelo en español, NavSAFE_ES.
10. Variedad diatópica de las lenguas del corpus. Las muestras del macrocorpus NavSAFE están en lengua inglesa (inglés británico), en consonancia con los criterios generales de diseño y en lengua española (europea).
11. Periodo temporal. El periodo cronológico seleccionado se sitúa entre el año 1980 y 2021, un espacio temporal de 40 años que se inicia con la entrada en vigor el 25 de mayo de 1980 del *Convenio internacional para la seguridad de la vida humana en el mar*, anteriormente mencionado y conocido como

180 El término *bi-text* (bitexto) fue acuñado por Harris (1988). En el contexto de la lingüística computacional equivale a textos paralelos (Melby, Lommel y Morado Vázquez, 2014, p. 411).

Convenio SOLAS[181]—. Desde esta fecha y hasta el año 2021 se han adoptado numerosas medidas y se han incorporado nuevas tecnologías orientadas a la seguridad de la navegación marítima. Por consiguiente, el tipo de criterio temporal es cronológico y está justificado por la fecha de la entrada en vigor de SOLAS, aunque se han incorporado al corpus las ediciones con las enmiendas más recientes para asegurar el uso de un contenido actualizado y vigente. No obstante, conviene aclarar que el corpus contiene solo un documento que está fuera de este periodo, concretamente del año 1972, porque es la fecha de publicación del texto *Reglamento Internacional para la Prevención de Abordajes*.

12. Estratificación modular del macrocorpus. Este criterio de diseño modular permite que el acceso y la gestión del corpus sea también modular, es decir, por subdominios o en todo su conjunto (Losey-León, 2021, p. 146). El corpus se abastece de textos de carácter referencial, prescriptivo, instructivo y descriptivo que, gracias a su estructura de almacenaje en módulos, podrán gestionarse de forma independiente o conjunta. Optamos por construir un macrocorpus cuyos textos se almacenen en módulos en función del subdominio, del tipo de texto o del número de lenguas. Además, esta característica permite que, en un futuro, aunque el macrocorpus sea cerrado, se puedan incluir uno o más subcorpus, a los que denominamos *satelitales* y cuya función será servir de apoyo en el caso de que se necesite disponer de textos con los que alimentar o validar el macrocorpus, aunque no estén en las dos lenguas de trabajo previstas. Este criterio fue decidido antes de la búsqueda documental para realizarla una vez designados cuáles son los campos conceptuales correspondientes. Esta organización permite que el trabajo de la extracción de información terminológica y conceptual se complemente entre ambos corpus con el fin de enriquecer la comprensión y extensión de los términos en la término-ontología resultante. Este es un criterio específico de diseño que, en este estadio, hemos decidido no utilizar.
13. Equilibrio del corpus. Este criterio es de tipo cuantitativo. Sirve para ilustrar que los corpus que componen nuestro macrocorpus son de un tamaño similar, esto es, que disponen del mismo número de textos en dos lenguas

181 Se considera que este convenio es uno de los más relevantes que han marcado la trayectoria de la seguridad de los buques mercantes. La primera versión salió a la luz en el año 1914 a raíz de la tragedia del buque *Titanic*. Desde entonces se ha ido reformulando a través de las versiones de los años 1929, 1948 y 1960, en función de los nuevos fallos que se iban registrando en seguridad marítima y de las distintas medidas y disposiciones que se iban generando para erradicarlos.

o del mismo número de textos para cada tipo de texto. Según Losey-León (2021, p. 146), este rasgo cuantitativo se aplica en los corpus que abordan variaciones sobre un mismo dominio o subdominio para ilustrar que se dispone o no del mismo número de documentos, de la misma proporción, para cada una de las lenguas (en el caso de corpus bilingües o multilingües), para cada tipo de texto, para cada variedad diatópica, entre otras posibilidades. Si la distribución no es equitativa, entonces no es un corpus equilibrado. Se adoptó la decisión de compilar un macrocorpus equilibrado, ya que consideramos que este criterio podría influir en la representatividad del corpus[182]. Sin embargo, finalmente, una vez compilado, el corpus NavSAFE posee 11 documentos de diferencia entre el subcorpus en inglés y el subcorpus en español y, además, cuenta con dos tipos textuales, por lo que podríamos considerar que es un corpus no equilibrado.

14. Autenticidad de los textos y fiabilidad de las fuentes. Los textos integrantes del corpus NavSAFE son documentos reales escritos en lengua inglesa como lengua origen y procedentes de organizaciones e instituciones profesionales, así como de empresas reconocidas del sector marítimo.
15. Identificación de la autoría de los documentos que componen NavSAFE. Los autores de los documentos incluidos en el macrocorpus NavSAFE utilizan la lengua inglesa y son profesionales especializados del sector marítimo y de la industria marítima —capitanes de la marina mercante, oficiales y suboficiales de puente, jefes de máquina, marinos, inspectores marítimos, inspectores del Control del Estado Rector de Puertos (*Port State Control*), armadores, abogados especializados en derecho marítimo, ingenieros navales, delegados de la OMI, provisionistas navales, por mencionar algunos—. Teniendo en cuenta el amplio espectro temporal que el corpus abarca —40 años—, lo más probable es que los textos hayan sido redactados por diferentes autores.
16. Medio y modo de publicación de los documentos que componen el corpus. El medio de difusión de los documentos que componen el corpus es la divulgación electrónica de convenios y de circulares y resoluciones de decisiones tomadas en el seno de una institución, con cierto grado de periodicidad. En cuanto a los manuales de instrucción, son guías de usuario en formato escrito e ilustrado que los fabricantes proporcionan junto a la adquisición del equipo, instrumento o sistema y no tienen una periodicidad fija.

182 Este criterio, en cambio, no es considerado obligatorio por todos los autores, pues, en todo caso, está determinado por la finalidad del corpus (Sinclair y Ball, 1996).

17. Tamaño del macrocorpus. En la compilación de NavSAFE no se ha partido de un tamaño predefinido, sino que se ha compilado pensando incluir los documentos en inglés que puedan representar el subcampo de la seguridad en la navegación de la forma más completa y, al mismo tiempo, más concreta y precisa posible, ya que es un subcampo de la seguridad marítima. Ha primado, pues, la cuestión de la finalidad del corpus. Ha sido complicado discernir y acotar el terreno del corpus dada su dimensión y por la interrelación que existe entre los distintos aspectos y dominios que conforman la seguridad de la navegación marítima. Las características y la composición de cada subcorpus y microcorpus se detallan en la tabla 10.
18. Determinación de la representatividad de las muestras. Durante la fase de elaboración del corpus se ha utilizado el programa ReCor 2.0 (Corpas Pastor, et al., 2006) para estimar el índice de la representatividad de los corpus. Este programa determina *a posteriori* el tamaño mínimo de un corpus independientemente de la lengua o tipo textual de dicha colección, y establece el umbral mínimo de representatividad a través de un algoritmo (N-Cor) de análisis de la densidad léxica en función del aumento incremental del corpus. En la sección 2.2.3[183] se proporcionan los datos obtenidos sobre la determinación de representatividad de los subcorpus NavSAFE_EN y NavSAFE_ES.
19. Etiquetado del corpus. Si bien no es un requisito esencial, cada vez es más frecuente proveer al corpus con información gramatical (*tagging*), semántica o sintáctica (*parsing*), sobre los lemas, la prosodia o la fonética. Este hecho facilitaría las posibilidades de explotación posterior del mismo. El corpus NavSAFE se ha etiquetado gramaticalmente usando la herramienta *Structuration* de TermoStat 3.0 (Drouin, 2003a, 2003b, 2004, 2007) en la fase de análisis del corpus. Esta herramienta resulta especialmente útil para extraer patrones de formación de unidades terminológicas polilexemáticas (o términos multipalabra) típicos de un dominio concreto.
20. Almacenaje en formato electrónico[184]. Los textos integrantes del macrocorpus están disponibles en formato electrónico lo que facilita la búsqueda

183 Realmente consideramos que, al haber introducido una cantidad considerable de documentos que cubren cada uno de los subdominios de especialización, después de aplicar los criterios de compilación y, tras el sondeo inicial de extracción de candidatos a término, hay evidencias de que el corpus es representativo. De todas formas, llegado el momento, utilizamos este método para comprobarlo empíricamente.

184 Algunos autores optan por realizar un procesamiento manual de corpus cuando se trata de corpus especializados y de tamaño muy reducido.

y la recuperación de información, el procesamiento de los datos y su clasificación. Se ha llevado a cabo, en algunos casos, la conversión en ciertos tipos de formato electrónico para adaptarlos a los requisitos de los analizadores lingüísticos automáticos, normalmente de .pdf a texto plano. Todo ello se describe detalladamente en el apartado 2.1.5. dedicado al protocolo de compilación.

En el siguiente apartado se describe el protocolo de compilación para la construcción del corpus NavSAFE en el que destaca la búsqueda y selección documental y el sistema de recogida, clasificación y almacenaje de los documentos.

### 2.1.5. Protocolo de compilación del macrocorpus NavSAFE

La compilación de un corpus ha de seguir un sistema ordenado de búsqueda, recogida, clasificación e incorporación de documentos para poder ser recuperados en un momento dado. Por ello, consideramos que la sistematización de la práctica compiladora de un corpus puede considerarse una muestra de orden cualitativo. Se ha organizado la descarga y el depósito de los archivos en dos carpetas matrices correspondientes a las dos lenguas en las que se clasifican los documentos del corpus; el corpus en lengua inglesa, NavSAFE_EN y el corpus en lengua española, NavSAFE_ES. Como protocolo de compilación se ha adaptado la propuesta de Corpas Pastor (2001, 2008), Seghiri (2006) y Corpas Pastor y Seghiri (2007, pp. 79—86), consistente en las fases de localización de textos, descarga, formato y almacenamiento. Se ha complementado con la propuesta orientada a la compilación de corpus especializados del dominio marítimo de Losey-León (2015a, 2018). Las cuatro fases de compilación ejecutadas se detallan a continuación:

1. Fase de localización de textos: Esta es la fase de documentación en la que se procede a la búsqueda y selección de los textos que formarán parte del macrocorpus (corpus y microcorpus). Se han empleado las siguientes pautas dirigidas de búsqueda y consulta propuestas para el dominio marítimo por Losey-León (2016b):
   a) Búsqueda documental en organismos e instituciones marítimas de carácter internacional: Esta búsqueda fue la más fructífera en cuanto a volumen y calidad documental. Se obtuvo documentación con contenido preciso y relevante, compartida por una comunidad especializada, con un rango de alcance amplio y, en la mayoría de las ocasiones, en dos o más lenguas. Nos hemos dirigido a organismos e instituciones cuya labor se centra en materias de seguridad en la navegación marítima, entre las que destacan:

1. La *Organización Marítima Internacional* (O.M.I.) o International Maritime Organization (I.M.O.)[185], organismo dependiente de la Organización de las Naciones Unidas (O.N.U.), con sede en Londres y que regula y coordina lo concerniente a la seguridad marítima en las flotas y aguas nacionales e internacionales. Este ha sido el núcleo esencial de nuestra consulta. El material consultado en esta fuente tiene la gran ventaja de que, además de reunir los términos especializados del inglés y español marítimo[186], utiliza los términos comúnmente compartidos por la comunidad marítima especializada, al ser la OMI un órgano rector[187] competente en este marco, en el que se adoptan todas las decisiones en materia de seguridad marítima y en las que participan todos los países miembros de la Organización de las Naciones Unidas. Son, por tanto, textos especializados dirigidos a una comunidad especializada. En la organización de su estructura interna se halla la Comisión de Seguridad Marítima o Maritime Safety Committee (MSC), entre otras comisiones, con asuntos exclusivamente concernientes a la seguridad. Tal y como consta en el sitio web, sus funciones son tratar los asuntos referentes a «aids to navigation, construction and equipment of vessels, manning from a safety standpoint, rules for the prevention of collisions, handling of dangerous cargoes, maritime safety procedures and requirements, hydrographic information,

185 En la OMI los asuntos se canalizan a través de distintos comités y subcomités en los que los distintos países miembros presentan propuestas que se estudian y se dirigen a la Asamblea, lo que genera una abundante documentación. Su estructura consta de una Asamblea, un consejo y una serie de comités y subcomités. Actualmente, existen siete comités, a saber, *Facilitation committee* (FAL), *Legal committee* (LEG), *Marine environment protection committee* (MEPC), *Marine Safety committee* (MSC), *Technical committee* (TC), IMO Convention and Rules of Procedure y MASS-JWG y 7 subcomités: *sub-committee on Carriage of Cargoes and containers* (CCC*), sub-committee on human element, training and watchkeeping* (HTW), *sub-committee on implementation of IMO instruments* (III), *sub-committee on navigation, communications and search and rescue* (NCSR), *sub-committee on pollution prevention and response* (PPR), *sub-committee on ship design and construction* (SDC) y *sub-committee on ship systems and equipment* (SSE).

186 Puede consultarse el catálogo de publicaciones de la OMI disponible en las seis lenguas de trabajo en https://www.imo.org/en/publications/Pages/Home.aspx

187 En nuestro país la Dirección General de la Marina Mercante y la Sociedad Estatal de Salvamento, así como las respectivas Consejerías de las Comunidades Autónomas, elaboran y desarrollan planes de seguridad marítima.

log-books and navigational records, marine casualty investigations, salvage and rescue and any other matters directly affecting maritime safety» [188]. Desde el año 2001 hasta el año 2008 se escindía en varios subcomités siendo uno de ellos el subcomité de seguridad de la navegación del que pudimos obtener abundante documentación en línea especialmente en lo concerniente a los subdominios conceptuales de sistemas y equipos electrónicos de ayuda a la navegación y de dispositivos de organización de tráfico marítimo. Por un lado, se analizó la documentación de carácter técnico, disponible en los idiomas oficiales de la OMI (inglés, español, francés, árabe, chino y ruso) generada por el Comité de Seguridad Marítima o *Maritime Safety Committee* (MSC)[189], el cual se componía, hasta muy recientemente[190], de un *Subcomité de Seguridad en la Navegación* (NAV), propiamente dicho. Estas consultas permitieron conocer y localizar los distintos temas participantes de la navegación marítima en lo tocante a la seguridad. Por otro lado, se acudió a la propia indicación facilitada por la OMI (IMO, en inglés) en su espacio web sobre las medidas, convenios, normativas y recomendaciones que tienen como objeto la seguridad en la navegación marítima. Así pues, se consultaron los Convenios publicados por la OMI vinculados al dominio elegido, a saber, *The International Convention for the Safety of Life at Sea* (*SOLAS*)[191]

188 Disponible en: <http://www.imo.org/en/About/Pages/Structure.aspx>

189 Uno de los estudios más recientes de la OMI en seguridad marítima es la reglamentación sobre los buques marítimos autónomos de superficie (MASS) pero este tema ha quedado fuera de nuestro estudio dada su especificidad y por tratarse de una cuestión que aún se está examinando y que promoverá la incorporación de neologismos en este campo.

190 Desde agosto de 2014 se han reorganizado los Comités y el que actualmente equivale al de seguridad en la navegación es el Subcomité de navegación, comunicación, búsqueda y salvamento (NCSR), en el que se han fusionado, a su vez, los subcomités anteriores de navegación y el de radiocomunicaciones y de búsqueda y salvamento.

191 La versión en español es *Convenio internacional para la seguridad de la vida humana en el mar* (SOLAS). Los aspectos de la seguridad en la navegación se localizan en el Capítulo V que fue revisado en diciembre de 2000. Entre los aspectos que trata cabe mencionar las medidas para procurar la seguridad en la estructura, el transporte de mercancías peligrosas, el compartimentado y las instalaciones de los buques, los dispositivos y medios de salvamento, los sistemas contraincendios, los avisos náuticos y los servicios de búsqueda y salvamento, entre otros. Se han incorporado al corpus dos documentos del Convenios SOLAS. Por un lado, el texto completo de

(International Maritime Organization, 1974), *The Convention on the International Regulations for Preventing Collisions at Sea*[192] (International Maritime Organization, 1972), *IMO's Standard Marine Communication Phrases* (International Maritime Organization, 2002), cuyo estudio forma parte de la formación académica obligatoria en las titulaciones náuticas[193], *International Convention on Standards of Training, Certification and Watchkeeping for Seafarers* (International Maritime Organization, 1978) —en vigor desde 1984 —y las Enmiendas de Manila que se adoptaron al Convenio y al Código de formación —*Manila amendments to the STCW Convention and Code* (International Maritime Organization, 2010), en vigor desde enero de 2012—, *The International Code for Fire Safety Systems* (International Maritime Organization, 2007), *International Safety Management Code* (International Maritime Organization, 2018) y *The International Life-Saving Appliance Code* (International Maritime Organization, 2017 y publicada por primera vez en 1998), además de las versiones consolidadas de cada uno de estos convenios.

2. La *Agencia Europea de la Seguridad Marítima* o *European Maritime Safety Agency (E.M.S.A). EMSA*[194] trabaja conjuntamente con la OMI y su objetivo es garantizar un nivel elevado, uniforme y eficaz de la

---

la edición consolidada de 2009 y, por otro lado, las enmiendas de 2010 y 2011 con el fin de incorporar información actualizada (mejoras técnicas en los sistemas de ayuda de navegación, fundamentalmente). Se puede consultar en International Maritime Organization (2009) e International Maritime Organization (2011).

192 La versión en español es la siguiente: *Convenio internacional para la revisión del reglamento internacional para prevenir los abordajes* (1972). El Convenio COLREG fue adoptado el 20 de octubre de 1972 y entró en vigor el 15 de julio de 1977. El documento que se incorpora al corpus pertenece a la edición de 2005 compuesta por el texto refundido del Convenio de 1972 y las enmiendas posteriores de 1981, 1987, 1980, 1993 y 2001. En la Regla 1 se establece que «El presente reglamento se aplicará a todos los buques en alta mar y en todas las aguas que tengan comunicación con ella y sean navegables por los buques de navegación marítima» (2005, p. 7).

193 Conforme a lo estipulado en el convenio STCW 78/95 sobre normas de formación, titulación y guardia de la gente de mar.

194 Esta agencia, con sede en Lisboa, se fundó en 2008 a partir de los siniestros del buque Érika y del buque Prestige. Tiene multitud de cometidos y, entre ellos, cabe destacar la seguridad y protección marítima, la prevención de la contaminación marina, la revisión y propuesta de procedimientos estándares de seguridad de equipamiento marino a bordo, entre otros. Puede consultarse la dimensión de los asuntos de los que se encarga en el sitio web http://www.emsa.europa.eu/es

seguridad y de la protección marítima y contribuir a la eficiencia global del tráfico marítimo. Es un punto de referencia y apoyo para la Comisión Europea y para los Estados Miembros de la OMI ya que realizan evaluaciones y propuestas técnicas. Entre los cometidos que se ajustan al propósito de nuestro trabajo destacan sus fines de mejoras de la seguridad del transporte comercial en aguas de la Unión Europea y de cuestiones relacionadas con la protección, el clima y el medio ambiente. Entre los estudios más recientes se halla FIRESAFE, dedicado a la revisión y mejora de estándares contraincendios para los buques de transporte de vehículos rodantes y de pasajeros (RO-RO passenger ships).

3. La Sociedad de Salvamento y Seguridad Marítima (SASEMAR)[195]: Es una entidad pública adscrita al Ministerio de Transportes, Movilidad y Agenda Urbana del Gobierno de España, a través de la Dirección General de la Marina Mercante en España. Es un recurso de consulta fundamental en cuestiones de salvamento marítimo.
4. International Chamber of Shipping (ICS)[196]: Esta institución con sede en el Reino Unido, tiene un papel consultivo dentro de la OMI y sus principales cometidos son la seguridad, la protección y el medio ambiente en el contexto de los buques comerciales, de sus tripulaciones y de la carga. Entre sus publicaciones más relevantes, que documentalmente adquieren especial relevancia en nuestro estudio, se halla *Bridge Procedures Guide*, disponible únicamente en inglés.
5. The Nautical Institute[197]: Es una organización no gubernamental del Reino Unido con estatus consultivo en la Organización Marítima Internacional. Entre las publicaciones que ofrece y que son de interés documental para la compilación de nuestro corpus se halla *Bridge watchkeeping*, un manual que recoge el procedimiento de guardia en el puente de navegación.
6. IALA Navigational Guide (2018): Es una publicación de la *International Association of Lighthouse Authorities* (*IALA*) o Asociación Internacional de Autoridades de Señalización Marítima y Ayudas a la

195 Véase la siguiente dirección URL para acceder al sitio web http://www.salvamentomaritimo.es/#

196 Se puede consultar el catálogo de sus publicaciones en https://publications.ics-shipping.org/index.php

197 Véase la siguiente dirección URL para acceder a su sitio web: https://www.nautinst.org/about-us.html

Navegación (IALA-AISM) que recoge fundamentalmente las ayudas marinas para la navegación que son externas al buque. Como aclaran sus autores, «una ayuda marina para la navegación (AtoN) es un dispositivo o un sistema externo a los buques es diseñado y operado con el fin de mejorar la navegación segura y eficiente de las embarcaciones y/o el tráfico» (IALA, 2018, p. 30), que no debe confundirse con el objeto de nuestro estudio, los aparatos y sistemas náuticos con los que cuenta el buque a bordo y que contribuyen a la seguridad de la navegación marítima. Por esta razón, este documento no se ha incorporado al corpus, pero sí se ha consultado en la fase de validación terminológica.

b) Búsqueda documental en directorios y en bancos de datos documentales:

1. Maritime Knowledge Centre (MKC)[198]: Contiene archivos de documentos oficiales y publicaciones de la OMI. Enlaza con un directorio de seguridad marítima cuya búsqueda se realiza por tema, país o texto y contempla distintos enfoques para el estudio de la seguridad marítima, a saber, transporte de carga y contenedores, la ayuda y protección contra incendios, comunicaciones por radio sobre búsqueda y salvamento, diseño y equipo de buques, estabilidad, normativas de seguridad y el campo en el que se centra esta investigación, la seguridad en la navegación.
2. Global Integrated Shipping Information System (GISIS)[199]: Es un sistema integrado de información de la OMI con acceso online público al que se vierte información sobre las distintas Administraciones marítimas (convenios básicos, listados de buques y sus movimientos, etc.).
3. IMOVega[200]: Es una plataforma de la OMI para el acceso a las publicaciones en línea de su colección editorial. Para su consulta es necesaria una suscripción previa, pero se puede acceder a ciertos convenios durante un periodo de prueba de dos días. La figura 19 muestra una captura de pantalla con la búsqueda del convenio SOLAS.

---

198 Disponible en http://www.imo.org/en/KnowledgeCentre/Pages/Default.aspx
199 https://gisis.imo.org/Public/Default.aspx
200 En el momento de la consulta, a esta base de datos se puede acceder gratuitamente durante dos días.

**Fig. 19:** Recurso documental virtual IMO-VEGA

c) Búsqueda documental por palabra(s) clave en motores académicos en red como los catálogos de bibliotecas o de editoriales:
   En esta búsqueda no hemos obtenido revistas específicas sobre seguridad en la navegación marítima pero sí artículos que versan sobre el tema en revistas que abarcan como temática general la navegación marítima, localizándose 5 artículos en inglés de *Journal of Maritime Research*, de *The Journal of Navigation* y de *Transportation Research.* No se han incorporado al corpus porque eran muy escasos y, al ser de un tipo de género textual diferente a los que ya se incluían en la nómina del macrocorpus, se ha considerado que tendría que contar con un número superior de documentos para que no afectara en exceso al equilibrio del corpus.
d) Búsqueda documental usando como descriptor «classification society» y como secuencias de búsqueda «classification society AND marine equipment» en el buscador Google para localizar sociedades de clasificación que proporcionan estándares de construcción y equipamiento de embarcaciones de salvamento de a bordo de los buques mercantes (botes salvavidas, balsas salvavidas):

   Localizamos la sociedad de clasificación Det Norske Veritas-Germanischer Lloyd, Bureau Veritas[201], con documentación descargable (véase figura 20)

201 Véase la dirección URL https://marine-offshore.bureauveritas.com/needs/marine-classification a la que accedimos con los descriptores de búsqueda.

**Fig. 20:** Recurso documental localizado con la ecuación de búsqueda «classification society AND marine equipment»

e) Búsqueda documental de empresas suministradoras de equipos y servicios marinos para localizar manuales de instrucciones de uso: Para esta cuestión acudimos al conocimiento del experto en seguridad marítima y nos recomendaron algunas referencias de consulta. Consultamos manuales técnicos de las empresas Furuno y Raytheon.

f) Búsqueda de documentos de carácter enciclopédico por palabra(s) clave en motores generales de la red: Esta modalidad nos brindó la posibilidad de conocer, fundamentalmente, las diferentes asociaciones de carácter marítimo general en distintos países y un *Glosario sobre seguridad marítima multilingüe (español, francés, inglés y alemán)* desde la perspectiva de la contaminación marítima, que ha sido elaborado en 2003[202] por la Unidad de traducción española del Parlamento Europeo, concretamente por Ana María Izquierdo y por Elisabet Poveda, de la Unidad de traducción española del Parlamento europeo. También pudimos acceder a documentos de las Naciones Unidas y del Diario oficial del Parlamento Europeo. En este último caso, destacamos la relevancia terminológica en cuestiones de seguridad marítima del documento *Directive 2009/45/EC of the European Parliament and of the Council of 6 May 2009 on Safety Rules and Standards for Passenger Ships*[203].

202 Recuperado el 15 de febrero de 2015 de http://www.europarl.europa.eu/transl_es/plataforma/pagina/celter/glosario_seguridad.htm

203 Recuperado el 16 de febrero de 2015 de https://eur-lex.europa.eu/legal-content/EN/TXT/PDF/?uri=CELEX:32009L0045&%20from=ES

2. Fase de descarga de documentos: Durante esta fase se descargaron los documentos de acceso gratuito en el orden de búsqueda documental que se ha presentado, comenzando por las instituciones y organizaciones con mayor influencia técnico-legal y continuando con directorios y bancos de datos, seguidos de búsquedas por palabras claves. Se ha accedido de forma gratuita a todos los documentos electrónicos que se hallan en el macrocorpus NavSAFE, tanto en la lengua inglesa como en la lengua española. Se comprobó la fiabilidad de las fuentes.
3. Fase de conversión de formato: Los documentos descargados estaban en su inmensa mayoría en formato .pdf, a excepción de algunos documentos en .doc. Se convirtieron a texto plano .txt como requisito de la mayoría de los programas de análisis de corpus.
4. Fase de almacenamiento en formato electrónico[204]: Se nombraron carpetas y subcarpetas en las que almacenar el macrocorpus de forma modular (por corpus, subcorpus, componentes) y de forma global. Se asignaron códigos identificadores del dominio, subdominio, lengua y tipo de texto. De esta forma, todos los textos fueron almacenados de forma sistemática para agilizar la recuperación de la información. Los textos integrantes de un corpus han de estar informatizados con el fin de atender al tratamiento de sus datos de forma aséptica con la mínima intervención manual en su procesado, evitando así incurrir en los errores y problemas que traería consigo un procesamiento manual.

**Fig. 21:** Captura de pantalla de la organización en carpetas del macrocorpus NavSAFE.

204 La disposición del almacenamiento de los archivos es fundamental para la recuperación y explotación del corpus de forma global o por subcorpus o microcorpus.

La figura 21 muestra, a modo de ejemplo, la organización en subcorpus de los subdominios mientras que la figura 22 ofrece una vista parcial de los archivos codificados del subcorpus Navequip. De ellos se han podido clasificar 16 subcomponentes, cada uno de los cuales estaba dedicado específicamente a un aparato o sistema náutico de a bordo:

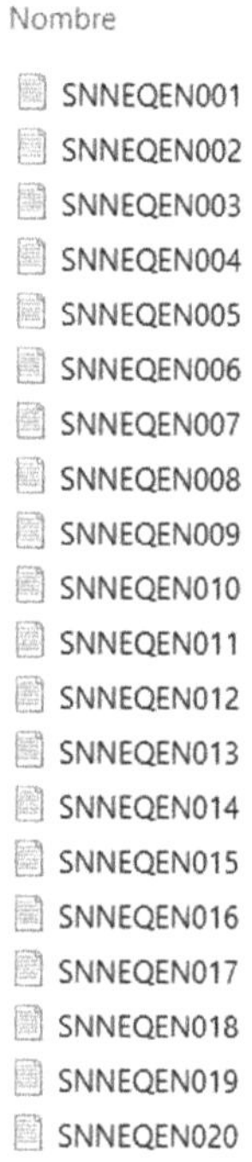


**Fig. 22:** Captura de pantalla con los archivos codificados del subcorpus Navequip del corpus NavSAFE_EN

Una vez finalizada la compilación del corpus, se concretaron cuestiones como el tamaño del macrocorpus, cuyos datos se presentan en la sección 2.2.2. Este se suele medir en el número de palabras—*tokens*— o formas —*types*—[205].

205 Las palabras *tokens* y las palabras *types* son conceptos fundamentales en la lingüística de corpus. Los *tokens* son el número de palabras totales que aparecen en el corpus, independientemente de si están repetidas o no. Las *types* son cada una de las palabras diferentes que se encuentran en el corpus. En cuanto a la palabra que aparece registrada solo una vez se denomina hápax (*hapax legomena*).

Una vez realizado el cálculo, se da por terminada la recopilación del corpus, que no es más que la primera fase en todo proyecto de creación de corpus. Sin embargo, también existen corpus monitor o «abiertos» con un tamaño indeterminado, pues su base de datos se actualiza constantemente con la incorporación de nuevos datos. Se piensa que las grandes cantidades de documentos nos pueden dar información sobre las tendencias y sobre lo que es normal o típico en el uso del lenguaje en la vida real. En los corpus especializados de dominio se considera que no es necesario compilar grandes cantidades de documentos, pues puede existir una mayor concentración de terminología especializada en textos breves. En este sentido, Fuertes-Olivera (2008, pp. 68–69) observa que a partir del año 2000 se han podido observar dos tendencias; una de ellas, compiladora de corpus gigantescos o «giga-corpora» (con billones de palabras) y otra, tendente a compilar corpus especializados más pequeños diseñados para los estudios de Idiomas para Fines Específicos.

La cuestión del tamaño del corpus está directamente relacionada con la fuerza representativa del mismo, siendo esta un requisito esencial en todo tipo de corpus lingüístico. Precisar el tamaño del corpus con el que se alcanza la representatividad parece una tarea inconclusa; no en vano, son varios los autores que han realizado propuestas que, con el tiempo, no han llegado a cristalizar. Flowerdew (2004, p. 19) indica que la opinión generalizada es considerar que un corpus general o especializado que alcance 250 000 palabras se considera pequeño. Aston (1997) estima que los corpus pequeños están en el rango de entre 20 000 y 200 000 palabras. Biber (1993) hace una estimación de 1 000 palabras. Por otro lado, factores como la naturaleza del tema o temas, la disponibilidad de los textos y el número de lenguas que el corpus plantea incluir indiscutiblemente pueden influir en el tamaño final de un corpus.

En la actualidad, debido al abundante uso y explotación de los corpus, la cuestión del tamaño se ha flexibilizado en pro de su calidad, ya que, aunque el tamaño es importante, priman los criterios de diseño, esto es, el tamaño solo es relevante en la medida en que así lo exija la finalidad del corpus. Dada la enorme dimensión de una lengua, lo habitual es delimitar el terreno *a priori* y seleccionar muestras para un género textual determinado, un tema concreto, por tipo de texto dentro de un dominio o por estructuras de un tipo de texto de un dominio, etc. Un corpus especializado de dominio que pretenda recoger las muestras de un lenguaje especializado que se está gestando en un área nueva de conocimiento no necesariamente tendrá que igualar a otro en número de *tokens* sino que, en nuestra opinión, tendrían que barajarse dos variables para evaluar su tamaño, esto es, la densidad léxica y la finalidad del corpus. Esta cuestión se ha podido examinar cuantitativamente en nuestro estudio gracias a la herramienta *ReCor* 2.0 (Corpas Pastor et al., 2006), basada en el algoritmo N-Cor que se describe más adelante.

### 2.1.6. Herramientas informáticas básicas para el análisis y tratamiento de los corpus

Este apartado se centra en las tecnologías a disposición del investigador para el trabajo terminológico y la investigación empírica basada en corpus en los ámbitos de la lingüística aplicada con el fin de explotar los datos lingüísticos. Actualmente, son múltiples los recursos de este tipo disponibles en el mercado o de acceso libre.

Una máxima básica y común a todo tipo de corpus es que los textos no se deben modificar sino prepararlos para su tratamiento informático. En este sentido, se pueden realizar las siguientes acciones que son de carácter opcional:

a) Filtrado de limpieza de caracteres no deseados de carácter extralingüístico y que no son significativos. Aunque es opcional, es recomendable y lo habitual es realizar el filtrado con listados de *stopwords* para cada una de las lenguas en las que esté el corpus.
b) Incorporación de lematizadores que reducen las distintas formas en las que puede aparecer una unidad especializada a la forma base.

A partir de aquí, lo habitual es emplear las siguientes herramientas de tratamiento de textos en el ámbito de la lingüística, en función de los objetivos del estudio:

a) Herramientas para exploración básica de corpus: Estas herramientas nos proporcionan un primer acercamiento a los textos para estudiar su comportamiento. Llevan a cabo análisis de tipo estadístico, lingüístico o híbrido. En la actualidad, la mayoría de los paquetes de herramientas de análisis de corpus suelen ser híbridos. Pueden ir como un paquete independiente o estar integrado en un sistema de gestión terminológica. Las funcionalidades más habituales son la extracción de palabras clave (*keyterms*) o candidatos a términos, los listados de palabras basados en frecuencias (*wordlists*) y las concordancias. Entre los programas comerciales más conocidos se encuentran *Wordsmith's Tools* 6.0 (Scott, 2012)[206], *AntConc 3.5.8* (Anthony, 2019)[207] y *TermStat* 3.0 (Drouin, 2003b) —estos dos últimos son de acceso libre—.

206 El acceso a este software cuyo autor es Mike Scott no es gratuito. Está disponible en http://www.lexically.net/. La primera versión es de 1996 y desde entonces ha creado 5 versiones.

207 Esta es la versión de *AntConc* que utilizamos y está disponible en http://www.laurenceanthony.net/software/antconc/

b) Herramientas para la exploración avanzada de los textos. Se pueden distinguir varios subtipos:
   1. Herramientas que permiten preparar el texto para una exploración muy concreta y no requieren de un uso o análisis previo con herramientas de exploración básica. Nos referimos a acciones como la alineación de segmentos oracionales para los corpus paralelos, el etiquetado categorial de palabras para describirlas en función de su categoría gramatical, de su función sintáctica o semántica, la lematización, que reduce a todas las variantes de una palabra a una sola referencia en el corpus, o de los *stemmers*, que desnudan a la palabra dejándola en la raíz.
   2. Herramientas que se emplean para análisis más complejos y que necesitan como paso previo la utilización de herramientas para exploración básica previas, ya sea de forma externa o interna, por ejemplo, los comparadores de corpus.
   3. Herramientas para volcar los datos de los corpus y para su gestión: estaciones terminológicas, editores de ontologías, etc.

Para nuestro estudio hemos utilizado las siguientes herramientas informáticas:

- *AntConc 3.5.8.* (Anthony, 2019): programa de concordancias y análisis textual de acceso gratuito de Lawrence Anthony para distintos sistemas operativos.
- *TermoStat 3.0* (Drouin, 2003b) para la extracción de candidatos a término, de líneas de concordancias y de patrones gramaticales.
- *ReCor 2.0* (Corpas Pastor, Seghiri y Maggi, 2006) para la estimación del nivel de representatividad del corpus.
- *LF Aligner 4.21* (Sourceforge, 2019)[208] para la alineación automática de los bitextos mediante la segmentación de los textos.
- *Microsoft Access 2010* (Microsoft, 2010) para la elaboración de la base de datos NavSAFE TermOnto Database.
- *Protégé v.5.1.* (Stanford University, 2016), que es un editor de ontologías gratuito y abierto de la Universidad de Stanford. Actualmente ofrece también una versión web.[209]

---

208 https://sourceforge.net/projects/aligner/
209 http://protege.stanford.edu/

## 2.2. Descripción, tamaño y composición

La caracterización cualitativa del macrocorpus NavSAFE se realiza usando como referencia una taxonomía de corpus especializados de dominio basada en los modelos de Corpas Pastor (2001) y de Villayandre (2008), así como en las recomendaciones clásicas del grupo de trabajo sobre corpus textuales de *EAGLES* (Sinclair y Ball, 1996). Además, se propone un tipo adicional (Losey-León, 2020) que creemos que podría ser de aplicación no solo al corpus NavSAFE, sino a los corpus especializados de dominio en general. La caracterización cuantitativa del macrocorpus se describe en el apartado 2.2.2.

### 2.2.1. Caracterización del macrocorpus

Las clasificaciones de los tipos de corpus propuestas por los distintos autores ofrecen en su mayoría variaciones de una tipología base que se ha ido ampliando conforme se han compilado y explotado con mayor asiduidad. Algunos de estos autores se han ido mencionando a lo largo de este trabajo (Atkins, Clear y Ostler, 1992; Sinclair y Ball, 1996; McEnery y Hardie, 2012; Torruella y Llisterri, 1999, entre otros). Esta matriz de características ya forma parte de cualquier estudio avalado por corpus y son de obligada mención. No obstante, un corpus especializado de dominio requiere dar de alta algunas características en estas clasificaciones. Entre las propuestas de tipologías de corpus en las que nos basaremos porque sus clasificaciones tienen una mayor cobertura para los corpus de lenguas especializadas de dominio son, como ya se ha mencionado, la de Corpas Pastor (2001, 2008), la de Villayandre (2008, 2010) y las recomendaciones clásicas del grupo de trabajo sobre corpus textuales de *EAGLES* (Sinclair y Ball, 1996). Se complementan con un tipo adicional (Losey-León, 2020). El conjunto completo de tipos recogidos en la presente propuesta se refleja en la tabla 7.

**Tab. 7:** Criterios para una descripción cualitativa de corpus especializados de dominio (Corpas Pastor, 2001; Villayandre, 2008, 2010 y Losey-León, 2020)

| CLASIFICACIÓN DE LAS CARACTERÍSTICAS DE LOS CORPUS ESPECIALIZADOS DE DOMINIO | | |
|---|---|---|
| a) Según la modalidad de la lengua | a.1. corpus escritos | |
| | a.2. corpus orales[a] | |
| | a.3. corpus mixtos[b] | |
| b) Según el ámbito de trabajo[c] | b.1. corpus general[d] | b.1.1. corpus general de referencia[e] |
| | | b.1.2. corpus general con fines particulares[f] |
| | b.2. corpus especializado | b.2.1. corpus especializado de dominio (lenguas de especialidad y sublenguajes) |
| | | b.2.2. corpus especializado para fines académicos |
| | | b.2.3. corpus especializado para lenguajes especiales |
| c) Según el nivel de especialización de los textos | c.1. nivel 1 (experto-experto) | |
| | c.2. nivel 2 (experto-semiexperto) | |
| | c.3. nivel 3 (experto-inexperto) | |
| d) Según la estratificación temática y textual del corpus | d.1. simple | |
| | d.2. compuesto[g] | d.2.1. integral |
| | | d.2.2. modular |
| e) Según el número de lenguas | e.1. corpus monolingües | |
| | e.2. corpus bilingües | e.2.1. corpus paralelos[h] |
| | | e.2.1. corpus comparables[i] |
| | e.3. corpus multilingüe | e.3.1. corpus paralelos |
| | | e.3.2. corpus comparables |
| f) Según la proporción de la distribución de los tipos de textos y de las lenguas | f.1. corpus equilibrados[j] | |
| | f.2. corpus piramidales[k] | |
| | f.3. corpus no equilibrados | |
| g) Según las posibilidades de extensión de sus contenidos | g.1. corpus cerrados | |
| | g.2. corpus abiertos o corpus monitor[l] | |

*(Continuación)*

**Tab. 7:** Continuación

| | | |
|---|---|---|
| h) Según la información asociada a los textos del corpus | h.1. corpus anotados o codificados[m] | h.1.1. Etiquetado morfológicamente |
| | | h.1.2. Etiquetado sintácticamente:<br>h.1.2.1. *Parsing*<br>h.1.2.2. *Treebank* (*constituency parser/ dependency parser*) |
| | | h.1.3. Etiquetado semánticamente |
| | | h.1.4. Etiquetado fonético |
| | h.2. corpus no anotados | |
| i) Según el periodo temporal que cubren los textos | i.1. corpus sincrónico | |
| | i.2. corpus diacrónico | |
| | i.3. corpus cronológico | |

[a] En los corpus orales se pueden distinguir las transcripciones ortográficas de grabaciones u corpus de lengua oral, que se utilizan para obtener una representación simbólica de una muestra natural de habla y los corpus orales empleados en fonética y tecnologías del habla.

[b] Villayandre (2008, 2010), añade un tercero, el *corpus mixto*, que combina ambas modalidades de la lengua.

[c] Villayandre (2010, p. 360) añade el *corpus genérico*, que compila textos pertenecientes a un único género para caracterizar ese género frente a otros y el *corpus canónico*, formado por todos los textos constituyentes de la obra completa de un autor.

[d] Su objeto de trabajo es la lengua en general, se suele tomar como base para la elaboración de diccionarios de lengua general.

[e] Conocidos en el ámbito anglosajón como «sample corpus», su objetivo es reflejar la lengua común o variedad lingüística de la forma más equilibrada posible y sin ningún tipo de restricción temática, genérica o de modalidad textual. Villayandre lo denomina corpus léxico en su taxonomía e indica que «recogen fragmentos de textos muy pequeños y de longitud constante en cada documento. Era lo habitual en los primeros corpus, debido a las limitaciones de tamaño que los medios técnicos de la época imponían. Hoy en día han vuelto a cobrar importancia debido a lo cuidado de su diseño» (Villayandre, 2008, p. 30).

[f] Su objetivo es reflejar usos de la lengua por tipos textuales, géneros, épocas, variedades diatópicas, etc.

[g] Este es un criterio propuesto por Losey-León (2020, p. 90). Se trata de corpus compuestos por subcorpus de naturaleza heterogénea en algunos aspectos (distintos tipos de género textual, distintos campos conceptuales, distintas lenguas, etc.) que se pueden archivar de forma integral o modular. El tipo integral es aquel con más de un subcorpus de distinta naturaleza, pero cuyo almacenaje conjunto impide su tratamiento individual. El tipo modular consta de subcorpus almacenados de manera independiente de manera que permiten un tratamiento individualizado o modular.

[h] Están compuestos por los documentos de la lengua original y por documentos traducidos a la(s) lengua(s) meta(s). Estos corpus son de una extraordinaria riqueza y utilidad a la hora de elaborar diccionarios o glosarios de un dominio o subdominio concreto. Si bien el aprovechamiento de este tipo de corpus no está exento de dificultades, siendo fundamentalmente la asimetría de los

**Tab. 7:** Continuación

segmentos oracionales en la traducción entre lenguas uno de los principales inconvenientes. Estos podrán estar alineados o no alineados, en cuyo caso esta se puede realizar manualmente o de forma semiautomática.

[i] Los corpus comparables o «paired texts» están compuestos por textos en distintos idiomas, que comparten temática, origen y extensión similar, sin llegar a ser traducciones. Este tipo de corpus también puede ser muy rentable, si bien la tarea de selección de los textos suele ser muy ardua.

[j] Como hemos indicado anteriormente, tienen la misma proporción de diferentes tipos de textos y, en el caso de corpus comparables, en distintas lenguas.

[k] Villayandre (2010, p. 357) propone este tipo de corpus en el que la base de la pirámide constaría de muchos textos de reducida variedad temática mientras que la parte superior constaría de mayor variedad temática y de menor número de textos.

[l] Corpas Pastor (2001, p. 158) los define así: «Corpus que mantienen un nivel constante, pero actualizado, al ir añadiendo elementos nuevos a la vez que elimina cantidades equivalentes de texto antiguo. [...] permite observar cambios recientes en el uso de la lengua, convirtiéndose en una referencia viva de la propia evolución lingüística».

[m] La anotación de un corpus es una tarea muy laboriosa pero muy prolífica, pues aporta un valor añadido al resultado final de la confección de todo corpus al agilizar las tareas de análisis y aumentar sus posibilidades de explotación. Corpas Pastor (2001, p. 159) emplea el criterio de etiquetado de corpus mientras que Villayandre se refiere a él como el proceso al que se ha sometido el corpus y los tipos principales son *corpus simple*, que son corpus sin ningún tipo de anotación o codificación; *corpus verticales*, que se limitan a ofrecer un listado de términos ya sea ordenados alfabéticamente o por orden de frecuencias y corpus codificados o anotados. Villayandre diferencia entre codificación y anotación. La primera consiste en dotar al corpus de información macroestructural del texto (su referencia bibliográfica, autor, título, capítulo), mientras que la anotación se referiría a la información puramente lingüística, a la microestructura del texto. Esta diferenciación la recoge Corpas Pastor (2001, p. 159) bajo el criterio de información extralingüística, distinguiendo entre *corpus documentado*, es decir, el corpus que contiene anotaciones sobre el origen del texto, el tipo de texto, el número de hablantes, etc. y *corpus no documentado* que sería aquel que no contempla esta información. En cambio, otros estudios (Sinclair y Ball, 1996) consideran que la codificación es el lenguaje de marcaje y, por tanto, hace también referencia a las propiedades lingüísticas de los elementos del corpus.

A continuación, se describe el macrocorpus lingüístico especializado NavSAFE en función de nuestra propuesta de taxonomía de corpus especializados que ha quedado expuesta en la tabla 7:

a) Modalidad de la lengua: corpus escrito.
b) Ámbito de trabajo: corpus especializado de dominio.
c) Nivel de especialización de los textos: nivel 1 (experto-experto). Teniendo en cuenta el objetivo final del corpus y el tipo de usuario final, el corpus NavSAFE incluye textos auténticos de nivel de especialización alto, es decir, textos de expertos destinados a un usuario experto/semiexperto.
d) Según la estratificación temática y textual del corpus: corpus compuesto modular. Para cubrir las necesidades terminológicas y pragmáticas del

usuario el corpus se abastece de textos de carácter técnico-normativo y de textos descriptivo-instructivos, que podrán funcionar de forma independiente. Esta organización nos permitirá que el trabajo de la extracción de información terminológica y conceptual sea más operativo al realizarlo por microdominios específicos.

e) Según el número de lenguas y el tipo de distribución en los textos del corpus: Es un corpus bilingüe paralelo y bidireccional inglés-español.
f) Según la proporción de la distribución de los tipos de textos y de las lenguas: NavSAFE es un corpus no equilibrado.
g) Según las posibilidades de extensión de sus contenidos: Se revela como un corpus cerrado. No obstante, una vía de investigación futura podría modificar esta modalidad hacia un corpus abierto para incorporar nuevos términos del dominio y para identificar los términos que pudieran estar obsoletos o que hayan sido sustituidos.
h) Según la información asociada a los textos del corpus: Es un corpus etiquetado morfológicamente.
i) Según el periodo temporal que cubren los textos: Se trata de un corpus sincrónico que cubre la documentación generada en el espacio temporal entre los años 1980 y 2021.

### 2.2.2. Tamaño, lenguas y niveles de especialización

El macrocorpus NavSAFE se compone de dos corpus, el corpus en inglés NavSAFE_EN y el corpus en español NavSAFE_ES. Cada uno de ellos, a su vez, se subdivide en ocho subcorpus, que abordan los ocho campos conceptuales previstos y se constituyen como el fundamento del recurso término-ontológico NavSAFE. Su estructuración es tal como sigue:

a) El subcorpus SOLAS es bilingüe (inglés-español) y paralelo (100 %). Consta del texto regulador aprobado por la OMI sobre la seguridad marítima.
b) El subcorpus COLREGs es bilingüe (inglés-español) y paralelo (100 %).
c) El subcorpus LIFE-SAVING consta de textos sobre los dispositivos y medios de salvamento de a bordo del buque. Es bilingüe (inglés-español), paralelo (87 %) y comparable (13 %).
d) El subcorpus FIRE-FIGHTING aloja a los equipos y sistemas y dispositivos para la prevención, detección y extinción de incendios a bordo. Es bilingüe (inglés-español) y paralelo.
e) El subcorpus NAVEQUIP comprende el conjunto de sistemas y aparatos náuticos de a bordo de ayuda a la navegación. Es un subcorpus bilingüe

(inglés-español) y paralelo (100 %). Comprende textos de tipo técnico. Está integrado por 16 microcorpus dedicados específicamente a cada una de las ayudas electrónicas a la navegación (RADAR, AIS, LRIT, VDR, ECDIS, ARPA, IBS, ATA, Automatic pilot, Compass, Echo-sounding, EPIRB, THD, SDME, audio and visual systems aboard, y shipboard radiocommunication and satellite system).

Consta de textos de carácter técnico (manuales) y de carácter técnico-normativo, a los que se suma la fraseología técnica derivada del microcorpus de las frases normalizadas para las comunicaciones marítimas que, como ya indicamos, se alojan en el microcorpus SMCP. Las frases comprenden una sección dedicada a las comunicaciones con el exterior y una sección dedicada a las comunicaciones en el interior del buque. Son frases que pertenecen a un lenguaje controlado que no admite variaciones y poseen restricciones gramaticales, léxicas y pragmáticas.

f) El subcorpus SHIP'S CONDITION aborda todos los estados que se pueden producir en el buque durante la navegación y que pueden causar cambios en la seguridad de la navegación marítima. Comprende la terminología que se utiliza para designar estos estados del buque.
g) El subcorpus NAVWATCH incluye la dotación del equipo de puente, como los distintos sistemas, puestos de control y de mando en los que se lleva a cabo una guardia en el puente del buque, así como la información básica que se ha de monitorizar constantemente.
h) El subcorpus TTS consta de información técnica sobre los dispositivos de organización del tránsito de buques organizados por los servicios de tráfico marítimo y las publicaciones náuticas en tanto guías para el paso del buque.

Con el fin de obtener los primeros datos sobre el tamaño del corpus, se computó el número de palabras extrayendo un listado de candidatos a término. Para ello se usó el módulo *Wordlist* de la herramienta *AntConc 3.5.8* (Anthony, 2019).

Se ha aplicado un filtro de palabras en inglés al corpus NavSAFE_EN y un filtro de palabras en español al corpus NavSAFE_ES para reducir el ruido textual. Se diseñaron varios filtros en función del subdominio y se proyectaron en una sencilla aplicación de Microsoft Access, como se ilustra en la figura 23, para facilitar la tarea cuando hay varios dominios y subdominios dentro de un mismo campo de conocimiento. Hemos aprovechado un filtro[210] que diseñamos

210 Se trata de un filtro desarrollado para el ámbito marítimo.

para el corpus LogisTRANS (Losey-León, 2015a) en función de los subdominios, formado por palabras gramaticales y símbolos de aplicación frecuentes en este campo.

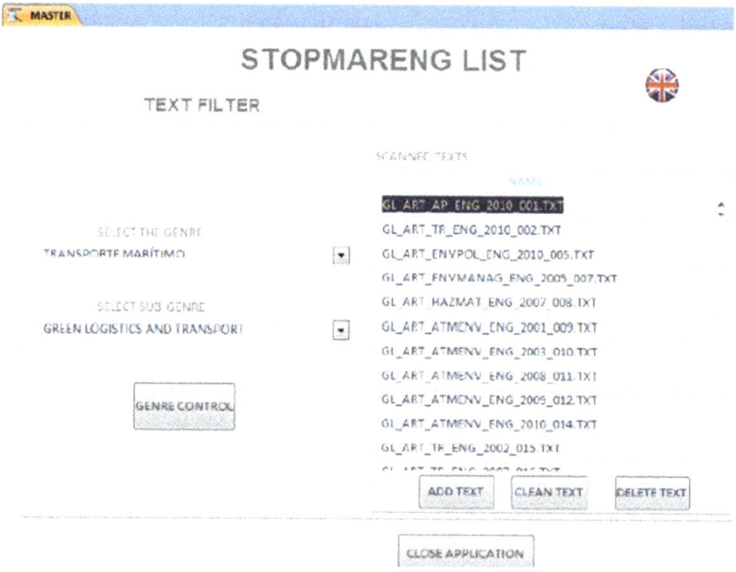


**Fig. 23:** Interfaz de usuario del dispensador de filtros *Stopmareng list*

La figura 24 muestra una captura de pantalla del procesado del corpus NavSAFE_EN con los resultados ordenados según índice de frecuencia.

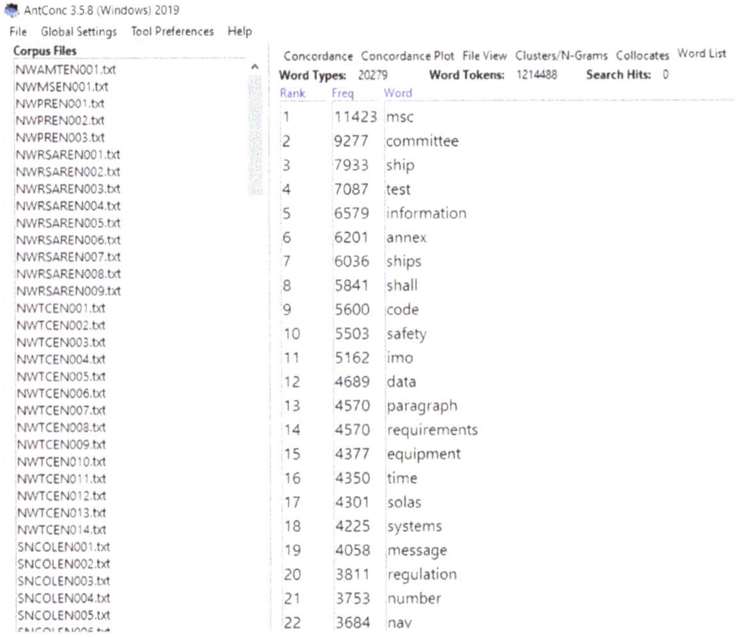


**Fig. 24:** Captura de pantalla de resultados obtenidos con el módulo *Wordlist* de *Antconc 3.5.8* (Anthony, 2019) para el corpus NavSAFE_EN

El tamaño del corpus en inglés NavSAFE_EN se concreta en 238 documentos, con un total de 1 214.488 palabras u ocurrencias (*tokens*) y 20 279 palabras diferentes o palabras tipo (*types*), siendo la ratio TTR (*type/token ratio*) de 1,66 %, como se consigna en la tabla 8. El corpus NavSAFE-EN no fue etiquetado[211] ni lematizado para la etapa de compilación.

211 El corpus se etiqueta gramaticalmente en la etapa de extracción de candidatos a término y se detalla en el capítulo III.

**Tab. 8:** Composición y características específicas del corpus NavSAFE_EN

| **Nº docs.** | **Género y función textual** | **Nivel** | **Fecha** | **Nº tokens** | **Nº types** | **TTR** |
|---|---|---|---|---|---|---|
| 238 | Científico-técnico:<br>-Componente jurídico (función informativa y prescriptiva)<br>-Componente técnico (función descriptiva e instructiva) | 1 (alto) | 1980–2021 | 1 214.488 | 20 279 | 1,66 % |

Esta cifra es la obtenida después de aplicar las siguientes pautas que, como hemos descrito, comienzan con la aplicación de un filtro procedente del dispensador de filtros que hemos desarrollado al efecto, *Stopmareng list*, pues la herramienta *AntConc 3.5.8* (Anthony, 2019) permite subir y aplicar un filtro antes de procesar los textos del corpus. De los tres niveles de especialización de los textos atendiendo al emisor del texto y al tipo de usuario final, que habíamos establecido, el macrocorpus NavSAFE incluye textos auténticos de nivel de especialización 1, es decir, textos elaborados por expertos y destinados a un usuario experto. En cuanto al indicador TTR o *type-token ratio* es el número total de palabras únicas (t*ypes*) divididas entre el número total de palabras (*tokens*) en un segmento de la lengua. Es un indicador de la riqueza o variedad léxica de un segmento textual. Cuanto más cercana sea la ratio a 1, mayor será la densidad léxica del segmento.

Se aplicaron las mismas pautas de procesado al corpus NavSAFE_ES y los resultados obtenidos con el módulo *Wordlist* de Antconc se muestran seguidamente en la figura 25.

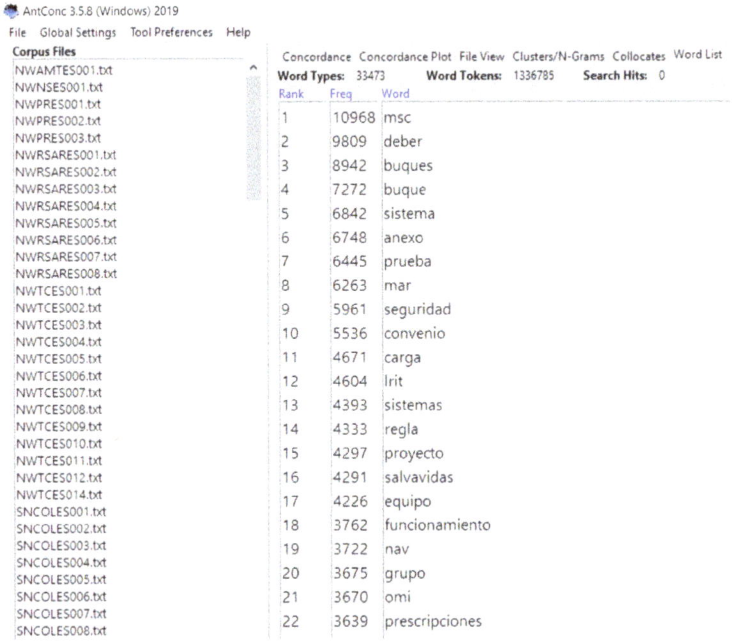


**Fig. 25:** Captura de pantalla con los datos cuantitativos sobre el índice de frecuencia de candidatos a término del corpus NavSAFE_ES obtenido con *AntConc 3.5.8.* (Anthony, 2019).

La tabla 9 recoge los datos cuantitativos del corpus NavSAFE_ES. El corpus contiene textos en español como lengua meta siendo el inglés la lengua origen de los textos. El corpus en español NavSAFE_ES consta de 227 documentos en los que se han computado un total de 1 336.785 palabras u ocurrencias (*tokens*) y 33 473 palabras diferentes o palabras tipo (*types*). La ratio TTR resultante es de 2,5 %. Al igual que el corpus NavSAFE_EN, el corpus NavSAFE_ES no fue etiquetado ni lematizado en la etapa de compilación, pero sí quedan etiquetados en la etapa de extracción.

**Tab. 9:** Composición y características específicas del corpus NavSAFE_ES

| Nº docs. | Género y función textual | Nivel | Fecha | Nº tokens | Nº types | TTR |
|---|---|---|---|---|---|---|
| 227 | Científico-técnico:<br>-Componente jurídico (función informativa y prescriptiva)<br>-Componente técnico (función descriptiva e instructiva) | 1 (alto) | 1980–2021 | 1 336.785 | 33 473 | 2,5 % |

Como se puede observar, a pesar de que el número de documentos es ligeramente superior en el corpus inglés, el número de *tokens* es mayor en el corpus español. Asimismo, la ratio TTR ofrece un porcentaje más alto en el corpus español que en el corpus inglés. Se ha utilizado la medida estadística de frecuencia o de repetición del término en un determinado rango porque no es un simple dato cuantitativo sino porque consideramos que es la estrategia textual de las lenguas especializadas para recalcar el contexto situacional y su orientación (Losey-León, 2015b, p. 527).

El corpus NavSAFE puede describirse como un corpus lingüístico del dominio de la seguridad de la navegación marítima, escrito, especializado (nivel 1), bilingüe (inglés-español), paralelo, cronológico, cerrado, compuesto, modular, no equilibrado y etiquetado.

Como se indica en las tablas 8 y 9, categorizamos los textos recogidos en el corpus NavSAFE como pertenecientes al género científico-técnico con una orientación jurídica, en el caso del aparato normativo que regula el uso de equipo para la seguridad de la navegación marítima a bordo y con una orientación instructiva, para los manuales de uso de las ayudas para la navegación, los equipos de salvamento y la ayuda contraincendios. Las funciones textuales son informativa, descriptiva, prescriptiva, instructiva. En algunos casos, los textos comparten las funciones anteriores con la función metalingüística porque, como se verá en el capítulo III, algunos van precedidos por una sección dedicada a definiciones de los conceptos centrales que se tratan en el documento. Son textos híbridos marítimo-jurídicos y marítimo-técnicos. En el caso del corpus español, al ser paralelo, sus textos cubren los mismos géneros y funciones textuales. Se desea aclarar que hay una diferencia leve en el número de documentos que componen los corpus en inglés y en español. Hay 11 documentos más en el corpus NavSAFE_EN que en el corpus NavSAFE_ES, correspondientes a aquellos textos que solo se han podido localizar en lengua inglesa. Hemos considerado que el corpus generado es paralelo porque de 238 documentos, 227 son paralelos. En cuanto a los detalles de las fuentes textuales, los identificativos de recuperación, la ordenación de los subcorpus y el tamaño de cada uno se recogen más adelante en la tabla 10 de este capítulo.

A continuación, con vistas a obtener un listado depurado de candidatos a término hemos indagado qué corpus puede ejercer como corpus de referencia para extraer las palabras clave o *keywords* en la fase de extracción terminológica que se desarrolla en el siguiente capítulo. Hemos determinado utilizar el subcorpus LogisTRANS-B3 (Losey-León, 2015a), dedicado al dominio de la logística del transporte marítimo como corpus de referencia para obtener los términos clave del corpus NavSAFE_EN en el módulo *keywords* de *AntConc* 3.5.8. LogisTRANS-B3 consta de 43 documentos de niveles de especialización 1 y 2, es decir, alto (nivel 1) y medio-alto (nivel 1–2). Pertenece al corpus LogisTRANS, especializado, escrito, textual, bilingüe, paralelo, cronológico, cerrado, piramidal, compuesto y modular; precisamente su propiedad modular permite rescatar de forma independiente los documentos en función de la lengua o del campo conceptual para su procesado. Los datos cuantitativos de frecuencia del subcorpus LogisTRANS-B3 se ilustran en la figura 26.

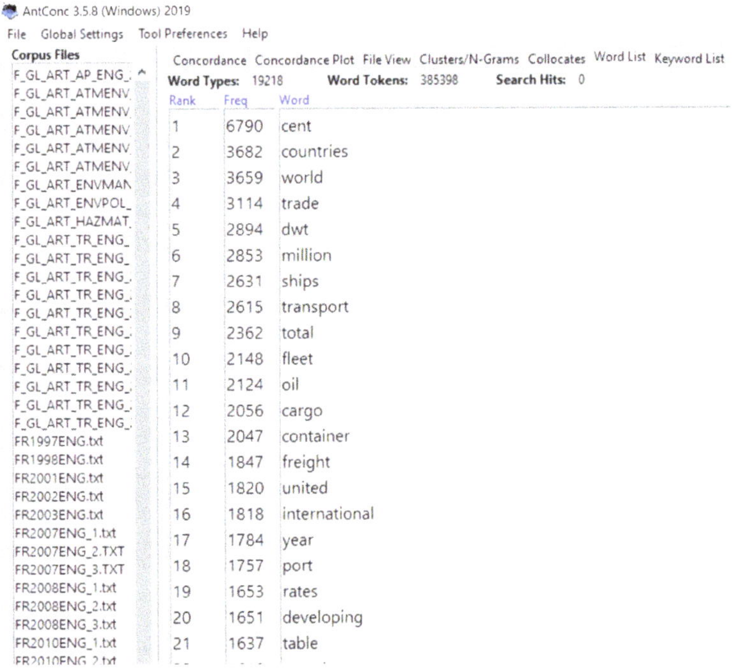


**Fig. 26:** Captura de pantalla con el índice de frecuencia de lista de palabras del subcorpus de referencia inglés LogisTRANS-B3, obtenido con *AntConc 3.5.8.* (Anthony, 2019)

Consta de 385 398 tokens y de 19 218 types, con una ratio TTR de 4,98 %, aborda el campo conceptual de seguridad y prevención en la cadena de suministro del transporte marítimo y el tipo textual es el informe técnico.

Para los objetivos de esta investigación, consideramos que el tamaño del corpus constituido es aceptable, con 1 214.488 palabras en inglés, que es la lengua de la que partimos y con una cifra muy cercana de palabras en español, 1 336.785 palabras.

### 2.2.3. Estimación del índice de representatividad

Todo corpus ha de compilarse teniendo en cuenta que actúa como una referencia estándar de lo que es típico en una lengua, ya sea con fines generales o específicos. Este es precisamente uno de los aspectos más problemáticos en el proceso de selección de los textos, la representatividad. Esta puede definirse como la capacidad de un corpus de mostrar evidencias características del conjunto de muestras totales de una lengua o de un muestrario determinado de una lengua. A pesar de su rol decisivo en la creación de un corpus, es un aspecto impreciso que suele ir inexorablemente unido al volumen o al tamaño exigible de un corpus, es decir, a la cuestión de cuál sería el número de textos suficiente como para considerar a un corpus representativo. Por consiguiente, en la compilación de un corpus han de considerarse unos parámetros que garanticen que los textos son muestras representativas de la lengua o de la variedad de lengua objeto de estudio. Las muestras compiladas han de ser suficientemente relevantes como para garantizar que reproducen lo característico y propio del uso general o específico de la lengua. La importancia de este requisito se halla presente en la mayoría de las definiciones sobre el corpus. Sinclair y Ball (1996, p. 4) indican que el corpus es una muestra del lenguaje y esta ha terminado, con el paso del tiempo, siendo la definición más estandarizada: «A collection of pieces of language that are selected and ordered according to explicit linguistic criteria in order to be used as a sample of the language». Sin embargo, es la definición de Francis (1982, p. 17) la que explícitamente se refiere a la capacidad representativa del corpus, al que define como «a collection of texts assumed to be representative of a given language, dialect, or other subset of a language to be used for linguistic analysis».

Dentro de la comunidad de lingüistas de corpus, uno de los principales investigadores de esta cuestión fue Douglas Biber (1993) quien afirma que en el diseño de todo corpus ha de existir un estudio preliminar (*pilot corpus*) que contemple claramente a qué población pretende representar la muestra (*target population*) y que, solo en función de ello, se elegirán los textos y categorías textuales en adecuada proporción que conformarían el corpus. Biber (1993) apuesta por un proceso cíclico en el diseño de todo corpus, mediado por una atención constante a todas las posibles variables con el fin de asegurar, de alguna forma, la representatividad del corpus, tal y como se ilustra en la figura 27.

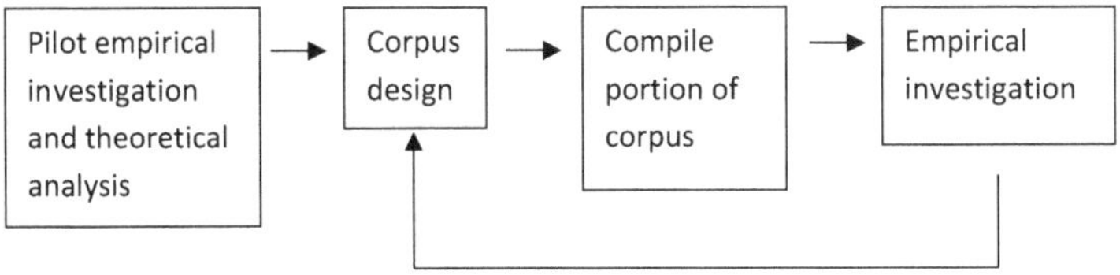


**Fig. 27:** Procedimiento cíclico para el desarrollo de un corpus (Biber, 1993, p. 256)

En general, este planteamiento es seguido y aceptado por los lingüistas de corpus y ha sentado las bases de gran parte del trabajo posterior. Biber (1993, p. 243) define la representatividad como «the extent to which a sample includes the full range of variability in a population»[212], pero no realiza una distinción entre corpus general y corpus especializado. En cambio, en un estudio publicado poco antes, Atkins, Clear y Ostler (1992, p. 7), a propósito de las dificultades para encauzar la representatividad en un corpus, afirman que definir qué textos formarían parte de un corpus se hace menos complicado en los corpus de lenguajes especializados: «The more highly specialized the language to be sampled in the corpus, the fewer will be the problems in defining the texts to be sampled». Llegan a la conclusión de que las muestras habrán de elegirse en términos de producción del lenguaje «many producers each with many receivers» y de la recepción del lenguaje, «few producers but each with many receivers», pues la producción está determinada por su recepción, pero, técnicamente, solo la producción define la variedad del lenguaje que se investiga. Por otro lado, no es viable recopilar una muestra representativa de la producción de todo el lenguaje: «The compiler of a general language corpus will have to evaluate text

212 Esta conceptualización de representatividad en la que incluye la variabilidad de toda una población no se adecua exactamente a la compilación de corpus especializados de dominio sin matizar o puntualizar qué se entiende como variabilidad de toda una población en este ámbito. El estudio de un género específico, por ejemplo, el corpus de las pólizas de seguro marítimo, no puede atender mayor variabilidad que las cubiertas por la legislación; de lo contrario, se corre el riesgo de invadir otros géneros o campos. La variabilidad, pues, tendría que ser obligatoriamente revisada durante el diseño del corpus a fin de no interferir en otros géneros.

samples on the basis of *both* reception and production» (p. 8). Lo que sí parece razonable es admitir que la lingüística de corpus tiene también ciertas limitaciones y que los datos de un corpus permiten realizar deducciones y no hechos (Hunston, 2002, p. 23).

McEnery et al. (2006, p. 15) plantean que la representatividad de un corpus se mide de diferente forma en un corpus general y en un corpus especializado. Para explicarlo, acuden a lo que denominan grado de cierre —*closure*— y citan, por su similitud, el concepto *saturation* de Belica (1996, pp. 61–74, citado por McEnery et al. 2006, p. 16), que definen así: «Closure/saturation for a particular linguistic feature (e.g. size of lexicon) of a variety of language (e.g. computer manuals), means that the feature appears to be finite or is subject to very limited variation beyond a certain point». Para ello, el corpus se divide primero en segmentos de mismo número de *tokens* y se comprende que el corpus está saturado si cada adición de un nuevo segmento arroja aproximadamente el mismo número de palabras nuevas que el segmento anterior. Por su parte, Villayandre (2008, p. 43) considera que independientemente del corpus de que se trate, se debe mantener cierta proporcionalidad entre los tipos textuales que pretenden representar.

A la vista de todas las investigaciones anteriores no parece tarea fácil alcanzar la representatividad en un corpus, es decir, identificar a partir de qué número de textos se puede considerar que la muestra recogida es característica del conjunto de muestras totales de una lengua o de un fin determinado de una lengua. Este requisito incide en el tamaño del corpus, ya que a partir de cierto momento ya no sería necesario continuar aumentando el tamaño del corpus. Podría decirse que hay una dependencia mutua entre los requisitos de tamaño y representatividad en el caso de corpus generales. Sin embargo, en el caso de los corpus especializados de dominio prima la densidad terminológica sobre el volumen del corpus.

Con el propósito de estimar la representatividad de un corpus, Corpas Pastor, Seghiri y Maggi (2006) desarrollaron el programa *ReCor*[213], que determina *a posteriori* el tamaño mínimo de un corpus («umbral de representatividad») a través de un algoritmo de análisis de la densidad léxica (N-Cor) en función del aumento incremental del corpus (Corpas Pastor y Seghiri, 2007, 2009).

---

213 Este programa se describe con más detalle al final del presente capítulo, ya que será el método usado para estimar la representatividad de los corpus compilados para esta investigación.

El objetivo final del macrocorpus especializado de dominio NavSAFE es proporcionar información terminológica y conceptual que posibilite una organización y representación término-ontológica para extrapolar sus resultados a un glosario término-ontológico dirigido, en primera instancia, a los usuarios de la comunicación especializada en este ámbito y, en segunda instancia, a traductores especializados y a filólogos interesados en la descripción lingüística especializada para su posterior aplicación en sus respectivos campos. Por ello, el método de este trabajo, encuadrado en la Teoría Comunicativa de la Terminología, ha exigido la implicación de criterios añadidos en el diseño del corpus del que se pueda extraer la información conceptual, lingüística y contextual necesaria para llevar a cabo una descripción completa de los mismos (Cabré, 2003b, p. 183). En esta investigación, pues, se han tenido en cuenta las premisas generales de todo corpus y, adicionalmente, unos criterios específicos para corpus especializados con fines terminográficos que se han detallado en el apartado 2.1.4.

Teniendo en cuenta el protocolo detallado que se ha seguido, la selección de la documentación, el rango y el tamaño del corpus, consideramos que es un corpus representativo del dominio objeto de estudio. No obstante, una vez compilados tanto el corpus inglés NavSAFE_EN como el corpus español NavSAFE_ES, hemos procedido a comprobar cuantitativamente con un método científico si su tamaño o la extensión de su contenido es suficientemente identificativo del dominio de la seguridad de la navegación marítima que se busca representar. Con este fin, se ha recurrido a la aplicación informática ReCor, para determinar de forma objetiva y cuantificable, el tamaño mínimo que debe alcanzar el corpus para que este sea considerado representativo.

### *2.2.3.1 Resultados obtenidos del corpus NavSAFE_EN*

El método de ReCor consiste en calcular[214] el tamaño mínimo de un corpus mediante el análisis de la densidad léxica (*d*) con relación a los aumentos incrementales del corpus (*C*), documento a documento y en dos fases (la primera fase selecciona los archivos documentales por orden alfabético y la segunda fase, de manera aleatoria).

El programa analiza el primer archivo por orden alfabético y se calculan los *tokens*, los *types* y la densidad léxica correspondiente. A continuación, se toma el segundo documento y se calculan de nuevo los *tokens* y los *types*, pero

214 El método se basa en la siguiente ecuación base del algoritmo N-Cor: $C_n = d_1 + d_2 + d_3 + \ldots + d_n$

sumando los resultados a los *tokens* y los *types* del primer documento se calcula la densidad léxica extrayéndose un segundo punto para la representación gráfica y así hasta completar todos los documentos del corpus. En la segunda fase, se procede del mismo modo eligiendo de forma aleatoria el archivo a analizar. El momento en el que el corpus analizado puede considerarse una muestra representativa en términos estadísticos coincide con el punto en la representación gráfica en el que las líneas de *types* y *tokens* se estabilizan, se unen y se aproximan a valores cercanos al cero, es decir, cuando llegue un punto en el que un determinado documento no aporte apenas *types* al corpus, por lo que desciende así la gráfica exponencialmente.

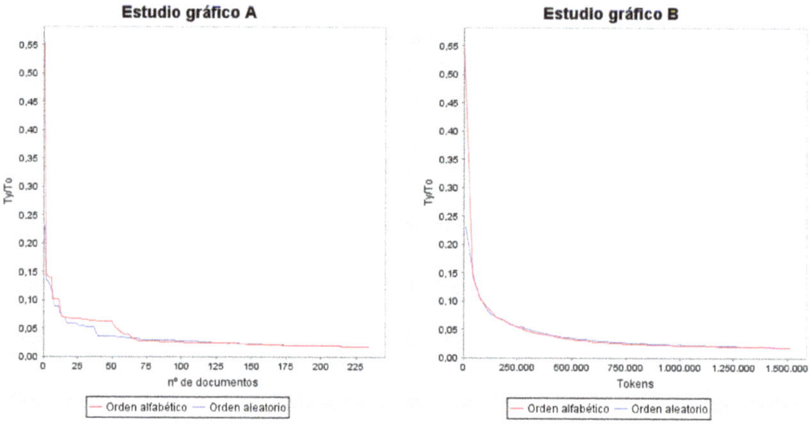


**Fig. 28:** Gráficas del estudio realizado con *ReCor 2.0* (Corpas et al. 2006) relativo a la estimación de la representatividad (*1-gram*) del corpus NavSAFE_EN sobre la seguridad de la navegación marítima en inglés

La figura 28 muestra una estimación de la representatividad del corpus NavSAFE_EN que nos ofrece *Recor* para 1-*gram* o palabras con un elemento. Según los datos ofrecidos por el programa, se puede concluir que el corpus es representativo a partir de 75 documentos y de 500 000 palabras, ya que es el momento en el que las curvas (una de las curvas representa los textos por orden alfabético, mientras que la otra representa los textos con un orden aleatorio) tienden a estabilizarse.

### 2.2.3.2. *Resultados obtenidos del corpus NavSAFE_ES*

A continuación, en la figura 29 se muestra una gráfica del estudio de representatividad del corpus NavSAFE_ES con n-1 (1*gram*). Se puede apreciar en la gráfica que la línea azul y la línea roja confluyen y se mantienen constantes en valores cercanos a 0, concretamente en la ratio 0,05. Se deduce, pues, que a partir de los datos que arroja el programa, el corpus NavSAFE_ES sobre el español de la seguridad de la navegación marítima es representativo a partir de 98 documentos y de aproximadamente 700 000 palabras.

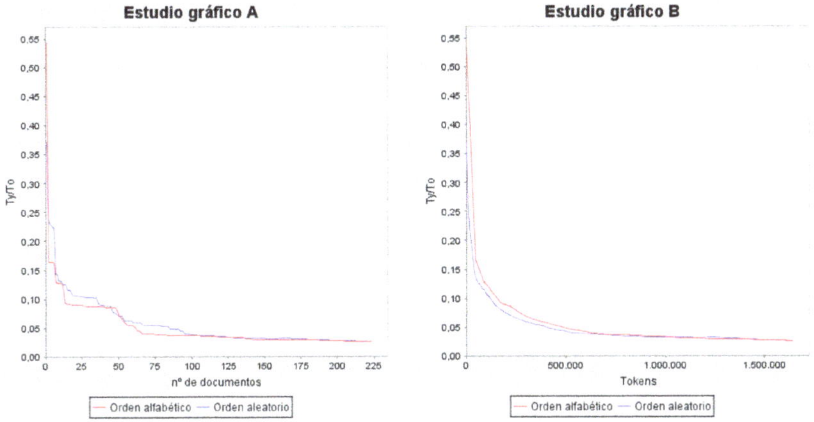


**Fig. 29:** Gráficas del estudio realizado con *ReCor 2.0* (Corpas et al. 2006) relativo a la estimación de la representatividad (*1-gram*) del corpus NavSAFE_ES sobre la seguridad de la navegación marítima en español

## 2.2.4. Composición global del macrocorpus NavSAFE

En este capítulo nos hemos centrado en el diseño y compilación de un corpus especializado de dominio en función de unos criterios generales y específicos que hemos establecido. Esta fase es fundamental en un trabajo terminológico basado en corpus, ya que sienta las bases del producto terminográfico y, en este caso, término-ontológico final. El diseño y compilación del macrocorpus NavSAFE constituye la primera parte de la fase de captación terminológica, que se encuadra en el nivel 1 de la línea de acciones metodológicas que hemos desarrollado para crear la término-ontología, las cuales se ilustran en el diagrama de la figura 16 del capítulo I.

En líneas generales, se trata de un macrocorpus especializado paralelo, bidireccional (siendo la lengua origen el inglés), sincrónico, restringido diatópicamente a las variedades europeas (británica y peninsular) de las dos lenguas transnacionales objeto de nuestro estudio. Su estructura es modular y se compone de un corpus de textos originales en inglés y de un corpus de traducciones al español, integrados, a su vez, por diversos subcorpus (microcorpus por subdominios). El corpus en inglés contiene un pequeño componente de documentos originales que no dispone de traducción al español.

A modo de resumen, en la tabla 10 detallamos la composición global del macrocorpus compilado[215], que se va a utilizar para la término-ontología que se abordará en la última parte de este trabajo. En el capítulo III se describe con detalle el estudio desarrollado en el nivel 1 o fase de captación terminológica.

**Tab. 10:** Composición de los corpus, subcorpus y microcorpus del macrocorpus NavSAFE y códigos identificativos

| NOMBRE DEL CORPUS | Código identificativo | Nº de TOKENS | Nº de TYPES | Nº de documentos | Rango de fechas |
|---|---|---|---|---|---|
| **NavSAFE_EN** | SNEN000 | 1 214.488 | 20 279 | 238 | 1974–2021 |
| **NOMBRE DEL SUBCORPUS/ MICROCORPUS** | **Código identificativo** | **Nº de TOKENS** | **Nº de TYPES** | **Nº de documentos** | **Fecha** |
| **SOLAS subcorpus** | SNSOLEN001-SNSOLEN020 | 114 573 | 5 944 | 20 | 2009–2021 |
| **COLREG subcorpus** | SNCOLEN001-SNCOLEN021 | 18 767 | 2 603 | 21 | 1972–2020 |
| **LIFE-SAVING subcorpus** | SNLSEN001-SNLSEN029 | 70 623 | 5 033 | 29 | 1995–2019 |
| **FIRE-FIGHTING subcorpus** | SNLFIREN001-SNLFIREN022 | 341 477 | 8 860 | 22 | 2010–2020 |
| **SHIP'S CONDITION subcorpus** | SNSHCEN001-SNSHCEN003 | 2 648 | 453 | 03 | 2002–2010 |
| **NAVEQUIP subcorpus** | SNNEQEN001-SNNEQEN099 | 434 109 | 11 627 | 99 | 1998–2020 |
| **Microcorpus LRIT** Long-range identification and tracking of ships (LRIT) | SNNEQEN-LRIT001-SNNEQEN-LRIT005 | 74 524 | 2 993 | 05 | 2008–2020 |

215 Se ha utilizado la herramienta *Wordlist* de *AntConc 3.5.8* (Anthony, 2019).

**Tab. 10:** Continuación

| NOMBRE DEL CORPUS | Código identificativo | Nº de TOKENS | Nº de TYPES | Nº de documentos | Rango de fechas |
|---|---|---|---|---|---|
| **Microcorpus AIS** Automatic identification system (AIS) | SNNEQEN-AIS001-SNNEQEN-AIS009 | 21750 | 2086 | 09 | 2003–2014 |
| **Microcorpus ECDIS** Electronic Chart Display and Information System (ECDIS) | SNNEQEN-ECDIS001-SNNEQEN-ECDIS004 | 23289 | 3026 | 04 | 2007–2011 |
| **Microcorpus ARPA** Automatic Plotting Aid (ARPA) | SNNEQEN-ARPA001 | 692 | 311 | 01 | 2018 |
| **Microcorpus ATA** Automatic Tracking Aid (ATA) | SNNEQEN-ATA001 | 139 | 97 | 01 | 1999 |
| **Microcorpus AP** Automatic pilot/ automatic steering | SNNEQEN-AP001 | 685 | 507 | 01 | 1975 |
| **Microcorpus C** Compass, magnetic compass, standard magnetic compass, spare magnetic compass, gyro compass | SNNEQEN-C001 | 264 | 168 | 01 | 1999 |
| **Microcorpus ECH** Echo-sounding device | SNNEQEN-ECH001-SNNEQEN-ECH002 | 3061 | 844 | 02 | 1998, 2014 |
| **Microcorpus EPIRB** Emergency Position Indicating Radio Beacon (EPIRB) | SNNEQEN-EPIRB001-SNNEQEN-EPIRB008; | 5939 | 1711 | 08 | 2001–2021 |
| **Microcorpus THD** Transmiting Heading Device (THD) | SNNEQEN-THD001-SNNEQEN-THD003 | 1129 | 409 | 03 | 2000–2003 |
| **Microcorpus SDME** Speed and distance measuring equipment (SDME) | SNNEQEN-SDME001-SNNEQEN-SDME005- | 1408 | 307 | 05 | 1999–2010 |
| **Microcorpus RCSAT** Shipborne radiocommunication and satellite equipment; Standard Marine Communication Phrases | SNNEQEN-RCSAT001-SNNEQEN-RCSAT016; SNMANAVTEXEN01; SNMANRADTEN01 | 65474 | 5529 | 18 | 2000–2021 |

*(Continuación)*

**Tab. 10:** Continuación

| NOMBRE DEL CORPUS | Código identificativo | Nº de TOKENS | Nº de TYPES | Nº de documentos | Rango de fechas |
|---|---|---|---|---|---|
| **Microcorpus IBS** Integrated Bridge Systems (IBS) | SNNEQEN-IBS001-SNNEQEN-IBS010 | 126 191 | 6 838 | 10 | 2002–2009 |
| **Microcorpus RADAR** Radar | SNNEQEN-RADAR001-SNNEQEN-RADAR011 | 39 093 | 5 073 | 11 | 1999–2007 |
| **Microcorpus SV** Audible and visual systems aboard | SNNEQEN-SV001-SNNEQEN-SV011 | 28 401 | 2 357 | 11 | 2002–2007 |
| **Microcorpus VDR** Voyage Data Recorder (VDR) | SNNQEN-VDR001-SNNQEN-VDR009 | 42 070 | 4 347 | 09 | 2001–2012 |
| **NAVWATCH subcorpus** | SNNWEN001-SNNWEN016 | 77 478 | 5 654 | 16 | 2002–2014 |
| **ROUTING subcorpus:** Routeing of ships and Ship Reporting Systems (SRS); Traffic Separation Schemes (TSSs); Particularly Sensitive Sea Areas (PSSAs) | NWMSEN001 NWAMTEN001 NWRSAREN001-NWRSAREN009 NWPREN001-NWPREN003 NWTCEN001-NWTCEN014 | 154 813 | 10 255 | 28 | 1998–2020 |
| **NOMBRE DEL CORPUS** | **Código identificativo** | **Nº de TOKENS** | **Nº de TYPES** | **Nº de documentos** | **Fecha** |
| **NAVSAFE_ES** | SNES000 | 1 336.785 | 33 473 | 227 | 1972–2021 |
| **NOMBRE DEL SUBCORPUS/ MICROCORPUS** | **Código identificativo** | **Nº de TOKENS** | **Nº de TYPES** | **Nº de documentos** | **Fecha** |
| **Subcorpus SOLAS** | SNSOLES001-SNSOLES020 | 124 704 | 8 852 | 20 | 2009–2021 |
| **Subcorpus RIPA (Reglamento internacional para prevenir abordajes)** | SNCOLES001-SNCOLES021 | 19 171 | 3 179 | 21 | 1972–2020 |
| **Subcorpus EQUIPSALV** | SNLSES001-SNLSES023 | 80 954 | 5 237 | 23 | 1995–2019 |
| **Subcorpus CONTRAINC** | SNLFIRES001-SNLSES021 | 366 289 | 9 101 | 21 | 2010–2020 |
| **Subcorpus CONDBUQUE** | SNCONDBES001 | 967 | 139 | 01 | 2002–2010 |

**Tab. 10:** Continuación

| NOMBRE DEL CORPUS | Código identificativo | Nº de TOKENS | Nº de TYPES | Nº de documentos | Rango de fechas |
|---|---|---|---|---|---|
| **Subcorpus EQUIPNAUT** | SNNEQES001-SNNEQES097 | 512000 | 92175 | 97 | 1998–2020 |
| **Microcorpus LRIT** Sistema de identificación y seguimiento de largo alcance de los buques (LRIT) | SNNEQES-LRIT001-SNNEQES-LRIT005 | 84225 | 4442 | 05 | 2008–2020 |
| **Microcorpus SIA** Sistema de identificación automática (SIA) | SNNEQES-AIS001-SNNEQES-AIS009 | 28360 | 6630 | 09 | 2003–2014 |
| **Microcorpus SIVCE** Cartas náuticas/Sistema de Información y Visualización de Cartas Electrónicas (SIVCE) | SNNEQES-ECDIS001-SNNEQES-ECDIS004 | 28006 | 3892 | 04 | 2007–2011 |
| **Microcorpus APRA** Ayuda de Punteo Radar Automática (APRA) | SNNEQES-ARPA001 | 889 | 412 | 01 | 2018 |
| **Microcorpus ASA** Ayuda de seguimiento automático (ASA) | SNNEQES-ATA001 | 195 | 95 | 01 | 1999 |
| **Microcorpus PA** Piloto automático | SNNEQES-AP001 | 789 | 520 | 01 | 1975 |
| **Microcorpus CP** Compás, compás magnético magistral, compás magnético de respeto, girocompás | SNNEQES-C001 | 411 | 262 | 01 | 1999 |
| **Microcorpus EC** Eco-sonda | SNNEQES-ECH001-SNNEQES-ECH002 | 4190 | 899 | 02 | 1998, 2014 |
| **Microcorpus RLS** Radiobaliza de localización de siniestros (RLS) | SNNEQES-EPIRB001-SNNEQES-EPIRB008 | 7345 | 1328 | 08 | 2001–2021 |
| **Microcorpus DTR** Dispositivo Transmisor del Rumbo (DTR) | SNNEQES-THD001-SNNEQES-THD003 | 2926 | 531 | 03 | 200–2003 |
| **Microcorpus DVD** Dispositivo medidor de la velocidad y la distancia | SNNEQES-SDME001-SNNEQES-SDME005 | 1887 | 328 | 05 | 1999–2010 |

*(Continuación)*

**Tab. 10:** Continuación

| NOMBRE DEL CORPUS | Código identificativo | Nº de TOKENS | Nº de TYPES | Nº de documentos | Rango de fechas |
|---|---|---|---|---|---|
| **Microcorpus CRS** Equipo para la comunicación por radio y por satélite; Frases normalizadas para las comunicaciones marítimas | SNNEQES-RCSAT001-SNNEQES-RCSAT016; SNMANAVTEXES01; SNMANRADTES01 | 76979 | 6948 | 18 | 2000–2021 |
| **Microcorpus SIP** Sistemas Integrados de Puente (SIP) | SNNEQES-IBS001-SNNEQES-IBS010 | 149200 | 625 | 10 | 2002–2009 |
| **Microcorpus RAD** RADAR | SNNEQES-RADAR001-SNNEQES-RADAR011 | 43901 | 3676 | 11 | 1999–2007 |
| **Microcorpus ALERT** Indicadores y alertas visuales y sonoras | SNNEQES-SV001-SNNEQES-SV011- | 33899 | 2781 | 11 | 2002–2007 |
| **Microcorpus RDT** Registrador de datos de la travesía (RDT) | SNNQES-VDR001-SNNQES-VDR009 | 48798 | 6234 | 09 | 2001–2012 |
| **Subcorpus GUARDNAV** | SNNWES001-SNNWES016 | 77500 | 4675 | 16 | 2002–2014 |
| **Subcorpus ORGTRAF** Organización del tráfico marítimo y sistemas de notificación obligatoria para buques; Dispositivos de Separación del Tráfico (DST); Zonas Marítimas Especialmente Sensibles (ZMES) | NWMSES001 NWAMTES001 NWRSARES001-NWRSARES009 NWPRES001-NWPRES003 NWTCES001-NWTCES014 | 155200 | 15088 | 28 | 1998–2020 |

[a] A cada documento del corpus se le ha asignado un identificativo que comienza con la abreviatura del corpus (SN), seguido de la abreviatura del subcorpus (SOL, COL, LFIR, SHC, NEQ, NW, ROUT), de un identificativo del campo conceptual concreto, que podrá ser: LRIT = Long-range identification and tracking of ships; AIS = Automatic Identification System; ECDIS = Electronic Chart Display and Information System; ARPA = Automatic Plotting Aid; ATA = Automatic Tracking Aid; AP = Automatic Pilot; C = compass, magnetic compass, gyro compass; ECH = Echo-sounding device; EPIRB = Emergency Position Indicating Radio Beacon; THD = Transmitting Heading Device; SDME = Speed and Distance Measuring Equipment; RCSAT = Radiocommunication and satellite equipment; IBS = Integrated Bridge System; RADAR = Radar; SV = Sound and Visual Systems aboard; VDR = Voyage Data Recorder. A continuación, se identifica la lengua («EN» para el inglés y «ES» para el español) y, por último, el número de orden del documento.

# CAPÍTULO III
# Extracción terminológica y diseño de la base de datos

Este capítulo continúa con las acciones metodológicas del nivel 1 que se iniciaron en el capítulo II con la compilación del macrocorpus NavSAFE, cuyas características ya han quedado descritas. En las líneas que siguen se describe pormenorizadamente cómo se ha llevado a cabo el análisis y la extracción terminológica del macrocorpus NavSAFE, la determinación de la estructura de la definición terminográfica y la localización de las equivalencias en español, como lengua meta. Seguidamente, se detalla el diseño de la base de datos término-ontológica, NavSAFE TermOnto Database, en la que todo el repertorio de datos producto de los avances en la investigación, con los que se realizará la transición ontológica, se ha alojado.

## 3.1. Nivel 1: fase de captación terminológica con vistas a su formalización ontológica

Como quedó descrito en el apartado de los criterios específicos para la metodología de desarrollo de una término-ontología del capítulo I, en el nivel 1 o fase de captación terminológica, representado en la figura 16 (capítulo I), se obtienen los primeros resultados de la extracción de datos. En el capítulo II se ha procesado el corpus para obtener datos sobre su tamaño y su representatividad. Para ello, utilizamos el programa de concordancias *AntConc 3.5.8* (Anthony, 2019) con el que obtuvimos una lista de palabras según el criterio de frecuencia. De este primer barrido se pudo extraer una serie de palabras clave en las primeras 20 posiciones (véase figura 24), que son candidatas a término. Este es el caso de *ship* (7 933), *test* (7 087), *information* (6 579), *safety* (5 503), *equipment* (4 377), *solas* (4 301), *systems* (4 225), *message* (4 058) y *regulation* (3 811). La técnica de lista de palabras genera un número excesivo de candidatos a término y se requiere, por tanto, un filtrado más intenso. Consideramos que, a partir de aquí, los resultados habrían de refinarse buscando patrones dentro de una cadena de texto para obtener candidatos a término que designen de una forma más precisa el objeto de nuestro interés, a saber, equipos, sistemas, dispositivos y reglamentos de los que se vale el buque mercante para la gestión y operación de la seguridad de la navegación marítima.

La orientación término-ontológica de esta investigación requiere un procedimiento que aúne la metodología propia del trabajo terminográfico con la del desarrollo de la ontología. Para ello hemos de distinguir dos etapas: la etapa terminológica y la etapa de extensión término-ontológica. La primera etapa incluye las fases de carácter propiamente terminográfico, es decir, las fases de preparación, elaboración, revisión y edición de la terminología del dominio de la seguridad en la navegación marítima. Además de la extracción de los términos que serán objeto de nuestra propuesta de organización y representación, en este capítulo se describe la constitución de la base de datos terminológica que culmina en la segunda etapa o de extensión término-ontológica a través de la formalización de las relaciones conceptuales en la última fase de nuestra investigación (capítulo IV).

Si comparamos esta primera fase preparatoria del trabajo terminológico con la desarrollada por otras metodologías podemos observar que coincide con la fase de especificación y de adquisición de conocimiento propuesta por *Methontology*, por un lado, y con la fase preparatoria de la propuesta de *Termontography* (Temmerman y Kerremans, 2003, p. 5–6), es decir, la búsqueda de textos relevantes para compilar y gestionar un corpus sobre un dominio determinado. No obstante, conviene recordar que nuestra propuesta difiere de *Termontography* porque esta adopta un enfoque onomasiológico en esta fase mientras que nuestro enfoque es semasiológico. Asimismo, difiere de *Methontology* porque esta ubica la fase de adquisición terminológica como actividad ontológica mientras que nuestra propuesta basada en corpus concibe cada fase de forma independiente, aunque se encuentren unidas en un proceso de extensión o ampliación hacia una representación término-ontológica.

### 3.1.1. Volcado de datos

La metodología del trabajo terminológico ha sufrido importantes avances con la incorporación de los extractores terminológicos que definitivamente han impulsado esta fase de volcado de datos[216]. Se pueden clasificar en tres tipos:

a) Extractores de base estadística, que miden de forma global la frecuencia de un *n-grama* (*token*)[217] en un corpus. Se pueden obtener así datos sobre el conjunto de palabras más frecuentes en un corpus a través de la generación

216 Estopà (2009, p. 122) los define como «programas informáticos que proponen candidatos a unidades terminológicas a partir de un tratamiento automático de un corpus de textos especializados».

217 En lingüística computacional, un *token* es una secuencia contigua de caracteres. En el cálculo de frecuencias suele utilizarse junto a *type*, que es la clase de todos los tokens que contienen la misma secuencia de caracteres.

de un listado de palabras[218], como se ha realizado en el capítulo II o de un listado de concordancias desde la que se puede averiguar la recurrencia de la coaparición de una palabra junto a otra en un corpus, siendo, en este caso, por norma general, de interés para el terminólogo obtener datos sobre la fuerza de asociación de estos candidatos a término. Para ello, existen varios tipos de medición: el coeficiente o índice de Sørensen-Dice o *Dice coefficient*, la información mutua o *Mutual Information* (MI), el punto de información mutua o *Pointwise Mutual Information (PMI),* el logaritmo de la razón de verosimilitud *(log-likelihood ratio) y* el fi cuadrado o *Phi-square* (Φ2). También existen mediciones de tipo distributivo que tienen como objetivo extraer datos sobre la cobertura de un término, es decir, de su frecuencia respecto al número de documentos del corpus y con respecto a los documentos de otros corpus. Un ejemplo de este tipo de medición es la frecuencia de término-frecuencia inversa de documento o *term frequency-inverse document, term frequency-inverse document frequency* (TF IDF).

b) Extractores de base lingüística que utilizan patrones lingüísticos como filtros para generar una lista de unidades polilexemáticas con cierto grado de fuerza de asociación. Esta acción requiere una actividad de preparación previa consistente en el etiquetado gramatical del corpus. Un ejemplo de este tipo de extractores es *TTC TermSuite*[219], que opera en entornos multilingües a partir de corpus comparables alineando textos por pares de lenguas.
c) Extractores de base híbrida porque combinan las características estadísticas con las lingüísticas. Son los más utilizados, pues contribuyen a reducir el tiempo de extracción considerablemente, ya que se puede obtener un listado de palabras etiquetadas y con los patrones lingüísticos que se han detectado en función de la lengua en cuestión. Entre ellos cabe mencionar a

---

218 Esta funcionalidad de los extractores de generar listas de palabras o *wordlist* es la primera versión de los candidatos a término. La generación de una lista de palabras claves que es lo que se persigue para afinar y depurar el número de candidatos a término se realiza mediante la extracción de una *keyword list.* Para ello, es necesario contar con un corpus de referencia, generalmente de mayor tamaño y basado en el inglés general o en un inglés especializado de mayores dimensiones que el del corpus de análisis.

219 Esta herramienta se desarrolla como parte del proyecto europeo *TTC Terminology Extract, Translation tools and Comparable Corpora* de la French Agence Nationale de la Recherche siendo la directora del proyecto Béatrice Daille, de la Universidad de Nantes. La última versión, del año 2014, es la 1.5. Es de acceso libre y está disponible en: http://code.google.com/p/ttc-project/.

*HELAS* (Hybrid Extraction of Lexical Associations), que se basa en parte en la medida de *mutual information* e identifica automáticamente los patrones sintácticos más relevantes y a *TermoStat 3.0* (Drouin, 2003b), que extrae los candidatos a término a partir de la comparación de un corpus de referencia de carácter general con un corpus de estudio de carácter especializado.

En la lingüística de corpus, los extractores de base híbrida son los más utilizados no solo por su información lingüística, sino por utilizar la medida estadística de tipo heurístico, la frecuencia del término. Este es un parámetro con una lectura de gran relevancia terminológica, pues se considera que la recurrencia de uso de una unidad especializada es síntoma de su tipismo y especificidad en un cierto dominio, es decir, es prueba de su terminologicidad o *termhood*, que se define como «the degree to which a linguistic unit is related to a domain-specific context» (Kageura y Umino, 1996, pp. 260—261). Por otro lado, el grado de coaparición de dos términos en el caso de unidades polilexemáticas aporta datos relevantes sobre su fuerza de asociación o *unithood*,[220]es decir, «the degree of strength or stability of syntagmatic combinations and collocations» (Kageura y Umino, 1996, pp. 260—261).

Desde nuestro punto de vista, la frecuencia, aparición y coaparición de un término y de sus colocados en un rango determinado no se reduce a ser únicamente un dato de carácter cuantitativo, sino que lo contemplamos como una estrategia textual intrínseca a los lenguajes especializados para resaltar el peso de su aparición y de su implicación terminológica en un contexto determinado. Además, puede aportar información sobre la cohesión léxica del texto y, por consiguiente, de las posibles subdivisiones de registros dentro de una lengua especializada, lo cual puede contribuir a dirigir nuestra atención hacia las relaciones entre los términos y, por tanto, hacia el estudio de las relaciones semánticas de los mismos. Por último, puede extender su aplicación al desarrollo de recursos para la enseñanza de una segunda lengua y para tareas terminográficas, entre otros usos (Gavioli, 2001, 2005; Bernardini, 2004; Losey-León, 2018).

Básicamente, este parámetro puede entrar en combinación con otras medidas en función del tipo de resultado que se quiera obtener, como la cobertura o *coverage of register*, es decir, «the extent to which a word is likely to occur in different varieties of the language» (Leech, 1991/2013, p. 3) y la dispersión

---

220 En esta línea, Evert (2005) propugna una medida estadística para cuantificar la fuerza de atracción entre colocados en función de su recurrencia y desarrolla el concepto de *co-ocurrence frequency*. Esta misma característica ha sido bautizada como *collocation strength* o fuerza de colocación por otros autores como Gries (2013).

o *dispersion*, a saber, «how the item is distributed throughout the use of the language in different texts and text nfor» (Leech, 1991/2013, p. 4), entre otras. Como señala Gries (2014, p. 19), «distributional characteristics of an element reveal many if not most of its structural, semantic, and pragmatic characteristics». Desde esta dirección se han ido investigando nuevas formas de aplicación de técnicas de Procesamiento de Lenguaje Natural junto a medidas estadísticas para la extracción de términos de los corpus. Uno de estos ejemplos es la aplicación de medidas estadísticas como las medidas de similitud distributiva o *Distributional Similarity Measures (DSM),*[221] que ha demostrado ser válida para diagnosticar el grado de relación semántica entre distintos tipos de género textual (Costa et al., 2010; Costa et al. 2015a; Costa et al. 2015b),[222] o métodos para extracción de candidatos a término a partir de corpus paralelos (Simões y Almeida, 2003, 2007) o, incluso, de corpus comparables (Saralegi, et al. 2008; Daille y Morin, 2005).

### 3.1.2. Procedimiento para la identificación y extracción

Después de este excurso por los distintos tipos de extractores y sus funcionalidades, hemos llevado a cabo las siguientes acciones conducentes a la extracción de los términos del dominio: a) extracción automática de los candidatos a término; b) búsqueda de equivalentes de traducción al español en el corpus paralelo NavSAFE_ES; c) determinación de la estructura de la definición terminográfica para la término-ontología NavSAFE; y d) selección y validación de las unidades terminológicas del macrocorpus NavSAFE.

---

221 Para obtener los datos necesarios del corpus, este tipo de medidas estadísticas funcionan necesariamente complementados con etiquetadores, lematizadores o *stemmers* y filtros específicos que ayudan a preparar el corpus.

222 Esta medida estadística ha sido utilizada por Costa et al. (2015a) en conjunción con el paquete de herramientas *Apache NLP* para detectar oraciones y «tokenizar», con el etiquetador gramatical provisto por TTJ4, que es una implementación de *TreeTagger* para Java (Schmid, 1995) y con el algoritmo de *Porter o Porter stemming algorithm* para reducir al término a su raíz (Porter, 2001). *Apache NLP* está disponible en: <https://opennlp.apache.org>, *TT4J* en: <http://reckart.github.io/tt4j/> y *Porter stemming algorithm* en: <http://snowball.tartarus.org/algorithms/porter/stemmer.html>.

### *3.1.2.1. Extracción automática de candidatos a término*

Para obtener resultados depurados aplicamos varias técnicas de extracción terminológica y optamos por utilizar, en primer lugar, el programa *TermoStat 3.0* (Drouin, 2003b). El principio básico de este programa es el cotejo de corpus para la extracción de términos; si bien, en un principio, el programa contrastaba el corpus de análisis con un corpus general, actualmente usa un corpus especializado en medio ambiente para contrastarlo con el corpus de análisis con el fin de obtener un índice mayor de precisión. Los resultados que ofrece *TermoStat 3.0* son muy granulados lo que nos permite adentrarnos con más detalle en las características lingüísticas del corpus. En este sentido, no solo presenta una lista de palabras de unidades monolexemáticas y polilexemáticas, sino que ofrece los patrones gramaticales más frecuentes en el corpus, el grado de especificidad de los candidatos a término y, por tanto, cuáles tienen más probabilidades de ser los términos de nuestro producto final. Además, proporciona una representación gráfica en la que se pueden visualizar los nodos y las combinaciones que se pueden hallar en el corpus y facilita enormemente al terminólogo la localización de los términos.

Las ventajas que se han encontrado al ejecutar la extracción con el programa *TermoStat 3.0* (Drouin, 2003b) han sido las siguientes: A) El método de extracción de este programa se basa en la comparación de corpus especializados con corpus de carácter general. Aprovecha la información del corpus general para reducir el ruido de la lista de candidatos a término favoreciéndose así la precisión («precision over recall», Drouin, 2003a, p. 99)[223]. Esta acción nos devoverá un listado preliminar extenso de candidatos a términos que depuraremos en una segunda etapa. B) *TermoStat 3.0* ofrece varias medidas estadísticas como el logaritmo de la razón de verosimilitud (*log likelihood*), la distribución chi$^2$ (*chi* 2), la razón de probabilidades (*log odds ratio*) y la especificidad (*specificity*). De ellas, utilizaremos la medida de especificidad[224] porque es la que mejor se ajusta al objetivo de nuestro trabajo. Camacho-Collados et al. (2014) y Billami et al. (2014) sostienen que esta medida ha demostrado su eficiencia al extraer

---

223 De acuerdo con Drouin (2003a, p. 114), «Precision is the proportion of retrieved items that are relevant; recall is the proportion of all the relevant items that is retrieved».

224 Drouin indica que se basa en la distribución estándar normal, anteriormente propuesta por los métodos descritos por Lebart y Salem (1994). Para profundizar en esta técnica, consúltese Drouin (2003a, pp. 101 y ss.), en donde se recoge información exhaustiva de la base técnica de *TermoStat*.

un conjunto de palabras significativamente relevantes de un subcorpus[225]. C) Este programa, en su última versión, utiliza el etiquetador *TreeTagger* (Schmid, 1994)[226] y, junto a unos patrones gramaticales previamente estudiados para el inglés, el extractor devuelve combinaciones Noun+Noun o Noun+Adjective o Noun+Verb. También indica ciertos datos sobre funciones sintácticas como es el caso de Noun (Subject)+Verb o Verb+Noun (Object). El programa permite realizar la extracción individual de sustantivos, de verbos o conjunta, de sustantivos y verbos. Por tanto, en los primeros resultados que obtuvimos, ya aparecían etiquetadas las categorías gramaticales de cada candidato (sustantivos, adjetivos, verbos). Además, dispone de un módulo que proporciona bigramas, es decir, los grupos de dos palabras que con más frecuencia aparecen juntos permitiéndonos conocer cuáles son las combinaciones específicas de este ámbito, acompañadas de la medida de fuerza asociativa de la ocurrencia —*association scores*—. Estos datos también nos sirven de pauta orientadora hacia las relaciones conceptuales que se pueden establecer.

El grado de especificidad[227], como hemos mencionado anteriormente, es la medida estadística que más nos interesa porque buscamos extraer aquellos términos prototípicos de los subdominios concretos de sistemas, equipos, dispositivos y normativa que configuran el perfil de la seguridad de la navegación marítima a bordo del buque. Su cálculo conduce a un listado de palabras ordenadas de mayor a menor índice de especificidad de manera que los candidatos a término son aquellos que presentan el índice de especificidad más alto.

Como se puede observar en la figura 30, en primer lugar, optamos por usar el módulo de listado de candidatos a término aplicando como parámetro de búsqueda los sustantivos, que aparecen lematizados y ordenados por índice de

---

225 Ha ganado popularidad en diferentes aplicaciones de PLN, como en el análisis de datos textual (Lebart, 1998), en la extracción terminológica (Drouin, 2003a) o en la desambiguación de términos basados en el dominio (Camacho-Collados et al., 2014, Billami et al., 2014).

226 Esta herramienta se emplea para etiquetar gramaticalmente y para lematizar a los textos. Fue desarrollada por Helmut Schmid del Instituto de Lingüística computacional de la Universidad de Stuttgart. Su acceso independiente es gratuito y está disponible en: https://www.cis.uni-muenchen.de/~schmid/tools/TreeTagger/data/tree-tagger1.pdf

227 *TermoStat 3.0* adapta el cálculo de especificidad propuesto por Lafon (1980) y fusiona el corpus de referencia que contiene el programa y que, en este caso, es en inglés y el corpus de estudio, que es el que cargamos en el programa para su análisis, con el fin de comprobar si el léxico de este último se comporta como el del primero.

especificidad; entre los candidatos ubicados en las primeras posiciones figuran *ship* (165,41), *test* (112,59), *system* (110,35), *regulation* (107,12), *requirement* (101,34), *message* (91,06), *alarm* (83,79), *equipment* (81,55), *information* (80,5). Por consiguiente, se puede vislumbrar qué sistemas, reglamentos, equipos, mensajes, indicadores e información podrán integrar ciertas categorías conceptuales.

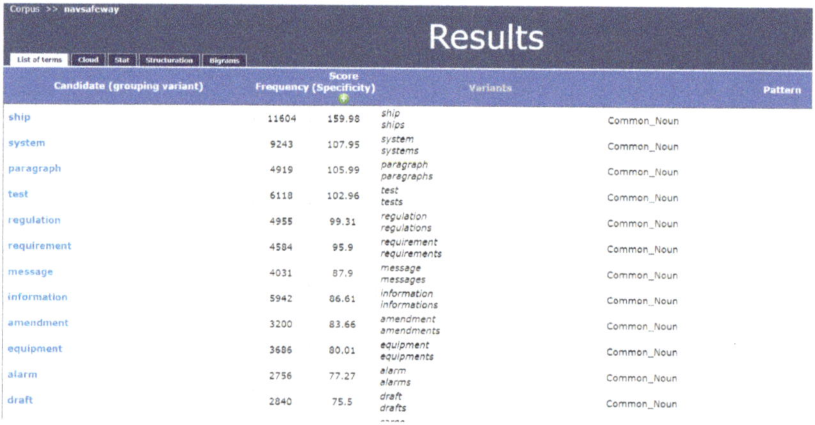
Corpus >> navsafeway

Results

List of terms | Cloud | Stat | Structuration | Bigrams

| Candidate (grouping variant) | Frequency | Score (Specificity) | Variants | Pattern |
|---|---|---|---|---|
| ship | 11604 | 159.98 | *ship* *ships* | Common_Noun |
| system | 9243 | 107.95 | *system* *systems* | Common_Noun |
| paragraph | 4919 | 105.99 | *paragraph* *paragraphs* | Common_Noun |
| test | 6118 | 102.96 | *test* *tests* | Common_Noun |
| regulation | 4955 | 99.31 | *regulation* *regulations* | Common_Noun |
| requirement | 4584 | 95.9 | *requirement* *requirements* | Common_Noun |
| message | 4031 | 87.9 | *message* *messages* | Common_Noun |
| information | 5942 | 86.61 | *information* *informations* | Common_Noun |
| amendment | 3200 | 83.66 | *amendment* *amendments* | Common_Noun |
| equipment | 3686 | 80.01 | *equipment* *equipments* | Common_Noun |
| alarm | 2756 | 77.27 | *alarm* *alarms* | Common_Noun |
| draft | 2840 | 75.5 | *draft* *drafts* | Common_Noun |

**Fig. 30:** Listado de candidatos a término del corpus NavSAFE_EN ordenados por frecuencia e índice de especificidad obtenido con el programa *TermoStat 3.0* (Drouin, 2003b)

Estos candidatos a término, como se verá, servirán de palabras de búsqueda en *AntConc 3.5.8* (Anthony, 2019) para estudiar sus posibilidades de extensión terminológica, es decir, utilizamos un segundo programa para conocer el entorno de los candidatos a término con detalle. Los subdominios que habíamos determinado abordar en nuestro corpus son los aparatos y sistemas náuticos de a bordo del buque, los dispositivos y medios de salvamento de a bordo del buque, el equipo para la prevención, detección y extinción de incendios, las reglas sobre la conducta del buque en movimiento, la guardia del puente de navegación, los dispositivos para la organización del tráfico marítimo, los distintos estados del buque que pueden incidir en la seguridad de la navegación marítima o que son resultado de fallos en la seguridad de la navegación y la normativa aplicable a seguridad de la navegación marítima. El capítulo V, sobre seguridad de la navegación, extraído del *Convenio internacional para la seguridad de la vida humana en el mar* y el *Reglamento internacional para prevenir los abordajes* han sido los principales objetos de exploración, además de los demás convenios mencionados en el Capítulo II.

Continuando con la primera exploración en *TermoStat 3.0*, accedimos al módulo *Statistics*, que nos proporcionó la distribución en porcentaje de los patrones gramaticales del corpus que estaban formados por sustantivos, adjetivos, preposiciones y conjunciones.

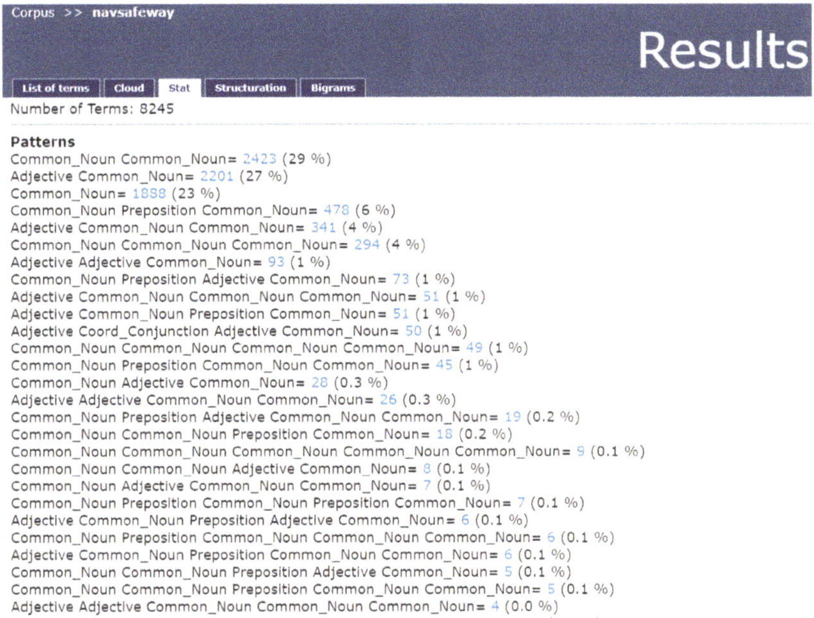


**Fig. 31:** Distribución porcentual de los patrones gramaticales con sustantivos como nodos, ordenados por frecuencia de mayor a menor, obtenidos del corpus NAVSAFE_EN con el programa *TermoStat 3.0* (Drouin, 2003b)

Como se observa en la figura 31, el número total de candidatos a término es 8 245. Los candidatos a unidades terminológicas monolexemáticas constituyen un 23 %, mientras que el porcentaje de los candidatos a unidades terminológicas polilexemáticas asciende a un 77 %. De ellos, el patrón más frecuente es el de sustantivo en posición adjetival + sustantivo (S+S), con 2 423 instancias, lo que representa un 29 %, seguido por el patrón adjetivo + sustantivo (A+S), con un 27 % de instancias del corpus NavSAFE_EN. Llama la atención la variedad de patrones que arroja el subcorpus en los que el nodo es un sustantivo. Esto nos permite centrar nuestra búsqueda en sustantivos tanto monolexemáticos como polilexemáticos.

A partir de estas estructuras, el siguiente paso consistió en localizar las estructuras concretas en las que el nodo fuera uno de los sustantivos obtenidos en el listado de palabras. Conceptos como <control>, <monitor>, <alarm>, <indicator>, <alert>, <system>, <equipment>, <device>, <signal>, <test>, entre otros, están ligados a medios para vigilar que se cumpla la seguridad y a detectar posibles fallos. Nos dirigimos, entonces, a trabajar con el módulo *Structuration* de TermoStat 3.0, ya que devuelve bigramas o combinaciones de dos elementos, siendo uno de ellos uno de los candidatos a término. Se muestra en la figura 32 los bigramas obtenidos con *system*:

9243 monitoring system - fire-protection system - preaction system - interlock system - ing systems - pilotage system - system redundancy - system functionality - fuel system - alert system - system v - tracking system - maritime systems - shore-based systems - gear system - ide system - automated system - reference system - mobile-satellite systems - lighting system - system of survey - warning of system - piping system - system activation - system requirement - diving system - complete system - hydraulic system - halon system - system integrator - system i - back-up system - alarm system - automatic system - life-saving system - geodetic system - position-fixing system - system pressure - identifiable system - system management - system being - system regulations - loss of system - indicator system - system alarm - system tests - chart system - augmentation system - installed system - m type of system - minimum system - performance-based system - systems p - certification systems - system identifier - chart-coordinate system - bilge system - system manufacturer - thruster system - critical system - ship-reporting system - supply system - vent system - overall system - external systems - system messages - rescue system - containment systems - swell system - protective system - management system - dp system - system architecture - communication system - propulsion system - radar system - address system - fire-fighting system - system communication - routeing system - lifeboat system - reporting system - navigational system - identification system - inflation system - drencher system - deluge system - radio system - piping system - bridge system - positioning system - system status - foam system - system component - ng system - routeing system - safety system - system configuration - sar system - fire-extinguishing system - detection system - retrieval system - navigation system - control system - ventilation system - evacuation system - sprinkler system - radionavigation system - gas system - alarm system - guishing systems - pipe system - system fault - system power - system water - system control - pre-action system - spray system - display system - main system - existing system - release system - system integrity - system user - satellite system - fail system - type of system - steering system - power system - system design - system performance - integrated system - system failure - alert system - distribution system - painter system - electrical system - connected system - radiocommunication system - hook system

**Fig. 32:** Candidatos a término de *system* del corpus NavSAFE_EN obtenidos con el módulo «Structuration» del programa *TermoStat 3.0* (Drouin, 2003)

Los resultados de la búsqueda reflejan la existencia de numerosos candidatos a unidades terminológicas polilexemáticas con el sustantivo *system*. Consideramos que pueden ser relevantes para el estudio de los sistemas de a bordo relacionados con la seguridad de la navegación: *monitoring system*, *fire-protection system*, *alert system*, *tracking system*, *lighting system*, *alarm system*, *life-saving system*, *position-fixing system*, *ship-reporting system*, *safety system*, *routeing system*, *navigational system*, *radiocommunication system*, entre otros. Todos abordan medidas de carácter técnico o técnico-normativo encaminadas a asegurar, prevenir, gestionar y a actuar en un contexto previsible o confirmado que ponga en peligro la seguridad a bordo. En la misma línea podemos destacar los candidatos a término referidos a equipos, pues están igualmente relacionados con la mayoría de los dominios a representar sobre la seguridad. La figura 33 muestra las combinaciones posibles que acompañan a *equipment*. De ellas destacamos *survival equipment*, *emergency equipment*, *sensor equipment*, *radio equipment*, *navigational equipment*, *protection equipment*, *electrical equipment* y *bridge equipment*, entre otros. Se pueden apreciar sinónimos como *onboard equipment* y *shipboard equipment*, que representan variantes paradigmáticas, pues pueden sustituir la una a la otra en el mismo eje paradigmático sin que se altere el significado en un contexto oracional.

| | |
|---|---|
| 3294 | survival equipment - installed equipment - specified equipment - measurement equipment - connected equipment - emergency equipment - equipment fire - buoyancy equipment - mandatory equipment - associated equipment - onboard equipment - life-saving equipment - similar equipment - equipment of cargo ships - layout of equipment - equipment of ships - marine equipment - protection equipment - equipment specification - overhaul of equipment - equipment list - sensor equipment - equipment requirements - equipment container - suitable equipment - shipboard equipment - various items of equipment - equipment notes - equipment standard - ide equipment - existing equipment - receiving equipment - item of equipment - radio equipment - receiver equipment - equipment class - communication equipment - radar equipment - safety equipment - individual equipment - original equipment - equipment location - record of equipment - radiocommunication equipment - equipment manufacturer - bridge equipment - navigational equipment - electrical equipment - shipborne equipment - fire-fighting equipment - display equipment - equipment failure - equipment pack - lifeboat equipment - essential equipment - normal equipment - full equipment - test equipment - equipment documentation - duplication of equipment - ship equipment - equipment performance - equipment parameter - type of equipment - relevant equipment - navigation equipment - detection equipment - mobile equipment |

**Fig. 33:** Candidatos a término de *equipment* del corpus NavSAFE_EN obtenidos con el módulo *Structuration* del programa *TermoStat 3.0* (Drouin, 2003b)

Los aparatos y sistemas náuticos de a bordo del buque —conocidos en inglés como *shipborne navigational aids*[228]—, al igual que los dispositivos, indicadores y las disposiciones que tengan especial incidencia en la seguridad de la navegación marítima, son de necesaria inclusión en la término-ontología NavSAFE, pues se utilizan a bordo del buque para salvaguardar la seguridad de la navegación marítima. Con ellos se puede controlar y comprobar variables de información básica como la posición, la velocidad, la demora, el rumbo del buque y de los demás buques en el área marítima; se puede medir la profundidad del agua, monitorizar y supervisar el comportamiento del propio equipo de gobierno del buque y de la alimentación eléctrica del mismo; permiten identificar a otros buques en el área y rastrear sus posiciones, transmitir y recibir mensajes orales o escritos; se encuentran ubicados en puestos de control de mando para el gobierno del buque; sirven especialmente de soporte durante la guardia de navegación y asisten en el cumplimiento del propio buque con las disposiciones de organización, flujo y circulación del tráfico marítimo. Durante el procesado del corpus NavSAFE_EN se obtuvieron los términos de varios equipos, sistemas y dispositivos que lleva el barco. La técnica de extracción que usamos, en principio, consistió en utilizar conjuntamente *TermoStat 3.0*[229], para explorar

228 Véase International Association of Marine Aids to Navigation and Lighthouse Authorities (2018). *Navguide 2018. Marine Aids to Navigation Manual.* IALA.

229 Como ya indicamos anteriormente, la técnica de extracción usada en *TermoStat 3.0* es el enfoque contrastivo, es decir, compara un corpus instalado en el sistema con el corpus de análisis.

los bigramas y otras posibles combinaciones y, seguidamente, los módulos de concordancias y *n-grams* de *AntConc 3.5.8*, para la búsqueda más dirigida de segmentos de distinta extensión en los que aparecieran *equipment*, *system*, *devices*, *indicators*, *requirements* y *regulations*, que utilizamos como términos de búsqueda. En el módulo de *n-grams*, aplicamos el criterio de localizar resultados en los que el término de búsqueda estuviese en la primera posición de la cadena o segmento textual (selección de casilla *left* en *n-grams* de *AntConc 3.5.8*) y en la última posición (selección de casilla *right* en *n-grams*) con el rango de 2 a 6 elementos en el segmento. Obtuvimos resultados relevantes y, entre ellos, podemos mencionar *LRIT —Long-range identification and tracking of ships—*, *AIS —Automatic Identification System—*, *ECDIS —Electronic Chart Display and Information System—*, *ARPA —Automatic Plotting Aid—*, *AP —Automatic Pilot—*, *EPIRB —Emergency Position Indicating Radio Beacon—* y *RADAR*. A continuación, se muestra la aplicación de la técnica de extracción para el candidato a término *RADAR*.

La figura 34 ilustra los candidatos a término con *RADAR*, con sustantivos tanto en posición adjetival como atributiva, que obtuvimos con el módulo *Structuration* de *TermoStat 3.0*. Los bigramas desvelaron los campos conceptuales del equipo de navegación *RADAR*. Por ejemplo, la operación conjunta de radar con otro equipo, concretamente con el respondedor de búsqueda y salvamento (*search and rescue transponder* o *sart*) en *radar sarts*, combinaciones de *radar* para designar elementos que se visualizan en la pantalla del radar, *—radar echo, radar signal, radar target—*, elementos de su equipo *—radar antenna—*, funciones *—radar tracking—* y estados del equipo *—active radar—*.

| | |
|---|---|
| 1173 | radar echo • navigational radar • radionavigation radars • radar sarts • radar signal • radar spectrum • display of radar • radar detection • radar sensor • radar tracking • radar picture • radiolocation radars • effective radar • marine radar • radar video • radar range • active radar • radar data • radar technology • band radar • combined radar • performance of radar • radar detectability • radar system • radar equipment • radar target • shipborne radar • radar transponder • radar reflector • radar reference • radar cross • radar installation • radar beacon • radar shadow • radar performance • second radar • radar image • radar information • radar display • automatic radar • maritime radar • tracked radar • radar antenna |

**Fig. 34:** Candidatos a término de *radar* del corpus NavSAFE_EN obtenidos con el módulo *Structuration* del programa *TermoStat 3.0* (Drouin, 2003b)

Seguidamente, acudimos a *AntConc 3.5.8* para desplegar el entorno de los bigramas e investigar si, en lugar de bigramas, los candidatos a unidades terminológicas polilexemáticas realmente están formados por dos o por más de dos componentes. Esta opción la ofrece *AntConc* a partir del módulo de *clusters/n-grams* o grupos de palabras, aunque también se puede sondear usando el módulo de concordancias. A partir de aquí se estudiaron las posibles colocaciones, cuáles son sus variantes, si existen y aparecen en el corpus, ya sea de forma abreviada o desglosada, con el fin de extraerlos para que puedan ser organizados en sistemas conceptuales en la fase siguiente de conceptualización. Como se ilustra en la figura 35, extrajimos, en primer lugar, los n-gramas RADAR (bigramas, trigramas, etc.), usando el módulo *n-grams* y el rango de 2 a 5 elementos para la cadena de texto, como antesala a la extracción de concordancias. Exploramos, en primera instancia, el microcorpus específico sobre el subdominio *RADAR*, diseñado como módulo en el subcorpus Navequip_EN. Se obtuvieron *radar reflector* (88), *radar target* (45), *radar system* (33), *radar equipment* (26), *radar cross section (18), radar performance* (17), *radar beacon* (24), *radar target enhancer* (13), *radar antenna* (11), *radar display* (10), *radar area* (8), *radar picture* (8), *radar tracking* (8), *radar information* (7), *radar range* (6), *radar sensor* (6), *radar band* (6), *radar installation* (6), la variante anafórica *rcs* (5) de *radar cross section, radar transmitter* (3), *radar performance standard* (2), *radar plotting* (2), radar *(radio detection and ranging)* (1) y *radar pulse length gating* (1). En esta etapa ya pudimos observar la existencia de variantes gráficas como la dualidad de uso de plurales usando el sufijo de origen latino y el inglés en *radar antennae* (2) y *radar antennas* (2), en las posiciones 110 y 111, respectivamente. En cómputos globales el procesado arrojó un total de 1 608 instancias.

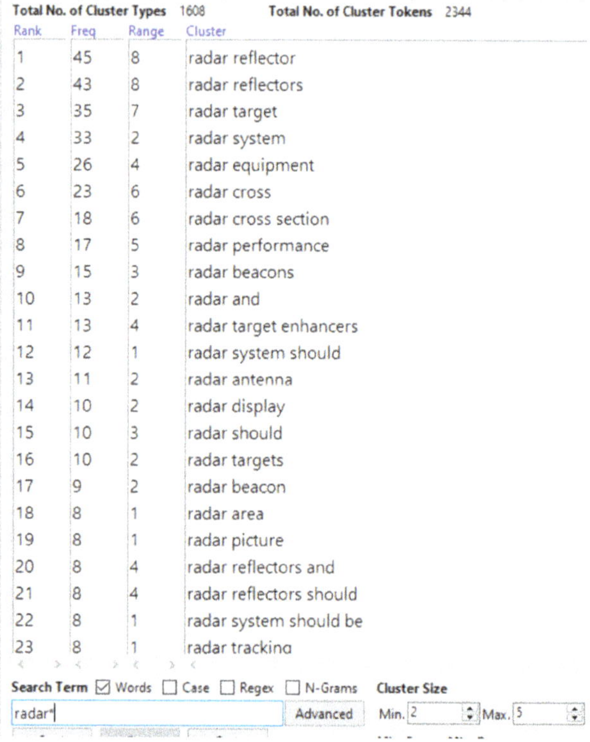

Total No. of Cluster Types 1608 Total No. of Cluster Tokens 2344

| Rank | Freq | Range | Cluster |
|---|---|---|---|
| 1 | 45 | 8 | radar reflector |
| 2 | 43 | 8 | radar reflectors |
| 3 | 35 | 7 | radar target |
| 4 | 33 | 2 | radar system |
| 5 | 26 | 4 | radar equipment |
| 6 | 23 | 6 | radar cross |
| 7 | 18 | 6 | radar cross section |
| 8 | 17 | 5 | radar performance |
| 9 | 15 | 3 | radar beacons |
| 10 | 13 | 2 | radar and |
| 11 | 13 | 4 | radar target enhancers |
| 12 | 12 | 1 | radar system should |
| 13 | 11 | 2 | radar antenna |
| 14 | 10 | 2 | radar display |
| 15 | 10 | 3 | radar should |
| 16 | 10 | 2 | radar targets |
| 17 | 9 | 2 | radar beacon |
| 18 | 8 | 1 | radar area |
| 19 | 8 | 1 | radar picture |
| 20 | 8 | 4 | radar reflectors and |
| 21 | 8 | 4 | radar reflectors should |
| 22 | 8 | 1 | radar system should be |
| 23 | 8 | 1 | radar tracking |

Search Term ☑ Words ☐ Case ☐ Regex ☐ N-Grams Cluster Size
radar* Advanced Min. 2 Max. 5

**Fig. 35:** Resultado de combinaciones nominales de *radar* del microcorpus RADAR alojado en el subcorpus Navequip_EN obtenido con el módulo *n-grams* del programa *AntConc 3.5.8* (Anthony, 2019)

El siguiente paso que aplicamos fue consultar el corpus NavSAFE_EN con la misma técnica de extracción para explorar la existencia de otros candidatos a término en los demás textos del corpus que no están dedicados específicamente al equipo de radar. En la figura 36 se puede apreciar que, de un total de 4 505 instancias, obtuvimos varios candidatos a término nuevos como *radar transponder* (29), *radar plotting aid* (27), *radar reference line* (14), *radar shadow sector* (12), *radar-based traffic monitoring system* (3), *radar target capacity* (2), *radar overlay* (4) y *radar tower* (2), si bien este último podría considerarse una variante de *radar antenna*.

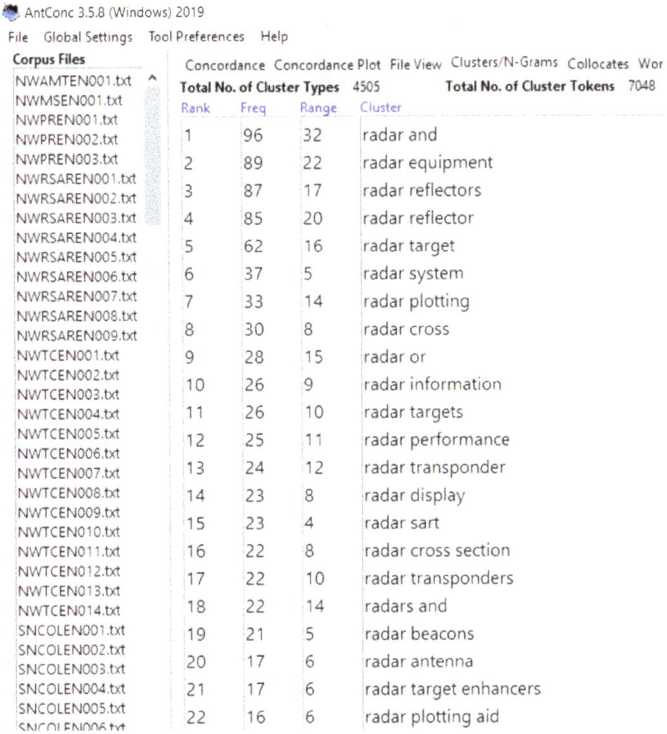


| Rank | Freq | Range | Cluster |
|---|---|---|---|
| 1 | 96 | 32 | radar and |
| 2 | 89 | 22 | radar equipment |
| 3 | 87 | 17 | radar reflectors |
| 4 | 85 | 20 | radar reflector |
| 5 | 62 | 16 | radar target |
| 6 | 37 | 5 | radar system |
| 7 | 33 | 14 | radar plotting |
| 8 | 30 | 8 | radar cross |
| 9 | 28 | 15 | radar or |
| 10 | 26 | 9 | radar information |
| 11 | 26 | 10 | radar targets |
| 12 | 25 | 11 | radar performance |
| 13 | 24 | 12 | radar transponder |
| 14 | 23 | 8 | radar display |
| 15 | 23 | 4 | radar sart |
| 16 | 22 | 8 | radar cross section |
| 17 | 22 | 10 | radar transponders |
| 18 | 22 | 14 | radars and |
| 19 | 21 | 5 | radar beacons |
| 20 | 17 | 6 | radar antenna |
| 21 | 17 | 6 | radar target enhancers |
| 22 | 16 | 6 | radar plotting aid |

**Fig. 36:** Resultado de combinaciones nominales de *radar* extraidas del corpus NavSAFE_EN con el módulo *n-grams* del programa *AntConc 3.5.8* (Anthony, 2019)

Extendimos la exploración en el subcorpus Navequip_EN para extraer datos sobre *RADAR*. Usamos el filtro *provide**, con los criterios de emplazamiento a la derecha y con un rango de longitud de 2 a 10. Como se presenta en la figura 37, en el número 22 del orden de resultados obtenidos, aparece el segmento *radar system should provide*. Intuimos que esta frase podía arrojar resultados relevantes sobre la función del radar.

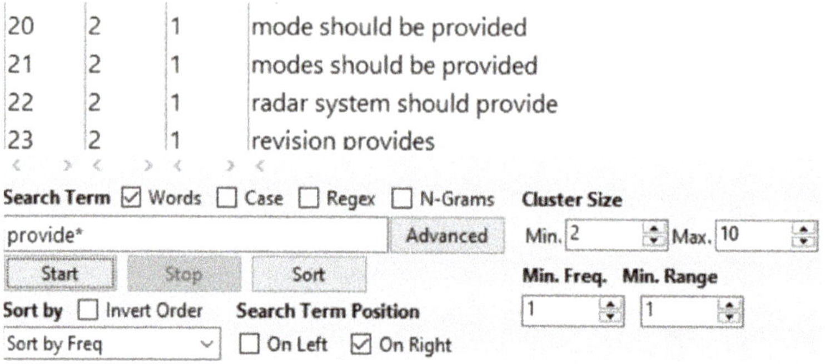


**Fig. 37:** Resultados con el filtro *provide** extraído del microcorpus RADAR del subcorpus Navequip_EN con el módulo *n-grams* del programa *AntConc 3.5.8* (Anthony, 2019)

Una vez en el módulo de concordancias obtuvimos los dos resultados que se reflejan en la figura 38, a saber: «The radar system should provide the means to enhance…» y «The radar system should provide an output for the …».

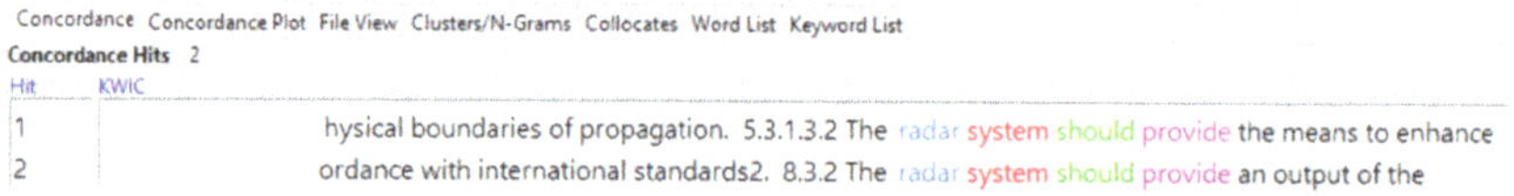


**Fig. 38:** Resultados del módulo de concordancias tras la exploración del segmento *radar system should provide* en el microcorpus RADAR del subcorpus Navequip_EN del corpus NavSAFE_EN con el programa *AntConc 3.5.8* (Anthony, 2019)

En la figura 39 se ejemplifican desde el módulo *file view* datos más precisos sobre las funcionalidades que debe ofrecer el concepto *radar system:* «The radar system should provide the means to enhance the visibility of targets in adverse clutter conditions at close range.»

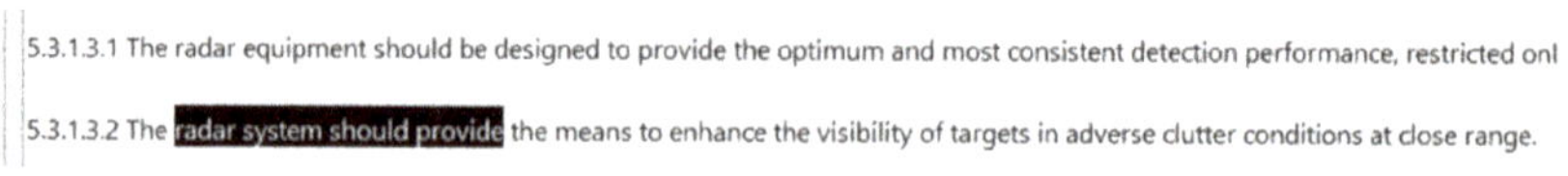


**Fig. 39:** Muestra de segmento oracional obtenido para *radar system* en el microcorpus RADAR del subcorpus Navequip_EN e ilustrado desde el módulo *file view* de *AntConc 3.5.8* (Anthony, 2019)

Finalmente, usamos como filtro lingüístico la secuencia *definition**, ya que el corpus contiene textos de carácter normativo y estos suelen ir acompañados de un glosario y/o de una breve sección sobre definiciones que ilustran el concepto del término que utilizan en sus textos. Esta búsqueda fue fructífera, ya que recabamos varias definiciones, entre ellas, la del candidato a término, RADAR, como se aprecia en la figura 40.

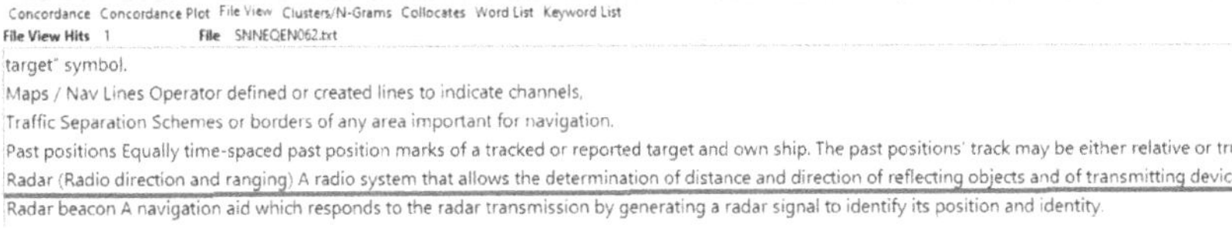


**Fig. 40:** Resultados obtenidos con el filtro de búsqueda *definition** en el microcorpus RADAR del subcorpus Navequip_EN e ilustrado desde el módulo *file view* de *AntConc 3.5.8* (Anthony, 2019)

Comprobamos, pues, que esta técnica de extracción de candidatos a término en el corpus NavSAFE_EN que hemos compilado es óptima. Pudimos también ampliar el número de técnicas de extracción, como la aplicación de filtros basados en etiquetas de POS (etiquetado de categorías gramaticales) y otros marcadores textuales. No obstante, consideramos que se habían alcanzado resultados lo suficientemente relevantes, como se verá en la etapa de validación, mediante el uso de n-gramas y de concordancias.

Como ya hemos mencionado, otra de las técnicas que utilizamos fue la extracción por subdominios o por microdominios. Esta pauta se pudo llevar a cabo porque diseñamos el corpus NavSAFE con estructura modular de manera que analizamos los subcorpus y los microcorpus de forma independiente. Además, redundó en una mejora en la organización del trabajo y el consiguiente ahorro de tiempo en la localización de los términos. Al igual que hicimos con *RADAR*, aplicamos este procedimiento en el microcorpus de indicadores y alertas visuales y sonoras recogidos en el subcorpus Navequip_EN sobre equipos de ayudas a la navegación. Estas son muestras de algunos de los 20 primeros resultados obtenidos: *alarm* (750), *alarms* (333), *alerts* (256), *control* (256), *gas* (221), *alert* (218), *machinery* (218), *bridge* (217), *pressure* (208), *level* (206), *failure* (183) y *detection* (171). La figura 41 ofrece los resultados obtenidos para *alarm*. Se puede apreciar la existencia de un número considerablemente elevado de candidatos a término sobre los tipos de alarma existentes en el contexto de la seguridad de la navegación marítima: *personnel alarm, failure alarm, temperatura alarm, alarm alert, pressure alarm, machinery alarm, distress alarm, watch alarm* y *fire alarm*, entre otros.

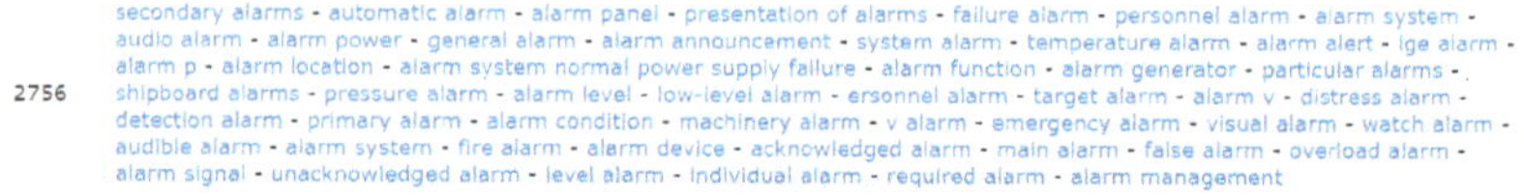


**Fig. 41:** Candidatos a término de *alarm* del corpus NavSAFE_EN obtenidos con el módulo *Structuration* del programa *TermoStat 3.0* (Drouin, 2003b)

Otros datos sobre candidatos a término que obtuvimos fueron los relativos a los avisos de socorro o peligro. Estos son los primeros signos de la existencia de una emergencia para comunicar al exterior o procedente del exterior. En la figura 42 se ilustran diferentes combinaciones con *warning*. Por ejemplo, *navarea warning, local warning, audible warning, hazard warning, alarm warning, navigation warning, meteorological warning* y *storm warning*, entre otros.

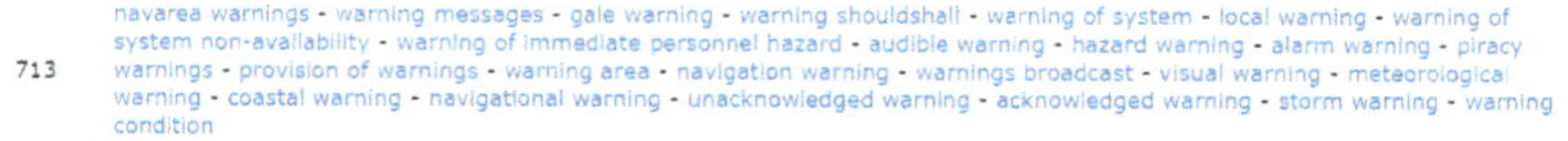


**Fig. 42:** Candidatos a término de *warning* del corpus NavSAFE_EN obtenidos con el módulo *Structuration* del programa *TermoStat 3.0* (Drouin, 2003b)

Estos avisos se notifican con los sistemas de comunicación por radio y por satélite de los que dispone el buque. Por consiguiente, se amplió la búsqueda a los equipos y sistemas de comunicación por radio y por satélite indagando en dicho microcorpus, ubicado en el subcorpus Navequip_EN del corpus NavSAFE_EN. En esta ocasión utilizamos el módulo de palabras clave, *Keyword*[230], para intensificar la depuración. Hallamos, de un total de 826 instancias, como se muestra en la figura 43, los siguientes candidatos a término en inglés ordenados por grado de especificidad: *NAVTEX* (695, keyness = 2 688.33), *COMSAR* (233, keyness = 899.85), *AIS* (204, keyness = 757.36), *SART* (182, keyness = 702.77), *EPIRB* (109, keyness = 304.94), *RADAR* (80, keyness = 290.62), *GMDSS* (75, keyness = 289.5), *GLONASS* (15, keyness = 277.91), *COSPAS-SARSAT* (52, keyness = 200.7) y *GPS* (24, keyness = 84.54), entre otros.

230 Este término designa a las palabras cuya frecuencia es alta con respecto a algún tipo de referencia, por ejemplo, el denominado corpus de referencia.

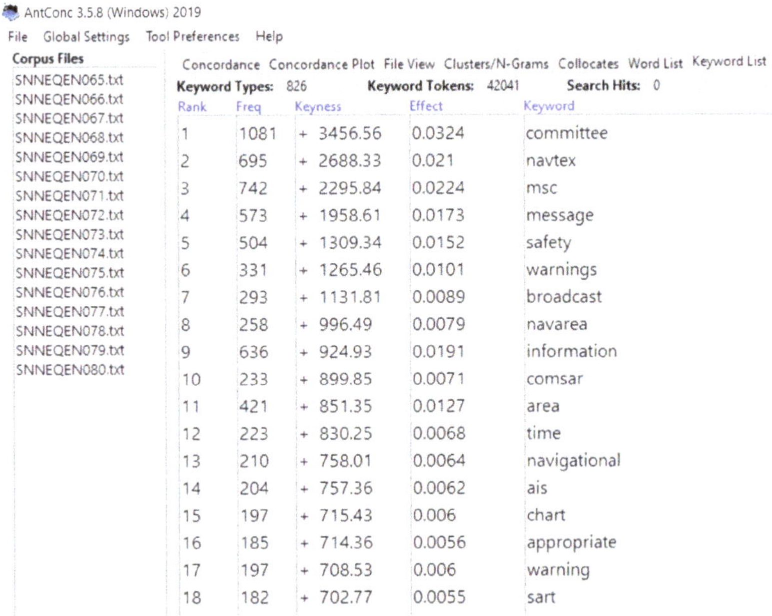


| Rank | Freq | Keyness | Effect | Keyword |
|---|---|---|---|---|
| 1 | 1081 | + 3456.56 | 0.0324 | committee |
| 2 | 695 | + 2688.33 | 0.021 | navtex |
| 3 | 742 | + 2295.84 | 0.0224 | msc |
| 4 | 573 | + 1958.61 | 0.0173 | message |
| 5 | 504 | + 1309.34 | 0.0152 | safety |
| 6 | 331 | + 1265.46 | 0.0101 | warnings |
| 7 | 293 | + 1131.81 | 0.0089 | broadcast |
| 8 | 258 | + 996.49 | 0.0079 | navarea |
| 9 | 636 | + 924.93 | 0.0191 | information |
| 10 | 233 | + 899.85 | 0.0071 | comsar |
| 11 | 421 | + 851.35 | 0.0127 | area |
| 12 | 223 | + 830.25 | 0.0068 | time |
| 13 | 210 | + 758.01 | 0.0064 | navigational |
| 14 | 204 | + 757.36 | 0.0062 | ais |
| 15 | 197 | + 715.43 | 0.006 | chart |
| 16 | 185 | + 714.36 | 0.0056 | appropriate |
| 17 | 197 | + 708.53 | 0.006 | warning |
| 18 | 182 | + 702.77 | 0.0055 | sart |

**Fig. 43:** Palabras clave con el módulo *Keyword list* (*AntConc 3.5.8*) en el microcorpus de equipos de comunicación por radio y por satélite del subcorpus Navequip_EN alojado en el corpus NavSAFE_EN

De algunas de las designaciones de equipos obtenidas, también habíamos previsto subcorpus modulares específicos, como es el caso de *NAVTEX, AIS, EPIRB* y *RADAR*. Por ello, procedimos a extraer candidatos a término de los tres primeros microcorpus (*RADAR* ya quedó explorado). A continuación, se ofrecen datos de algunos de estos candidatos a término, como es el caso de *AIS* (*Automatic Identification System*). Tras su procesado en *AntConc 3.5.8,* con el módulo de lista de palabras, *ais* figuró en el primer puesto con una frecuencia de 541 instancias, como se ilustra en la figura 44:

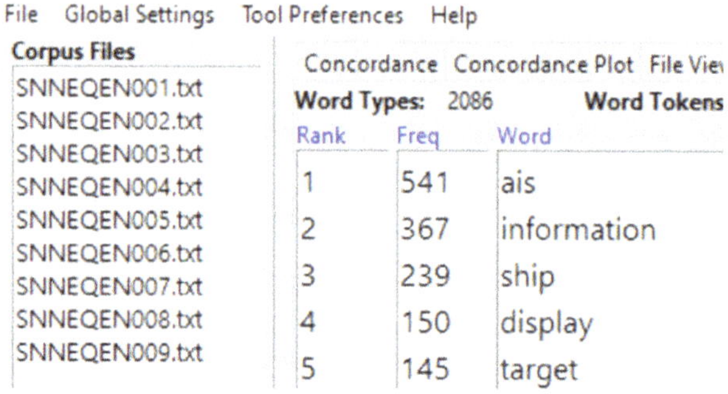


**Fig. 44:** Listado de palabras del microcorpus AIS obtenido con *AntConc 3.5.8* (Anthony, 2019)

También extrajimos n-gramas usando como término de búsqueda *ais* y *automatic identification system*, posicionados a la derecha y a la izquierda y, en ambos casos, con el rango de 2 a 6. Aparecieron, entre otros, los candidatos a término *shipboard automatic identification system* (41), *universal shipboard automatic identification system* (7). En posición inicial, el procesado devolvió partes o elementos de *AIS*, como *ais target* (39), *ais VHF antenna* (17), *ais display* (3) y combinaciones de funcionamiento con otros equipos, como *ais-sart* (18), *ais-epirb* (10).

El punto neurálgico en el buque desde el que se manejan y controlan los aparatos y sistemas náuticos de a bordo es el puente de navegación. En este lugar se ubican la mayoría de los equipos de navegación de una forma integrada. La gestión de las operaciones en el puente y de los recursos de los que dispone es crucial en materias de seguridad. De hecho, con la adecuada supervisión y uso de las ayudas a la navegación el personal del puente puede anticiparse y corregir acciones que suponen un riesgo. La gestión humana es precisa y a bordo del puente se establecen periodos de vigilancia continua que son liderados por el oficial de guardia de navegación —*officer of the watch* u *OOW* en inglés—. *TermoStat* proporcionó 329 instancias en las que figuraba *watch,* como se ilustra en la figura 45:

**Fig. 45:** Candidatos a término de *watch* extraídos del corpus NavSAFE_EN y obtenidos con el módulo *Structuration* de *TermoStat 3.0* (Drouin, 2003b)

La figura 46 muestra las instancias combinatorias de *bridge* en el corpus NavSAFE, tales como *bridge audio, integrated bridge, bridge visibility, bridge wing* y las variantes *ship bridge* y *navigation bridge.*

| | |
|---|---|
| 1102 | bridge audio - bridge officers - bridge activity - ship bridge - integrated bridge - bridge visibility - bridge watch - bridge watch alarm - bridge resource - bridge wing - bridge propulsion - bridge team - bridge navigational watch alarm system - bridge wing - bridge system - bridge alert management - bridge equipment - navigation bridge - bridge team - bridge procedures - bridge personnel - bridge design |

**Fig. 46:** Candidatos a término de *bridge* extraídos del corpus NavSAFE_EN y obtenidos con el módulo *Structuration* de *TermoStat 3.0* (Drouin, 2003b)

Asimismo, exploramos el subcorpus específico sobre la guardia de navegación en el puente, NAVWATCH corpus, usando *AntConc 3.5.8.* La figura 47 muestra los candidatos a términos obtenidos con el filtro lingüístico *bridge* en el módulo *n-grams* con el criterio de un rango de 2 a 10 elementos en el segmento y con el nodo posicionado a la izquierda. Destacan *bridge team* (125), *bridge navigational watch alarm system* (49), *bridge equipment* (30), *bridge resource management* (15), *bridge procedures* (14), *bridge systems* (11), *bridge personnel* (9), *bridge officers* (6), *bridge team members* (6), *bridge manning* (5), *bridge audible alarm* (4), *bridge watchkeeping* (4), *bridge-to-bridge radiocommunications* (4). Este subcorpus consta de solo 16 documentos y, en líneas generales, los candidatos a término se refieren a sistemas, procedimientos y al equipo humano del puente.

Concordance Concordance Plot File View Clusters/N-Grams Collocates Word List Keyw

**Total No. of Cluster Types** 2973 **Total No. of Cluster Tokens** 4555

| Rank | Freq | Range | Cluster |
|---|---|---|---|
| 1 | 125 | 3 | bridge team |
| 2 | 87 | 16 | bridge navigational |
| 3 | 86 | 16 | bridge navigational watch |
| 4 | 85 | 16 | bridge navigational watch alarm |
| 5 | 81 | 16 | bridge navigational watch alarm system |
| 6 | 49 | 16 | bridge navigational watch alarm system (bnwas |
| 7 | 30 | 4 | bridge equipment |
| 8 | 15 | 4 | bridge resource |
| 9 | 15 | 4 | bridge resource management |
| 10 | 15 | 1 | bridge team should |
| 11 | 14 | 7 | bridge and |
| 12 | 14 | 3 | bridge procedures |
| 13 | 14 | 1 | bridge team and |
| 14 | 12 | 3 | bridge equipment and |
| 15 | 11 | 3 | bridge systems |
| 16 | 9 | 3 | bridge personnel |

**Fig. 47:** Candidatos a términos del subcorpus NAVWATCH obtenidos con el filtro *bridge* en el módulo *n-grams* de *Antconc 3.5.8.* (Anthony, 2019)

Dirigimos nuestras indagaciones al escenario en el que el buque coincide en el área marítima con otros buques, es decir, al contexto del tráfico marítimo. Concretamente nos centramos en los dispositivos, medios y reglamentos de los que dispone el buque para circular por la vía marítima. Consultamos el corpus NavSAFE_EN usando *TermoStat 3.0,* ya que *traffic* aparece como candidato a término. La consulta del módulo *Structuration* condujo a los resultados que se plasman en la figura 48.

| | |
|---|---|
| 1932 | distress traffic - traffic situation - traffic service - traffic scheme - north-westbound traffic - south-eastbound traffic - traffic surveillance - traffic route - series of traffic - traffic signal - coastwise traffic - high traffic - safety traffic - marine traffic - westbound traffic - inshore traffic - eastbound traffic - existing traffic - vessel traffic - traffic zone - air traffic - traffic lane - traffic separation - southbound traffic - northbound traffic - traffic flow - maritime traffic - traffic area - volume of traffic - two-way traffic - traffic pattern - ship traffic - traffic density - traffic management - direction of traffic |

**Fig. 48:** Combinaciones nominales con *traffic* extraidas del corpus NavSAFE_EN y obtenidas con el módulo *Structuration* de *TermoStat 3.0* (Drouin, 2003b)

Del listado se puede inferir la existencia de candidatos a término que representan tanto el nivel de categorización básica en el proceso de conceptualización —*ship traffic, vessel traffic, maritime traffic, traffic service, traffic management*— como subcategorías específicas, las referidas a las condiciones del tráfico —*distress traffic, safety traffic, traffic density, high traffic*—, a la dirección del tráfico marítimo —*north-westbound traffic, south-eastbound traffic, westbound traffic, southbound traffic, northbound traffic, inshore traffic*— y a los dispositivos de organización de las rutas marítimas —*traffic service, traffic scheme, traffic route, traffic lane, traffic zone, traffic pattern, traffic surveillance, traffic separation*—.

Se realizó una extracción del listado de palabras en el subcorpus específico TTS sobre organización del tráfico marítimo usando *AntConc* y, entre los candidatos a término que surgieron, destaca en primera posición *sar* —search and rescue—, es decir, las operaciones de búsqueda y salvamento, con un total de 1 474 instancias. En la búsqueda de gramas de mayor longitud, usando como filtro *traffic*, se obtuvieron los siguientes resultados: *traffic separation scheme* (124), *traffic separation zone* (11), *traffic monitoring system* (7) y *traffic collision avoidance* (3).

Es de obligada mención por su vínculo con el flujo del tráfico marítimo, la ordenación del paso de los buques recogida en la normativa de *International Regulations for Preventing Collisions at Sea* (*COLREGs*), cuya versión en español es *Reglamento internacional para prevenir los abordajes (RIPA).* Procedimos a extraer del subcorpus compilado al efecto, COLREGs, ubicado de forma modular en el corpus NavSAFE_EN, un listado de palabras en el que, como revela la figura 49, se encuentra en primera posición *vessel* (340), el verbo modal *shall* (304) —de uso frecuente en textos normativos— y *lights* (3) —las luces, en función del color y de su disposición a bordo, pues no solo señalizan peligro o emergencia, sino la parte del buque, lo que adquiere especial relevancia en escenarios de navegación nocturna—.

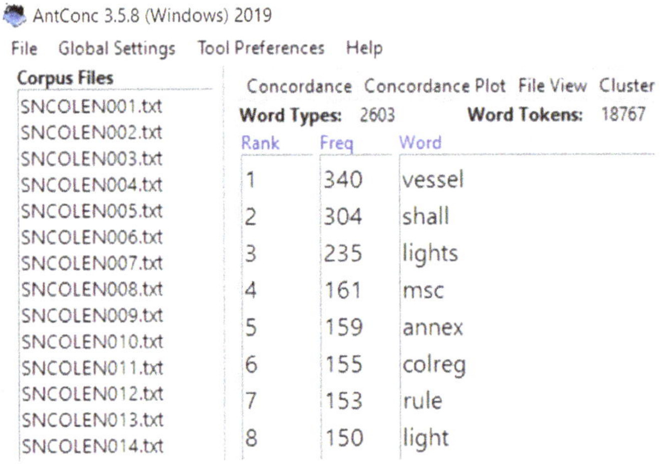


**Fig. 49:** Listado de palabras extraído del subcorpus COLREGs con *AntConc 3.5.8* (Anthony, 2019)

Seguidamente, utilizamos el módulo *n-grams*, usando *vessel* como filtro lingüístico y con un rango de 2 a 10 elementos. Obtuvimos candidatos a término con distintos patrones gramaticales y referidos a estados de gobierno del buque —*vessel not under command* (7), *vessel underway* (13), *vessel constrained by her draught* (5), *vessel restricted in her ability to manoeuvre* (10), *vessel aground* (3)— y a maniobras —*vessel at anchor* (2), *overtaking vessel* (2)—. También se localizaron las designaciones de un buque con respecto a otro buque con el que se encuentra, en función de si el buque aparece por el costado o si se cruza —*stand-on vessel* (9), *give-way vessel* (23)—.

En cuanto a los dispositivos y medios de salvamento y el equipo de lucha contraincendios de a bordo, como ya quedó expuesto en el capítulo II, se compilaron dos subcorpus que abordan ambos campos conceptuales, el subcorpus LIFE-SAVING, con 29 documentos en inglés y el subcorpus FIRE-FIGHTING, con 22 documentos.

Aplicamos, de nuevo, la técnica de extracción por módulos, comenzando por el subcorpus LIFE-SAVING subcorpus y usando el módulo de lista de palabras de *AntConc 3.5.8*. Los candidatos a unidades terminológicas monolexemáticas obtenidos se pueden clasificar de la siguiente forma: dispositivos y medios de salvamento de a bordo —*lifeboat* (844), *liferaft* (502), *lifejacket* (134), *lifebuoy* (137)—, elementos o partes del equipo de salvamento —*hook* (289), *davit* (142), *winch* (87)—, cualidades de los materiales — *buoyancy* (94), *inflatable* (74), *rigid* (64), *resistance* (60), *watertight* (13)—, acciones —*release* (431), *escape* (15)—, funcionamiento u operaciones —*operated* (78), *conducted* (65), *lifting* (48), *launching* (212)— y equipos de ayuda a la navegación —*ais* (19), *radar* (56), *radio* (53)—.

*TermoStat 3.0*, como se aprecia en la figura 50, ofreció las siguientes combinaciones para *lifeboat*. Son candidatos a unidades terminológicas polilexemáticas referidos a formas de accionamiento de los botes salvavidas —*motor lifeboats*, *freefall lifeboat* y su variante gráfica *free-fall lifeboat*, *davit-launched lifeboat*— y al equipamiento del bote salvavidas —*lifeboat equipment*, *lifeboat seating*, *lifeboat light*—, fundamentalmente.

2195 motor lifeboats - operation of lifeboat - number of lifeboats - freefall lifeboat - lifeboat light - lifeboat operation - lifeboat seating - lifeboat release - lifeboat system - repair of lifeboats - maintenance of lifeboat - free-fall lifeboat - fire-protected lifeboat - total lifeboats - lifeboat drills - lifeboat manufacturer - lifeboat equipment - davit-launched lifeboat

**Fig. 50:** Candidatos a término de *lifeboat*, extraídos del corpus NavSAFE_EN con el módulo *Structuration* de *TermoStat 3.0* (Drouin, 2003b).

En cuanto a *liferaft* —balsa salvavidas—, el procesado reveló tipos de balsas salvavidas —*rigid liferaft*, *inflatable liferaft*, *reversible liferaft*, *davit-launched liferaft*— con 954 instancias en el corpus NavSAFE_EN, como se ilustra en la figura 51:

954 liferaft manufacturer - reversible liferaft - liferaft container - liferaft stowage - liferaft drops - liferaft canopy - packed liferaft - rigid liferaft - inflatable liferaft - liferaft embarkation - davit-launched liferaft

**Fig. 51:** Candidatos a término de *liferaft*, extraídos del corpus NavSAFE_EN con el módulo *Structuration* de *TermoStat 3.0* (Drouin, 2003b).

Uno de los eventos vinculados al equipo y dispositivos de salvamento del buque es la búsqueda y rescate. Exploramos el corpus NavSAFE para investigar su relevancia en cuanto a posibles familias léxicas relacionadas con el evento. *TermoStat 3.0* reveló la existencia de múltiples candidatos a término polilexemáticos, como se recoge en la figura 52 con 1 002 instancias. Figuran ubicaciones referidas a la búsqueda y rescate —*land sar*, *sar region*, *sar position*, *sar area*—, a la gestión —*global sar*, *regional sar*, *national sar*, *sar managers*, *sar authority*, *sar experts*, *sar plan*, *sar unit*, *sar personnel*, *sar purposes*, *sar response*, *effective sar, sar operation*—, a sus dispositivos —*sar facility, sar service, sar resource, sar communications*— y sobre el evento en sí —*sar incident, sar action, maritime sar, aeronautical sar, sar case*—.

| | |
|---|---|
| 1002 | sar managers - sar mission - sar incident - aeronautical sar - sar area - sar purposes - effective sar - sar response - sar information - process sar - land sar - range sar - global sar - regional sar - conduct of sar - sar message - sar experts - sar region - sar organization - sar communications - sar authority - aircraft sar - sar aircraft - sar action - maritime sar - sar position - sar system - sar operation - sar facility - sar service - sar resource - sar personnel - sar unit - sar case - national sar - sar plan |

**Fig. 52:** Candidatos a término de *sar*, extraídos del corpus NavSAFE_EN con el módulo *Structuration* de *TermoStat 3.0* (Drouin, 2003b)

Dada la relevancia de los incendios a bordo y su categorización como accidente marítimo, el corpus NavSAFE comprende un subcorpus específico dedicado al equipo de detección y lucha contraincendios de a bordo del buque, el subcorpus FIRE-FIGHTING. Procedimos a extraer los candidatos de diferente extensión, con un rango de 2 a 10 elementos. En la figura 53 se muestran algunos de los candidatos a término, tales como referencias a sistemas —*fire protection* (309), *fire-extinguishing systems* (157), *fire test* (131), *fire detection* (99), *fire-fighting systems* (69), *fire safety systems* (61), *fire alarm* (59), *fire alarm system* (27)—, a elementos del equipo —*fire pump* (52), *fire damper* (52), *fire main* (25), *fire detector* (25), *breathing apparatus* (31), *fire doors* (7), *fire-fighting appliances* (14)— y a medidas —*fire control plans* (12)—.

| Rank | Freq | Range | Cluster |
|---|---|---|---|
| 1 | 309 | 11 | fire protection |
| 2 | 241 | 10 | fire-extinguishing |
| 3 | 237 | 11 | fire safety |
| 4 | 163 | 9 | fire-fighting |
| 5 | 157 | 9 | fire-extinguishing systems |
| 6 | 131 | 15 | fire test |
| 7 | 99 | 12 | fire detection |
| 8 | 69 | 8 | fire-fighting systems |
| 9 | 68 | 10 | fire integrity |
| 10 | 64 | 12 | fire detection and |
| 11 | 63 | 5 | fire suppression |
| 12 | 61 | 8 | fire safety systems |
| 13 | 59 | 11 | fire alarm |

**Fig. 53:** Listado de palabras extraído del subcorpus FIRE-FIGHTING con *AntConc 3.5.8* (Anthony, 2019)

Podríamos decir que, según los datos obtenidos del corpus NavSAFE, la categoría gramatical preponderante es el sustantivo, excepto en el subcorpus COLREGS, en el que han destacado los verbos y el subcorpus LIFE-SAVING, con predominancia de adjetivos y de verbos. En este sentido, aunque los sustantivos serán el centro de nuestra término-ontología, se muestran, a continuación, en la tabla 11, los patrones V+N que se han podido extraer. Estos datos nos permiten escudriñar el entorno semántico de las unidades implicadas y, por tanto, intuir cuál podría ser la organización conceptual para, por ejemplo, las acciones propias de una navegación segura —*drag anchor, steer control, fix position, pump bilge, heave anchor, plot chart*—o las acciones que implican la detección de una incidencia a bordo —*abandon ship, submit report, cause damage, sound alarm, regain control, check damage*—, entre otras y que nos servirán de referencia para estudios futuros.

**Tab. 11:** Extracto de unidades polilexemáticas del corpus NavSAFE-EN referidas a sintagmas verbales extraídos con *TermoStat 3.0* (Drouin, 2003b)

| Nº | Candidato | Frecuencia | Grado de especificidad |
|---|---|---|---|
| 1 | DETERMINE CAUSE | 145 | 909,39 |
| 2 | DRAG ANCHOR | 61 | 521,56 |
| 3 | ENGAGE VOYAGE | 73 | 477,10 |
| 4 | CON POSITION | 54 | 339,78 |
| 5 | WEIGH ANCHOR | 35 | 291,35 |
| 6 | ABANDON SHIP | 56 | 285,01 |
| 7 | SUBMIT REPORT | 58 | 264,32 |
| 8 | EMBARK PILOT | 42 | 252,75 |
| 9 | SOUND ALARM | 41 | 214,88 |
| 10 | CAUSE DAMAGE | 55 | 191,01 |
| 11 | REGAIN CONTROL | 27 | 184,30 |
| 11 | STEER CONTROL | 45 | 176,89 |
| 12 | FIX POSITION | 53 | 168,78 |
| 13 | ROUTE MESSAGING | 21 | 168,06 |
| 14 | PUMP BILGE | 38 | 303,55 |
| 15 | MAINTAIN CONTACT | 8 | 168,98 |
| 16 | HEAVE ANCHOR | 17 | 119,58 |
| 17 | CHECK DAMAGE | 29 | 100,60 |
| 18 | PLOT CHART | 18 | 91,82 |
| 19 | PUSH BOW | 16 | 88,61 |
| 20 | PLOT POSITION | 25 | 72,61 |

Como indicábamos anteriormente, hemos combinado dos programas de extracción terminológica en este barrido preliminar sobre el que, como terminógrafos, tendremos que realizar una revisión antes de validar los términos propios del dominio objeto de estudio. Conviene mencionar que, al utilizar dos programas de extracción, perseguimos, técnicamente, mejorar la precisión (*precision*) y la cobertura (*recall*), parámetros que, junto a la limpieza del corpus en la etapa de preprocesado, determinan la calidad de los datos obtenidos. Como ya se ha indicado, *TermoStat 3.0* favorece la precisión por encima de la cobertura. En el caso del extractor *AntConc 3.5.8*, sus resultados representan la incidencia de un término a lo largo de todos los documentos.

El conjunto de candidatos a término que hemos identificado nos ha permitido intuir información conceptual[231], que se precisará en la fase de conceptualización para la representación y formalización término-ontológica. Las categorías sobre las que girará el estudio conceptual son las siguientes:

a) Los agentes humanos implicados en la seguridad de la navegación a bordo —por ejemplo, la dotación del equipo de puente compuesta por *master, officer of the watch, bridge team, pilot*—.
b) La instrumentación de a bordo diseñada para servir de ayuda a la seguridad de la navegación marítima —*LRIT, AIS, ECDIS, ARPA, ATA, EPIRB, THD, SDME, IBS, VDR, NAVTEX, ARPA, gyrocompass, GMDSS,* entre otros—.
c) Eventos y tareas derivadas del estado de vigilancia durante la travesía que viene representado por los sustantivos *watch alarm, lookout, alert.*
d) Los dispositivos creados para la organización, el flujo y el paso del tráfico marítimo —*traffic separation scheme, traffic lane, vessel traffic service, reporting point*, entre otros—.
e) Los dispositivos y medios de salvamento para actuar en caso de emergencia a bordo —por ejemplo, *lifejacket, marine evacuation system, liferafts, lifeboat, lifebuoy*—.
f) El equipo y los sistemas de detección y lucha contraincendios de los que dispone el buque.
g) La normativa que incide en la seguridad de la navegación marítima.

No obstante, esta relación es provisional en este estadio, pues ha de someterse a la fase de conceptualización. De hecho, durante la misma, como se verá en el capítulo IV, se concretaron en aras de una mayor precisión.

---

231 Para realizar esta tarea de identificación hemos comprobado si los candidatos a términos estaban documentados en las fuentes factográficas y en los recursos terminográficos de referencia.

Una vez completada la etapa de extracción terminológica del corpus NavSAFE_EN y su depurado, se ha calculado que el número de candidatos a unidades terminológicas monolexemáticas[232] en inglés recuperados del corpus NavSAFE_EN es 58 y que el número de candidatos a unidades terminológicas polilexemáticas asciende a 373.

Llegados a este punto realizamos unas consideraciones sobre las variantes terminológicas halladas. La variación terminológica es una constante en terminología y en traducción especializada (Daille et al., 1996; Daille, 2005, 2017; Zweigenbaum y Grabar, 2003; Jacquemin, 2001; Freixa y Fernández-Silva, 2017; León-Araúz y Cabezas-García, 2020) y puede suponer un problema a la hora de representarlas en la ontología. En el caso de un proyecto de terminología o de traducción, normalmente se resuelve preguntándole al cliente por el término preferente, por mantener coherencia con otros textos del mismo tipo, de la misma especialidad y nivel de especialización. En el caso de un proyecto autónomo, habría que indagar más y decidir qué versión se utilizará. Daille (2005) en un estudio sobre la variación terminológica describe las principales variantes que ha identificado aplicadas a un corpus en francés. Tomando la clasificación de Daille (2005) como referencia para nuestro estudio, hemos podido detectar algunas de las variantes de su clasificación en el corpus NavSAFE_EN. Uno de los tipos más frecuentes es la variante gráfica (Daille, 2005, p. 184). Este es el caso de *fire-fighting equipment* y *fire fighting equipment*, que se han encontrado en el corpus con guion y sin guion. Otro caso es la variación paradigmática (Daille, 2005, p. 185) que, aplicada a nuestro estudio, podría ocurrir en *echo-sounding device* y *echo-sounder*; aunque su equivalente al español se puede unificar en una sola versión, «ecosonda», para tomar esta decisión habría que estar familiarizado con el dominio objeto de estudio y con sus recursos de consulta para poderlo verificar.

También se han podido detectar variantes anafóricas (Daille, 2005, p. 185) referidas a las abreviaciones de los términos, como las siglas, los acrónimos y los acortamientos. En la mayoría de los textos del corpus se hace mención del desglose, aunque hay ciertas siglas cuyo desglose no estaba cercano en el texto y se ha tenido que comprobar en distintos emplazamientos del corpus. Este es el

232 Utilizamos la terminología unidad terminológica monolexemática y unidad terminológica polilexemática para indicar las unidades terminológicas formadas por un solo elemento y las unidades formadas por más de un elemento, respectivamente. Se recomienda la consulta del estudio de Tenorio Rebolledo (2005) dedicado a los distintos términos y enfoques existentes para denominar a las unidades terminológicas compuestas por más de un elemento.

caso de *HSC* que equivale a *High speed craft* o nave de gran velocidad. Conviene mencionar que no todas las abreviaciones en inglés cuentan con una abreviación en español, aunque sí con su desglose, al menos en los datos arrojados por el macrocorpus NavSAFE. En estos casos se ha mantenido la abreviación en inglés y se ha proporcionado el desglose o término equivalente en español.

### *3.1.2.2. Búsqueda de equivalentes de traducción al español*

El corpus NavSAFE_ES consta de 227 documentos en español, traducciones de 227 documentos originales en inglés del corpus NavSAFE_EN. Estos 227 textos originales en inglés y sus 227 traducciones al español forman los 227 bitextos del corpus paralelo (454 textos en total). La consulta de los bitextos facilita enormemente la tarea de localización de equivalencias en español de los candidatos a término. No obstante, conviene mencionar que el corpus NavSAFE_EN contiene 238 documentos por lo que existen 11 documentos que no están traducidos al español. Esto implica que si alguno(s) de los candidatos a término proceden de estos 11 documentos, el procedimiento de consulta de fuentes para la traducción de la lengua origen a la lengua meta deberá ser más complejo. Esta fase podría haberse realizado después de la validación de las unidades terminológicas, pero hemos preferido anteponerla para ir obteniendo más información conceptual antes de tomar la decisión de validarlas.

La técnica de localización de las equivalencias ha sido la alineación de los textos en inglés y en español. Para ello utilizamos un alineador automático, *LF Aligner 4.0,* que puede segmentar por oraciones. Esta herramienta es de acceso gratuito y su uso es sencillo. Se carga el archivo en formato .txt en una lengua y, a continuación, siguiendo las instrucciones del programa, se carga el archivo en formato .txt en la otra lengua. El programa permite alinear a nivel de palabra, de oración o de párrafo. En ocasiones, hay errores de segmentación y, para ello, el programa ofrece unas opciones que permiten seccionar el texto para dividirlo y emplazarlo en el segmento correspondiente. También se puede desplazar verticalmente.

A continuación, se muestran algunos ejemplos de las búsquedas realizadas para localizar los equivalentes en español que han girado tanto en torno al término como a su definición. Abordamos en primer lugar el campo conceptual de indicadores y alertas visuales y sonoras y cargamos el microcorpus específico en *LF Aligner 4.0.* Debido a la extensión del corpus y al amplio número de candidatos a término decidimos organizar el trabajo de extracción de equivalentes en el corpus paralelo cargando módulos de subcorpus y de microcorpus del macrocorpus NAVSAFE de forma independiente.

LF Alignment Editor 1.8 - aligned_SNNEQEN018-SNNEQES018.txt

File Edit Help

| | | |
|---|---|---|
| 62 | 2.3 Primary alarms. Alarms which indicate a condition that requires prompt attention to prevent an emergency condition. | 2.3 Alarmas primarias. |
| 63 | The following are classified as primary alarms: | Las que indican una condición que que exige atención rápida para evitar una condición de emergencia. |
| 64 | .1 Machinery alarm. | Las siguientes están clasificadas como alarmas primarias: |
| 65 | An alarm which indicates a malfunction or other abnormal condition of the machinery and electrical installations. | .1 Alarma de máquinas. |
| 66 | .2 Steering gear alarm. | La que indica un fallo o una condición anormal en las instalaciones de máquinas o instalaciones eléctricas. |
| 67 | An alarm which indicates a malfunction or other abnormal condition of the steering gear system, i.e. overload alarm, phase failure alarm, no- voltage alarm, and hydraulic oil tank low-level alarm. | .2 Alarma del aparato de gobierno. |

**Fig. 54:** Captura de pantalla con muestra de alineación primaria ofrecida por *LF Aligner 4.0* del microcorpus indicadores y alertas visuales y sonoras de los subcorpus Navequip_EN y Navequip_ES

La figura 54 muestra los primeros resultados de la alineación. En la columna izquierda aparece el texto en la lengua origen y en la columna de la derecha el texto en la lengua meta. La alineación, como se puede apreciar, no ha sido correcta. El texto en español se ha desplazado hacia la celda inferior. Por lo tanto, utilizaremos la opción de dividir el texto en inglés para desplazarlo hacia la celda inferior y alinearlo. El resultado final es óptimo, como se aprecia en la figura 55.

LF Alignment Editor 1.8 - aligned_SNNEQEN018-SNNEQES018.txt

File Edit Help

| | | |
|---|---|---|
| 62 | 2.3 Primary alarms. | 2.3 Alarmas primarias. |
| 63 | Alarms which indicate a condition that requires prompt attention to prevent an emergency condition. | Las que indican una condición que que exige atención rápida para evitar una condición de emergencia. |
| 64 | The following are classified as primary alarms: | Las siguientes están clasificadas como alarmas primarias: |
| 65 | .1 Machinery alarm. | .1 Alarma de máquinas. |
| 66 | An alarm which indicates a malfunction or other abnormal condition of the machinery and electrical installations. | La que indica un fallo o una condición anormal en las instalaciones de máquinas o instalaciones eléctricas. |
| 67 | .2 Steering gear alarm. | .2 Alarma del aparato de gobierno. |
| 68 | An alarm which indicates a malfunction or other abnormal condition of the steering gear system, i.e. overload alarm, phase failure alarm, no- voltage alarm, and hydraulic oil tank low-level alarm. | La que indica un fallo u otra condición anormal en el sistema de aparato de gobierno; por ejemplo, alarma de sobrecarga, alarma por interrupción de fase, alarma por falta de corriente o alarma por bajo nivel en el tanque de aceite hidráulico. |

**Fig. 55:** Muestra alineada de los candidatos a término *primary alarms*, *machinery alarm* y *steering gear alarm* en el par de lenguas inglés y español realizada con *LF Aligner 4.0*

Además de los equivalentes de los candidatos a término, hemos obtenido datos sobre sus definiciones y sobre sus relaciones semánticas lo que ha sido fundamental para la organización en la ontología. Hallamos los términos «alarmas primarias», «alarmas de emergencia», «alarmas secundarias», «alertas», «avisos» y «advertencias» y datos sobre su organización jerárquica.

En cuanto a los candidatos a término, procede realizar una referencia especial a las largas cadenas nominales prototípicas del discurso científico-técnico y, por tanto, presentes también en el ámbito marítimo. Hemos detectado que las combinaciones de los grupos nominales son extremadamente variadas, no solo en las distintas combinaciones en las que se ordenan sus componentes o en las categorías gramaticales que lo componen, sino en la abundancia de sintagmas preposicionales anidados y en el número de núcleos posmodificados por participios. Este tipo de unidades terminológicas polilexemáticas —o multipalabras —[233] suelen constituir un reto para el terminólogo y para el

233 Este término suele utilizarse con más frecuencia en el marco de la fraseología y de la lingüística computacional.

traductor, cuando la lengua meta es español, debido a la preponderancia del adjetivo en posición premodificadora del núcleo frente al español, en el que el adjetivo tiene mayor flexibilidad en cuanto a su posición y, para hacer frente, ha de recurrir a nexos conjuntivos o preposicionales. Por ejemplo, veamos el caso del término *hydraulic oil tank low-level alarm*. Su equivalente, tras la alineación de los segmentos oracionales, según el corpus NAVSAFE-ES, es «alarma por bajo nivel en el tanque de aceite hidráulico». A primera vista, uno de los posibles problemas en la traducción que se habría planteado a un terminólogo o a un traductor inexperto en esta área de conocimiento sería, una vez localizado el núcleo, identificar qué premodificador se traduciría a continuación. La segunda duda sería en lo relativo a cuál sería el nexo de unión, pues se podría traducir erróneamente por «alarma de bajo nivel», en lugar de «alarma por bajo nivel». De nuevo, la familiarización con el contexto es fundamental para asegurar la calidad de la traducción. De ahí la importancia de conocer y entender no solo el concepto de forma aislada, sino dentro de una red de conceptos de su propio campo. Otro ejemplo similar que suscitaría dudas sería la traducción de *central alert management human machine interface*, traducida en el corpus en español como «interfaz hombre-máquina de gestión central de alertas».

Consideramos válidas las traducciones localizadas en el corpus paralelo de este campo conceptual tras consultar otros recursos terminográficos. No solo es óptima la traducción del texto, sino las modificaciones en las reglas ortotipográficas del inglés al español, como ha sucedido en la línea 68 de la figura 55. En ella, se ha sustituido la coma en inglés por el punto y coma en español cuando le sucede la fórmula «por ejemplo». No obstante, es conveniente revisar cuidadosamente los textos, ya que pueden contener algún error (ortotipográfico o de cualquier otro tipo).

En cuanto a las técnicas de traducción que consideramos que se han empleado en el texto meta, un análisis contrastivo entre el corpus español y el corpus inglés desvela el uso de técnicas de transposición al proporcionar *área de eco del radar / área ecoica del radar* como equivalentes de *radar cross section*, es decir, se ha producido un cambio de categoría gramatical, de sustantivo —eco— a adjetivo —ecoica—. Además, las dos versiones en español representan, a su vez, variantes de tipo sintáctico (Daille, 2005, p. 186). También se han podido detectar técnicas de explicitación, como en *launching appliances*, traducido como *dispositivo de puesta a flote*. Gracias a la aclaración del concepto que deriva de esta técnica, se plasma que no solo es un dispositivo de salvamento que se lanza por la borda, sino que se lanza para que se infle en el exterior del barco y quede a flote; por consiguiente, el objetivo final queda recogido de forma idónea en el equivalente en español extraído del corpus. Otra instancia de explicitación se ilustra en *sistema mundial de determinación de la situación*, equivalente de traducción de *global positioning system*; en lugar de traducirse como sistema global de posicionamiento, se intensifica la función de búsqueda, localización y determinación de la posición. Otra de las técnicas de traducción detectadas ha sido la de concentración (o simplificación). Por ejemplo, en *thermal protective aid*, que forma parte de los medios de salvamento personal de a bordo del buque y su equivalente en español recogido en el corpus se sintetiza en *ayuda térmica*.

El uso del alineador nos ha permitido también localizar con mayor agilidad las relaciones semánticas entre los términos, el hiperónimo y el hipónimo en contextos oracionales que no se pueden considerar definiciones, en el sentido estricto, del término genérico. Este es el caso del concepto luces_de_navegación. Como se aprecia en la figura 56, sus conceptos subordinados aparecen en una aclaración parentética: luz_de_tope, luz_de_costado, luz_de_ alcance.

File Edit Help

| | | | |
|---|---|---|---|
| 28 | Navigation lights (masthead light(s), sidelights and sternlights) installed on board should be duplicated or should be fitted with duplicate lamps." | Las luces de navegación (luz o luces de tope, de costado y de alcance) instaladas a bordo deberán estar duplicadas o deberán tener instaladas lámparas duplicadas." | SNNEQEN052 |

**Fig. 56:** Muestra alineada del candidato a término *navigation light* y de sus tipos realizada con *LF Aligner 4.0*

No obstante, estas tareas se describen con detalle más adelante en la etapa de conceptualización. Para la tarea de extracción terminológica se ha procedido con un enfoque semasiológico porque partimos del corpus (términos) mientras que para las relaciones conceptuales se ha procedido con un enfoque híbrido, onomasiológico y semasiológico. Todos los datos derivados de la selección de términos se han alojado en una base de datos términológica, *NavSAFE TermOnto Database*, para consignar y organizar los datos antes de su ingreso en el editor de ontologías.

### 3.1.3. Determinación de la estructura de la definición terminográfica

La redacción de la definición terminográfica para un recurso terminográfico ha de contener una estructura sencilla, desde el punto de vista sintáctico, y precisa, desde el punto de vista semántico, buscando un equilibrio con la granularidad de los datos. Ha de verbalizarse mediante un concepto genérico seguido de la característica esencial que la delimita de otros conceptos, es decir, contendrá «essential characteristic used for distinguishing a concept from related concepts» (ISO 1087:2019)[234]. En este estudio adoptamos la definición intensional como la estructura adecuada para la expresión de un concepto que ISO define como «definition that conveys the intension[235] of a concept by stating the immediate generic concept and the delimiting characteristic(s)»[236] aunque con ciertas extensiones adicionales que dependerá de la estructura con la que aparezca en el corpus, de su existencia en el corpus y del tipo de adaptaciones que podrán realizarse para moldearla. Teniendo en cuenta el objetivo ontológico final de este estudio, se han considerado las siguientes recomendaciones de Uschold y King (1995, pp. 10–11) para la producción de las definiciones en las ontologías. Estos autores proponen:

- Producir una definición lo más precisa posible en lenguaje natural.
- Asegurar la consistencia con los términos que ya se usen mediante la consulta de diccionarios y glosarios técnicos y evitar la introducción de nuevos términos, si es posible.
- Indicar la relación con otros términos comúnmente conocidos que sean similares a los que ya se han definido (por ejemplo, sinónimos o variaciones que se refieren a la misma noción subyacente, pero con perspectivas diferentes).
- Proporcionar aclaraciones o información adicional esencial para comprender la definición.
- Proporcionar ejemplos donde sea adecuado.

Los principales rasgos de las definiciones y de las narrativas que hemos encontrado en la búsqueda de definiciones en el corpus NavSAFE_EN se pueden sintetizar de la siguiente forma:

---

234 Está disponible su consulta en línea de forma parcial en https://www.iso.org/obp/ui/#iso:std:iso:1087:ed-2:v1:en

235 Según el *Diccionario de la Lengua Española* (RAE, 2014), «intensión» en el campo de la lingüística se refiere al «conjunto de rasgos semánticos de una unidad léxica, por oposición a *extensión*». Recuperado de https://dle.rae.es/intensi%C3%B3n?m=form el 15 de febrero de 2019

236 «Es una definición que transmite la intensión de un concepto indicando el concepto genérico inmediato y las características delimitadoras» (nuestra traducción).

- Definición de la función de la parte de un elemento y no del elemento objeto de la definición.
- Descripción de la función de un elemento sin referencia al concepto genérico.
- Ausencia de definición.
- Existencia de metadefiniciones, por ejemplo: «This term means…»
- Definiciones circulares en las que se utiliza el término como concepto genérico.
- Narrativas sin definición, únicamente con referencia cruzada relativa a una resolución, reglamento u normativa.
- Definiciones precisas que pueden validarse.
- Definiciones con texto distinto para el mismo término, ya que, por ejemplo, el mismo equipo se puede encontrar en distintas ubicaciones del buque.
- Presencia de un patrón de definición en la lengua origen y cambio del patrón de la definición en la lengua meta, el español.

Merecen mención aparte dos de los casos más frecuentes de definiciones que hemos hallado en el corpus entre los textos de carácter técnico y de carácter técnico-normativo, que se exponen a continuación, junto a la estrategia de adaptación terminográfica que hemos adoptado:

- Dos o más definiciones contiguas proporcionadas por la misma fuente. En esta situación hemos ampliado nuestro rango de consulta de manuales sobre el tema. En algunos casos se ha resuelto la propuesta definicional escogiendo la clase genérica de una oración y el patrón argumentativo de otra de las oraciones, fusionando así los patrones de conocimiento. Definiciones terminográficas como *radar beacon* y *radar target* son producto de este tipo de adaptación.
- Distintas definiciones proporcionadas por distintas fuentes institucionales. Igualmente procedimos a ampliar las consultas entre manuales para elegir aquella que representara los criterios que habíamos determinado. El patrón de definición terminográfica del término *Emergency Position-Indicating Radio Beacon* procede de este tipo de adaptaciones.

A pesar de ello, en líneas generales, tanto las definiciones como las narrativas eran claras, no ofrecían expresiones opacas, el contexto definitorio ha contribuido en gran medida a soslayar las posibles dudas y hemos podido adaptar algunas de las definiciones partiendo del patrón básico de la definición intensional y aplicando las pautas mencionadas.

Finalmente, se ha podido extraer un volumen importante de definiciones del corpus y, en los casos en los que, o bien había que reformularlas, o bien no se localizaron en el corpus, desarrollamos las definiciones a partir del cotexto. Seguidamente, las comprobamos con las ofrecidas por otros recursos terminográficos, fundamentalmente el portal terminológico IMOTERM[237], de la Organización Marítima Internacional, cuya interfaz se presenta en la figura 57.

IMOTERM es una base de datos de conocimiento multilingüe sobre el vocabulario marítimo especializado que contiene 30 000 términos. Actualmente, se puede acceder a esta base de datos pero no está actualizada y sus datos se han volcado en UNTERM, la base de datos terminológica de la Organización de las Naciones Unidas[238].

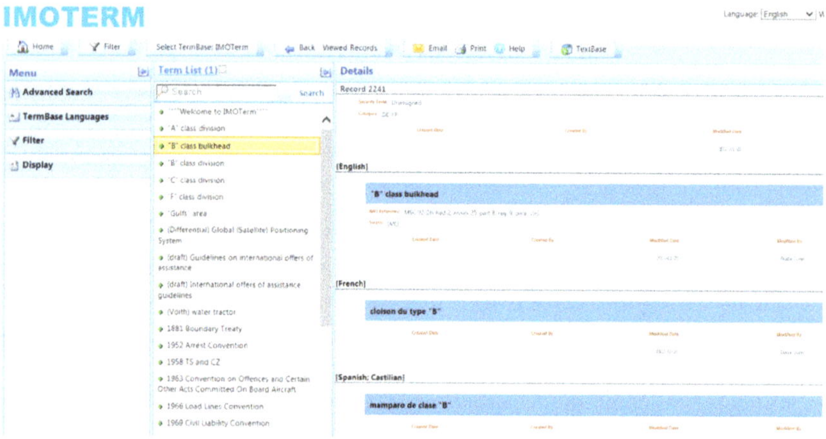


**Fig. 57:** Interfaz de usuario del portal terminológico *IMOTERM*

En resumen, nos hemos centrado en construir patrones similares a los que el contexto marítimo de la seguridad de la navegación marítima proporciona en el corpus, procurando adecuarnos, al mismo tiempo, al concepto de definición intensional de ISO y a las recomendaciones de Uschold y King (1995). A modo de ejemplo, se exponen en las tablas 12, 13 y 14, tres de los patrones de

237 Recuperado de http://imoterm.imo.org/

238 Recuperado de https://unterm.un.org/unterm/portal/welcome.

definición terminográfica aplicados, así como el detalle de las acciones realizadas en el proceso de adaptación, consistentes en determinar las clases de categorías conceptuales que intervienen para dirimir hacia dónde tiene que dirigirse el foco u focos de atención en la definición.

**Tab. 12:** Patrón de definición terminológica ID1

| | |
|---|---|
| Término *power-driven vessel*<br>Categorías conceptuales: \|objeto\| \|acciónI\| \|instrumento\| | |
| Definición origen patrón ID 1 | Definición propuesta |
| «The term power-driven vessel means any vessel propelled by machinery». | «A power-driven vessel is a vessel propelled by machinery». |
| Acciones: Se ha eliminado la referencia metatextual. Se ha añadido el artículo indeterminado en inglés. Se ha reemplazado el verbo "significar" por un verbo copulativo. Se ha mantenido el concepto genérico *vessel* y se ha añadido la característica delimitadora: *propelled by machinery.* | |
| Definición propuesta en español: «Un buque de propulsión mecánica es un buque propulsado por una máquina». | |

**Tab. 13:** Patrón de definición terminológica ID2

| | |
|---|---|
| Término *crossing situation*<br>Categorías conceptuales: \|movimiento\| \|acción\| \|condición\| | |
| Definición origen patrón ID 2 | Definición propuesta patrón ID 2 |
| «When two power-driven vessels are crossing». | «A crossing situation occurs when two power-driven vessels are crossing». |
| Acciones: Se ha introducido al inicio el término. Se ha introducido el verbo *occurs.* Se ha mantenido la ejemplificación como medio de expresión de un concepto. | |
| Definición propuesta en español: «Una situación de cruce se produce cuando dos buques de propulsión mecánica se crucen». | |

**Tab. 14:** Patrón de definición terminológica ID3

<table>
<tr><td colspan="2">Término blackout<br>Categorías conceptuales: |condición| |acciónI| |evento|</td></tr>
<tr><td>Definición origen patrón ID 3</td><td>Definición propuesta</td></tr>
<tr><td>«Blackout is the condition that electrical power supply stops, but the condition is not defined in SOLAS II-1. For the hazard identification in the CG, it was defined that the blackout condition means loss of the main source of ship’s service electrical power supply ».</td><td>«A blackout is a condition produced by the loss of the main source of ship’s service electrical power supply».</td></tr>
<tr><td colspan="2">Acciones: Se ha incluido el artículo indeterminado al principio de la entrada. Se ha reemplazado el artículo determinado que precede a condition por el indeterminado para generalizar el concepto. Se ha añadido el verbo asociativo de causa-efecto «produced». Se ha eliminado la referencia a la normativa porque es una explicación complementaria, pero de utilidad para el terminólogo. Se ha atendido la definición de la segunda oración porque, como se indica, es la ofrecida por el grupo de la comisión encargada de revisar esta sección del convenio SOLAS.</td></tr>
<tr><td colspan="2">Definición propuesta en español: «Un apagón es la condición que se produce por la pérdida de la fuente principal de suministro de energía eléctrica de servicio del buque».</td></tr>
</table>

Estos son, por tanto, algunos de los modelos de patrón de definición terminológica que proponemos en función del dominio y de los datos extraídos del macrocorpus *ad hoc* NavSAFE. Se hallaron, asimismo, otros modelos que también pueden considerarse tipos de definición terminográfica en este contexto, como los que añaden información sobre las funciones extra de los equipos, las partes o los elementos del equipo, los tipos de equipos, etc. Consideramos que este sería un modelo de definición terminográfica aumentada porque contiene la referencia al concepto genérico y dos características de las cuales, una de ellas, ha de ser delimitadora. Este modelo adquiere sentido si consideramos que en la comunicación especializada las necesidades del usuario pueden ir más allá de la comprensión del concepto en sí y optar por la consulta de algunos de los segmentos informativos básicos del contorno —partes y elementos constitutivos, su uso, su funcionamiento, su temporización y su ubicación—.

Como hemos indicado en la etapa anterior de extracción de equivalentes, se ha aprovechado la alineación de los textos para localizar fórmulas de definiciones en el corpus que se aplicarán tras la selección y validación de las unidades terminológicas. Esta circunstancia ha agilizado el trabajo de revisión, comparación y generación de patrones de definición terminográfica.

### 3.1.4. Selección y validación de las unidades terminológicas

La selección de los términos se realizó combinando la selección automática y la selección manual de los términos —*Traditional Manual Term Extraction (MTE)*—, al tiempo que se sometió a un proceso de validación. Este constó de dos vertientes. Por un lado, se consultaron recursos terminográficos relevantes y, por otro lado, se contó con la opinión de un grupo de expertos del ámbito de la navegación marítima. Para ello, diseñamos una plantilla de validación con el fin de asistirles y orientarles sobre los aspectos que habían de valorar.

Los recursos terminográficos que se consultaron para la comprobación y validación manual de los candidatos a término son de carácter terminográfico, propiamente dicho. Se accedió al portal terminológico de la OMI, *IMO-TERM,* que es una base de conocimiento en línea de terminología marítima en las 6 lenguas oficiales de este organismo (inglés, español, francés, ruso, árabe y chino) para validar los términos hallados en el corpus. También se utilizó el *Glosario de seguridad marítima* (Izquierdo y Poveda, 2003) —aunque está orientado a la contaminación marítima fundamentalmente—, enciclopedias y otros recursos terminográficos en CD-ROM o en línea. Otros soportes terminográficos especializados en el área marítima consultados son *UNTERM*[239], *The Baltic Exchange*[240], *Glossary of terms by the International Transport Workers' Federation*, de ITF Seafarers[241], *Wartsila Encyclopedia*[242], Lloyd's Maritime Institute Dictionary[243], *Lloyd's Glossary of Insurance*[244], ILOTERM (International Labour Organization)[245], *ILO Thesaurus*[246], ILO Glossary[247], *World Shipping Council*[248] y *MAERSK. Glossary of shipping terms*[249], entre otros.

Entre las bases de datos terminológicas o bancos de datos terminológicos actuales que puedan ofrecer terminología del ámbito de la seguridad de la

---

239 https://unterm.un.org/unterm/portal/welcome

240 Ofrece el desglose de multitud de abreviaturas usadas en la industria marítima. Recuperado de https://www.balticexchange.com/en/who-we-are/guide-to-modern-shipping/shipping-glossary.html el 21 de junio de 2021.

241 https://www.itfseafarers.org/en/resources/glossary-of-terms

242 https://www.wartsila.com/encyclopedia

243 https://www.lloydmaritime.com/en/maritime-dictionary

244 https://www.lloyds.com/help/glossary-and-acronyms

245 http://www.ilo.org/MultiTransWeb/Web.mvc

246 https://metadata.ilo.org/thesaurus.html

247 https://www.ilo.org/dyn/normlex/en/f?p=NORMLEXPUB:41:0::NO:::

248 https://www.worldshipping.org/glossary

249 https://www.maersk.com/support/glossaries/shipping-terms

navegación marítima se pueden encontrar tanto las específicamente marítimas como las de ámbito científico-técnico y las de ámbito marítimo-legal. A continuación, se indican las más relevantes para nuestro estudio.

ITU-R/ITU-T Database[250] es la base de datos de términos y definiciones de la Unión Internacional de Telecomunicaciones (UIT), en inglés, *International Telecommunications Union*. Está en seis lenguas (inglés, francés, español, ruso, chino y árabe) y su acceso es gratuito. Permite establecer una serie de filtros según diversos parámetros.

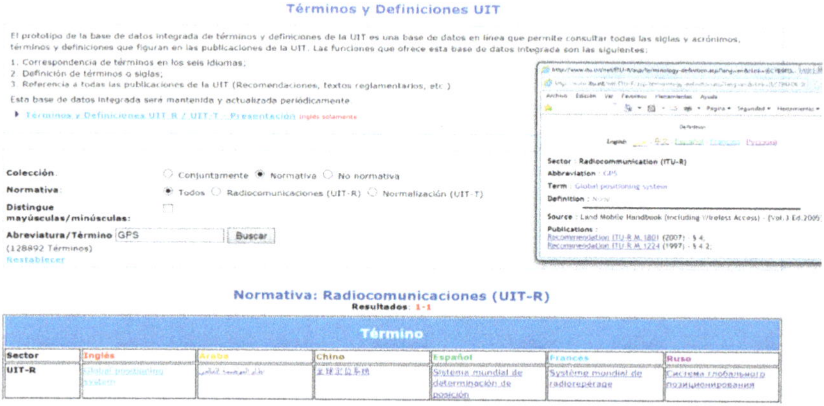


**Fig. 58:** Interfaz de usuario y búsqueda del término *GPS* en *ITU-R/ITU-T Database* anterior a 2021

La figura 58 muestra los datos que obtuvimos en su momento para la unidad terminológica *GPS* o *Global Positioning System*. Actualmente, el sistema de navegación, el tipo de datos y la interfaz que ofrece esta base de datos es distinta[251], como se puede apreciar en la figura 59.

250 Recuperado de http://www.itu.int/es/ITU-T/Pages/default.aspx

251 Además de esta base de datos hoy en día la ITU ofrece: base de datos de conformidad del UIT-T, base de datos de patentes del UIT-T, base de datos del UIT-T sobre derechos de autor de software, base de datos de la UIT de descripciones oficiales e identificadores de objetos y base de datos de señales de prueba del UIT-T.

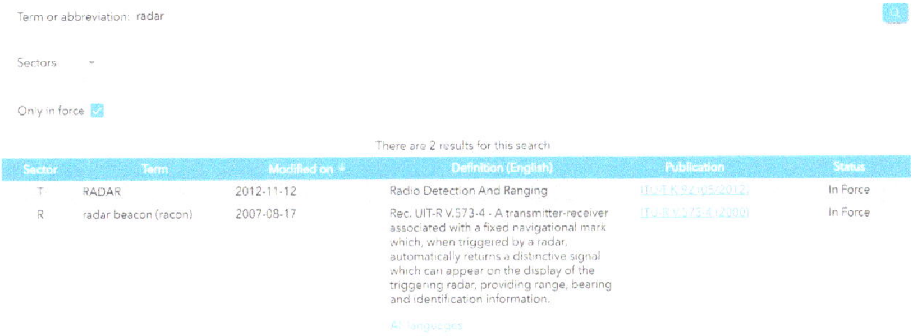


**Fig. 59:** Resultados de la búsqueda del término *RADAR*

La base de datos en línea «Términos y definiciones del UIT-T» contiene terminología oficial de la ITU y proporciona abreviaturas, acrónimos, términos y definiciones que aparecen en las publicaciones consentidas por los miembros de la ITU. Ofrece la equivalencia en seis lenguas y, en el caso de que no esté disponible en todas, se presenta en inglés y en francés. Esta base de datos se actualiza continuamente y su mantenimiento es permanente. No obstante, el sistema de navegación no permite recuperar la información en pantalla tan fácilmente como lo ofrecía la antigua interfaz. Se ha realizado la búsqueda del término *RADAR* y solo ha devuelto el desglose en la lengua origen y el vínculo a la publicación UIT (véase figura 59).

En cambio, sí ofrece las definiciones en 6 lenguas para *radar beacon*, que ha aparecido en segundo término y los resultados se muestran, a continuación, en la figura 60:

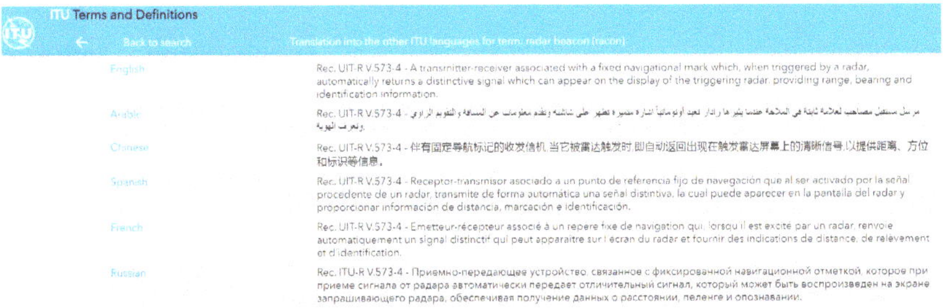


**Fig. 60:** Captura de pantalla con los datos de equivalencia de definiciones en 6 lenguas para el término *radar beacon* proporcionado por UIT

La búsqueda en la base de datos terminológica de la *International Electro-technical Commission* o Comisión Electrotécnica Internacional resultó particularmente fructífera. Ofrece la búsqueda de los términos solo en francés o en inglés y se puede obtener la definición, la fuente de la referencia del documento en el que fue publicado y el código asignado. Otro de los datos que proporciona es que aparece recopilado por el comité de trabajo TC1 en Terminología de la Comisión Electrotécnica Internacional. Esta base de datos ofrece los términos compilados con fecha anterior al año 2015 por lo que no está actualizada. Se alimenta de los datos del *Vocabulario electrotécnico internacional* o *International Electrotechnical Vocabulary (IEV)*. Conviene mencionar que esta base de datos está interconectada con el glosario de *Electropedia*,[252] al que se puede acceder desde la misma pantalla. Para la búsqueda de *RADAR*, nos devuelve el resultado que se muestra en la figura 61:

**Fig. 61:** Resultados obtenidos del glosario de la IEC para *RADAR*

252 <https://www.electropedia.org/>

Este recurso está enriquecido, pues nos devuelve los equivalentes en 13 lenguas, la clasificación de dominio y subdominio, la definición y una anotación en la que se indica que es un acrónimo, junto a su desglose.

Además de las bases de datos terminológicas citadas, hay otras bases de datos que no contienen unidades terminológicas expresamente, pero que incluyen información que pueden ser de utilidad para un trabajo terminológico determinado. Este es el caso de la base textual de *IMLI* (*International Maritime Law Institute*) *—International Maritime Law Treaties and Legislative Instruments—*, que proporciona acceso a documentación de Derecho marítimo a través de un directorio global[253] y de *UNCTAD*[254] (*United Nations Conference on Trade and Development/ Conferencia de las Naciones Unidas sobre Comercio y Desarrollo*), cuyo directorio proporciona acceso a informes sobre el transporte marítimo, entre otros, y la mayoría están disponibles en inglés, francés y español.

Otros recursos empleados han sido repertorios terminográficos monolingües y bilingües especializados en el ámbito marítimo en formato impreso: *Dictionary of Maritime and Transportation Terms* (Monroe y Stewart, 2005), *Illustrated dictionary of cargo handling*, (Brodie, 2010), *El Salvamento Marítimo en España* (Ministerio de Fomento, 2008), *Dictionary of Trade and Technical Terms of International Shipping* (Zilberberg, 2010), además de otras fuentes documentales sobre la materia. Así, la validación de los aparatos y equipos náuticos se obtuvo con la consulta del Capítulo 5, regla 9, apartado 2, denominado *Shipborne Navigational Equipment and Systems*, de *International Convention for the Safety of Life at* Sea, SOLAS (2009). En él se explicita cuál es el equipo, sistema y dispositivos que, como mínimo, debe llevar el buque a bordo para garantizar la seguridad de la navegación marítima. Casi todos los términos obtenidos figuran en SOLAS y su texto forma parte del subcorpus SOLAS del corpus NavSAFE_EN, de manera que se accedió a su consulta desde el propio corpus.

Además de los manuales técnicos, también se consultó *Bridge Procedures Guide*, para conocer el procedimiento de la gestión en el puente especialmente durante la guardia de la navegación y durante la estancia del práctico a bordo, así como otros manuales. Una obra de especial relevancia en el proceso documental de validación fue *Símbolos, abreviaturas y términos usados en las cartas náuticas españolas*, del Instituto Hidrográfico de la Marina de España, pues es

253 https://imli.org/international-maritime-law-treaties-and-legislative-instruments-registration/

254 http://unctad.org/es/Paginas/Publications/Review-of-Maritime-Transport-(Series).aspx

la única publicación que hemos localizado en la que se recogen en inglés y en español la terminología que habitualmente figura en una carta náutica. Otra de las principales aportaciones fue la consulta de la edición de 2016 del volumen II sobre coordinación de misiones de rescate del manual *International Aeronautical and Maritime Search and Rescue Manual*, de *ICAO (International Civil Aviation Organization) e IMO (International Maritime Organization)*, para comprobar definiciones de términos sobre información esencial básica (situación, rumbo, demora) y ahondar en conceptos propios de búsqueda y salvamento.

Finalmente, los términos se sometieron a la validación de expertos en el conocimiento especializado del sector de la seguridad marítima. Se les proporcionó una plantilla preparada en Excel con los términos, las definiciones y la asignación al dominio, subdominio y microdominio que proponíamos. Validaron todos los datos, justificándose así la presencia de 431 unidades terminológicas del macrocorpus NavSAFE, que se exponen, en orden alfabético, en la lengua origen —inglés— y en la lengua meta —español— distribuidas en 58 unidades terminológicas monolexemáticas y 373 unidades terminológicas polilexemáticas en las tablas 15 y 16, respectivamente.

**Tab. 15:** Relación de 58 unidades terminológicas monolexemáticas en inglés y de los equivalentes en español del dominio de la seguridad de la navegación marítima de a bordo del buque basada en el macrocorpus NavSAFE

| **Unidades terminológicas monolexemáticas (inglés-español)** | | | |
|---|---|---|---|
| **Término origen** | **Término meta** | **Término origen** | **Término meta** |
| alarm | alarma | accept | aceptación |
| acknowledge | acuse de recibo | aggregation | agregación |
| alert | alerta | appraisal | valoración |
| bearing | demora | bell | timbre |
| blackout | apagón | buzzer | zumbido |
| call | llamada | cancel | cancelación |
| caution | advertencia | compass | compás |
| COSPAS-SARSAT | COSPAS-SARSAT | davit | pescante |
| fairway | canal navegable | foghorn | sirena de niebla |
| grouping | agrupación | gyro-compass | girocompás |
| hand-flare | bengala de mano | heading | rumbo |
| helmsman | timonel | indicator | indicador |
| Inmarsat | Inmarsat | klaxon | claxon |
| lifeboat | bote salvavidas | lifebuoy | aro salvavidas |
| lifejacket | chaleco salvavidas | lifeline | guirnalda salvavidas |

**Tab. 15:** Continuación

| | | | |
|---|---|---|---|
| liferaft | balsa salvavidas | look-out | vigilante |
| Master | Capitán | Mayday | Mayday |
| METAREA | zona METAREA | NAVAREA | zona NAVAREA |
| Pan-Pan | Pan-pan | nozzle | lanza (manguera contraincendios) |
| pilot | práctico | priority | prioridad |
| radiotelephone | radioteléfono | roundabout | zona de giro |
| route | ruta | SafetyNET | SafetyNET |
| Securité | Securité | signal | señal |
| silence | silencio | sidelight | luz de costado |
| siren | sirena | sternlight | luz de alcance |
| target | blanco | track | derrota |
| vessel | buque | warning | aviso |
| waypoint | punto de control de derrota | wheel | timón |
| whistle | silbato | workstation | puesto |

**Tab. 16:** Relación de 373 unidades terminológicas polilexemáticas en inglés y de los equivalentes en español del dominio de la seguridad de la navegación marítima de a bordo del buque basada en el macrocorpus NavSAFE

| **Unidades terminológicas polilexemáticas (inglés-español)** | | | |
|---|---|---|---|
| **Término origen** | **Término meta** | **Término origen** | **Término meta** |
| abandon ship drills | ejercicios de abandono de buque | aggregated alert | alerta agregada |
| AIS search and rescue transmitter | transmisor de búsqueda y salvamento del SIA | AIS transceiver | transpondedor del SIA |
| alarms for special ships | alarmas de buques especiales | alarms indicating faults in emergency or primary alarm or detection systems or failure of their power supplies | alarmas que indican fallos en los sistemas de detección o de gestión de alertas o una pérdida del correspondiente suministro de energía |
| alert announcement | anuncio de alerta | all-round light | luz todo horizonte |

(*Continuación*)

**Tab. 16:** Continuación

| Unidades terminológicas polilexemáticas (inglés-español) | | | |
|---|---|---|---|
| **Término origen** | **Término meta** | **Término origen** | **Término meta** |
| anti-exposure suit | traje de protección contra la intemperie | area to be avoided | zona a evitar |
| audible and visual alerts and indicators | indicadores y alertas visuales y sonoras | automatic control system | sistema de control automático |
| Automatic Identification System | Sistema de identificación automática | automatic pilot | piloto automático |
| Automatic radar plotting aid | Ayuda de punteo de radar automática | automatic sprinkler | rociador automático |
| Automatic tracking aid | Ayuda de seguimiento automático | Automatic track-while-scan radar | Radar automático de seguimiento y exploración |
| bilge alarm | alarma de sentina | breathing apparatus | respirador aislante |
| Bridge alarm management system | Sistema de gestión de alarmas del puente | bridge alert management | gestión de alertas en el puente |
| Bridge Navigational Watch Alarm System | Sistema de alarma para las guardias de navegación en el puente | Bridge Resource Management | Gestión de los recursos del puente |
| bridge team | equipo del puente | bridge watch alarm | alarma para las guardias en el puente |
| bridge watchkeeping | guardia de navegación | bridge-to-bridge communications | comunicaciones de puente a puente |
| buoyant oars | remos flotantes | buoyant smoke signal | señal fumígena flotante |
| cargo alarm | alarma de la carga | cargo shifting | desplazamiento de la carga |
| central alert management | gestión central de alertas | central alert management human machine interface | interfaz hombre-máquina para la gestión central de alertas |
| central control station | puesto de control central | centre command console | consola central de mandos |
| control command | mandos de gobierno | coastal warning | radioaviso costero |
| coastal warning area | zona de radioaviso costero | Closest Point of Approach | punto de aproximación máxima |

**Tab. 16:** Continuación

| **Unidades terminológicas polilexemáticas (inglés-español)** | | | |
|---|---|---|---|
| **Término origen** | **Término meta** | **Término origen** | **Término meta** |
| Code on alerts and indicators | Código de alertas e indicadores | conning display | pantalla de órdenes de maniobra |
| conning position | puesto de órdenes de maniobra | continuous watch | escucha continua |
| control station | puesto de control | control system | sistema de control |
| control system fault alarm | alarma por fallo en el sistema de control | Course Over Ground | rumbo con respecto al fondo |
| crossing situation | situación de cruce | davit-launched lifeboat | bote salvavidas de pescante |
| daylight signalling lamp | lámpara de señales diurnas | dead ship condition | condición de buque apagado |
| deep water route | ruta de aguas profundas | Digital Selective Call | llamada selectiva digital |
| distress alert | alerta de socorro | distress communication | comunicación o llamada de socorro o peligro |
| DP control system | Sistema de control del PD (posicionamiento dinámico) | Dynamic positioning system | Sistema de posicionamiento dinámico |
| echo-sounding device | ecosonda | effective watch handover | relevo efectivo de la guardia |
| electromagnetic compass | compás electromagnético | Electronic Chart Display and Information System | Sistema de Información y Visualización de Cartas Electrónicas |
| Electronic navigational chart | carta náutica electrónica | Electronic Position Fixing System | Sistema electrónico de determinación de la posición |
| embarkation ladder | escala de embarque | emergency alarm | alarma de emergencia |
| emergency communications | comunicaciones de emergencia | emergency condition | condición de emergencia |
| emergency controls | controles de emergencia | emergency drills | prácticas de situaciones de emergencia |
| Emergency Escape Breathing Device | aparato respiratorio para evacuaciones de emergencia | emergency fire pump | bomba contraincendios de emergencia |

(*Continuación*)

**Tab. 16:** Continuación

| **Unidades terminológicas polilexemáticas (inglés-español)** | | | |
|---|---|---|---|
| **Término origen** | **Término meta** | **Término origen** | **Término meta** |
| Emergency Position-Indicating Radio Beacon | Radiobaliza de Localización de Siniestros | emergency steering drills | ejercicios de aparatos de gobierno para casos de emergencia |
| engineer's alarm | alarma para maquinistas | Enhanced Group Call | llamada intensificada a grupos |
| escape route | vía de evacuación | essential information | información imprescindible |
| failure analysis | análisis de fallos | fall preventer devices | dispositivos de prevención de caídas |
| fire alarm | alarma contraincendios | fire control plan | Plan de lucha contraincendios |
| fire damper | válvula de mariposa contraincendios | fire detection alarm | alarma de detección de incendios |
| fire drills | ejercicios de lucha contraincendios | Fire extinction | extinción de incendio |
| fire extinguisher | extintor de incendios | fire hose | manguera contraincendios |
| fire hydrant | boca contraincendios | fire mains | colector contraincendios |
| fire safety operational booklet | manual de seguridad contraincendios | fire safety system | sistema de seguridad contraincendios |
| Fire Safety Systems Code | Código de Sistemas de Seguridad Contraincendios | fire-extinguishing medium alarm | alarma de descarga del agente extintor de incendios |
| fire-extinguishing pre-discharge alarm | alarma previa a la descarga del agente extintor de incendio | fire-extinguishing system | sistema de extinción de incendios |
| fire-fighter's outfit | equipo de bombero | fire-fighting equipment | equipo para la detección y extinción de incendios |
| fire-fighting team | grupo de lucha contraincendios | fire-protected lifeboat | bote salvavidas protegido contra incendios |
| fixed aerosol fire-extinguishing system | sistema fijo de extinción de incendios a base de aerosol | fixed carbon dioxide fire-extinguishing system | sistema fijo de extinción de incendios a base de anhídrido carbónico |

**Tab. 16:** Continuación

| **Unidades terminológicas polilexemáticas (inglés-español)** | | | |
|---|---|---|---|
| **Término origen** | **Término meta** | **Término origen** | **Término meta** |
| fixed deck foam extinguishing system | sistema fijo de extinción a base de espuma instalado en cubierta | fixed fire detection and fire alarm systems | sistemas fijos de detección de incendios y de alarma contraincendios |
| fixed fire detection and alarm system for cabin balconies | sistema fijo de detección de incendios y de alarma contraincendios para los balcones de los camarotes | fixed foam fire-extinguishing system | sistema fijo de extinción de incendios a base de espuma |
| fixed gas fire-extinguishing system | sistema fijo de extinción de incendios por gas | fixed hydrocarbon gas detection system | sistema fijo de detección de gases de hidrocarburos |
| fixed local application fire-extinguishing system activation alarm | alarma de activación de los sistemas fijos de extinción de incendios de aplicación local | fixed pressure water-spraying and water-mist fire-extinguishing system | sistema fijo de extinción de incendios por aspersión de agua a presión y por nebulización |
| fixed pressure water-spraying fire-extinguishing system | sistema fijo de extinción de incendios por aspersión de agua a presión | fixed pressure water-spraying fire-extinguishing system for cabin balconies | sistema fijo de extinción de incendios por aspersión de agua a presión para los balcones de los camarotes |
| fixed water-based fire-fighting system for ro-ro spaces, vehicle spaces and special category spaces | sistema fijo de lucha contraincendios a base de agua para los espacios de carga rodada, los espacios para vehículos y los espacios de categoría especial | Fixed water-based local application fire alarm system | alarma de activación de los sistemas fijos de lucha contraincendios de aplicación local a base de agua |
| fixed water-based local application fire-fighting system | sistema fijo de lucha contraincendios de aplicación local a base de agua | float-free launching | puesta a flote por zafada |

(*Continuación*)

**Tab. 16:** Continuación

| **Unidades terminológicas polilexemáticas (inglés-español)** | | | |
|---|---|---|---|
| **Término origen** | **Término meta** | **Término origen** | **Término meta** |
| flashing light | luz centelleante | free-fall lifeboat | bote salvavidas de caída libre |
| gas detection alarm | alarma de detección de gas | general emergency alarm | alarma general de emergencia |
| general emergency alarm system | sistema de alarma general de emergencia | give-way vessel | buque que cede el paso |
| Global Maritime Distress and Safety System | Sistema Mundial de Socorro y Seguridad Marítimo | GMDSS log keeping | diario del Sistema Mundial de Socorro y Seguridad Marítimo |
| GMDSS watchkeeping | servicio de escucha del Sistema Mundial de Socorro y Seguridad Marítimo | Global Navigation Satellite System (GNSS) | Sistema Mundial de Navegación por Satélite |
| Global Navigation Satellite System (GLONASS) | Sistema orbital mundial de navegación por satélite | Global Positioning System | Sistema mundial de determinación de la situación |
| hampered vessel | buque impedido | heading control | control de rumbo |
| heading monitoring alarm | alarma de supervisión del rumbo | head-on situation | situación «de vuelta encontrada» |
| High Frequency Narrow-Band Direct Printing | Impresión directa de banda estrecha en ondas decamétricas | hook assembly | unidad del gancho |
| hook locking part | pieza de retenida del gancho | heat detector | detector de calor |
| IALA maritime buoyage system | Sistema de balizamiento marítimo de la AISM | ice accretion warning | radioaviso de acumulación de hielo |
| ice patrol service | servicio de vigilancia de hielos | immersion suit | traje de inmersión |
| inflatable liferaft | balsa salvavidas inflable | Inmarsat terminal | terminal receptora de Inmarsat |
| information service | servicio de información | inshore traffic zone | zona de navegación costera |
| insulated immersion suit | traje de inmersión aislante | Integrated Bridge Systems | Sistemas Integrados de Puente |
| Integrated Navigation Systems | Sistemas de navegación integrados | International Convention for the Safety of Life at Sea | Convenio Internacional para la Seguridad de la Vida Humana en el Mar |

**Tab. 16:** Continuación

| Unidades terminológicas polilexemáticas (inglés-español) | | | |
|---|---|---|---|
| **Término origen** | **Término meta** | **Término origen** | **Término meta** |
| International Convention on Maritime Search and Rescue | Convenio Internacional sobre Búsqueda y Salvamento Marítimos | International Convention on Standards of Training, Certification and Watchkeeping for Seafarers | Convenio internacional sobre normas de formación, titulación y guardia para la gente de mar |
| international enhanced group call | servicio internacional de llamada intensificada a grupos | International NAVTEX service | Servicio NAVTEX internacional |
| International Regulations for Preventing Collisions at Sea | Reglamento Internacional para Prevenir los Abordajes en el Mar | International Safety Management Code | Código Internacional de Gestión de la Seguridad |
| International SafetyNET | Servicio internacional SafetyNET | Intership navigational safety communications | Comunicaciones entre buques relativas a la seguridad marítima |
| launching and embarkation appliances | dispositivos de puesta a flote y embarque | launching appliances | dispositivos de puesta a flote |
| launching appliances for free-fall lifeboats | dispositivos de puesta a flote de los botes salvavidas de caída libre | launching appliances for fast rescue boats | dispositivos de puesta a flote de los botes de rescate rápidos |
| launching appliances using falls and a winch | dispositivos de puesta a flote con tiras y un chigre | leading line | enfilación |
| lifeboat drills with on-load release davit launched lifeboats | ejercicios de suelta con carga de los botes salvavidas de pescante | lifeboat fitted with searchlights | bote salvavidas provisto de proyector |
| lifeboat release and retrieval system | sistema de suelta y recuperación de botes salvavidas | lifeboat with a self-contained air support system | bote salvavidas provisto de un sistema autónomo de abastecimiento de aire |
| liferaft launching appliances | dispositivos de puesta a flote de las balsas salvavidas | life-saving appliances | dispositivos y medios de salvamento |

(*Continuación*)

**Tab. 16:** Continuación

| **Unidades terminológicas polilexemáticas (inglés-español)** | | | |
|---|---|---|---|
| **Término origen** | **Término meta** | **Término origen** | **Término meta** |
| line-throwing appliances | aparatos lanzacabos | Lists of lights | Cuaderno de faros |
| Lists of radio signals | Listas de señales radioeléctricas | local warning | radioaviso local |
| Long-range Identification and Tracking System | Sistema de identificación y seguimiento de largo alcance | lost AIS target | blanco perdido del SIA |
| machinery alarm | alarma de máquinas | machinery failure | avería en las máquinas |
| magnetic compass | compás magnético | manual control system | sistema de control manual |
| marine evacuation system | sistema de evacuación marino | marine pyrotechnics | señales de pirotecnia náutica |
| Maritime Rescue Co-ordination Centre | centro coordinador de salvamento marítimo | Maritime Safety Information | Información sobre Seguridad Marítima |
| Maritime safety information service | Servicio de información sobre seguridad marítima | masthead light | luz de tope |
| Mayday relay | redifusión de Mayday | medical assistance | asistencia médica |
| METAREA co-ordinator | coordinador de zona METAREA | METAREA issuing service | servicio emisor para zonas METAREA |
| meteorological information | información meteorológica | Meteorological NAVTEX message | mensaje NAVTEX sobre meteorología |
| meteorological warning | radioaviso sobre las condiciones meteorológicas | multifunction display | pantalla multifuncional |
| mobile water monitor | cañón de agua portátil | movable hook component | componente móvil del gancho |
| muster list | cuadro de obligaciones | muster station | puesto de reunión |
| National co-ordinator | coordinador nacional | National enhanced group call service | Servicio nacional de llamada intensificada a grupos |
| National Meteorological and Hydrological Service | Servicio Meteorológico e Hidrológico Nacional | National NAVTEX service | Servicio NAVTEX nacional |

**Tab. 16:** Continuación

| **Unidades terminológicas polilexemáticas (inglés-español)** | | | |
|---|---|---|---|
| **Término origen** | **Término meta** | **Término origen** | **Término meta** |
| National SafetyNET | Servicio nacional SafetyNET | nautical chart | carta náutica |
| NAVAREA co-ordinator | coordinador de zona NAVAREA | NAVAREA warning | radioaviso de NAVAREA |
| navigational assistance service | servicio de ayuda a la navegación | navigation bridge | puente de navegación |
| navigation bridge visibility | visibilidad desde el puente de navegación | navigation light | luz de navegación |
| navigation light associated equipment | equipo conexo a las luces de navegación | navigation light controller | regulador de las luces de navegación |
| navigation-related alarms | alarmas relacionadas con la navegación | Navigational text message | servicio de radioavisos náuticos en forma de texto impreso |
| navigational warning | radioaviso náutico | navigational watch | guardia de navegación |
| NAVTEX co-ordinator | coordinador NAVTEX | NAVTEX receiver | receptor NAVTEX |
| NAVTEX service area | zona de servicio NAVTEX | non-insulated immersion suit | traje de inmersión no aislante |
| non-portable fixed fire extinguisher | extintor de incendios fijo | normal condition | condiciones normales |
| Notice to Mariners | Aviso a los navegantes | Ocean passage | carta de travesías oceánicas |
| off-course alarm | alarma por desviación del rumbo | Officer of the Watch | Oficial encargado de la guardia de navegación |
| official nautical publications | publicaciones náuticas oficiales | on-load release | suelta con carga |
| one-way track | derrota de una dirección | operating compartment | compartimento de gobierno |
| operating mechanism | mecanismo de accionamiento | operating station | puesto de gobierno |
| operational checks | controles de funcionamiento | overtaking vessel | buque «que alcanza» |
| Particularly Sensitive Sea Areas | Zona marina especialmente sensible | passage planning | planificación de la travesía |

*(Continuación)*

**Tab. 16:** Continuación

| **Unidades terminológicas polilexemáticas (inglés-español)** | | | |
|---|---|---|---|
| **Término origen** | **Término meta** | **Término origen** | **Término meta** |
| Performance standard for integrated navigation system | Normas de funcionamiento para los sistemas integrados de navegación | person overboard | persona al agua |
| personal equipment | indumentaria personal | personal life-saving appliances | equipo de salvamento individual |
| personnel alarm | alarma para el personal | personnel hazard alarm | alarmas de peligro para el personal |
| pilot ladder | escala de práctico | pilot mechanical hoist | elevador mecánico de práctico |
| pilot transfer arrangements | medios para el transbordo de prácticos | piracy-attack warning | radioaviso de ataque de piratas |
| place of refuge | lugar de refugio | Port guide | portulano |
| port wing | alerón de babor | portable fire extinguisher | extintor de incendios portátil |
| position monitoring alarm | alarma de control de la posición | power-driven vessel | buque de propulsión mecánica |
| power system | sistema de suministro de energía | power-operated sliding watertight door closing alarm | alarma por cierre de puerta estanca de corredera de accionamiento a motor |
| power-operated watertight door fault alarm | alarmas por fallos en las puertas estancas de accionamiento a motor | precautionary area | zona de precaución |
| pre-defined codified messsages | mensajes codificados predefinidos | prolonged blast | pitada larga |
| public address system | sistema de megafonía | RADAR beacon | baliza RADAR |
| RADAR cross section | área de eco del RADAR | RADAR reflector | reflector RADAR |
| RADAR target | blanco del RADAR | Radar Target Enhancer | amplificador de blancos del radar |
| Radio Detection And Ranging | detección y medición de distancias por radio | radio installations used in life-saving appliances | instalaciones radioeléctricas usadas en los dispositivos de salvamento |
| radio watchkeeping | guardia de radio | Raster navigational chart | carta náutica por punto |

**Tab. 16:** Continuación

| Unidades terminológicas polilexemáticas (inglés-español) | | | |
|---|---|---|---|
| **Término origen** | **Término meta** | **Término origen** | **Término meta** |
| rate of turn indicator | indicador de la velocidad de giro | receiving point | punto de recepción |
| recommended route | ruta recomendada | regulations on navigational safety | normativa sobre seguridad de la navegación marítima |
| relative course | rumbo relativo | relative speed | velocidad relativa |
| release gear system | sistema de aparejo de suelta | release handle | tirador de suelta |
| relieving officer | oficial de relevo | reporting point | punto de notificación |
| rescue boat | bote de rescate | rigid liferaft | balsa salvavidas rígida |
| rocket-parachute flare | cohete bengala con paracaídas | routine and general communications | radiocomunicaciones generales |
| routine communications | radiocomunicaciones generales | safe navigation | navegación segura |
| safe speed | velocidad de seguridad | safety communications | comunicaciones de seguridad |
| Safety Management Certificate | Certificado de gestión de la seguridad | Safety Management System | Sistema de gestión de la seguridad |
| safety of navigation | seguridad de la navegación | safety system | sistema de seguridad |
| sailing directions | derroteros | sailing vessel | buque de vela |
| SAR co-ordinator | coordinador de búsqueda y salvamento | SAR information | Información sobre búsqueda y salvamento |
| search and rescue service | servicio de búsqueda y salvamento | search and rescue transponder | respondedor de búsqueda y salvamento |
| Self-Contained Breathing Apparatus | equipo de respiración autónoma | Self-Contained Compressed-Air Breathing Apparatus | aparato respiratorio autónomo accionado por aire comprimido |
| self-righting partially enclosed lifeboat | bote salvavidas parcialmente cerrado autoadrizable | separation line | línea de separación |

*(Continuación)*

**Tab. 16:** Continuación

| Unidades terminológicas polilexemáticas (inglés-español) | | | |
|---|---|---|---|
| **Término origen** | **Término meta** | **Término origen** | **Término meta** |
| separation zone | zona de separación | ship collision | abordaje de buque |
| ship flooding | inundación en el buque | ship grounding | varada de buque |
| ship list | escora del buque | ship on fire | incendio en el buque |
| ship reporting area | zona de notificación para buques | ship reporting system | sistema de notificación para buques |
| ship's condition | estado del buque | ship's routeing | organización del tráfico marítimo |
| shipboard navigational safety | seguridad de la navegación a bordo del buque | Shipborne Global Positioning System receiver equipment | equipo receptor de a bordo del Sistema de Posicionamiento Global |
| shipborne GLONASS receiver equipment | Equipo receptor de a bordo del sistema orbital mundial de navegación por satélite | shipborne navigational aids | sistemas y aparatos náuticos de a bordo de ayuda a la navegación |
| shipborne radiocommunication and satellite equipment | equipo de comunicaciones por radio y por satélite de a bordo | Simplified Voyage Data Recorder | Registrador de Datos de la Travesía Simplificado |
| short blast | pitada corta | sinking of a ship | hundimiento del buque |
| sleeping AIS target | blanco dormido del SIA | smoke damper | válvula de mariposa de regulación del humo |
| smoke detector | detector de humo | Special Area | zona especial |
| Speed and Distance Measuring Equipment | dispositivos indicadores de la velocidad y de la distancia | speed log | corredera |
| speed log system | sistema de medición de la velocidad | stand-on vessel | buque que sigue a rumbo |
| standard compass | compás magistral | Standard Marine Communication Phrases | Frases normalizadas para las comunicaciones marítimas |
| standing orders | órdenes permanentes | starboard wing | alerón de estribor del puente de navegación |

**Tab. 16:** Continuación

| **Unidades terminológicas polilexemáticas (inglés-español)** | | | |
|---|---|---|---|
| **Término origen** | **Término meta** | **Término origen** | **Término meta** |
| steering control | control de gobierno del buque | steering gear alarm | alarma del aparato de gobierno |
| sub-area warning | radioaviso de subzona | survival craft | embarcación de supervivencia |
| Telemedical Assistance Service | Servicio de Asistencia Telemédica | The International Life-Saving Appliances Code | Código Internacional de Dispositivos de Salvamento |
| thermal protective aid | ayuda térmica | thruster system | sistema de impulsores |
| Tide tables | Anuario de mareas | time for orderly evacuation and abandonment | tiempo para la evacuación y el abandono ordenado del buque |
| Time to Closest Point of Approach | tiempo para llegar al punto de aproximación máxima | totally enclosed lifeboat | bote salvavidas totalmente cerrado |
| towing light | luz de remolque | track control systems | sistemas de control de seguimiento |
| traffic clearance | autorización de tráfico | traffic lane | vía de circulación |
| Traffic organization service | Servicio de organización del tráfico | traffic rules for vessels | reglas de tráfico de buques |
| traffic separated by natural obstructions | tráfico separado por obstrucciones naturales | Traffic Separation Scheme | Dispositivo de separación del tráfico |
| Transmitting Heading Devices | Dispositivos de Transmisión del Rumbo | true course | rumbo verdadero |
| true speed | velocidad verdadera | tsunami warning | radioaviso de tsunami |
| two-way route | ruta de doble dirección | two-way route with one-way sections | ruta de doble dirección con tramos de dirección única |
| two-way track | derrota de doble dirección | two-way vhf radiotelephone apparatus | aparato radioelectrónico bidireccional de ondas métricas |

(*Continuación*)

**Tab. 16:** Continuación

| **Unidades terminológicas polilexemáticas (inglés-español)** | | | |
|---|---|---|---|
| **Término origen** | **Término meta** | **Término origen** | **Término meta** |
| urgency condition | estado de urgencia | urgency communications | comunicaciones de urgencia |
| vessel's own lights | luces del buque | vessel constrained by her draught | buque restringido por su calado |
| vessel not under command | buque sin gobierno | vessel restricted in her ability to manoeuvre | buque con capacidad de maniobra restringida |
| Vessel Traffic Service | Servicio de Tráfico Marítimo | vessel underway | buque en navegación |
| Voyage Data Recorder | Registrador de Datos de la Travesía | water ingress detection main alarm | alarma principal para detectar la entrada de agua |
| water ingress detection pre-alarm | prealarma para detectar la entrada de agua | water-based fire-extinguishing system | sistema de extinción de incendios a base de agua |
| Water-based fire-extinguishing system for machinery spaces and cargo pump-rooms | Sistema de extinción de incendios a base de agua para los espacios de máquinas y las cámaras de bombas de carga | water-mist fire-extinguishing system | sistema de extinción de incendios por nebulización |
| World-Wide Met-ocean Information and Warning Service | Servicio mundial de información y avisos meteorológicos marítimos y oceanográficos de la OMI y la OMM | World-Wide Navigational Warning Service | Servicio Mundial de Radioavisos Náuticos |
| World-Wide Radio-navigation System | Sistema Mundial de Radionavegación | | |

En el listado anterior no se han consignado las variaciones terminológicas y se han seleccionado los términos preferentes según el criterio de frecuencia. Las abreviaciones se han excluido a favor de sus desgloses. Toda esta información sí está alojada en la base de datos NavSAFE TermOnto Database y se ha incluido en la término-ontología y en el glosario término-ontológico. Por esta razón, a pesar de que *vessel* y *ship* aparecen en las 2 primeras posiciones como palabras clave tanto por frecuencia como por grado de especificidad, se ha alojado en el listado solo uno de los términos, pero se incluye en la término-ontología. La variante *ship* es un vocablo procedente del léxico común que, en el dominio marítimo, adquiere la categoría de término, mientras que *vessel* es un término del dominio marítimo que no es frecuente en el lenguaje común.

Este listado final, que contiene los términos clave de nuestra representación término-ontológica tendrá que organizarse en la siguiente etapa mediante la definición de sus conceptos o clases y la jerarquía de las mismas, agrupándolas en función de su naturaleza general o específica, la cual está dotada de una intensa granularidad debido a la pormenorización en subclases que admite cada uno de ellos.

Conviene recordar que, durante la fase de extracción terminológica, el listado original de términos sufrió un cribado importante en aras de una mayor especificidad en la muestra terminológica, es decir, de 8 245 candidatos a término en cifras globales proporcionadas por *TermoStat 3.0*, para la categoría gramatical de sustantivo —con todas las posibles combinaciones como se ilustra en la figura 31 en este capítulo— a las actuales 431 unidades terminológicas. Esta etapa exigía un alto grado de exhaustividad y ha sido una de las más complejas. Se ha reducido a casi un 95 % del total. Para ello, nos hemos ayudado de la información conceptual y de los ocho campos que extrajimos del corpus, tal y como adelantábamos al principio de este apartado, a partir de los cuales hemos elaborado una taxonomía para organizar el entramado y, en el proceso, entrever qué términos serían los adecuados a partir del planteamiento de la siguiente cuestión: dada la coincidencia de ciertos aspectos del dominio de la seguridad marítima y de la seguridad de la navegación marítima, ¿qué términos podemos considerar que pertenecen a la seguridad marítima en su globalidad y cuáles son más propios de la seguridad de la navegación marítima proporcionada desde el buque? De esta forma, despejamos el camino para acercarnos a aquellos más próximos al apartado o momento concreto de la seguridad de la navegación marítima, es decir, a todos los equipos, medios, sistemas y normativas de los que el buque dispone o puede disponer a bordo, gestionados por la sección de puente y que inciden en la seguridad de la navegación marítima durante la travesía del buque desde la salida hasta la llegada. A pesar de la validación terminológica, este tipo de cuestiones son recurrentes, a modo de revisión y a lo largo de todo el proceso, ya que son cruciales para la formalización en la ontología.

## 3.2. Diseño de la base de datos para la representación término-ontológica

Los fundamentos de diseño de la base de datos que desarrollamos parten de la necesidad de acoplar la información obtenida tras la extracción terminológica a las fases del desarrollo ontológico, es decir, la conceptualización, la formalización y la implementación. La fase de conceptualización se entiende como el análisis conceptual de las 431 unidades terminológicas, cómo se organiza la jerarquía, la definición y el diseño de las relaciones conceptuales entre el concepto origen y el concepto meta y su descripción, mientras que la fase de formalización ha de considerarse como la transferencia de la información conceptual a elementos de carácter ontológico, a saber, conceptos/clases, instancias y relaciones. Para guardar un registro de los avances en la investigación, es fundamental contar con un soporte en el que volcar los datos. Este acopio informativo se aloja en una ficha terminográfica cuya plantilla ha quedado configurada en una base de datos término-ontológica que se ha desarrollado con *Microsoft Access,* a la que denominamos NavSAFE Term-Onto Database. Esta base de datos ha funcionado como una estación de trabajo en la transición de la fase terminológica a la fase ontológica pero no puede realizar las mismas funciones que una ontología. Como indica Alcina (2020, p. 40), las bases de datos terminológicas tienen ciertas limitaciones para procesar la información conceptual entre los términos y, ante estas restricciones de representación del dominio especializado, hemos considerado necesario dar un paso más hacia la formalización ontológica en la que a través de un editor de ontología, *Protégé 5.1,* independiente de la base de datos, se podrá hacer visible la interrelación entre los conceptos. Uschold (2015, p. 247) en su estudio comparativo entre las ontologías y las bases de datos, precisa que una de las diferencias es que las bases de datos no ofrecen una taxonomía de conceptos mientras que las ontologías sí. Esta ha sido otra de las razones por las que consideramos que las ontologías podían representar el conocimiento especializado de forma organizada y relacionada.

Ha sido necesario contar con un soporte de almacenaje, ordenación y consignación de los datos terminológicos que hemos obtenido del macrocorpus NavSAFE y la plataforma de la base de datos creada nos permita alojar, organizar y completar los datos. Una base de datos terminológica (BDT)[255] es un

255 En algunas ocasiones se utiliza indistintamente el término *banco de datos* o *base de datos.* Pavel y Nolet (2002, p. 116) distinguen estos términos y reservan banco de datos para designar al conjunto estructurado de varias bases de datos interrelacionadas de forma lógica, accesibles mediante un lenguaje de acceso, consulta y explotación de datos. Por otro lado, hay que distinguir entre bases de datos propiamente terminológicas y bases de datos de interés terminológico, pues estas últimas contienen información que puede ser de utilidad para un trabajo terminológico determinado, pero no ofrecen un conjunto de unidades terminológicas con información relativa a dichas unidades. Un ejemplo sería las bases bibliográficas (recopilación de bibliografía sobre una materia).

sistema que nos permite recopilar unidades terminológicas de un campo de conocimiento y almacenar la información sobre estas de una forma estructurada y automatizada.[256] Se pueden distinguir diversos tipos de bases de datos terminológicas en función de sus objetivos, temática, dimensiones, número de lenguas, modo de organizar los datos, autores, acceso y programas empleados (Rondeau, 1983).

Otra herramienta básica que también participa en el trabajo con las unidades terminológicas, pero cumple cometidos distintos, son los sistemas de gestión terminológica (SGT). Nos referimos a un programa informático (gestor) para la creación, explotación y administración de bancos o bases de datos terminológicos que incluye al menos una BDT y, principalmente, permite la definición y manipulación de modelos de datos, el almacenamiento y el acceso controlado a los datos, la entrada de nuevos datos y su actualización, y, opcionalmente, la edición de aspectos de administración o de diseño, destinados a la mejora de su uso.

Existen varios SGT en el mercado, no son de libre distribución, pero todos presentan una versión demo y/o de evaluación para poder explorar sus características y funcionalidades. Son imprescindibles para el trabajo de un traductor que desee elaborar una memoria de traducción o para una tarea de traducción puntual. Entre los más conocidos[257] destacan *MultiTerm* 2021 de Trados[258], *TermStar NXT* de Star[259], *Dèjá Vu X3* de Atril, *Look-Up System for Terminology Management*[260] y *Lingo 4.0 Sistema de gestión de terminología*[261].

---

256 Las primeras bases de datos terminológicas nacieron en los años 70 como respuesta a una necesidad de apoyo a los servicios lingüísticos de traducción. Funcionaban como unidades independientes, su estructura era relativamente sencilla y su acceso era bastante restringido. A esta primera generación pertenecen *Eurodicautom*, *Normaterm* y *Termium Plus®*, entre otras. Su infraestructura técnica fue cambiando a medida que avanzaba la ciencia de la computación. La nueva generación de bases de datos terminológicas es más flexible, intuitiva y se pueden interrelacionar en línea.

257 Actualmente, prácticamente todos permiten la gestión terminológica en línea, como *Webterm* de Star, que ofrecen la opción de trabajo terminológico compartido en nube para un departamento o grupo de trabajo como la herramienta *MultiTerm Workflow* o *Dèjá Vu X3TEAMserver*.

258 https://www.trados.com/es/download/multiterm-2021/133353/

259 https://www.star-spain.com/es/categorias/termstar-nxt

260 https://www.dog-gmbh.de/en/products-shop/lookup-system-for-terminology-management/

261 https://www.lexicool.com/soft_lingo2.asp?IL=3

Nuestra base de datos se controla desde un gestor de base de datos y se ajusta al perfil del corpus de cuyo producto se nutre, es decir, el dominio de la seguridad en la navegación marítima; es bilingüe, dirigida a un usuario especializado o a un usuario que busque especializarse. Es un recurso de consulta terminológica que consideramos de utilidad para su uso en el campo de la enseñanza[262]de inglés marítimo y su diseño es extrapolable a otros campos especializados. En el apartado 3.2.1 se describe la aplicación desde el punto de vista técnico y, en el siguiente apartado, las categorías de datos que aborda.

### 3.2.1. Descripción de la aplicación

En lugar de elegir un gestor terminológico[263] hemos desarrollado nuestra propia base de datos[264] en *Microsoft Access*[265] con el lenguaje de programación *Visual Basic*, para trasladar la gestión terminográfica al campo ontológico, adaptarla a nuestras necesidades y, ulteriormente, permitir una exportación sencilla en forma de glosario. El programa es del tipo de programación dirigida por eventos, base de lo que se denomina interfaz[266]de usuario y la entrada de datos se realiza a través de los denominados campos binarios o datos de tipo booleianos, que es un tipo de datos con solo 2 valores, verdadero o falso.

262 Una de las posibles extensiones que planteamos de la término-ontología es su conversión en un recurso pedagógico para la enseñanza de inglés marítimo en el contexto universitario en el marco de los sistemas automatizados de pregunta-respuesta en dominios restringidos o *Restricted domain question-anwering system* (RDQA) (Mollá y Vicedo, 2007). En este campo hemos realizado ya en un trabajo anterior una aproximación de su arquitectura para la enseñanza de las frases normalizadas para las comunicaciones marítimas (Losey-León, 2016a)

263 Los sistemas de gestión de base de datos terminológica (SGBDT) permiten almacenar datos terminológicos, conceptuales y bibliográficos y existen varios productos en el mercado orientados, en su origen, a servir de apoyo a la labor del traductor (de hecho, algunos se denominan sistemas de traducción asistida, como *Transit NXT* de Star). Entre los más conocidos cabe mencionar a *TermStar NXT*, gestor terminológico de Star, MultiTerm de Trados SL Studio, pero no son desarrolladores de ontologías.

264 El soporte técnico para la elaboración de la base de datos en Microsoft Access ha sido elaborado por Juan Antonio Guitarte Delgado, a quien deseamos expresar nuestro agradecimiento.

265 Para evitar problemas de compatibilidad con las distintas versiones de esta aplicación, se ha realizado con Access 2003/2007.

266 Este es el medio con el que el usuario puede comunicarse con una máquina o equipo y comprende todos los puntos de contacto entre el usuario y el equipo.

La aplicación se abre con la pantalla de INICIO, donde están ubicados los controles principales. En la parte central se visualizan los términos totales y las traducciones según el idioma seleccionado. Si se introduce un término en la casilla de búsqueda, se filtrará la ventana central por el término introducido. Si desplazamos el cursor por encima del término deseado, podremos visualizarlo o editarlo con el botón correspondiente situado en la parte derecha de la pantalla. También disponemos de una casilla para introducir un término nuevo.

Las pantallas de EDITAR TÉRMINO, VER TÉRMINO y NUEVO TÉRMINO, tienen la misma estructura; estas pantallas disponen de un botón de IMPRIMIR. En ellas, se pueden visualizar todos los campos relacionados con el término. Para ampliar el campo de visión se dispone de un botón VER para acceder a la extensión completa del campo en una pantalla nueva. Los campos que disponen de este botón son microdominio, términos relacionados, relaciones conceptuales y notas.

También disponemos de un botón en el campo «Ilustración», el cual nos mostrará el enlace URL. En los campos «contexto» y «fuente del contexto», nos aparece un botón por cada definición introducida, la cual, a su vez, se relaciona con cada uno de los campos «equivalente». Existen dos campos especiales, los cuales nos conducen a una ventana donde podemos escoger una o varias opciones; esta ventana dispone de un botón de guardar para almacenar las opciones seleccionadas. No guarda todo el término, solo el campo en cuestión. Estos campos son «microdominio» y «relaciones conceptuales». Una vez introducidos todos los campos de la unidad terminológica, hemos de guardar a través del botón EDITAR TÉRMINO o NUEVO TÉRMINO porque este botón no aparece en la pantalla VER TÉRMINO, la cual solo nos permite visualizar e imprimir. El diagrama de flujo de la aplicación se ilustra en la figura 62.

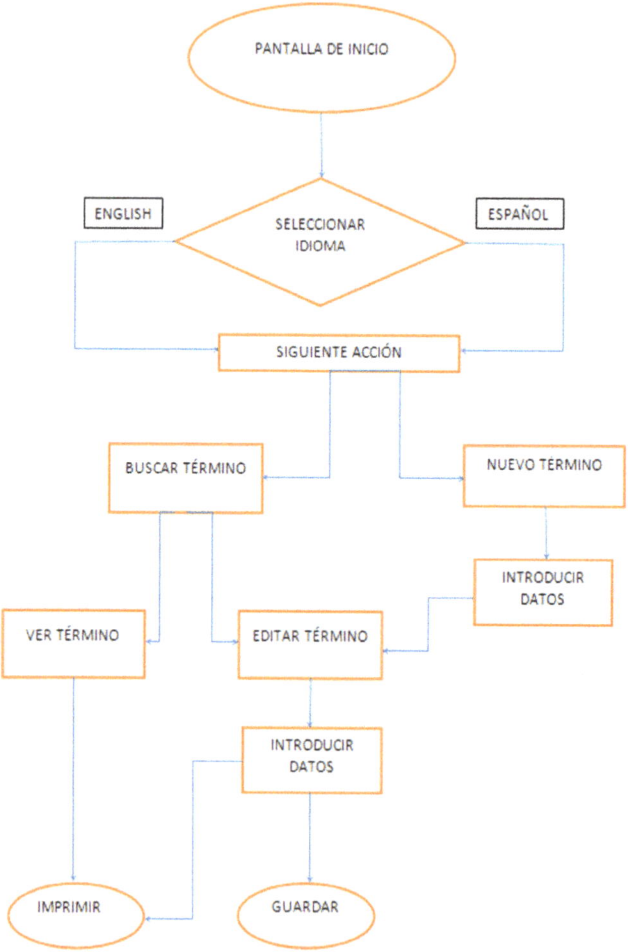


**Fig. 62:** Diagrama de flujo de la aplicación

### 3.2.2. NavSAFE Term-Onto Database

NavSAFE Term-Onto Database, como su nombre indica, es una base de datos término-ontológica creada con vistas a preparar nuestra propuesta de formalización e implementación en el editor *Protégé* 5.1 sobre la organización y representación del dominio especializado de la seguridad de la navegación marítima a bordo del buque en inglés y en español. Está basada en el macrocorpus de seguridad de la navegación marítima que hemos diseñado y compilado al efecto, NAVSAFE, conforme a la metodología de corpus especializado de dominio expuesta en el capítulo II.

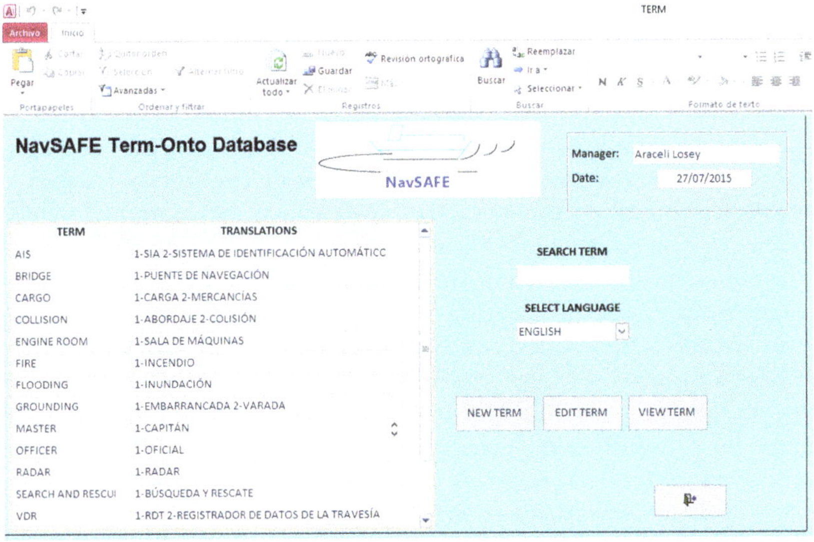


**Fig. 63:** Interfaz de usuario de la Base de Datos Término-ontológica NavSAFE

Esta aplicación[267], cuya interfaz se ilustra en la figura 63, es una herramienta integradora de gestión y edición de toda la información útil y concreta que alberga sobre el término antes de su traslado a una ontología automatizada. Está diseñada para trabajar en inglés y en español. Organizada en tres niveles orientados a las tres tareas que ejecuta, a saber, gestión de términos, gestión de relaciones conceptuales y gestión de concreción ontológica, permite perfilar los campos conceptuales, sus relaciones, permeabilizar los contextos de uso a partir del corpus y alojar todas las relaciones conceptuales identificadas y el

267 Ciertas características se han tomado necesariamente en cuenta para el diseño de la aplicación: su capacidad, es decir, el volumen de datos que puede contener y operar, su flexibilidad o su capacidad para adaptarse a los campos terminológicos necesarios y las posibilidades de exportar la información a otros formatos como .rtf, .pdf, html, xml, u otros.

registro de las unidades terminológicas según su posterior forma ontológica[268], en clases, subclases, instancias y las propiedades que lo describen.

Hemos creado un modelo personalizado de entrada de datos si bien el modelo de registro terminográfico diseñado también comprende una gama de categoría de datos conforme a la norma ISO 12620 y su estructuración básica se rige por la norma ISO 1087-1 (2000, p. 5)[269], al tiempo que se adecua a los criterios generales y específicos de diseño término-ontológicos que quedaron definidos en el capítulo 1.

A continuación, se explican los rasgos del diseño de la ficha terminográfica y de todos sus campos, para lo que se han tenido en cuenta las propuestas de diversos autores (Cabré, 1993; Casas, 2006, Vargas, 2006; Monterde, 2003). Puesto que la representación término-ontológica será bilingüe (inglés-español) se ha elaborado una ficha para cada lengua conservando los mismos campos. La interfaz de usuario también está disponible en las dos lenguas. Los campos se encuentran tanto en inglés como en español, aunque tienen una entrada diferente para cada una de las lenguas. En lugar de presentar la ficha en forma de plantilla, preferimos mostrar los campos con el detalle del contenido de cada uno de los 20 campos distribuidos en tres categorías de datos para una mayor claridad expositiva. Los campos de la ficha terminográfica de la base de datos NavSAFE Term-Onto Database son los siguientes:

a) Categorías de datos relacionadas con el término (dimensión lingüístico-conceptual)
    a. Número de entrada[270]: Número que corresponde a cada término según ordenación alfanumérica.
    b. Identificador de la lengua[271]: Dato que codifica la lengua en la que se encontrarán consignados los datos de la ficha.

268 Existen varios sistemas de gestión terminológica en el mercado que integran todas las fases del trabajo terminológico, desde la compilación del corpus hasta la formalización. Nuestro gestor de base de datos aloja los datos que hemos extraído del corpus, pero no es un compilador de corpus.

269 Seguimos los campos básicos recomendados en esta norma, pero hemos añadido más campos conforme a las necesidades informativas planteadas en el diseño inicial de nuestra base de datos.

270 *entry* number es el campo correspondiente en la ficha en inglés.

271 *language code identifier* es el campo correspondiente en la ficha en inglés.

c. Entrada[272]: Término en la lengua origen (inglés) que corresponde a la variante gráfica más frecuente del mismo documentada en corpus en inglés.
d. Categoría gramatical: Clasificación del término de acuerdo con su categoría gramatical.
e. Dominio/subdominio/microdominio[273]: Situación del término dentro del mapa conceptual en el que se recogen las áreas y todas las subáreas temáticas implicadas en la seguridad de la navegación marítima. El microdominio es una subdivisión ulterior de un subdominio. El dominio se ha hecho coincidir con el corpus y los subdominios con cada uno de los subcorpus. Del mismo modo, los microdominios coinciden con cada uno de los campos conceptuales de cada subcorpus.
f. Abreviatura[274]: Se consigna el término acortado y aceptado si existe.
g. Equivalente[275]: Este campo consiste en la traducción al español o viceversa —en función de la lengua de la ficha de inicio—.
h. Término preferente[276]: La unidad terminológica considerada idónea por su capacidad representativa del concepto.
i. Términos relacionados[277]: Entrada de la base de datos relacionada con el término preferente por sinonimia o por otro tipo de relación (hiperónimos[278], hipónimos[279], antónimos, etc.)
j. *n-grams*[280]: Dato obtenido del análisis automático del corpus y relativo a la secuencia de *n* palabras que aparecen de forma recurrente en el corpus combinadas con el término tratado.
k. Grado de normalización[281]: Atributo que caracteriza a un término como normalizado, admitido, etc.

---

272 *entry* es el campo correspondiente en la ficha en inglés.
273 *domain/subdomain/microdomain* es el campo correspondiente en la ficha en inglés.
274 *abbreviation* es el campo correspondiente en la ficha en inglés.
275 *translation* es el campo correspondiente en la ficha en inglés.
276 *preferred term* es el campo correspondiente en la ficha en inglés.
277 *related term (s)* es el campo correspondiente en la ficha en inglés.
278 Un hiperónimo es una palabra que tiene un significado más general que otra palabra con la que guarda una relación hiponímica.
279 Un hipónimo es una palabra que tiene un significado más restringido que otra palabra con la que guarda una relación hiperonímica.
280 *n-grams* es el campo correspondiente en la ficha en inglés.
281 *standard level*es el campo correspondiente en la ficha en inglés.

l. Definición[282]: Descripción intensiva y extensiva del concepto. Se consignarán varias en función de los hallazgos en el macrocorpus NavSAFE.
m. Conceptos relacionados[283]: Se consignarán otros conceptos basados en la relación de herencia.
n. Relaciones conceptuales[284]: En este campo se recogen todas las relaciones según el estudio e inventario realizado.
o. Contexto[285]: En este campo se consigna el texto del corpus en donde se halle inscrito la unidad terminológica en sus distintas acepciones.
p. Fuente del contexto[286]: Se consigna el nombre del dominio o subdominio. El corpus no está anotado por lo que se hará referencia al subcorpus y al microcopus en el que se encuentre alojado.
q. nota histórica[287]: Aclaración de cualquier tipo sobre algún campo de la ficha.

b) Categorías de datos multimedia:

a. ilustración[288]: Se consigna una muestra multimedia informativa del término. En él se indica la ruta en donde se halla el fichero de imagen.

c) Categorías de datos administrativos:
a. Administrador[289]: Nombre del gestor de los datos.
b. Fecha[290]: Dato referido al ingreso del término en la base de datos.
c. Información bibliográfica[291]: Dato a consignar para referencia externa.

282 *definition* es el campo correspondiente en la ficha en inglés.
283 *related concepts* es el campo correspondiente en la ficha en inglés.
284 *conceptual relations* es el campo correspondiente en la ficha en inglés.
285 *context* es el campo correspondiente en la ficha en inglés.
286 *source context* es el campo correspondiente en la ficha en inglés.
287 *note* es el campo correspondiente en la ficha en inglés.
288 *illustration* es el campo correspondiente en la ficha en inglés.
289 *manager* es el campo correspondiente en la ficha en inglés.
290 *date* es el campo correspondiente en la ficha en inglés.
291 *cite note* es el campo correspondiente en la ficha en inglés.

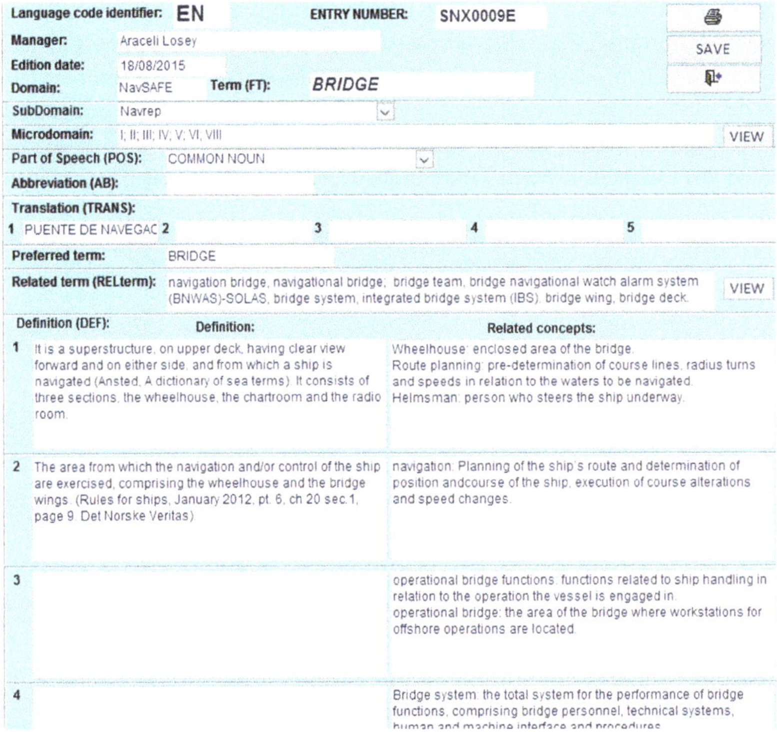

Language code identifier: EN ENTRY NUMBER: SNX0009E

SAVE

Manager: Araceli Losey

Edition date: 18/08/2015

Domain: NavSAFE Term (FT): BRIDGE

SubDomain: Navrep

Microdomain: I; II; III; IV; V; VI; VIII VIEW

Part of Speech (POS): COMMON NOUN

Abbreviation (AB):

Translation (TRANS):

1 PUENTE DE NAVEGAC 2 3 4 5

Preferred term: BRIDGE

Related term (RELterm): navigation bridge, navigational bridge; bridge team, bridge navigational watch alarm system (BNWAS)-SOLAS, bridge system, integrated bridge system (IBS), bridge wing, bridge deck. VIEW

Definition (DEF):

| | Definition: | Related concepts: |
|---|---|---|
| 1 | It is a superstructure, on upper deck, having clear view forward and on either side, and from which a ship is navigated (Ansted, A dictionary of sea terms). It consists of three sections, the wheelhouse, the chartroom and the radio room. | Wheelhouse: enclosed area of the bridge. Route planning: pre-determination of course lines, radius turns and speeds in relation to the waters to be navigated. Helmsman: person who steers the ship underway. |
| 2 | The area from which the navigation and/or control of the ship are exercised, comprising the wheelhouse and the bridge wings. (Rules for ships, January 2012, pt. 6, ch 20 sec.1, page 9. Det Norske Veritas) | navigation: Planning of the ship's route and determination of position andcourse of the ship, execution of course alterations and speed changes. |
| 3 | | operational bridge functions: functions related to ship handling in relation to the operation the vessel is engaged in. operational bridge: the area of the bridge where workstations for offshore operations are located. |
| 4 | | Bridge system: the total system for the performance of bridge functions, comprising bridge personnel, technical systems, human and machine interface and procedures |

**Fig. 64:** Extracto de la ficha terminográfica en inglés para el término *bridge*

En el extracto de la figura 64 se ilustran las categorías de datos administrativos, las categorías de datos relacionadas con el término en su doble dimensión, lingüística y conceptual —términos relacionados, equivalentes, término preferente, categoría gramatical, los dominios y los subdominios, definición, conceptos relacionados y las relaciones conceptuales, entre otros campos—. Seguidamente, en la figura 65 se muestra cómo quedan recogidas las relaciones conceptuales. En la interfaz donde vamos introduciendo los términos y los conceptos de la seguridad de la navegación marítima intentamos que cada concepto tenga un número de relaciones con otros conceptos, que están ubicados en el campo dependiente de la definición bajo la denominación de *related concepts* o conceptos relacionados. Estas relaciones son tanto jerárquicas (`tipoDe`, `parteDe`, `etc.`) como no jerárquicas (`tieneFunción`, `afectaA`, `regulaA`, `etc.`). Este listado será el punto de partida para elaborar el inventario final de relaciones conceptuales que veremos en el capítulo IV y que procede del análisis del término en contextos definitorios dentro del corpus y de su posición en la taxonomía del dominio. Para ello, necesariamente también tuvimos en cuenta las *multi-word units* o unidades terminológicas polilexemáticas. Durante la exploración de estas unidades se experimentó también con varios patrones gramaticales, aunque nuestro interés en este estudio reside en los sustantivos —noun+verb/verb+noun y adjective+noun/noun+adjective— en sus distintas dimensiones.

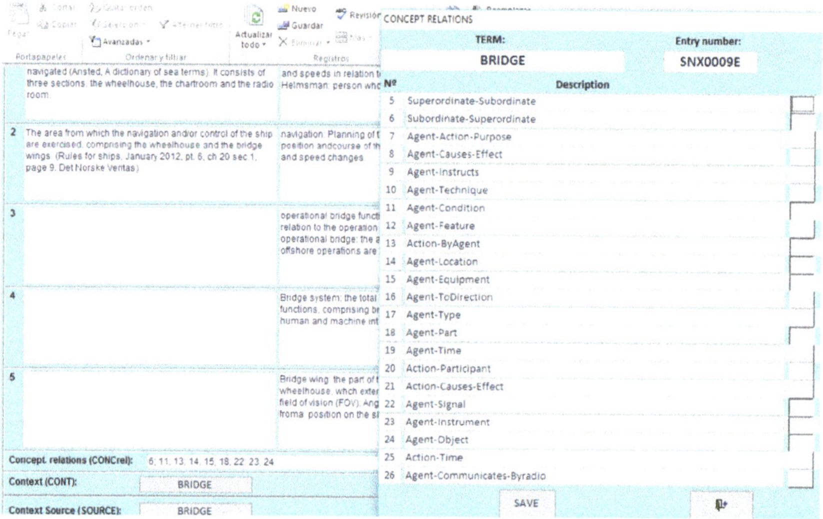


**Fig. 65:** Extracto de la ventana del campo de las relaciones conceptuales vinculadas al término *bridge*

En la misma figura también se puede observar, en la ventana izquierda, que diseñamos 5 entradas para el campo de definiciones. De esta forma, según la diversidad de definiciones encontradas sobre una misma acepción de un término, algunos términos podrán ocupar una, varias o todas las entradas de este campo, lo que nos permitirá recoger los distintos patrones de definiciones terminográficas por término y determinar qué definición y patrón terminológico, según los criterios presentados en el apartado 3.1.3 se ingresará en la ontología. En la figura 66, se presenta un extracto del campo en el que se consigna el dominio, el subdominio y el microdominio en los que se puede inscribir la unidad terminológica *master*.

**Fig. 66:** Extracto del campo del registro de dominio, subdominio y microdominios de la unidad terminológica *master*.

Como ya ha quedado descrito en la fase de refinamiento y validación, se detectaron algunos problemas clásicos en el trabajo terminográfico. Esto ha traído consigo tomas de decisiones a la hora de ingresar los datos en la base de datos, para lo que hemos tenido en cuenta el tipo de trabajo, las funciones previstas, el tipo de usuario y el colectivo al que va dirigido para controlar así las dimensiones del producto final con el fin de alcanzar buenos niveles de calidad en la reunión de los términos específicos y especializados del dominio objeto de estudio. Los casos principales han sido los siguientes:

- Rasgos de multidimensionalidad: Una unidad terminológica se adscribe a más de un campo conceptual, ya que, con frecuencia, los diferentes campos dentro del mismo dominio se interrelacionan formando complejas redes por lo que es habitual encontrar términos que dependan de más de un concepto genérico. En palabras de Meyer et al. (1997, p. 106), la multidimensionalidad se define como una fuente compleja dentro de los sistemas conceptuales:

> Real concept systems, of course, are normally more complex than the "neat-and-tidy" tree structures found in terminology textbooks. Some areas of knowledge structure may be more like a very tangled web than like a tree, since some concepts may have more than one generic concept, leading to the complex phenomenon of multiple

> inheritance […]. A very common source of complexity within concept systems is multidimensionality, a phenomenon that occurs when an object can be classified according to more than one characteristic.

Esta circunstancia puede tornarse problemática a la hora de formalizar los términos en la taxonomía jerárquica de la ontología.

- Fenómenos de polisemia: Se han detectado casos en los que una unidad terminológica puede contener más de un concepto, así como casos en los que una unidad terminológica puede contener más de un concepto en solo una de las lenguas implicadas. Por ejemplo, *port* en inglés puede designar tanto el área de descanso de los buques de un recinto costero o de aguas interiores, como las ventanas del buque o el costado de babor del buque. En cambio, su equivalente español, *puerto*, en el contexto marítimo, solo se adscribe al primer concepto del ámbito marítimo.
- Fenómenos combinatorios de elementos: Los elementos que conforman ciertas combinaciones no adquieren el rasgo de términos como unidades terminológicas monolexemáticas sino al formarse en unidades terminológicas polilexemáticas.
- Dualidad de la composición de ciertas unidades terminológicas o variantes: Se ha detectado dualidad en el número de elementos que la componen, es decir, la misma unidad terminológica se puede encontrar como monolexemática o polilexemática. Por ejemplo, *search light* y *searchlight*; *crew member* y *crewmember*; *container ship* y *containership*, *way point* y *waypoint*. También se observa dualidad en el uso de *ship* o *vessel* cuando aparecen en formación polilexemática. Así, encontramos *passenger vessel* y *passenger ship* o *merchant ship* y *merchant vessel*, si bien el término ship en estos casos es más frecuente.
- Falta de equivalencia conceptual en la lengua meta: Se da la circunstancia de que existen distintas unidades terminológicas para designar distintas acepciones de la misma familia léxica en una de las lenguas, mientras que en la otra lengua la misma realidad se designa con una sola unidad terminológica teniendo que recurrir a mecanismos parafrásticos que completen su singularidad con respecto a las demás.

En esta fase se ha procedido a ingresar los datos de las unidades terminológicas de nuestro dominio tanto en inglés como en español. La categoría gramatical de las unidades terminológicas seleccionadas son sustantivos que se han encontrado en las oraciones que describen nuestro dominio. En el siguiente capítulo se categorizan los conceptos y se estudian sus relaciones conceptuales. Se desarrolla el planteamiento ontológico con unos criterios metodológicos específicos, expuestos en el capítulo I, para la investigación de la representación conceptual que nace con la idea de incorporar las ontologías a la terminografía[292] y que, en nuestro trabajo, asumimos como término-ontología por las razones ya expuestas.

292 Estas similitudes han dado lugar a designaciones distintas tales como *termontografía* (*termontography*, Temmerman y Kerremans, 2003) y *ontoterminología* (*ontoterminologie*, Roche, 2007).

# CAPÍTULO IV
# Desarrollo de la término-ontología NavSAFE

En el presente capítulo se despliega el nivel 2 o fase de conceptualización, pero antes de abordar este nivel, se procede a recapitular las acciones metodológicas claves en la representación término-ontológica que se han realizado hasta ahora y que conducirán a lo largo de este capítulo hasta la implementación ontológica. En el nivel 1 se ha llevado a cabo la captación terminológica con la extracción semiautomática del macrocorpus NavSAFE, la búsqueda de los equivalentes de traducción en los bitextos en español, se han planteado distintos patrones para la estructura de la definición terminográfica conforme a los criterios de uniformidad, precisión y sencillez, teniendo como referencia el concepto de definición intensional y, finalmente, se han validado las unidades terminológicas que se han incorporado a una base de datos terminológica, que ha sido descrita en el capítulo anterior. Este capítulo describe las acciones realizadas para identificar las categorías y clases conceptuales, como paso previo a la organización taxonómica de los conceptos y a la identificación y registro de las relaciones conceptuales, datos precisos y fundamentales para la creación de la ontología.

## 4.1. Nivel 2: fase de conceptualización

En el nivel 2 o fase de conceptualización[293] se analizan las relaciones conceptuales en el contexto en el que se generan; esto se consigue accediendo directamente a los ejemplos textuales del corpus. La transición al nivel 3 se lleva a cabo realizando una taxonomía de las unidades terminológicas que serán organizadas, como veremos, en un primer momento, en tres eventos o categorías generales que se irán particularizando poco a poco hasta constituir un inventario de las relaciones conceptuales a partir de un análisis sintáctico-semántico de los patrones de conocimiento. En la fase de conceptualización se despliegan los criterios específicos subyacentes a las actividades propias de conceptualización, formalización e implementación con las que se forja la transición terminológica

---

293 Seguimos las siguientes convenciones gráficas: para la representación de conceptos, <concepto>. La categoría o etiqueta, con el tipo de letra Calibrí light y las relaciones conceptuales, con el tipo de letra `Courier new`, comenzando con la letra minúscula, por ejemplo, `isPartOf`. Los ejemplos extraídos del corpus están en cursiva.

a ontológica. Termina con la especificación de las relaciones conceptuales del dominio de la seguridad de la navegación marítima a bordo del buque. En un sistema conceptual los conceptos se relacionan unos con otros y esta fase de conceptualización tiene como fin último descubrir la naturaleza del vínculo, que se denomina relación conceptual, como ha quedado expuesto en el apartado 1.2.4. Las relaciones conceptuales en una ontología son esenciales para formular y formalizar la asociación entre los conceptos y la naturaleza de dicha asociación. Así, el concepto <barco> y el concepto <cubierta> están unidos por la relación conceptual `isPartOf`, relación que también puede ser compartida con otros conceptos, por ejemplo, con el concepto <cabina>. La fase de conceptualización se asienta en cinco acciones que se detallan seguidamente.

### 4.1.1. Acción 1: identificación de los eventos base del dominio

Esta acción consiste en la organización de las unidades terminológicas en eventos clave de la seguridad de la navegación marítima de a bordo. Entendemos que el contexto situacional en el que se activa la terminología de este dominio es el promotor de sus características y el artífice de los conceptos que genera. El buque opera en un entorno muy dinámico y el personal de a bordo está sometido a una rutina fija de turnos de trabajo durante la travesía, desde la salida hasta la llegada y tanto factores internos como externos pueden potencialmente irrumpir en todo lo que acontece en el buque y en su contenido —miembros de la tripulación, pasajeros y carga—, lo que llega a obstaculizar la seguridad en la navegación. En este entorno, el riesgo es un factor contextual constante. Por tanto, identificar los eventos o las circunstancias que puedan conducir a situaciones de riesgo son las que han promovido la existencia de instrumentación, equipos, sistemas y normativa para aminorar el riesgo. Las unidades terminológicas extraídas del corpus NavSAFE representan estas herramientas y procedimientos, los cuales se pueden distribuir, en una clasificación superior, en eventos. Por consiguiente, el primer paso hacia la especificación conceptual se plasma en una taxonomía que consta de cinco eventos, que hemos definido y que se presentan en la figura 67. En torno a ellos se organizará conceptual y ontológicamente la terminología del dominio.

Esta clasificación parte de datos empíricos extraídos del entorno del término en los distintos campos conceptuales que el terminólogo ha podido comprobar en el proceso de extracción y exploración del corpus y no de meras intuiciones previas. Ya se había realizado una segmentación conceptual previa para la determinación de las unidades terminológicas y, en esta ocasión, se hace necesario reagrupar los términos para concretar las categorías y diseñar la taxonomía con la organización de las relaciones de dependencia en la acción 3. Con carácter previo, en la segunda acción se definen las categorías de los campos conceptuales que los cinco eventos definidos nos han ayudado a identificar y precisar.

El concepto de «evento» aquí utilizado es el de «eventualidad, hecho imprevisto que puede acaecer» y que determina al objeto, agente, instrumentación, las funciones de la instrumentación y al modo organizativo del objeto en el espacio. En cuanto al «agente», es la entidad que controla o supervisa al objeto —puede ser directo o indirecto—. Preferimos utilizarlo en lugar de «factor» porque este es un elemento de asociación en las relaciones lógicas y no actuante. El término «objeto» se refiere, en todo caso, al buque, en tanto elemento situado en coordenadas espacio-temporales y en el que confluyen y adquieren sentido las demás categorías, por «instrumentación» se ha de entender el conjunto de equipos, aparatos, medidas y sistemas. El «lugar» se refiere al medio marino en el contexto de la organización del movimiento del objeto en dicho medio.

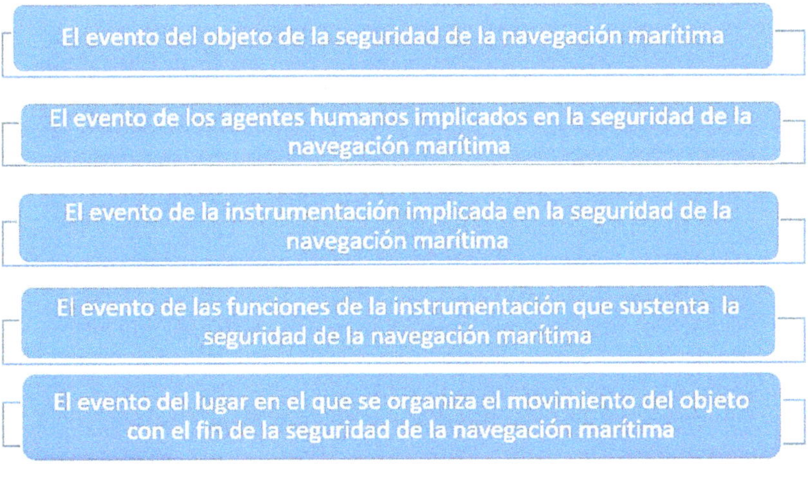


**Fig. 67:** Eventos relacionados con la seguridad de la navegación marítima a bordo

### 4.1.2. Acción 2: definición de las categorías de los campos conceptuales

En las metodologías centradas en objetos de dominio, como en el caso que nos ocupa, el establecimiento de categorías es fundamental para organizar el campo conceptual de dicho dominio. En este sentido, Sager y Kageura (1995) consideran que es primordial distinguir clases[294] genéricas básicas para describir la terminología de un campo específico y proponen cuatro: entidades, actividades, propiedades y relaciones, que podrán concretarse en función del ámbito de que se trate. Partiendo de la concepción de estos autores y la identificación de los cinco eventos base de la seguridad de la navegación marítima a bordo del buque (acción 1) que hemos realizado, los términos se han organizado en torno a las ocho categorías conceptuales, coincidentes con los ocho campos conceptuales que habíamos previsto en el diseño del corpus. Las categorías conceptuales[295] matrices de las que se podrán escindir otras clases de categorías son las siguientes: *AGENT (human/non-human), OBJECT (material/non-material), ACTION (+human/-human), FUNCTION (+human/-human) INSTRUMENT, RISK, LOCATION (fixed/transit), ROUTE (sea lanes)* y *RULE.*

- *AGENT*[296]*: officer of the watch, helmsman, relieving officer, pilot, look-out, fire-fighting team, weather conditions, national co-ordinator, NAVAREA co-ordinator, sea state, bridge team …*
- *OBJECT: vessel, sailing vessel, power-driven vessel, emergency drills…*
- *ACTION: to navigate, to transport, to collide, to follow, to overtake, to steer, to give orders…*
- *FUNCTION: to monitor, to identify, to track, to control, to supervise, to plot, to indicate, to monitor, to identify, to supervise, to identify, to locate, to transmit, to communicate, to detect, to protect, to assist, to provide …*
- *INSTRUMENT: Automatic Identification System, Voyage Data Recorder, Automatic Radar Plotting Aid, RADAR, Long-Range Identification and Tracking System, fire hose, fire damper, lifejacket …*
- *RISK: distress, collision, grounding, listing, cargo shifting, fire …*
- *LOCATION: position, navigation bridge, fairway …*
- *ROUTE: deep water route, approach channel*
- *RULES: International Convention for the Safety of Life at Sea, the International Life-Saving Appliances Code, Fire Safety Systems Code,* to establish, to apply, to address …

294 Se trata de clases de categorías conceptuales.

295 Se expresan en inglés porque estas categorías tendrán un lugar en la cadena de la relación conceptual que se formalizan en inglés en la ontología.

296 El concepto <agente> se puede escindir en categorías específicas con los rasgos + actor humano (miembro de la tripulación) o +no humano (equipo, fenómeno natural, meteorológico, etc.).

### 4.1.3. Acción 3: organización de los conceptos

Se propone la acción de organización de los conceptos por campo conceptual teniendo como referencia las categorías implícitas en los tres eventos. Se ha aplicado la ordenación propuesta del mentefacto en el capítulo I para dirimir la ubicación de los conceptos en cada campo conceptual si bien es cierto que el terminógrafo, tras las tareas de extracción de términos, de búsqueda de definición, de localización de variantes, ha podido inferir, como mínimo, desde ese momento, algunos mecanismos de herencia. La guía que ofrece el mentefacto ha contribuido a ubicar los conceptos superordinados, los subordinados, así como la disposición en el mismo nivel de los conceptos subordinados dependientes del mismo concepto superordinado y la dependencia del mismo concepto de distintos conceptos superordinados. Son relaciones de generalización en una estructura de herencias en las que el elemento hijo recibe los atributos del elemento padre. Así, el concepto <lifeboat> es un tipo de <life-saving appliances> por lo que este es un concepto superordinado de <lifeboat> y, por tanto, <lifeboat> es un concepto subordinado de <life-saving appliances>; <liferaft> es también un concepto subordinado de <life-saving appliances> y, además, está al mismo nivel que el concepto <lifeboat>, lo que indica que <lifeboat> y <liferaft> son hermanos en la cadena de herencia. El concepto <inflatable liferaft> es, asimismo, un tipo de <liferaft> lo que significa que está contenido en el concepto superordinado <life-saving appliances>[297]. Llegado el momento, este último caso tendrá que especificarse en las propiedades de la ontología como una relación de transitividad: «Si A contiene B y B contiene C, luego A contiene C».

Dada la extensión del número de términos, la organización de los conceptos se ha llevado a cabo distribuyendo, en primer lugar, los conceptos entre cada uno de los ocho campos conceptuales que habíamos determinado que el corpus cubriera. De esta forma, concebimos cada uno de estos campos como las entidades de la ontología. El siguiente paso ha sido organizarlos en función de la cadena de herencia. Este proceso es complejo y requiere una revisión constante, pues no se puede asignar la misma designación en distintas clases, subclases o instancias de la misma cadena jerarquía de clases[298]. Noy y McGuinness (2001,

297 También hay que considerar que, al mismo tiempo, <life-saving appliances> depende de la categoría padre <shipboard navigational safety>.

298 Las clases en OWL se solapan por defecto así que es necesario tener en cuenta la funcionalidad de hacer las clases disjuntas. *Protégé* v.5.1. no admite las herencias múltiples.

p. 9) definen tres enfoques para establecer las clases y la jerarquía de clases; se refieren a los enfoques, *top-down*, *bottom up* y *middle out*, si bien fueron desarrollados previamente por Uschold & Gruninger (1996, p. 21). El método *top-down* consiste en definir los conceptos o clases más generales del dominio y, a continuación, particularizarlos. Por el contrario, el método *bottom-up* parte de la definición de los conceptos o clases más específicas y, posteriormente, se reagrupan en clases más generales. Por último, el *middle out* se presenta como una combinación de los anteriores. Aplicamos la técnica *middle out*, es decir, partimos de conceptos generales para clasificar los conceptos dependientes de estos, pero, en ocasiones, hemos utilizado los conceptos específicos para localizar el concepto superordinado y las categorías hermanas en la cadena de herencias (*siblings*).

Los campos conceptuales y la taxonomía de los conceptos del sistema conceptual de la seguridad de la navegación marítima a bordo del buque de conformidad con los datos extraídos del macrocorpus NavSAFE y con las validaciones realizadas, se ilustran en el siguiente índice taxonómico en inglés:

Shipboard navigational safety:

1. Regulations on navigational safety
   a. International Convention for the Safety of Life at Sea (SOLAS)
   b. International Safety Management Code
      i. Safety management system
      ii. Safety management certificate
      iii. Safety system
2. Shipborne navigational aids
   a. Automatic Identification System (AIS)
      i. Sleeping AIS target
      ii. Lost AIS target
      iii. AIS search and rescue transmitter
      iv. AIS transceiver
   b. Automatic Radar Plotting Aid (ARPA)
   c. Automatic Tracking Aid (ATA)
   d. Automatic pilot
   e. Compass
      i. Standard compass
      ii. Magnetic compass
      iii. Electromagnetic compass
      iv. Gyro-compass

f. Electronic Chart Display and Information System (ECDIS)
    i. Electronic navigational chart
    ii. Raster navigational chart
g. Echo-sounding device
h. Electronic Position Fixing System (EPFS)
i. Emergency Position-Indicating Radio Beacon (EPIRB)
j. Integrated Bridge Systems (IBS)
    i. Performance standard for integrated navigation system
    ii. Integrated Navigation Systems
    iii. Bridge alarm management system
    iv. Bridge watch alarm
k. Long-range Identification and Tracking System (LRIT)
l. Radio Detection and Ranging (RADAR)
    i. RADAR reflector
    ii. RADAR beacon
    iii. RADAR cross section
    iv. RADAR target
    v. RADAR Target Enhancer (RTE)
    vi. Automatic track-while-scan RADAR
m. Shipborne radiocommunication and satellite equipment
    i. Global Navigation Satellite System (GNSS)
    ii. World-Wide Radionavigation System (WWRNS)
    iii. Inmarsat
    iv. Global Navigation Satellite System (GLONASS)
        1. Shipborne GLONASS receiver equipment
    v. Global Positioning System (GPS)
        1. Shipborne Global Positioning System receiver equipment
    vi. Maritime safety information service
        1. Maritime safety information
            a. Global Maritime Distress and Safety System (GMDSS)
            b. World-Wide Navigational Warning Service
                i. Navigational warning
                    1. Coastal warning
                        a. National co-ordinator
                        b. Coastal warning area
                    2. Local warning
                    3. NAVAREA
                        a. NAVAREA warnings

            i. Sub-area warnings
        b. NAVAREA co-ordinator
    c. Navigational text message (NAVTEX)
        i. NAVTEX receiver
        ii. NAVTEX co-ordinator
        iii. NAVTEX service area
        iv. National NAVTEX service
        v. International NAVTEX service
            1. Piracy-attack warning
        vi. Metorological NAVTEX message
            1. Tsunami warning
    d. Enhanced Group Call (EGC)
        i. National Enhanced Group Call service
        ii. International enhanced group call
        iii. Inmarsat terminal
    e. Meteorological information
        i. World-Wide Met-ocean Information and Warning Service (WWMIWS)
            1. Meteorological warning
            2. National Meteorological and Hydrological Service (NMHS)
                a. METAREA
                    i. METAREA issuing service
                    ii. METAREA co-ordinator
                    iii. Ice accretion warning
                    iv. Ice patrol service
    f. High Frequency Narrow-Band Direct Printing
    g. SafetyNET
        i. National SafetyNET
        ii. International SafetyNET
    h. Search and Rescue service
        i. International Convention on Maritime Search and Rescue (SAR Code)
        ii. SAR information
        iii. SAR co-ordinator
        iv. Maritime Rescue Co-ordination Centre (MRCC)
        v. Search and Rescue transponder (SAR transponder)
        vi. COSPAS-SARSAT

- vii. Radiotelephone
  1. Standard Marine Communication Phrases
  2. Routine and general communications
  3. Emergency communications
     a. Distress communication
        i. MAYDAY
        ii. MAYDAY relay
  4. Urgency communications
     a. PAN-PAN
     b. Telemedical Assistance Service (TMAS)
  5. Safety communications
     a. SECURITÉ
  6. Pre-defined codified messages:
     a. Digital Selective Call (DSC)

n. Audible and visual alerts and indicators
- i. Daylight signalling lamp
- ii. Alert
  1. Emergency alarm
     a. General emergency alarm
     b. Fire alarm
     c. Water ingress detection main alarm
     d. Personnel hazard alarm
        i. Fire-extinguishing pre-discharge alarm
        ii. Power-operated sliding watertight door closing alarm
        iii. Fixed local application fire-extinguishing system activation alarm
        iv. Fixed water-based local application fire alarm system
     e. Alarms for special ships
  2. Alarm
     a. Machinery alarm
     b. Steering gear alarm
     c. Control system fault alarm
     d. Bilge alarm
     e. Water ingress detection pre-alarm
     f. Engineer's alarm
     g. Personnel alarm
     h. Bridge Navigational Watch Alarm System (BNWAS)
     i. Fire detection alarm

- j. Alarms indicating faults in alert management or detection systems or loss of their power supplies.
- k. Cargo alarm
- l. Gas detection alarm
- m. Power-operated watertight door fault alarm
- n. Navigation-related alarms
- o. Position monitoring alarm
- p. Heading monitoring alarm
- 3. Warning
- 4. Caution
- 5. Aggregated alert
- 6. Alert announcement
- 7. Central alert management
- 8. Central alert management human machine interface
- 9. Distress alert
- iii. Indicator
  - 1. Rate of turn indicator
- iv. Signal
- v. Call
- vi. Silence
- vii. Accept
- viii. Acknowledge
- ix. Cancel
- x. Aggregation
- xi. Grouping
- xii. Priority
- xiii. Bell
- xiv. Klaxon
- xv. Siren
- xvi. Foghorn
- xvii. Buzzer
- xviii. Whistle
  - 1. Short blast
  - 2. Prolonged blast
- xix. Code on alerts and indicators
- o. Speed and Distance Measuring Equipment (SDME)
  - i. Speed log system
    - 1. Speed log

- p. Transmitting Heading Devices (THDs)
- q. Voyage Data Recorder (VDR)
  - i. Simplified Voyage Data Recorder (S-VDR)

3. Life-saving appliances
   - a. The International Life-Saving Appliances Code
   - b. Launching and embarkation appliances
     - i. Launching appliances
       1. Launching appliances using falls and a winch
       2. Launching appliances for free-fall lifeboats
       3. Fall preventer devices
       4. Launching appliances for fast rescue boats
       5. Liferaft launching appliances
     - ii. Float-free launching
     - iii. Lifeboat release and retrieval system
       1. Release gear system
          - a. Hook assembly
            - i. Movable hook component
            - ii. Hook locking part
          - b. Operating mechanism
            - i. Release handle
       2. On-load release
     - iv. Davit
     - v. Lifeline
   - c. Survival craft
     - i. Lifeboat
       1. Free-fall lifeboat
       2. Davit-launched lifeboat
       3. Self-righting partially enclosed lifeboat
       4. Totally enclosed lifeboat
       5. Lifeboat with a self-contained air support system
       6. Fire-protected lifeboat
       7. Lifeboat fitted with searchlights
       8. Buoyant oars
     - ii. Liferaft
       1. Inflatable liferaft
       2. Rigid liferaft
     - iii. Rescue boat

d. Personal life-saving appliances
  i. Immersion suit
    1. Non-insulated immersion suit
    2. Insulated immersion suit
  ii. Anti-exposure suit
  iii. Thermal-protective aid
  iv. Lifebuoy
  v. Lifejacket
e. Marine pyrotechnics
  i. Rocket-parachute flare
  ii. Buoyant smoke signal
  iii. Hand-flare
  iv. Line-throwing appliances
f. General emergency alarm system
g. Public address system
h. Marine evacuation system
  i. Abandon ship drills
  ii. Time for orderly evacuation and abandonment
  iii. Escape route
  iv. Embarkation ladder
  v. Muster station
  vi. Muster list
i. Radio installations used in life-saving appliances
  i. Two-way VHF radiotelephone apparatus
j. Emergency drills
  i. Emergency steering drills
  ii. Lifeboat drills with on-load release davit launched lifeboats
4. Fire-fighting equipment
  a. Fire safety system
    i. Fire Safety Systems Code (FFS)
    ii. Fire control plan
    iii. Fire drills
    iv. Fire extinction
    v. Fire-fighting team
      1. Fire-fighter's outfit
        a. Personal equipment
        b. Self-contained compressed-air breathing apparatus
    vi. Fire mains
    vii. Fire hydrant

viii. Fire hose
ix. Nozzle
x. Fire damper
xi. Smoke damper
xii. Emergency fire pump
xiii. Breathing apparatus
    1. Self-contained breathing apparatus
    2. Emergency escape breathing device (EEBD)
xiv. Automatic sprinkler
xv. Mobile water monitor
xvi. Central control station
    1. Control station
xvii. Fire safety operational booklet
xviii. Fixed fire detection and fire alarm systems
    1. Smoke detector
    2. Heat detector
    3. Fixed fire detection and alarm system for cabin balconies
xix. Fixed hydrocarbon gas detection system
xx. Fire extinguisher
    1. Portable fire extinguisher
    2. Non-portable fixed fire extinguisher
xxi. Fire-extinguishing system
    1. Fixed gas fire-extinguishing system
    2. Fixed foam fire-extinguishing system
        a. Fixed deck foam extinguishing system
    3. Fixed pressure water-spraying and water-mist fire-extinguishing system
        a. Water-based fire-extinguishing system
            i. Fixed pressure water-spraying fire-extinguishing system
            ii. Water-based fire-extinguishing system for machinery spaces and cargo pump-rooms
            iii. Fixed pressure water-spraying fire-extinguishing system for cabin balconies
            iv. Fixed water-based local application fire-fighting system
                1. Fixed water-based fire-fighting system for ro-ro spaces, vehicle spaces and special category spaces
            v. Water-mist fire-extinguishing system
    4. Fixed aerosol fire-extinguishing system
    5. Fixed carbon dioxide fire-extinguishing system

5. Bridge watchkeeping
    a. Navigational watch
        i. Continuous watch
        ii. Radio watchkeeping
        iii. Effective watch handover
        iv. Safety of navigation
            1. Safe navigation
    b. Navigation bridge
        i. Workstation
            1. Operating compartment
                a. Operating station
                    i. Conning position
                        1. Conning display
                        2. Multifunction display
                        3. Essential information
                            a. Heading
                            b. Target
                            c. Bearing
                            d. True course
                            e. True speed
                            f. Relative course
                            g. Relative speed
                            h. Closest point of approach (CPA)
                            i. Time to closest point of approach (TCPA)
                            j. Course Over Ground (COG)
                        4. Navigation bridge visibility
                        5. Control command
                            a. Centre command console
                            b. Port wing
                            c. Starboard wing
                        6. Track control systems
                        7. Steering control
                            a. Off-course alarm
                        8. Heading control
                        9. Wheel
                        10. Dynamic Positioning System
                            a. Power system
                            b. Thruster system
                            c. DP control system

11. Control system
    a. Automatic control system
    b. Manual control system
    c. Emergency controls
12. GMDSS watchkeeping
13. GMDSS log keeping
14. Routine communications
15. Bridge-to-bridge communications
    a. Intership navigational safety communications
16. Operational checks
    a. Failure analysis

c. Bridge team
   i. Master
      1. Standing orders
   ii. Officer of the watch (OOW)
   iii. Helmsman
   iv. Look-out
   v. Relieving officer
   vi. Pilot
      1. Pilot transfer arrangements
         a. Pilot ladder
         b. Pilot mechanical hoist

d. Bridge Resource Management
   i. Bridge alert management

e. International Convention on Standards of Training, Certification and Watchkeeping for Seafarers

6. Ship's routeing
   a. Vessel Traffic Service (VTS)
      i. Information service (IS)
      ii. Navigational assistance service (NAS)
      iii. Traffic organization service (TOS)
   b. Traffic Separation Scheme (TSS)
      i. Traffic separated by natural obstructions
      ii. roundabout
   c. Route
      i. Deep water route
      ii. Two-way route
      iii. Two-way route with one-way sections

   d. Particularly Sensitive Sea Areas (PSSA)
   e. Special Area (SA)
   f. Fairway
   g. Passage planning
      i. Appraisal
   h. Ship reporting system
      i. Ship reporting area
      ii. Reporting point
   i. Waypoint
   j. Inshore traffic zone
   k. Precautionary area
   l. Recommended route
   m. Area to be avoided
   n. Receiving point
   o. Track
      i. One-way track
      ii. Two-way track
   p. Leading line
   q. Navigation light (NL)
      i. Navigation light controller
      ii. Navigation light associated equipment
   r. Official nautical publications
      i. Nautical chart
      ii. Sailing directions
      iii. Ocean passage
      iv. Port guide
      v. Notice to Mariners
      vi. Lists of lights
      vii. Lists of radio signals
      viii. Tide tables
   s. Traffic lane
      i. Separation zone
      ii. Separation line
   t. Traffic clearance
   u. IALA maritime buoyage system
7. Ship's condition
   a. Normal condition
   b. Place of refuge
   c. Hampered vessel

    d. Dead ship condition
    e. Emergency condition
        i. Blackout
        ii. Ship collision
        iii. Ship grounding
        iv. Ship on fire
        v. Ship flooding
        vi. Ship list
        vii. Machinery failure
        viii. Cargo shifting
        ix. Sinking of a ship
    f. Urgency condition
        i. Person overboard
        ii. Medical assistance
8. Traffic rules for vessels
    a. International Regulations for Preventing Collisions at Sea (COLReg)
    b. Vessel
        i. Power-driven vessel (MV)
        ii. Sailing vessel
    c. Vessel not under command
    d. Vessel restricted in her ability to manoeuvre
    e. Vessel constrained by her draught
    f. Vessel underway
    g. Head-on situation
    h. Overtaking vessel
    i. Crossing situation
    j. Give-way vessel
    k. Stand-on vessel
    l. Safe speed
    m. Vessel's own lights
        i. Masthead light
        ii. Towing light
        iii. All-round light
        iv. Flashing light
        v. Sidelight
        vi. Sternlight

La estructuración de la taxonomía se tornó especialmente complicada para determinar las relaciones de dependencia de los servicios radioelectrónicos y vía satélite. Los agentes implicados, la coordinación local, nacional e internacional, los tipos de mensaje y los cambios derivados de la incorporación del satélite en los medios de comunicación constituyen un entramado de relaciones de distintos niveles de servicio interrelacionados. Los datos sobre la secuenciación de la difusión de la información entre los distintos servicios implicados a partir del concepto superordinado <maritime safety information service> no eran lo suficientemente nítidos, lo que obstaculizaba su representación en la taxonomía y en su posterior ingreso en la ontología. Según los datos obtenidos del corpus, la información sobre seguridad marítima se representa en tres nodos fundamentalmente: «navigational and meteorological warnings, meteorological forecasts and other urgent safety-related messages broadcast to ships». Sin embargo, la cadena de dependencias a representar a partir de esta tipología era difusa. Hay que tener en cuenta que el periodo cronológico cubierto por el corpus se extiende desde 1980[299] hasta 2021. Por consiguiente, se podían encontrar tanto procedimientos no vigentes como procedimientos actualizados con la carga terminológica propia de cada caso. De hecho, solo en una ocasión pudimos localizar un texto con una referencia específica de relación de dependencia; en concreto, nos referimos al término *METAREA issuing service*. Su definición aclara a qué servicio pertenece —*National Meteorological Service*—, como se observa a continuación en la tabla 17 que muestra el texto origen y el texto meta:

**Tab. 17:** Definición de *METAREA issuing service* y traducción en español extraídas del macrocorpus NavSAFE

| DEFINICIÓN DE *METAREA* | |
|---|---|
| Texto origen:<br>METAREA issuing service means the National Meteorological Service which has accepted responsibility for ensuring that meteorological forecasts and warnings for shipping are disseminated through the international SafetyNET and NAVTEX services to the designated area for which the Service has accepted responsibility under the broadcast requirements of the GMDSS. | Texto meta:<br>Servicio emisor para zonas METAREA: servicio meteorológico nacional que asume la responsabilidad de garantizar que los pronósticos y radioavisos meteorológicos a la navegación se transmitan a través de los servicios internacionales SafetyNET y NAVTEX, a la zona METAREA designada para la cual el servicio aceptó la responsabilidad en virtud de las prescripciones de transmisión del SMSSM. |

299 Solo hay tres documentos anteriores a 1980, fechados en 1979.

Intentando conseguir referencias similares, acudimos a consultar las cuatro Resoluciones de la OMI recogidas en el microcorpus RCSAT del subcorpus Navequip alojado en el corpus NavSAFE_EN, concretamente, la Resolución A.705 (17), la Resolución A.706 (17) y la Resolución A.1051 (27) para conocer la secuencia de transmisión de información entre los distintos niveles de servicio y poder organizar la dependencia hasta el nivel de especificación inferior, concebido como el equipamiento técnico de a bordo. Los textos de las resoluciones fueron aprobados entre 1991 y 2011 y en ellos se refleja que no siempre coinciden en indicar los mismos sistemas de recepción y posterior transmisión a las zonas de servicio y aviso. En la primera y en la tercera resolución se indica que son NAVTEX y SafetyNET, mientras que en la segunda resolución, adoptada el 6 de noviembre de 1991, se añade el sistema de las emisiones Morse en ondas decamétricas.

La incorporación del Servicio Mundial de Socorro y Seguridad Marítimas tuvo un importante impacto en las comunicaciones marítimas, pero el uso de los satélites en las distintas zonas geográficas del mapa mundial se realizó de forma gradual. Optamos, pues, por continuar indagando en la actualización más reciente sobre la forma de vehicular la información desde el servicio de información de seguridad marítima para identificar las unidades dependientes entre las unidades terminológicas obtenidas del corpus. Realizamos una búsqueda en el corpus y localizamos una enmienda, adoptada el 14 de junio de 2019, a una de las resoluciones anteriores, concretamente a la Resolución A. 705 (17). En ella se establece que los dos sistemas encargados de la redifusión de la información sobre seguridad marítima actualmente son *NAVTEX* y *Enhanced Group Call* (EGC) —en español, NAVTEX y llamada intensificada a grupos (LIG), respectivamente—. En el citado documento también se ilustra con un diagrama el procedimiento de transmisión y difusión de la información. La unidad terminológica *Enhanced Group Call* ya estaba en nuestra relación, pero no estaba adecuadamente ubicada.

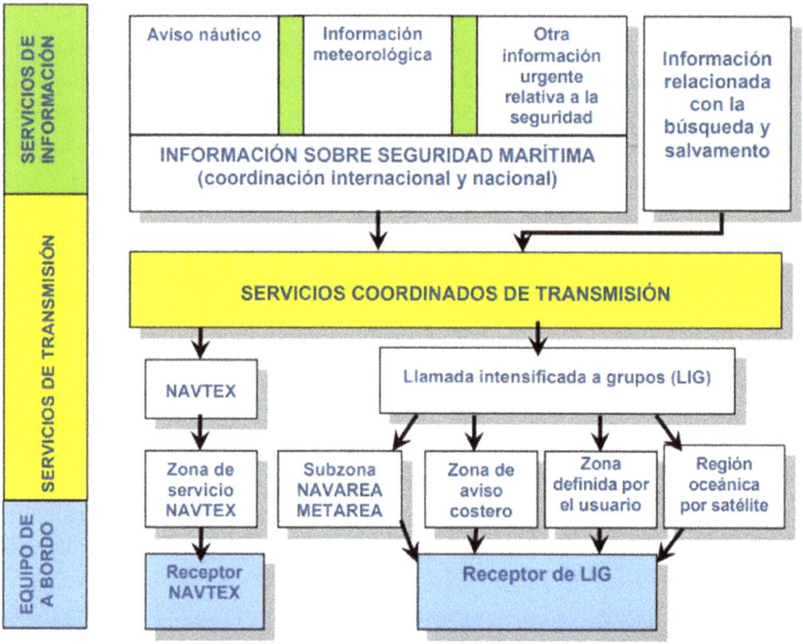


**Fig. 68:** Diagrama del servicio internacional de información sobre seguridad marítima del Sistema Mundial de Socorro y Seguridad Marítimos (SMSSM). (Resolución A.705 (17) de la OMI, enmendada y adoptada el 14 de junio de 2019)

La figura 68 muestra un diagrama de flujo sobre las secuencias de difusión de la información sobre seguridad marítima. Se puede apreciar que los avisos náuticos, la información meteorológica y otra información urgente relativa a la seguridad marítima se vuelcan desde la coordinación internacional y nacional del servicio de información sobre seguridad marítima en los servicios coordinados de transmisión, excepto los mensajes sobre búsqueda y salvamento que van directamente a los servicios coordinados de transmisión. Estos servicios son —como ha quedado establecido en la enmienda a la *Resolución A.705 (17) de la OMI*, desde el 14 de junio de 2019—, NAVTEX y LIG que, a su vez, se encargan de la redifusión de la información a los equipos receptores NAVTEX y LIG —receptor Inmarsat—a bordo del buque. Esta documentación ha aclarado y facilitado la organización en el árbol de campo de los conceptos de los equipos de radiocomunicación y por satélite. Aunque este es un panorama diferente del que habíamos concebido en principio, las unidades terminológicas que no se contemplan en el diagrama de la figura 68, seguirán formando parte de la ontología, ya que se trata de una ontología de dominio basada en corpus y en ella tienen cabida las unidades terminológicas propias, aunque en otros niveles porque la organización de nuestra ontología no es de tipo procedimental o de tareas.

Quisiéramos añadir que técnicas como el análisis contrastivo de las unidades terminológicas polilexemáticas con el nodo común nos ha facilitado la tarea de organización de conceptos. Este es el caso de «fire damper», «fire hose» y «fire hydrant», referidos a distintos elementos del equipo de contraincendios o de «masthead light», «all-round light», referidos a tipos de luces de señalización a bordo del buque, independientemente de que el nodo esté en posición adjetival o no.

### 4.1.4. Acción 4: diagramas de clases y determinación de las relaciones conceptuales

Según Motta (1987, p. 30), el método relacional consiste en analizar definiciones de conceptos que integran un sistema de forma que se pueda identificar sus características o atributos y la estructura de estos conceptos a partir de las relaciones existentes entre ellos. El entorno en el que hemos identificado y relacionado los conceptos ha sido el contexto rico en conocimiento especializado o *knowledge rich context* (Meyer y Mackintosh, 1996a y 1996b, Meyer, 2001) del macrocorpus *NavSAFE* para extraer patrones que nos permitan analizar las relaciones conceptuales. Estos patrones ya se localizaron durante la extracción terminológica analizando las líneas de concordancias y usando cadenas de búsqueda relevantes. Obtuvimos datos como los términos, las equivalencias, el contexto de uso y la definición. La mayoría de las metodologías[300] se han centrado únicamente en la estructura definicional como el contexto de localización de relaciones conceptuales. En nuestro caso, además del análisis de la estructura definicional como el contexto de localización de relaciones conceptuales,

300 COGNITERM, Genoma-KB u Oncoterm, entre otros, se basan en una estructura definicional a través de hiponimia, sinonimia, meronimia o relaciones de causa y efecto para hallar las relaciones conceptuales. Hay varios estudios que han tenido esta aproximación (Aussenac-Gilles & Jacques, 2006, L'Homme y Marshman, 2006; Marshman, 2008). Una de las líneas de actuación más recientes es la ofrecida por Aguado de Cea et al. (2009a, 2009b) sobre dos relaciones taxonómicas, la relación *subclassOf* y la relación *Part-Whole* para la construcción semiautomática de ontologías a través de la localización de patrones léxico-sintácticos que relacionan en un repositorio junto a los patrones de diseño ontológicos u *Ontology Design Patterns* (ODPs). En *NavSAFE Term-Onto Database* nos basamos en las relaciones internas entre términos para descifrar su relación conceptual, lo cual implica un nivel de abstracción y de introspección mayor por lo que juzgamos que nuestra aportación ofrece tanto un enfoque como un modo de operación distintos.

hemos abordado la relación de los conceptos a nivel interoracional que, normalmente, por referentes anafóricos y catafóricos se pueden localizar. Hemos planteado el estudio en tripletas, que es el soporte gráfico usado para proyectar las relaciones entre conceptos, y las hemos alojado en diagramas de clase en los que se ha concentrado toda la información básica del concepto según los datos validados del corpus NavSAFE_EN.

A diferencia de la fase de extracción, para la que se ha empleado un enfoque semasiológico, en la fase de conceptualización se ha utilizado un método híbrido, es decir, del término al concepto y del concepto al término, ya que la extracción de las relaciones conceptuales requiere retomar y revisar decisiones previas. Esta fase de determinación de los vínculos entre conceptos es crucial para poder organizar y estructurar la representación de los conceptos del dominio de una forma relacional en la término-ontología. Conviene aclarar que una relación conceptual no siempre es exclusiva de dos conceptos, sino que puede ser compartida por otros conceptos de la misma categorización, aunque se podrán generar relaciones conceptuales más específicas con la introducción de características concretas que permitan distinguir unos de otros. A modo de ejemplo, presentamos los contextos definitorios extraídos del corpus NavSAFE_EN para <ship's routeing system> y para <ship reporting system> en el que se muestra el concepto origen, la relación conceptual generada y el concepto meta.

- Contexto definitorio 1: *Ship's routeing systems contribute to safety and efficiency of navigation and/or protection of the marine environment.*
- Contexto definitorio 2: *Ship reporting systems contribute to safety and efficiency of navigation and/or protection of the marine environment.*

En la tripleta representada en la figura 69, se observa la relación conceptual para representar el contexto definitorio 1 en el que el concepto origen es <ship's routeing system>:

**Fig. 69:** Tripleta concepto origen <ship's routeing system>

La figura 70 muestra la tripleta que representa al contexto definitorio 2, correspondiente al concepto origen <ship reporting system>. Se puede observar que la relación conceptual es distinta, ya que el concepto origen determina, en este caso, la diferencia.

**Fig. 70:** Tripleta concepto origen <ship reporting system>

Obsérvese, no obstante, que la tarea de conceptualización también podría haber llevado a una generalización centrada en sistemas del buque diseñados para mejorar la seguridad y eficiencia de la navegación, la que derivaría en una relación conceptual compartida, por ejemplo: `shipSystemEnhanceNavSafety`. Aplicando este razonamiento, también se puede hallar un concepto del que se pueden extraer distintas relaciones conceptuales, es decir, se puede modelar de distinta forma en función del fin último de la término-ontología.

En cuanto a los diagramas de clases, en ellos se reúne la información fundamental de cada concepto. Figuran el código asignado al concepto[301], las categorías relacionales de concepto superordinado y subordinado[302], la definición, las categorías conceptuales y la tripleta que ilustra el patrón del concepto de búsqueda básico y de las relaciones que marca, normalmente, el argumento predicativo, en donde se halla ubicado el segundo concepto que la relación conceptual vincula.

Las definiciones, como ha quedado expuesto en este capítulo, se extrajeron del corpus aplicando las técnicas de extracción de concordancias y de patrones de conocimiento y fueron posteriormente analizadas y adaptadas al modelo terminográfico[303] que establecimos. No obstante, en esta fase también accedimos a textos completos para refinar las funciones de ciertos equipos. Por ejemplo, la definición referida a <global maritime distress and safety system>—en español, sistema mundial de socorro y seguridad marítima—, que figura en la tabla 18, muestra que este sistema proporciona una alerta de socorro, pero también añade que promulga la información sobre seguridad marítima a los navegantes. Teníamos, pues, que decidir cuál era la función específica del sistema. Consultamos el sitio web institucional de Salvamento Marítimo, del Ministerio

301 El identificador del concepto es diferente del identificador de la unidad terminológica, ya que se refiere al orden taxonómico y no al orden de frecuencias o de aparición de la unidad terminológica.

302 Wüster se refiere a estas relaciones como «término de inclusión» y «término parcial», respectivamente: «Ein untergeordneter Bestandsbegriff heiβt 'Teilbegriff'; ein übergeordneter heisst 'Einschlussbegriff'» (Wüster, 1974, p. 93).

303 Las definiciones del diagrama de clases no son las definiciones terminográficas adaptadas, sino que corresponden a las muestras reales extraídas del corpus NavSAFE_EN.

de Transporte, Movilidad y Agenda Urbana, del Gobierno de España. El texto publicado en este sitio web sobre la función del Sistema Mundial de Socorro y Seguridad Marítima (SMSSM) aclaró cuál es la función principal, como se muestra seguidamente (nuestras cursivas):

> El SMSSM es un sistema de radiocomunicaciones de alta fiabilidad de alertas barco-tierra *que posibilita* que los Centros Coordinadores de Salvamento Marítimo, bien directamente o a través de las Estaciones Radio Costeras (CCR), *reciban las llamadas de emergencia* transmitidas por los buques en peligro, de manera que puedan coordinarse las operaciones de salvamento más adecuadas en cada caso y con la mínima demora posible[304].

Se presentan en las tablas 18, 19, 20, 21, 22, 23, 24, 25, 26, 27, 28 y 29, a continuación, varias muestras de los diagramas de clase de los distintos conceptos y de las relaciones conceptuales, que han sido elaborados en inglés. Este ha sido un paso necesario previo para organizar la representación conceptual y determinar detalladamente el conjunto de relaciones conceptuales que se ofrecen en el inventario de la acción 5.

**Tab. 18:** Modelo de análisis categorial del concepto <global maritime distress and safety system>

<table>
<tr><td>Concept</td><td colspan="3">Id 00213511 <Global Maritime Distress and Safety System></td></tr>
<tr><td>Concept dependency relations</td><td colspan="2">Superordinate<br>-Shipboard navigational safety<br>-Shipborne radiocommunication and satellite equipment<br>-Maritime safety information service</td><td>Subordinate</td></tr>
<tr><td>Corpus sample definition</td><td colspan="3">Global Maritime Distress and Safety System (GMDSS) means the global communications service based upon automated systems, both satellite and terrestrial, to provide distress alerting and promulgation of maritime safety information for mariners.</td></tr>
<tr><td>Conceptual categories</td><td colspan="3">INSTRUMENT, FUNCTION</td></tr>
<tr><td>Triplet</td><td>CONCEPT 1<br><global maritime distress and safety system></td><td>Conceptual relation<br><code>instrumentFor-MaritimeSafety-Broadcast</code></td><td>CONCEPT 2<br><maritime safety information></td></tr>
</table>

304 Recuperado de http://www.salvamentomaritimo.es/mejora-tu-seguridad/control-y-servicios-en-la-mar/sistema-mundial-de-socorro-y-seguridad-maritima el 19 de julio de 2021.

**Tab. 19:** Modelo de análisis categorial del concepto <ais search and rescue transmitter>

| | | | |
|---|---|---|---|
| Concept | Id 00213 <ais search and rescue transmitter> | | |
| Concept dependency relations | Superordinate<br>-Shipboard navigational safety<br>-Shipborne navigational aids<br>-Automatic Identification System | | Subordinate |
| Corpus sample definition | *AIS search and rescue transmitter transmits messages that indicate the position, static and safety information of a unit in distress.* | | |
| Conceptual categories | FUNCTION, INSTRUMENT, OBJECT | | |
| Triplet | CONCEPT 1<br><ais search and rescue transmi-tter> | Conceptual relation<br>`instrumentSubtypeOn-BoardForNavAidFunction` | CONCEPT 2<br><safety information> |

**Tab. 20:** Modelo de análisis categorial del concepto <international safety management code>

| | | | |
|---|---|---|---|
| Concept | Id 0012 <international safety management code> | | |
| Concept dependency relations | Superordinate<br>-shipboard navigational safety<br>-regulations on navigational safety | | Subordinate<br>-Safety management system<br>-Safety management certificate<br>-Safety system |
| Corpus sample definition | *International Safety Management (ISM) Code means the International Management Code for the Safe Operation of Ships and for Pollution Prevention adopted by the Organization by resolution A.741(18), as may be amended by the Organization, provided that such amendments are adopted, brought into force and take effect in accordance with the provisions of article VIII of the present Convention concerning the amendment procedures applicable to the annex other than chapter I.* | | |
| Conceptual categories | RULE, ACTION, OBJECT | | |
| Triplet | CONCEPT 1<br><international safety mana-gement code> | Conceptual relation<br>`objectNavSafety-ManagedBy` | CONCEPT 2<br><safe naviga-tion> |

**Tab. 21:** Modelo de análisis categorial del concepto <off-course alarm>

| | | | |
|---|---|---|---|
| Concept | Id 0052111171 <off-course alarm> | | |
| Concept dependency relations | Superordinate<br>-bridge watchkeeping<br>-steering control | Subordinate | |
| Corpus sample definition | *As part of the steering control system, there is an off-course alarm to warn the OOW when the ship deviates from its heading.* | | |
| Conceptual categories | INSTRUMENT, FUNCTION, AGENT (human), ACTION | | |
| Triplet | CONCEPT 1<br><off-course alarm> | Conceptual relation<br>`instrumentNav-ControlForAgen-tOnWatch` | CONCEPT 2<br><heading> |

**Tab. 22:** Modelo de análisis categorial del concepto <transmitting heading device>

| | | | |
|---|---|---|---|
| Concept | Id 00216 <transmitting heading device> | | |
| Concept dependency relations | Superordinate<br>-shipboard navigational safety<br>-shipborne navigational aids<br>-Speed and Distance Measuring Equipment | Subordinate | |
| Corpus sample definition | *A Transmitting heading device (THD) is an electronic device that provides information about the ship's true course.* | | |
| Conceptual categories | INSTRUMENT, FUNCTION, OBJECT, LOCATION (transit) | | |
| Triplet | CONCEPT 1<br><transmitting heading device> | Conceptual relation<br>`instrumentOnboardForMea-suringTrueCourse` | CONCEPT 2<br><true course> |

**Tab. 23:** Modelo de análisis categorial del concepto <emergency escape breathing device>

| | | | |
|---|---|---|---|
| Concept | Id 00419132 <emergency escape breathing device> | | |
| Concept dependency relations | Superordinate<br>-Shipboard navigational safety<br>-Fire-fighting equipment<br>-Fire safety system<br>-Breathing apparatus | | Subordinate |
| Corpus sample definition | *An emergency escape breathing device (EEBD) is a supplied air or oxygen device only used for escape from a compartment that has a hazardous atmosphere and shall be of an approved type.* | | |
| Conceptual categories | INSTRUMENT, FUNCTION, AGENT (+human), LOCATION (transit) | | |
| Triplet | CONCEPT 1<br><emergency escape breathing device> | Conceptual relation<br>`instrumentPersonal-ForBreathingWhenFi-reOnboard` | CONCEPT 2<br><breathing appa-ratus> |

**Tab. 24:** Modelo de análisis categorial del concepto <sailing directions>

| | | | |
|---|---|---|---|
| Concept | Id 0069182 <sailing directions> | | |
| Concept dependency relations | Superordinate<br>-Shipboard navigational safety<br>-Ship's routeing<br>-Official nautical publications | | Subordinate |
| Corpus sample definition | *They provide essential information on all aspects of navigation including hazards, buoyage, weather patterns, pilotage details, regulations, port facilities, and guides on port entry.* | | |
| Conceptual categories | LOCATION, ROUTE, INSTRUMENT, FUNCTION, AGENT (+ human), OBJECT | | |
| Triplet | CONCEPT 1<br><nautical chart> | Conceptual relation<br>`locationTextGuide-ForObjectTransit` | CONCEPT 2<br><essential infor-mation> |

**Tab. 25:** Modelo de análisis categorial del concepto <free-fall lifeboat>

| | | | |
|---|---|---|---|
| Concept | Id 003311 <free-fall lifeboat> | | |
| Concept dependency relations | Superordinate<br>-Shipboard navigational safety<br>-Life-saving appliances<br>-Survival craft<br>-Lifeboat | | Subordinate |
| Corpus sample definition | *A lifeboat which has been constructed for free-fall launching, whereby the craft with its complement of persons and equipment on board is released and allowed to fall into the sea without any restraining apparatus (SOLAS, Chapter III).* | | |
| Conceptual categories | LOCATION (ONBOARD), INSTRUMENT, FUNCTION | | |
| Triplet | CONCEPT 1<br><free-fall lifeboat> | Conceptual relation<br>`onboardInstrument-SurvivalCraftType` | CONCEPT 2<br><lifeboat> |

**Tab. 26:** Modelo de análisis categorial del concepto <immersion suit>

| | | | |
|---|---|---|---|
| Concept | Id 00341 <immersion suit> | | |
| Concept dependency relations | Superordinate<br>-Shipboard navigational safety<br>-Life-saving appliances<br>-Personal life-saving appliances | | Subordinate<br>-non-insulated immersion suit<br>-insulated immersion suit |
| Corpus sample definition | *An immersion suit which has buoyancy and is designed to be worn without a lifejacket shall be fitted with a light and the whistle complying with the requirements for lifejackets. A protective suit that reduces the body heat-loss of a person wearing it in cold water, e.g. when rescuing someone from the sea.* | | |
| Conceptual categories | LOCATION (ONBOARD), INSTRUMENT, FUNCTION, AGENT | | |
| Triplet | CONCEPT 1<br><immersion suit> | Conceptual relation<br>`onboardIndividua-lInstrumentTypeForA-bandoningObject` | CONCEPT 2<br><personal life-saving appliances> |

**Tab. 27:** Modelo de análisis categorial del concepto <separation zone>

| | | | |
|---|---|---|---|
| Concept | Id 0069191 <separation zone> | | |
| Concept dependency relations | Superordinate<br>-Shipboard navigational safety<br>-Ship's routeing<br>-Traffic lane | Subordinate | |
| Corpus sample definition | *A zone separating the traffic lanes in which vessels are proceeding in opposite or nearly opposite directions; or separating a traffic lane from the adjacent sea area; or separating traffic lanes designated for particular classes of vessels proceeding in the same direction.* | | |
| Conceptual categories | LOCATION, RULE, OBJECT | | |
| Triplet | CONCEPT 1<br><separation zone> | Conceptual relation<br>`locationOrganizationFo-rObjectOnRouteAtSea` | CONCEPT 2<br><traffic lane> |

**Tab. 28:** Modelo de análisis categorial del concepto <emergency condition>

| | | | |
|---|---|---|---|
| Concept | Id 0075 <emergency condition> | | |
| Concept dependency relations | Superordinate<br>-Shipboard navigational safety<br>-Ship's condition | Subordinate<br>-blackout<br>-cargo shifting<br>-machine failure<br>-ship collision<br>-ship flooding<br>-ship grounding<br>-ship list<br>-ship on fire<br>-sinking of a ship | |
| Corpus sample definition | *Emergency condition is a condition under which any services needed for normal operational and habitable conditions are not in working order due to failure of the main source of electrical power.* | | |
| Conceptual categories | RISK, OBJECT, LOCATION | | |
| Triplet | CONCEPT 1<br><emergency condi-tion> | Conceptual relation<br>`riskObjectEmergen-cyTypeAtSea` | CONCEPT 2<br><blackout> |

**Tab. 29:** Modelo de análisis categorial del concepto <vessel constrained by her draught>

| | | | |
|---|---|---|---|
| Concept | Id 0085 <vessel constrained by her draught> | | |
| Concept dependency relations | Superordinate<br>-Shipboard navigational safety<br>-Ship's condition | Subordinate | |
| Corpus sample definition | *The term vessel constrained by her draught means a power-driven vessel which, because of her draught in relation to the available depth and width of navigable water, is severely restricted in her ability to deviate from the course she is following.* | | |
| Conceptual categories | OBJECT, ACTION, LOCATION, RISK | | |
| Triplet | CONCEPT 1<br><vessel constrained by her draught> | Conceptual relation<br>`objectGeneralConditionOnVoyage` | CONCEPT 2<br><ship's condition> |

### 4.1.5. Acción 5: elaboración de un inventario de relaciones conceptuales

A partir de los datos obtenidos en las acciones previas, se presenta en la tabla 30 un listado de relaciones conceptuales pertenecientes al dominio de la seguridad de la navegación marítima de a bordo del buque. Por motivos de espacio, no se incluye la descripción de cada relación conceptual en el inventario, pero se puede consultar en la ontología y en el glosario término-ontológico cuya muestra ofrecemos en la sección 4.2.2. de este estudio. Según los datos del corpus NavSAFE y de la metodología empleada para su extracción y análisis, se han obtenido 431 unidades terminológicas y, como resultado final de la actividad de conceptualización se han identificado 125 relaciones conceptuales.

**Tab. 30:** Inventario de 125 relaciones conceptuales resultantes de la fase de conceptualización

| N.º | Relación conceptual[a] | Ejemplos del corpus con los conceptos implicados[b] |
|---|---|---|
| 1 | `agentCheckingInstruments ForSafetyPurposes` | *-operational checks*<br>*-failure analysis* |
| 2 | `actionAgentInCommandOnboard` | *-Standing orders* |
| 3 | `agentOnWatchActionOnboard` | *-bridge watchkeeping*<br>*-navigational watch*<br>*-continuous watch*<br>*-radio watchkeeping*<br>*-effective watch handover*<br>*-GMDSS watchkeeping*<br>*-GMDSS log keeping* |
| 4 | `agentOnWatchLocation CommunicationType` | *-Routine communications*<br>*-Bridge-to-bridge communications*<br>*-Intership navigational safety communication* |
| 5 | `agentOnWatchFunction Location` | *-navigation bridge*<br>*-workstation*<br>*-conning position*<br>*-operating compartment*<br>*-operating station* |
| 6 | `instrumentVisualDisplay ForAgentOnWatch` | *-conning display*<br>*-multifunction display*<br>*-navigation bridge visibility* |
| 7 | `instrumentNavDataForAgentOnWatch` | *-essential information*<br>*-heading*<br>*-target*<br>*-bearing*<br>*-true course*<br>*-true speed*<br>*-relative course*<br>*-relative speed*<br>*-Course Over Ground*<br>*-Closest Point of Approach*<br>*-Time to Closest Point of Approach* |
| 8 | `instrumentNavControl ForAgentOnWatch` | *-track control systems*<br>*-off-course alarm*<br>*-heading control* |

**Tab. 30:** Continuación

| | | |
|---|---|---|
| 9 | actionAgentInCommand | *-Master* |
| 10 | agentTeamBridgeObjectLocation | *-bridge team*<br>*-Officer of the Watch*<br>*-helmsman*<br>*-look-out*<br>*-relieving officer*<br>*-pilot* |
| 11 | locationAboardForSteeringObject | *-wheel* |
| 12 | objectInstrumentFor TransferringAgent | *-pilot transfer arrangements*<br>*-pilot ladder*<br>*-pilot mechanical hoist* |
| 13 | onboardLocationInstrument Management | *-bridge resource management*<br>*-bridge alert management* |
| 14 | objectDynamicPositionControlled ByInstrument | *-dynamic positioning system* |
| 15 | objectDynamicPositionControlled ByInstrumentPart | *-power system*<br>*-thruster system*<br>*-DP control system* |
| 16 | objectSteeringControlSystem | *-control system*<br>*-steering control* |
| 17 | objectSteeringControlSystemMode | *-automatic control sytem*<br>*-manual control system*<br>*-emergency controls* |
| 18 | objectControlCommand InBridgeLocation | *-control command* |
| 19 | objectControlCommandPart InBridgeLocation | *-centre command console*<br>*-port wing*<br>*-starboard wing* |
| 20 | agentTrainingRuledBy | *-International Convention on Standards of Training, Certification and Watchkeeping for Seafarers* |

**Tab. 30:** Continuación

| | | |
|---|---|---|
| 21 | `locationOrganization`<br>`ForObjectOnRouteAtSea` | *-ship's routeing*<br>*-traffic separation scheme*<br>*-route*<br>*-deep water route*<br>*-two-way route*<br>*-two-way route with one-way sections*<br>*-Particulary Sensitive Sea Areas*<br>*-Special Area*<br>*-fairway*<br>*-inshore traffic zone*<br>*-precautionary area*<br>*-track*<br>*-one-way track*<br>*-two-way track*<br>*-traffic lane*<br>*-separation zone*<br>*-separation line*<br>*-traffic clearance*<br>*-traffic separated by natural obstructions*<br>*-roundabout*<br>*-area to be avoided*<br>*-recommended route* |
| 22 | `objectOnRouteReportingSystem` | *-ship reporting system*<br>*-ship reporting area*<br>*-receiving point* |
| 23 | `locationTextGuide`<br>`ForObjectTransit` | *-official nautical publications*<br>*-nautical chart*<br>*-sailing directions*<br>*-ocean passage*<br>*-port guide*<br>*-notice to mariners*<br>*-lists of lights*<br>*-lists of radio signals*<br>*-tide tables* |
| 24 | `instrumentLineForNavReference` | *-leading line* |
| 25 | `objectRoutePlanDesign` | *-passage planning* |
| 26 | `routePointInPlanDesign` | *-waypoint* |
| 27 | `objectRoutePlanDesign`<br>`Evaluation` | *-appraisal* |

**Tab. 30:** Continuación

| | | |
|---|---|---|
| 28 | instrumentPartExternal ServiceMonitorsTrafficObject | *-Information Service*<br>*-Navigational Assistance Service*<br>*-Traffic Organization Service* |
| 29 | objectOwnNavigationLight Instrument | *-navigation light-vessel's own lights*<br>*-masthead light*<br>*-towing light*<br>*-all-round light*<br>*-flashing light*<br>*-sidelight*<br>*-sternlight* |
| 30 | objectOwnNavigationLight ControlledByInstrument | *-navigation light controller*<br>*-navigation light associated equipment* |
| 31 | routeMarkingInstrumentsRuledBy | *-IALA maritime buoyage system* |
| 32 | objectSeaCraftGeneral | *-vessel* |
| 33 | objectSeaCraftType | *-power-driven vessel*<br>*-sailing vessel* |
| 34 | objectGeneralConditionOnVoyage | *-ship's condition*<br>*-normal condition*<br>*-vessel underway*<br>*-vessel constrained by her draught* |
| 35 | objectUrgencyConditionOnVoyage | *-urgency condition* |
| 36 | objectRestricted ManoeuvringCondition | *-hampered vessel*<br>*-vessel restricted in her ability to manoeuvre* |
| 37 | locationRefugeForObject InDistress | *-Place of refuge* |
| 38 | riskObjectEmergencyTypeAtSea | *-blackout*<br>*-ship collision*<br>*-ship grounding*<br>*-ship on fire*<br>*-ship flooding*<br>*-ship list*<br>*-machinery failure*<br>*-cargo shifting*<br>*-sinking of a ship* |
| 39 | riskAgentOnboardUrgency TypeAtSea | *-Person overboard*<br>*-Medical assistance* |

**Tab. 30:** Continuación

| | | |
|---|---|---|
| 40 | objectOnRouteAtSeaRuledBy | *-International Regulations for Preventing Collisions at Sea*<br>*-traffic rules for vessels* |
| 41 | objectEncountersObject<br>SituationType | *-head-on situation*<br>*-crossing situation*<br>*-overtaking vessel* |
| 42 | objectApproachingObject<br>GivesWay | *-give-way vessel* |
| 43 | objectApproachingObjectHas<br>PassPreference | *-stand-on vessel* |
| 44 | onboardEmergencySafety<br>Instrument | *-emergency alarm*<br>*-safety system* |
| 45 | objectSupportedByExternal<br>InstrumentService | *-Vessel Traffic Service* |
| 46 | objectEmergencyCondition<br>OnVoyage | *-emergency condition*<br>*-vessel not under command*<br>*-dead ship condition* |
| 47 | instrumentTypeOnBoard<br>ForNavAidTypeElement | *-sleeping AIS target*<br>*-lost AIS target*<br>*-RADAR cross section*<br>*-RADAR reflector*<br>*-RADAR target* |
| 48 | InstrumentOnBoardForNavAid | *-shipborne navigational aids* |
| 49 | instrumentSubtypeOnBoard<br>ForNavAidFunction | *-standard compass*<br>*-magnetic compass*<br>*-electromagnetic compass*<br>*-gyro-compass*<br>*-Electronic navigational chart*<br>*-raster navigational chart*<br>*-AIS search and rescue transmitter*<br>*-AIS transceiver*<br>*-Automatic track-while-scan radar*<br>*-RADAR target enhancer* |

**Tab. 30:** Continuación

| | | |
|---|---|---|
| 50 | `instrumentTypeOnBoard ForNavAidFunction` | *- Automatic Identification System*<br>*-Automatic Radar Plotting Aid*<br>*-Automatic Tracking Aid*<br>*-Automatic Pilot*<br>*-Electronic Chart Display and Information System*<br>*-Echo-sounding device*<br>*-Compass*<br>*-Electronic Position Fixing System*<br>*-Emergency Position-Indicating Radio Beacon*<br>*-Radio Detection and Ranging*<br>*-Long-Range Identification and Tracking System*<br>*-Marine Transmitting Heading Devices*<br>*-RADAR beacon*<br>*-Radiotelephone* |
| 51 | `instrumentOnBoardfor RadioSatCommAtSea` | *-shipborne radiocommunication and satellite equipment* |
| 52 | `instrumentServiceforSatNav` | *-Global Navigation Satellite System*<br>*-Global Navigation Satellite System (GLONASS)*<br>*-Global Positioning System*<br>*-Inmarsat* |
| 53 | `instrumentOnboardForReceiving SatComm` | *-shipborne GLONASS receiver equipment*<br>*-shipborne Global Positioning System receiver equipment*<br>*-Inmarsat terminal* |

**Tab. 30:** Continuación

| | | |
|---|---|---|
| 54 | `instrumentTypesOnboardFor RadioSatMessagingAtSea` | *-World-Wide Radionavigation System*<br>*-Routine and general communications*<br>*-Standard Marine Communication Phrases*<br>*-Emergency communications*<br>*-Distress communication*<br>*-MAYDAY*<br>*-Mayday relay*<br>*-Urgency communications*<br>*-PAN-PAN*<br>*-Tele-medical assistance service*<br>*-Safety communications-SECURITÉ*<br>*-Digital Selective Call*<br>*-pre-defined codified messages* |
| 55 | `instrumentForSearchAndRescue ServiceInformationAtSea` | *-SAR information*<br>*-Search and Rescue Service*<br>*-COSPAS-SARSAT* |
| 56 | `actionSearchAndRescue CoordinatedBy` | *-SAR co-ordinator*<br>*-Maritime Rescue Co-ordination Centre* |
| 57 | `functionSearchAndRescueRuledBy` | *-International Convention on Maritime Search and Rescue* |
| 58 | `instrumentForSearchAnd RescueBroadcast` | *-search and rescue transponder* |
| 59 | `instrumentForMaritimeSafety BroadcastService` | *-Maritime Safety Information Service*<br>*-SafetyNET*<br>*-National SafetyNET*<br>*-International SafetyNET* |
| 60 | `instrumentForMaritime SafetyInformationType` | *-Meteorological information* |

**Tab. 30:** Continuación

| | | |
|---|---|---|
| 61 | `instrumentForMaritime SafetyBroadcast` | *-maritime safety information*<br>*-Global Maritime Distress and Safety System*<br>*-Enhanced Group Call*<br>*-National enhanced group call service*<br>*-International enhanced group call*<br>*-High Frequency Narrow-Band Direct Printing* |
| 62 | `instrumentForNavWarningAtSea` | *-World-Wide Navigational Warning Service*<br>*-navigational warning* |
| 63 | `locationInstrument ForNavWarningAtSea` | *-coastal warning*<br>*-coastal warning area*<br>*-local warning*<br>*-NAVAREA*<br>*-NAVAREA warning*<br>*-Sub-area warning* |
| 64 | `riskNavWarningAtSeaCoordinatedBy` | *-National co-ordinator*<br>*-NAVAREA co-ordinator* |
| 65 | `navTextInformation` | *-Navigational text messages* |
| 66 | `riskNavTextInformationType` | *-Piracy-attack warning*<br>*-Meteorological NAVTEX message*<br>*-Tsunami warning* |
| 67 | `agentNavTextInformation CoordinatedBy` | *-NAVTEX co-ordinator* |
| 68 | `locationNavTextInformation Service` | *-NAVTEX service area*<br>*-National NAVTEX service*<br>*-International NAVTEX service* |
| 69 | `instrumentForNavTextAboard` | *-NAVTEX receiver* |
| 70 | `functionMeteorInformation ServiceAtSea` | *-World-Wide Met-Ocean Information and Warning Service*<br>*-National Meteorological and hydrological Service* |
| 71 | `riskWarningMeteorology InformationType` | *-Meteorological warning*<br>*-Ice accretion warning* |
| 72 | `functioMetareaInformationService` | *-METAREA*<br>*-ice patrol service* |
| 73 | `functionMetareaBroadcastService` | *-METAREA issuing service* |

**Tab. 30:** Continuación

| | | |
|---|---|---|
| 74 | `agentMetareaBroadcast CoordinatedBy` | *-METAREA co-ordinator* |
| 75 | `onboardInstrument ForAbandoningObject` | *-life-saving appliances*<br>*-fire-fighting equipment*<br>*-survival craft*<br>*-line-throwing appliances* |
| 76 | `FunctionSteeringChecking ProcedureInEmergency` | *-emergency steering drills* |
| 77 | `onboardProcedure ForAbandoningObject` | *-emergency drills*<br>*-lifeboat drills with on-load release davit-launched lifeboats*<br>*-Marine evacuation system*<br>*-Abandon ship drills*<br>*-Time for orderly evacuation and abandonment*<br>*-escape route*<br>*-embarkation ladder*<br>*-muster station*<br>*-muster list* |
| 78 | `onboardIndividualInstrumentType ForAbandoningObject` | *-personal life-saving appliances*<br>*-lifebuoy*<br>*-lifejacket*<br>*-immersion suit*<br>*-non-insulated immersion suit*<br>*-insulated immersion suit*<br>*-thermal-protective aid*<br>*-anti-exposure suit* |
| 79 | `instrumentForRisk VisualSignalling` | *-rocket-parachute flare*<br>*-buoyant smoke signal*<br>*-hand-flare*<br>*-marine pyrotechnics* |
| 80 | `instrumentOnboard ForEmergencyAnnouncement` | *-general emergency alarm system*<br>*-general emergency alarm* |
| 81 | `instrumentOnboard ForAnnouncement` | *-public address system* |

**Tab. 30:** Continuación

| | | |
|---|---|---|
| 82 | `onboardInstrumentSurvival CraftType` | *-lifeboat*<br>*-free-fall lifeboat*<br>*-davit-launched lifeboat*<br>*-self-righting partially enclosed lifeboat*<br>*-totally enclosed lifeboat*<br>*-liferaft*<br>*-inflatable liferaft*<br>*-rigid liferaft*<br>*-rescue boat* |
| 83 | `onboardInstrumentSurvival CraftTypeElement` | *-buoyant oars*<br>*-radio installations used in life-saving appliances*<br>*-two-way VHF radiotelephone system* |
| 84 | `instrumentExtraElement OnBoardSeaSurvivalType` | *-lifeboat fitted with searchlights*<br>*-fire-protected lifeboat*<br>*-lifeboat with a self-contained air support system* |
| 85 | `instrumentOnboardSeaSurvival EquipmentIsRuledBy` | *The International Life-Saving Appliances Code* |
| 86 | `functionInstrumentForRelease OnboardSurvivalCraft` | *-launching and embarkation appliances*<br>*-launching appliances*<br>*-launching appliances using falls and a winch*<br>*-launching appliances for free-fall lifeboats*<br>*-fall preventer devices*<br>*-launching appliances for fast rescue boats*<br>*-liferaft launching appliances*<br>*-float-free launching*<br>*-lifeboat release and retrieval system*<br>*-release gear system*<br>*-on-load release*<br>*-davit*<br>*-lifeline* |

**Tab. 30:** Continuación

| | | |
|---|---|---|
| 87 | `functionInstrumentElementFor ReleaseOnboardSurvivalCraft` | *-hook assembly*<br>*-movable hook component*<br>*-hook locking part*<br>*-operating mechanism*<br>*-release handle* |
| 88 | `actionFireSafetyManagedBy` | *-fire control plan*<br>*-fire drills*<br>*-fire safety operational booklet*<br>*-central control station*<br>*-control station* |
| 89 | `instrumentOnBoardForFire-fightingDetectionSystem` | *-fixed fire detection and fire alarm systems*<br>*-smoke detector*<br>*-heat detector*<br>*-fixed fire detection and alarm system for cabin balconies*<br>*-fixed hydrocarbon gas detection system* |
| 90 | `instrumentTypeOnBoard ForFire-fighting` | *-fire extinguisher*<br>*-portable fire extinguisher*<br>*-non-portable fixed fire extinguisher*<br>*-mobile water monitor*<br>*-fire mains*<br>*-fire hydrant*<br>*-fire hose*<br>*-fire damper*<br>*-smoke damper*<br>*-emergency fire pump*<br>*-automatic sprinkler*<br>*-nozzle* |
| 91 | `actionResultFire-Fighting` | *-fire extinction* |
| 92 | `agentOnboardAction ForFire-fighting` | *fire-fighting team* |

**Tab. 30:** Continuación

| | | |
|---|---|---|
| 93 | `instrumentSystemOnBoard ForFire-fighting` | *-fire-extinguishing system*<br>*-fixed gas fire-extinguishing system*<br>*-fixed foam fire-extinguishing system*<br>*-fixed deck foam extinguishing system*<br>*-fixed pressure water-spraying fire-extinguishing system*<br>*-fixed pressure water-spraying and water-mist fire-extinguishing system*<br>*-fire safety system*<br>*-fixed pressure water-spraying fire-extinguishing system for cabin balconies*<br>*-fixed water-based local application fire-fighting system*<br>*-fixed water-based fire-fighting system for ro-ro spaces, vehicle spaces and special category spaces*<br>*-water-mist fire-extinguishing system*<br>*-fixed aerosol fire-extinguishing system*<br>*-fixed carbon dioxide fire-extinguishing system*<br>*-water-based fire-extinguishing system*<br>*-water-based fire-extinguishing system for machinery spaces and cargo pump-rooms* |
| 94 | `instrumentPersonalFor OnboardFire-fighter` | *-fire-fighter's outfit*<br>*-personal equipment*<br>*-self-contained compressed air-breathing apparatus* |
| 95 | `instrumentPersonalForBreathing WhenFireOnBoard` | *-breathing apparatus*<br>*-self-contained breathing apparatus*<br>*-Emergency Escape Breathing Device* |
| 96 | `fire-fightingSystemsRuledBy` | *-Fire Safety Systems Code* |

**Tab. 30:** Continuación

| | | |
|---|---|---|
| 97 | `instrumentForNavDataRecording` | *-Voyage Data Recorder*<br>*-Simplified Voyage Data Recorder* |
| 98 | `instrumentSystemForNavigation IntegratedBy` | *-Integrated bridge systems*<br>*-Integrated Navigation Systems* |
| 99 | `functioninstrumentForIntegrated NavigationRuledBy` | *-Performance standard for integrated navigation system* |
| 100 | `objectNavSafetyRuledBy` | *-Regulations on navigational safety*<br>*-International Convention for the Safety of Life at Sea* |
| 101 | `objectNavSafetyManagedBy` | *-International Safety Management Code* |
| 102 | `instrumentForAudibleVisual SignallingOnboard` | *-indicator*<br>*-rate of turn indicator*<br>*-signal*<br>*-call*<br>*-silence*<br>*-cancel*<br>*-acknowledge* |
| 103 | `riskSignallingManagement` | *-aggregation*<br>*-grouping*<br>*-priority* |
| 104 | `instrumentForVisualSignalling TypeOnboard` | *-daylight signalling lamp* |
| 105 | `instrumentForAudibleSignalling TypeOnboard` | *-bell*<br>*-klaxon*<br>*-Siren*<br>*-foghorn*<br>*-buzzer*<br>*-whistle* |
| 106 | `instrumentDurationType ForAudibleSignalling` | *-short blast*<br>*-prolonged blast* |
| 107 | `objectAlertAnnouncementOnboard` | *-alert*<br>*-alert announcement*<br>*-aggregated alert* |
| 108 | `riskAnnouncementForSafety InstrumentOnboardAlertType` | *-alarm*<br>*-warning*<br>*-caution* |

**Tab. 30:** Continuación

| | | |
|---|---|---|
| 109 | riskAnnouncementForSafety InstrumentOnboardAlertAcceptKey | *-accept* |
| 110 | instrumentForRisk AlertTypeOnboard | *-Bridge watch alarm*<br>*-Machinery alarm*<br>*-Steering gear alarm*<br>*-Control system fault alarm*<br>*-Bilge alarm*<br>*-Fire alarm*<br>*-Fire-extinguishing medium alarm*<br>*-Water ingress detection pre-alarm-Engineer's alarm*<br>*-Personnel alarm*<br>*-Power-operated watertight door fault alarm*<br>*-Navigation-related alarms*<br>*-Position monitoring alarm*<br>*-Heading monitoring alarm*<br>*-Fire alarm*<br>*-Water ingress detection main alarm*<br>*-Personnel hazard alarm*<br>*-Fire-extinguishing pre-discharge alarm*<br>*-Distress alert*<br>*-Cargo alarm*<br>*-Alarms for special ships* |
| 111 | instrumentSystemIndicatorOfFire-ExtinguishingSystemActivation | *-fixed water-based local application fire alarm system*<br>*-fixed local application fire-extinguishing system activation alarm* |
| 112 | objectOnboardAlertSystem ForEmergency | *-Bridge navigational watch alarm system* |
| 113 | objectOnboardAlertSystem ForEmergencyManagedBy | *-Bridge alarm management system* |
| 114 | objectOnboardAlerts AboutAlertSystem | *-Alarms indicating faults in alert management or detections systems or loss of their power supplies* |
| 115 | riskAlertTypeDetectionOnBoard | *-Fire detection alarm*<br>*-Gas detection alarm* |

**Tab. 30:** Continuación

| | | |
|---|---|---|
| 116 | `instrumentforAlertManagement` | *-Central alert management*<br>*-Central alert management human machine interface* |
| 117 | `objectInstrumentOnboardFor AudibleAndVisualAlert` | *-Audible and visual alerts and indicators* |
| 118 | `objectAlertsOnboardRuledBy` | *-Code on Alerts and Indicators* |
| 119 | `instrumentOnboardForSpeed DistanceMeasuring` | *-Speed and Distance Measuring Equipment*<br>*-Speed log* |
| 120 | `instrumentSystemOnboard ForSpeedMeasuring` | *-Speed log system* |
| 121 | `actionSteeringOnboardFor EnsuringSafeNavigation` | *-safe speed* |
| 122 | `instrumentActionOnboardFor EnsuringNavigationalSafety` | *-shipboard navigational safety*<br>*-safety of navigation*<br>*-safe navigation* |
| 123 | `instrumentOnBoardforMeasuring TrueCourse` | *-Transmitting Heading Devices* |
| 124 | `objectSystemforSafety Management` | *-Safety management system*<br>*-safety system* |
| 125 | `objectSafetyManagement CertifiedBy` | *-safety management certificate* |

[a] La notación que utilizamos en el inventario de las relaciones conceptuales es la que se utiliza para el editor de ontologías *Protégé 5.1*, es decir, la primera palabra se inicia con minúscula y la siguiente con mayúsculas de forma consecutiva y entre ambas no media ningún espacio.

[b] Debido a la extensión de los contextos definitorios en los que se ha detectado la relación conceptual, se muestran como ejemplos del corpus únicamente el concepto o los conceptos implicado(s) en la relación conceptual.

El inventario de relaciones conceptuales resultante de la actividad de conceptualización se ha realizado con los datos del corpus compilado sobre la seguridad de la navegación marítima a bordo, NavSAFE, una vez obtenidos los resultados con las técnicas de extracción descritas anteriormente —líneas de concordancia, palabras clave y distintos patrones de búsqueda—. En total se han diseñado 125 relaciones conceptuales con distintos niveles de granularidad. Los tipos de relaciones contempladas son de tipo jerárquico, causales, instrumentales y de propósito, fundamentalmente. Para esta actividad ha sido necesario, en ocasiones, retomar la consulta de los textos del corpus y de las fuentes documentales y terminológicas. Por ejemplo, para definir ciertas categorías padre-hijo en las que la categoría hijo podía derivarse de más de una categoría padre. Este es el caso del concepto subordinado <meteorological warning>, que deriva del concepto hiperordinado <meteorological information> pero que también puede derivarse de otros conceptos hiperordinados como <navigational text messages> cuya función es también emitir avisos de pronósticos meteorológicos. Se resolvió vinculándola a la categoría superordinada más específica de las dos, es decir, a <meteorological information> y dejando como categorías hermanas a los dos conceptos hiperordinados, ambos, a su vez, dependientes de la categoría superordinada <maritime safety information>.

De igual modo, se ha procurado que el nivel de granularidad de las normativas recogidas en el corpus sea lo más específico posible a pesar de que todas tienen incidencia especial en la seguridad de la navegación marítima. En el inventario se resuelve con relaciones conceptuales muy específicas, con la extensión `ruledBy` en las que no cabría otra asignación. Así, el concepto <international regulations for preventing collisions at sea> tiene asignada la relación conceptual n.º 40, objectOnRouteAtSeaRuledBy y al concepto <international convention for the safety of life at sea> se le ha atribuido la relación conceptual n.º 100, objectNavSafetyRuledBy. Igualmente, todos los conceptos centrales relativos a los aparatos y sistemas náuticos de a bordo están precedidos por la categoría conceptual INSTRUMENT; los sistemas para el control de gobierno del buque llevan inscrita la categoría de OBJECT —esta categoría, en todas las relaciones conceptuales, se refiere siempre al buque—. Otros de los criterios que hemos seguido ha sido utilizar la categoría RISK toda vez que el concepto implique la existencia de un sistema que alerta de la existencia de dicha situación. Todas las relaciones conceptuales se inician con una de las categorías conceptuales previstas excepto algunos casos en los que hemos inscrito ONBOARD, en tanto subcategoría de LOCATION.

A pesar de todo lo anteriormente expresado, es conveniente aclarar que, en ciertas categorizaciones, el nivel de especificidad varía, pues se ha adecuado en todo momento al objetivo final de la término-ontología. Así, el nivel de especificidad sería más alto si el objetivo de la término-ontología fuera incluir, por ejemplo, la naturaleza y composición de los materiales ignífugos del equipo de contraincendios del buque o si se deseara realizar un estudio término-ontológico de las partes o elementos constitutivos de los equipos de ayuda para la navegación de a bordo. El enfoque también determinaría el diseño de las relaciones conceptuales. Por ejemplo, si la ontología fuera de tareas, se tendrían que explicitar las actividades o acciones de la dotación del buque y la categoría conceptual AGENTE estaría presente en prácticamente todas las relaciones conceptuales.

Del conjunto de relaciones extraídas se aprecian unos datos de interés a tener en cuenta para la formalización término-ontológica, que se detallan a continuación: i) hay casos en los que no se produce una relación inversa; ii) hay casos en los que sí se produce una relación inversa, y iii) hay casos de relación transitiva.

La taxonomía previamente desarrollada, no formalizada, en lenguaje natural, ha sido básica para dilucidar el modelo conceptual del dominio en el que los nodos principales son la normativa sobre seguridad marítima, los aparatos y sistemas náuticos de a bordo, los dispositivos y medios de salvamento, el equipo y sistemas de contraincendios, el equipo de guardia en el puente de navegación y los puestos de control para el gobierno del buque, los dispositivos para la organización del tráfico marítimo, las condiciones del buque y el reglamento para la prevención de accidentes en el mar, es decir, toda la instrumentación, equipamiento, dispositivos de a bordo y normativa de tránsito del buque que contribuyen a la mejora de la seguridad de la navegación marítima. Lo importante al final de la fase de conceptualización es que, de acuerdo con los resultados obtenidos, se ha dilucidado y constituido el modelo conceptual de acuerdo con lo previsto en las acciones del nivel 2 de nuestra metodología.

## 4.2. Nivel 3: fase de formalización e implementación

En el nivel 3 se realizan las acciones de formalización e implementación con el editor de ontología *Protégé 5.1*. Estas actividades se concretan en asignar clases y jerarquías de clases que se amplían a extensiones de subclases e instancias y que se relacionan mediante la asignación de propiedades —las relaciones conceptuales que se han elaborado—, formalizándose así los datos. La implementación en el editor de ontologías *Protégé* culmina el proceso planteado en este estudio en el que se ha pasado del conocimiento implícito en el lenguaje especializado de un dominio a través del corpus NAvSAFE al conocimiento explícito de un contenido estructurado y relacionado que proporciona la término-ontología NavSAFE. El objetivo final de esta investigación es exportar la información término-ontológica a un glosario, al que hemos denominado *NavSAFE*.

La formalización es una acción fundamental, ya que la utilidad de la ontología depende de la capacidad de hacer que el sistema «comprenda» la conceptualización y esta pueda ser compartida con otros, es decir, se trata de convertir el modelo que hemos generado en un modelo formal o semicomputable. Para realizar esta actividad utilizaremos como herramienta el editor de ontologías[305]

305 Otra de las investigaciones en el área de la ontoterminografía que han optado por el uso de un editor de ontologías es Bautista Zambrana (2013, 2019), que desarrolla

*Protégé 5.1* por lo que accedemos de la fase de formalización, en la que se define un modelo computable, a la fase de implementación en la que se activa dicho modelo que *Protégé 5.1* nos ha permitido crear para organizar y representar el dominio.

Antes de abordar la formalización, conviene mencionar que la transferencia de la información terminológica a la ontología implica un cambio de paradigma en ciertas designaciones. A modo de ejemplo, el uso de términos como «concepto» y «relación conceptual» pasan a designarse «clase» y «propiedades», respectivamente, en el editor de ontologías.

### 4.2.1. Formalización e implementación término-ontológica en el editor *Protége 5.1*

Se ha elegido el editor *Protégé v. 5.1* porque ofrece más ventajas que otros editores, como, por ejemplo, mayor claridad y expresividad, entre otras (Gómez-Pérez y Ruiz, 2010, p. 210); permite documentar cada elemento con etiquetas en más de un idioma y, a través de anotaciones (*annotations*), podemos incluir descripciones de distintos tipos y en la lengua que deseemos, lo cual es fundamental para el desarrollo del glosario hacia el que evoluciona este estudio. Posee, además, una amplia comunidad de usuarios a la que se puede acceder para consultar dudas que se hayan planteado y tienen varios tutoriales, aunque fundamentalmente están orientados a un usuario con conocimientos previos en desarrollar ontologías.

Los editores suelen desarrollarse para un tipo de lenguaje específico[306] pero la mayoría incorpora módulos que permiten otros lenguajes. Es importante tener en cuenta que no todos los lenguajes se adaptan a plasmar una ontología ligera por lo que hemos seleccionado un editor ontológico flexible que asegure esta funcionalidad. *Protégé* nos ofrece varios lenguajes y hemos elegido OWL/RDF por

---

una ontología de viaje combinado multilingüe a través del editor de ontologías *Topbraid free composer* para posteriormente extrapolarlo a un ontodiccionario (alemán-inglés-español).

306 Actualmente, uno de los lenguajes más utilizados y potentes para definir ontologías es OWL (Ontology Web Language), pues está diseñado para aplicaciones que necesiten, además de presentar la información, procesar el contenido de la información. De ahí que posea un mecanismo de interpretabilidad de la información más funcional que otros lenguajes. Es la base principal de la web semántica en la que no solo se enlazan los datos—los datos forman una nube de datos enlazados—, sino que se procesan los significados. Las ontologías permiten precisamente la compartición de los datos y la interoperabilidad: «The power of a hypertext link is that 'anything can link to anything'» (Berners-Lee et al., 2001, p. 1).

las posibilidades que ofrece para transferir y compartir la información. En cuanto a los componentes de la ontología, seguimos los elementos expuestos por Grüber (1993, 1995) adaptándonos a los requisitos y funcionalidades del editor *Protégé*, es decir, clases, subclases y las propiedades de objeto (relaciones conceptuales).

Como hemos indicado en el apartado anterior, esta aplicación utiliza el término «clase» en lugar de «concepto», de manera que nuestras acciones se centrarán en constituir una «jerarquía de clases» organizada en «clases», «subclases» y «propiedades de objeto». La jerarquía de clases y las relaciones conceptuales, al igual que los datos ingresados en la base de datos creada, nos permiten avanzar con seguridad en la implementación. Para ilustrar con mayor claridad cómo se ha realizado el proceso de formalización de la ontología en la versión 5.1 del editor de ontologías *Protégé*, este se irá describiendo paso a paso acompañado de capturas de pantalla a lo largo de las siguientes secciones.

Comenzamos con la configuración de la taxonomía o jerarquía de clases[307] en *Protégé 5.1*, que, como ya hemos expuesto, la tenemos elaborada conforme a los resultados obtenidos en la acción 3, sobre organización de conceptos en la fase de conceptualización. La organización y representación término-ontológica del dominio objeto de estudio está definida por una ontología terminológica, de dominio y ligera, que vamos a modelar orientándola hacia la taxonomía básica que ya hemos elaborado. Ingresamos, pues, en primer lugar, los conceptos hiperordinados y superordinados de cada uno de los 8 campos conceptuales, es decir, las clases centrales y, a continuación, engrosamos esta lista incluyendo, por cada campo, las subclases o conceptos subordinados. Este proceso es fundamental y, a la vez, complejo. Asignar una unidad terminológica a una clase o a una subclase implica, asimismo, una restricción, pues no pueden repetirse con la misma designación en la cadena de la jerarquía de clases[308]. Esta circunstancia puede darse en el caso de palabras polisémicas, pudiendo coincidir la misma unidad terminológica en dos campos conceptuales. El editor no permite la repetición de la misma designación por lo que habría que buscar una fórmula —por ejemplo, añadiendo una aclaración a la clase, llegado el caso— que permitiera que el concepto quedara representado. Durante nuestro modelado no ha sido necesario llegar hasta esta situación porque es una ontología ligera, aunque de un subdominio muy concreto. De cualquier forma, desarrollar una ontología implica asumir un ciclo de revisión constante en el que acciones de

307 La asignación de los conceptos se realiza en la jerarquía de clases, ya que este editor denomina clases a los conceptos.

308 Las clases en OWL se solapan por defecto así que es necesario tener en cuenta la funcionalidad de hacer las clases disjuntas. *Protégé* no admite las herencias múltiples.

ampliación, reducción, sustitución u otro tipo de modificación tienen lugar, incluso una vez terminada, extendiéndose a la denominada actividad de mantenimiento de la ontología.

La superclase por defecto es owl: Thing que representa en nuestra término-ontología a la superclase Shipboard navigational safety, de la que dependen ocho clases: Regulations on navigational safety, Shipborne navigational aids, Bridge watchkeeping, Life-saving appliances, Fire-fighting equipment, Ship's condition, Ship's routeing y Traffic rules for vessels.

Utilizamos el módulo Ontograf de *Protégé 5.1* para ilustrar la representación básica en este primer estadio, como se ilustra en la figura 71, con la estructura de clases creada.

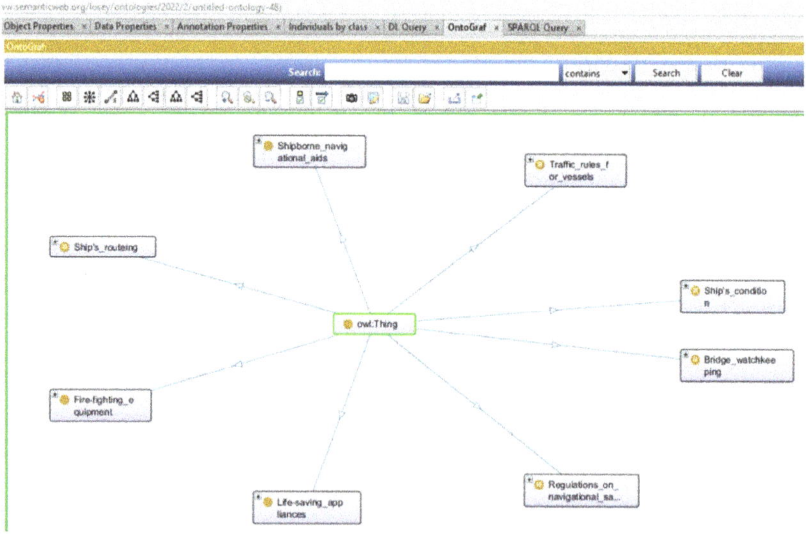


**Fig. 71:** Representación de la superclase Shipboard navigational safety y las clases creadas para la término-ontología NavSAFE

En nuestra término-ontología, las clases están representadas por sustantivos que se han organizado jerárquicamente, se han ido extendiendo y particularizando en vínculos de dependencia de distinta naturaleza. Para utilizar los términos con propiedad en el entorno ontológico de *Protégé 5.1* nos referimos a que cada concepto se organiza en una clase o subclase, pudiéndose extender, a su vez, en otras subclases. Precisamente, en la figura 72, que ilustra la clase Bridge watchkeeping y el despliegue de las subclases, se puede apreciar, tomando como referencia la subclase Navigation bridge, que el mayor número de capas que ha alcanzado la ontología según nuestro modelo, ha sido de 6 a partir de una subclase (7, a partir de una clase). El campo conceptual de guardia de la navegación consta de las subclases Bridge resource management y Bridge team, que comprenden, respectivamente, otras subclases vinculadas a la gestión de los recursos del puente y a los miembros de la tripulación que participan en la guardia de navegación del puente, como el capitán, el timonel, el vigía, el oficial de guardia y el práctico. De la clase Master penden las órdenes permanentes que dirige al oficial de guardia *o standing orders* y, en el caso de la clase Pilot, se han incluido las designaciones de los medios de embarque y desembarque desde el bote del práctico al buque *o pilot transfer arrangements*. En cuanto a la clase Conning position, sus subordinados son los puestos y sistemas de control de mando para el gobierno del buque.

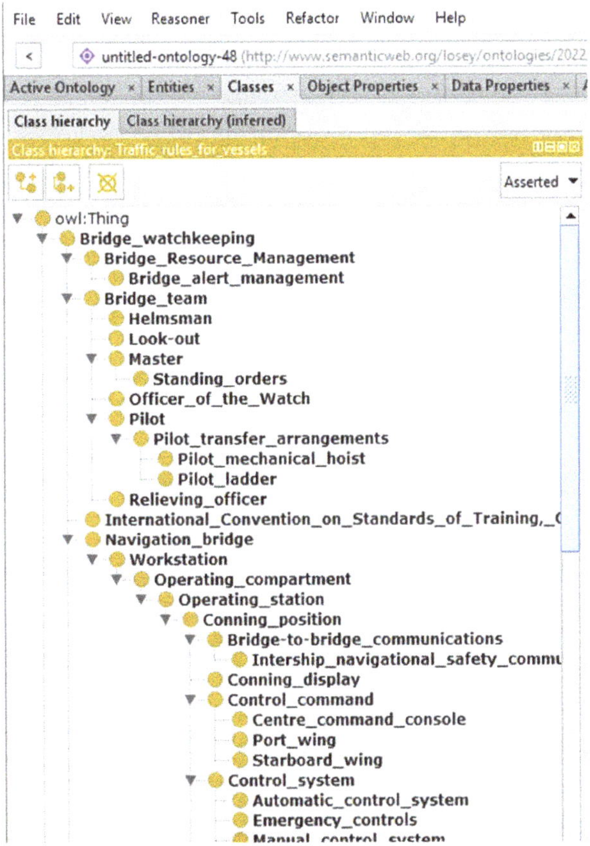


**Fig. 72:** Clase Bridge watchkeeping y subclases creadas para la término-ontología *NavSAFE*

A pesar de que esta clase consta de varias capas, consideramos que se puede alcanzar una granularidad mayor si, por ejemplo, se incluyeran las partes de cada equipo de navegación, pero quedaría fuera del objetivo de nuestro estudio y del tipo de modelado previsto. De todas formas, conviene mencionar que no todas las clases poseen el mismo grado de granularidad. Como muestra, se presenta en la figura 73 la formalización de la taxonomía de clases para la clase Shipborne navigational aids, que comprende un número superior de conceptos, pero con solo 2 niveles de granularidad.

**Fig. 73:** Clase Shipboard navigational aids y subclases creadas para la término-ontología *NavSAFE*

Más adelante, estas subclases derivan en instancias que comprenderán las últimas unidades terminológicas en las que se ha podido compartimentar una clase. La figura 74 muestra las demás subclases en las que los alertas se han dividido.

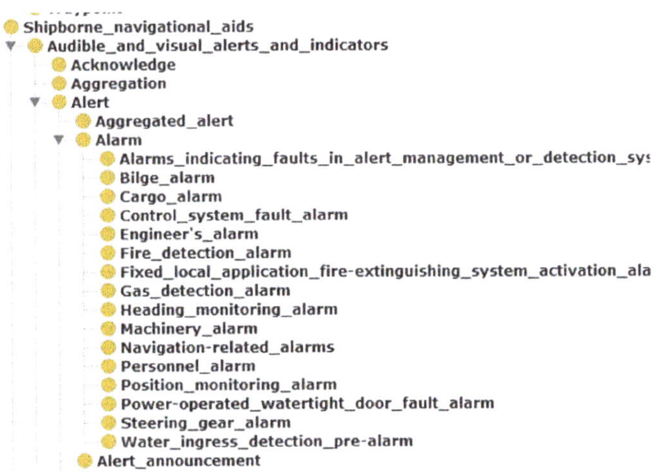


**Fig. 74:** Captura parcial de las subclases de la clase Alert

Cada clase creada tiene su propio bloque de datos en la ventana del editor y en ella se recogen de forma automática ciertos datos como la cadena de herencia de una clase concreta. En este estadio, ya aparece mención de la subclase en dicho bloque de datos como se observa en la figura 75. Es una asociación que plasma el editor a partir de la organización en clases que estamos realizando, lo que nos permite comprobar la corrección de la consignación de los datos que vamos haciendo. Para la subclase Automatic tracking aid, el editor refleja automáticamente su concepto superordinado, es decir, <shipborne navigational aids>.

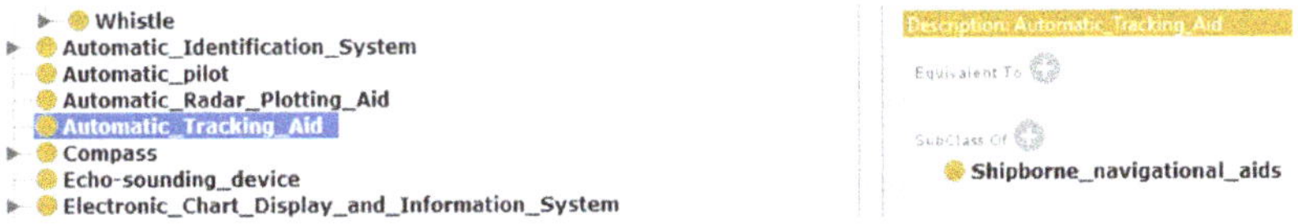


**Fig. 75:** Ventana de datos asociada a la subclase Automatic tracking aid

La figura 76 muestra la estructura de subclases de la clase Traffic rules for vessels. Se puede observar que dos de las subclases se compondrán de otras subclases, cuyo despliegue se representa en la aplicación con el símbolo de la flecha hacia abajo. Así, vessel se despliega en dos subclases, Power-driven vessel y Sailing vessel. Se trata realmente de una categorización básica en función de la característica «forma de propulsión». No abordamos una ramificación mayor en sus subclases porque incluir todos los tipos de buque mercantes no es el objetivo del trabajo ni un factor que limite el cumplimiento del objetivo marcado en el estudio.

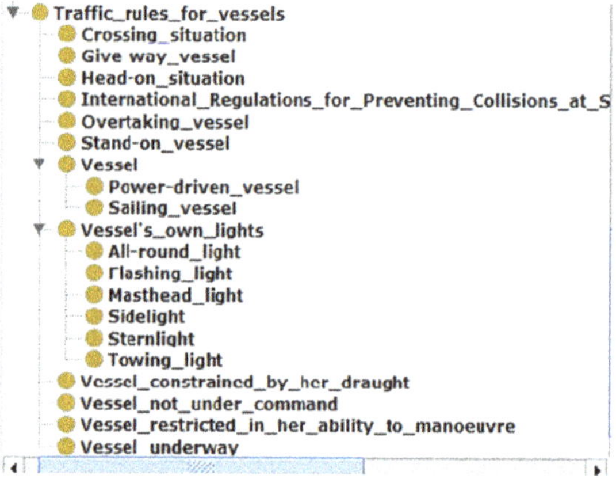


**Fig. 76:** Clase Traffic rules for vessels y subclases creadas para la término-ontología *NavSAFE*

En cuanto a la segunda subclase, Vessel's own lights, es superclase, a su vez, de todas las subclases referidas a los distintos tipos de luces de las que el buque dispone para avisar y hacer visible a los demás buques de su situación en el mar y de su dirección, según el color de la luz que emiten y la parte del buque en la que están instaladas.

Seguidamente, la figura 77 muestra el despliegue de las subclases para la clase Ship's routeing, que dispone de varias subclases que, a su vez, se despliegan en otras, como es el caso de Navigation light, Passage planning, Route, Ship reporting system, Track y Traffic lane.

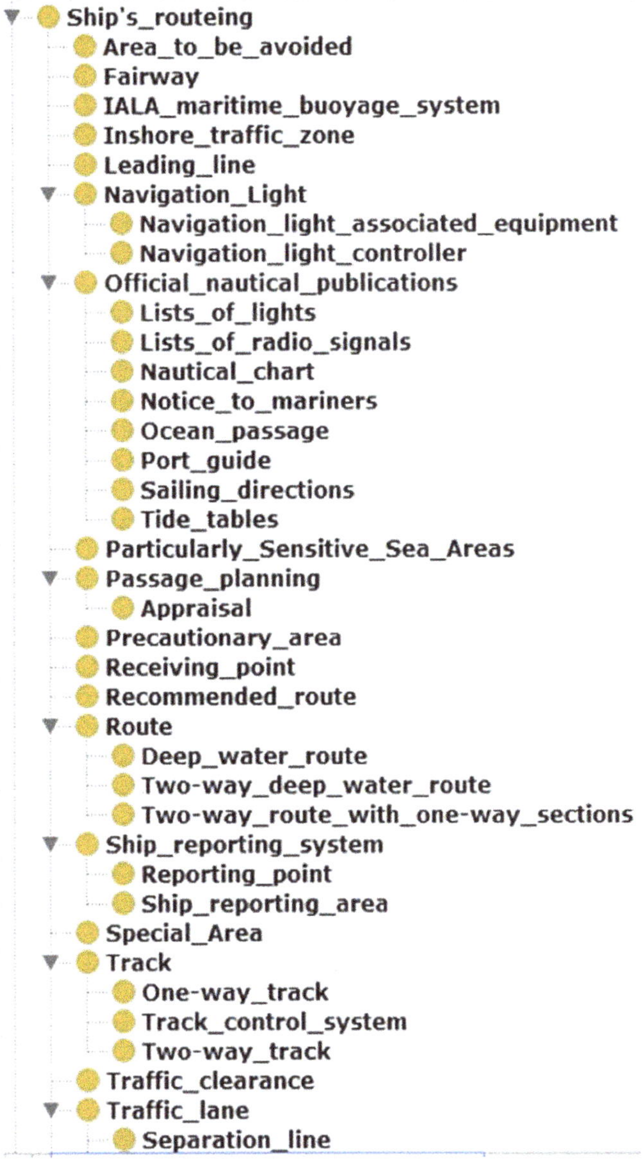


**Fig. 77:** Clase Ship's routeing y subclases creadas para la término-ontología *NavSAFE*

El concepto superordinado de la organización del tráfico marítimo, comprende conceptos subordinados referidos a los dispositivos de separación del tráfico marítimo, de rutas, vías marítimas y derrotas, así como técnicas, guías o cartas informativas sobre las características de las vías marítimas o de los canales de acceso a puertos o a otras vías que faciliten el paso y el cumplimiento con las pautas de la organización del tráfico marítimo. Se ha incluido como concepto subordinado el sistema de balizamiento de la Asociación Internacional de Señalización Marítima pero no se ha desplegado en los tipos de boyas y marcas, ya que son ayudas a la navegación externas al buque, por lo que quedan fuera del rango del presente estudio.

El siguiente campo conceptual que formalizamos, es el relativo a la normativa específica sobre la seguridad marítima y, por ende, de la seguridad de la navegación marítima y de la gestión de la seguridad, como se muestra en la figura 78.

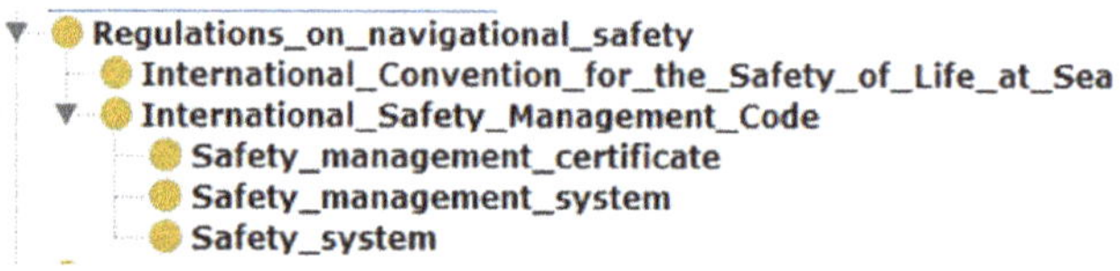


**Fig. 78:** Clase Regulations on navigational safety y subclases creadas para la término-ontología *NavSAFE*

La figura 79 ilustra la estructuración de la clase Ship's condition, de la que destacan como conceptos subordinados la condición del buque en situaciones excepcionales o especiales como son situaciones de emergencia o de urgencia y todos los conceptos subordinados que pueden derivarse de ellas, según lo obtenido en la exploración del corpus NavSAFE.

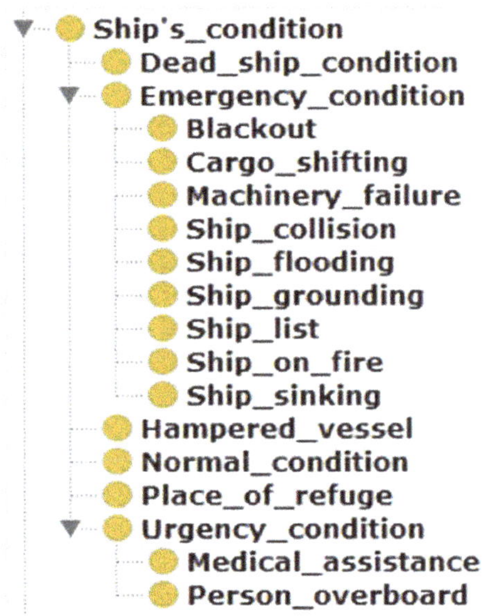


**Fig. 79:** Clase Ship's condition y subclases creadas para la término-ontología *NavSAFE*

En cuanto al campo conceptual de los dispositivos y medios de salvamento y el equipo para la detección y extinción de incendios, las figuras 80 y 81, respectivamente, representan su estructuración en la ontología. El campo conceptual de los dispositivos y medios de salvamento también alcanza 3 niveles de granularidad, como se muestra en la figura 77, ya que se localizaron en el corpus varios subtipos de equipos.

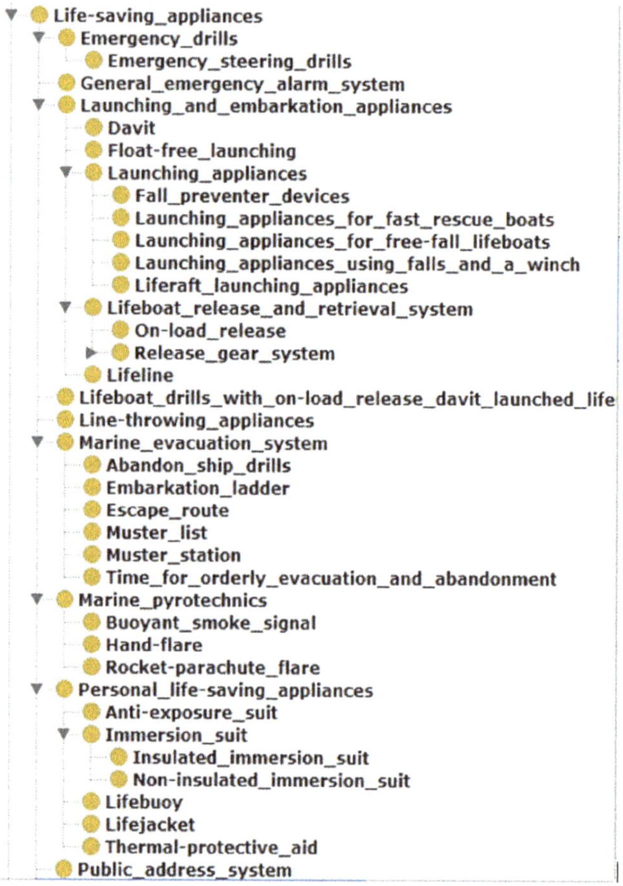


**Fig. 80:** Clase Life-saving appliances y subclases creadas para la término-ontología *NavSAFE*

Los conceptos superordinados son variados, entre los que se encuentran los ejercicios de supervivencia, las embarcaciones, el sistema de evacuación del buque y el equipo personal, entre otros. Los sistemas de detección y extinción de incendios tienen una estructura independiente, como se ilustra en la figura 81. Durante la estructuración de la clase Fire-fighting equipment se alcanzaron 5 capas de subclases, que se concretaron en Fixed water-based fire-fighting system for ro-ro spaces, vehicle spaces and special category spaces, completándose así la taxonomía.

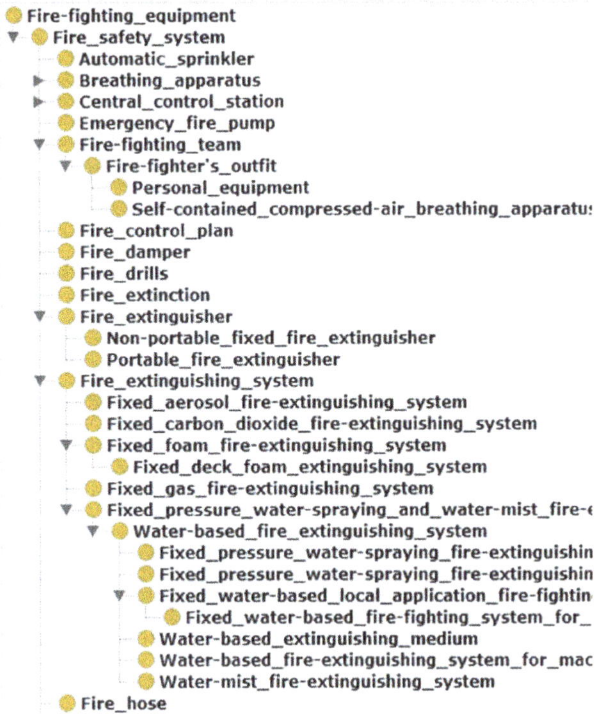


**Fig. 81:** Clase Fire-fighting equipment y subclases creadas para la término-ontología *NavSAFE*

El resultado final puede aportar una granularidad muy elevada, ya que se profundiza en clave semántica por lo que un concepto puede quedar completamente delineado dentro de un dominio. No obstante, creemos que la magnitud del dominio objeto de estudio permite la opción, posiblemente más plausible, de realizar la representación término-ontológica por microdominios, en un primer momento, hasta conformar el dominio completo.

El siguiente paso consistió en trasladar los datos alojados para cada término de la ficha de la base de datos NavSAFE TermOnto Database a la ontología. Se fueron ingresando manualmente los datos de los campos de la ficha terminográfica alojada en la base de datos en la pestaña *annotations* de la ontología para cada una de las clases y subclases. La labor de alojarlos en *Protégé* consumió mucho tiempo, pero era necesario abordar el mayor número de datos posibles para completar el estudio lingüístico-conceptual de cada unidad terminológica y su formalización ontológica. En lugar de los campos de la ficha terminográfica hay que utilizar etiquetas de la ontología en rdfs. Decidimos qué etiquetas del editor de ontologías podían adaptarse a los campos de la ficha terminográfica. Las etiquetas del editor a las que se asignaron los campos se recogen en la tabla 31. *Protégé 5.1.* proporciona las etiquetas, pero necesitamos cuatro etiquetas más, que diseñamos, cada una de ellas, en las dos lenguas de trabajo, para los campos en los que las etiquetas rdfs ofrecidas por la ontología no reflejaban el tipo de dato que queríamos incluir. El editor ofrece la opción de crear etiquetas nuevas y en cinco lenguas (español, inglés, portugués, francés y alemán). En nuestro caso diseñamos las etiquetas PoS, variants, validation y el dato administrativo marcador de campo, conceptId. En cuanto a la etiqueta rdfs: label, consignamos la marca del dominio, pero necesitamos también especificar la marca del subdominio y del microdominio, en algunos casos. Procedimos a crear dos etiquetas dependientes de la etiqueta rdfs: label en *annotations*.

**Tab. 31:** Etiquetas desarrolladas en *Protégé v. 5.1.* para la término-ontología NavSAFE

| Etiquetas | Descripción del diseño del contenido de la etiqueta |
|---|---|
| conceptId | Código asignado al concepto |
| PoS (eng) | Categoría gramatical en inglés |
| rdfs: comment | Equivalente en español de la designación |
| rdfs: label (eng) | Marca de dominio en inglés |
| rdfs: label (es) | Marca de dominio en español |
| rdfs: sublabel (en) | Marca de subdominio en inglés |
| rdfs: sublabel (es) | Marca de subdominio en español |
| rdfs: microlabel(en) | Marca de microdominio en inglés |
| rdfs: microlabel(es) | Marca de microdominio en español |
| rdfs: isDefinedBy (en) | Definición en inglés |
| rdfs: isDefinedBy (es) | Definición en español |
| rdfs: seeAlso (en) | Ejemplo del término en contexto extraído del corpus en inglés |
| rdfs: seeAlso (es) | Ejemplo del término en contexto extraído del corpus en español, si está en el corpus paralelo |
| variant (en) | variante, si es el caso, en inglés |
| variant (es) | variante, si es el caso, en español |
| validation | Validación de la unidad terminológica en inglés y en español |

A continuación, se muestra en la figura 82, a modo de ejemplo, todas las etiquetas de las anotaciones diseñadas para el concepto <iala maritime buoyage system> con los datos que se han extraído del corpus NavSAFE y que se han concretado en marca de dominio, de subdominio y de microdominio, equivalente en español, definición en español y en inglés, ejemplo en contexto, en español y en inglés, variante en inglés (si procede), variante en español (si procede), categoría gramatical, validación y su identificador conceptual.

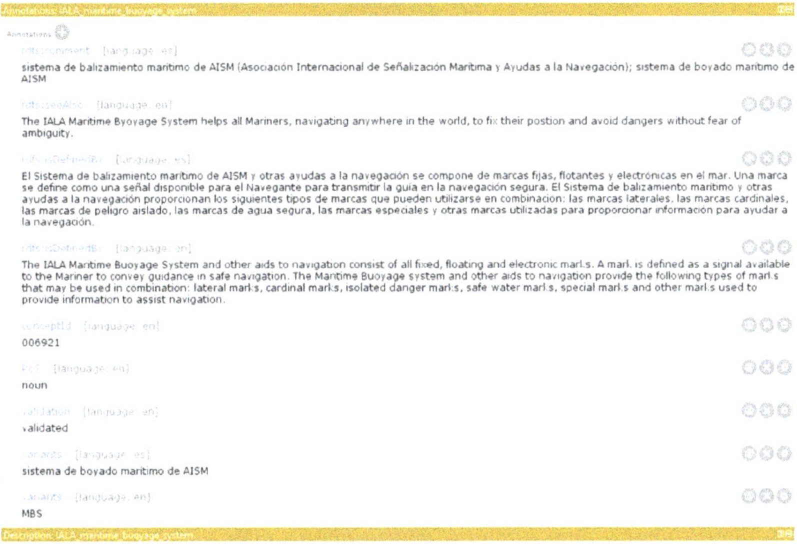


**Fig. 82:** Captura de pantalla de las anotaciones a la clase IALA maritime buoyage system para el desarrollo de la término-ontología NavSAFE en el editor de ontología *Protégé 5.1.*

Una vez que todas las clases y subclases quedaron dotadas de contenido en anotaciones, se procedió al ingreso de las relaciones conceptuales que habíamos recogido en el inventario del dominio específico de la seguridad de la navegación marítima a bordo del buque. Se cargaron en el programa desde la pestaña *object properties* diseñada por Protégé para incluir específicamente las relaciones conceptuales. La figura 83 ofrece un extracto de las 125 relaciones conceptuales que se han formalizado.

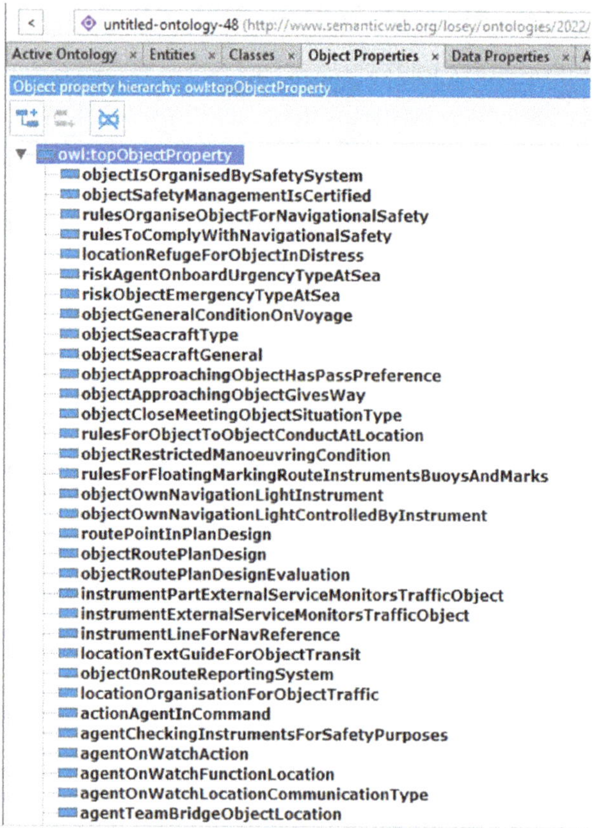


**Fig. 83:** Captura de pantalla con algunas de las 125 relaciones conceptuales ingresadas en *Protégé 5.1*.

Posteriormente, fuimos vinculando cada relación conceptual con cada concepto, asociando el concepto origen al concepto meta. Para hacerlo, se selecciona «equivalent to» y se abren dos ventanas, una de ellas con el listado de relaciones conceptuales y, la otra, con todas las clases y sus subclases. Este mecanismo de asociación es, asimismo, un mecanismo de restricción porque al vincular una relación conceptual a los conceptos origen y meta, estamos al tiempo, por oposición, determinando qué relaciones conceptuales se vinculan y cuáles no se vinculan a ambos conceptos. Conviene recordar que la misma relación conceptual se ha utilizado para vincular varios conceptos, como se detalla en el inventario ofrecido en la tabla 30.

Todas las relaciones están vinculadas al fin último de la seguridad de la navegación, pero el modelado de diseño de la estructuración en los ocho campos conceptuales ha permitido afinar aún más la naturaleza de la relación entre los conceptos y presentarla de forma más clara. Además, a cada relación conceptual se le ha añadido una descripción que representa la naturaleza distintiva de cada uno de los vínculos propuestos. Se ofrece en la figura 84 un ejemplo de la descripción de la relación conceptual `functionSteeringCheckingProcedureInEmergency`. Las descripciones se han ingresado en el bloque *annotations* de *object properties*. En este bloque, se ha usado la etiqueta rdfs: label del bloque de anotaciones de las propiedades (objeto) para dar cabida a la representación de la descripción de la relación conceptual, tanto en inglés como en español.

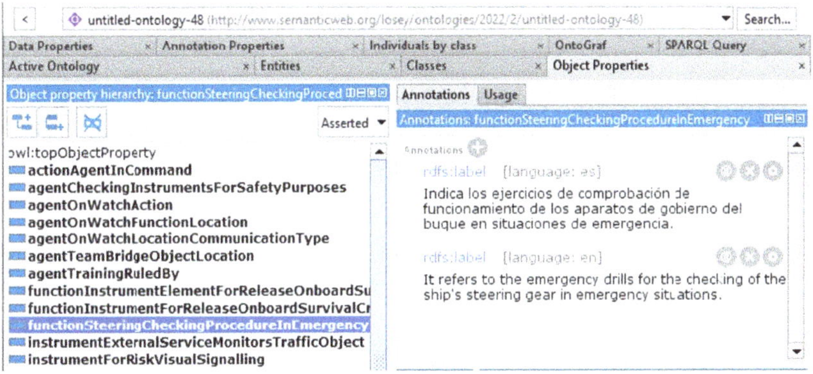


**Fig. 84:** Descripción de la relación conceptual `functionSteeringCheckingProcedureInEmergency` en el bloque de anotaciones de las propiedades de objeto (relaciones)

Una vez vinculadas las relaciones conceptuales a las clases, estas quedan representadas gráficamente con un icono rallado como se muestra en la figura 85:

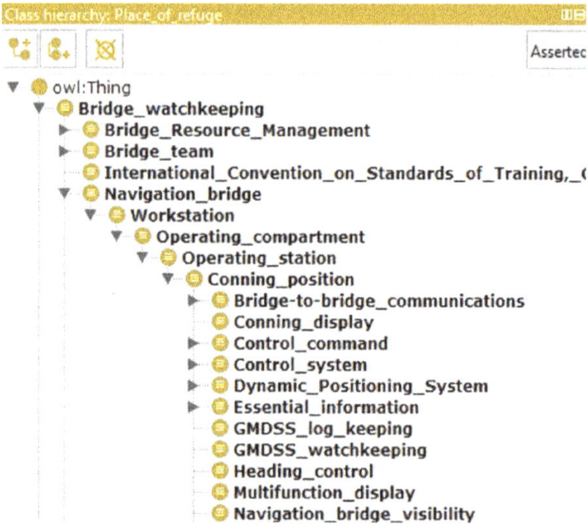


**Fig. 85:** Clases vinculadas a las relaciones conceptuales durante el proceso de formalización de la término-ontología NavSAFE

Para ilustrar cómo se refleja la formalización de la término-ontología NavSAFE recurrimos al módulo *Ontograf*, que permite una visualización gráfica de la disposición de los datos, de las relaciones jerárquicas y de las relaciones conceptuales. La figura 86 representa la formalización del concepto superordinado <traffic rules for vessels> y el conjunto de 13 conceptos subordinados, así como las relaciones conceptuales que se han creado entre ellos. Conviene mencionar que ha sido habitual encontrar que las relaciones conceptuales han salido de su campo conceptual y se han relacionado con otros campos conceptuales. Al desplazar el cursor por encima de las flechas se visualiza en pantalla tanto el tipo de relación jerárquica como las relaciones conceptuales.

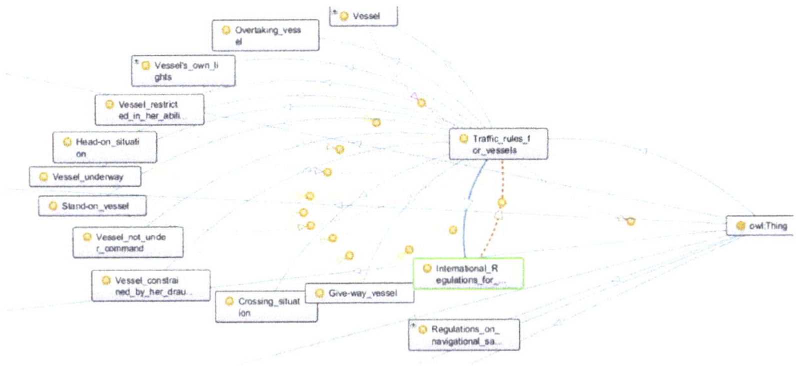


**Fig. 86:** Captura de pantalla con la representación gráfica del concepto <traffic rules for vessels> y de los conceptos subordinados (módulo *Ontograf* de *Protégé 5.1.* con los datos del estudio)

Finalmente, la figura 87 muestra una representación gráfica de las características del concepto <ship grounding>, subordinado al concepto superordinado <emergency condition> que, a su vez, está subordinado al concepto <ship's condition>, subordinado al concepto hiperordinado <shipboard navigational safety>. En función de la posición del cursor, se abre una ventana con los datos consignados en la ontología y, en este caso, se puede observar que el editor etiqueta como clases equivalentes al concepto origen <ship grounding> y al concepto meta <emergency condition> a través del vínculo de la relación conceptual.

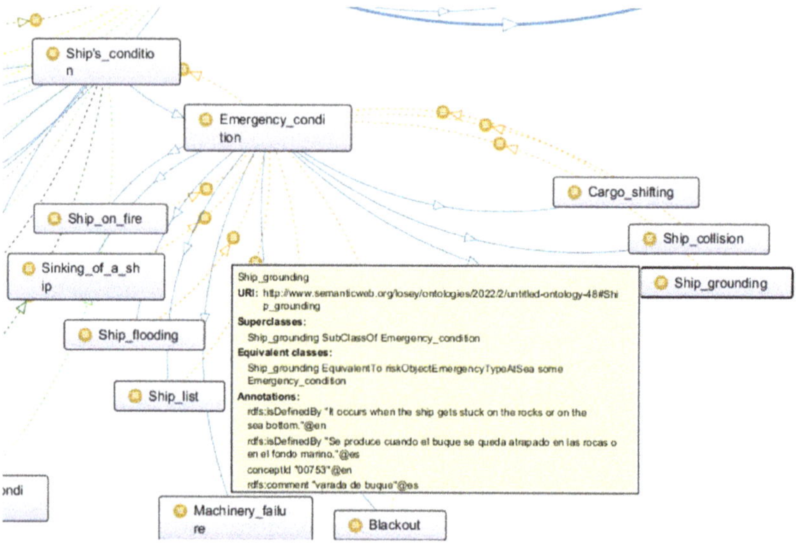


**Fig. 87:** Visualización de la estructuración de la clase Ship's condition y de sus conceptos subordinados (módulo *Ontograf* de *Protégé 5.1.* con los datos del estudio)

En este estudio, hemos optado por alcanzar hasta 7 capas de subclases, debido a las abundantes ramificaciones de este campo técnico. Tenemos previsto para un estudio futuro albergar un número mayor de capas por la incorporación de más campos conceptuales que versen no solo sobre la seguridad de la navegación marítima a bordo, sino sobre aquellos servicios, equipos y riesgos que, desde el exterior inciden en su seguridad durante la travesía.

Se ha creado, pues, una término-ontología en el dominio objeto de estudio con 431 conceptos a los que se han ido sumando propiedades y una red de relaciones que ha ido en aumento dado el elevado número de elementos que la integran. Un extracto del código de la ontología, una vez formalizada, en formato XML y ubicada en http://www.semanticweb.org/losey/ontologies/2022/2/untitled-ontology-48# se muestra en la figura 88.

```
<?xml version="1.0"?>
<rdf:RDF xmlns="http://www.semanticweb.org/losey/ontologies/2022/2/untitled-ontology-48#"
     xml:base="http://www.semanticweb.org/losey/ontologies/2022/2/untitled-ontology-48"
     xmlns:rdf="http://www.w3.org/1999/02/22-rdf-syntax-ns#"
     xmlns:owl="http://www.w3.org/2002/07/owl#"
     xmlns:xml="http://www.w3.org/XML/1998/namespace"
     xmlns:xsd="http://www.w3.org/2001/XMLSchema#"
     xmlns:rdfs="http://www.w3.org/2000/01/rdf-schema#">
    <owl:Ontology rdf:about="http://www.semanticweb.org/losey/ontologies/2022/2/untitled-ontology-48"/>
    <!--
    ///////////////////////////////////////////////////////////////////////////////////////
    //
    // Annotation properties
    //
    ///////////////////////////////////////////////////////////////////////////////////////
     -->
    <!-- http://www.semanticweb.org/losey/ontologies/2022/2/untitled-ontology-48#conceptId -->

    <owl:AnnotationProperty rdf:about="http://www.semanticweb.org/losey/ontologies/2022/2/untitled-ontology-48#conceptId"/>
        <!-- http://www.semanticweb.org/losey/ontologies/2022/2/untitled-ontology-48#synonym -->
    <owl:AnnotationProperty rdf:about="http://www.semanticweb.org/losey/ontologies/2022/2/untitled-ontology-48#synonym"/>
    <!--
    ///////////////////////////////////////////////////////////////////////////////////////
    //
    // Object Properties
    //
    ///////////////////////////////////////////////////////////////////////////////////////
     -->
    <!-- http://www.semanticweb.org/losey/ontologies/2022/2/untitled-ontology-48#actionAgentInCommand -->

    <owl:ObjectProperty rdf:about="http://www.semanticweb.org/losey/ontologies/2022/2/untitled-ontology-48#actionAgentInCommand">
        <rdfs:label xml:lang="en">It indicates the orders given in the bridge by the Master of the ship.</rdfs:label>
    </owl:ObjectProperty>
    <!-- http://www.semanticweb.org/losey/ontologies/2022/2/untitled-ontology-48#agentCheckingInstrumentsForSafetyPurposes -->

    <owl:ObjectProperty rdf:about="http://www.semanticweb.org/losey/ontologies/2022/2/untitled-ontology-48#agentCheckingInstrumentsForSafetyPurposes">
        <rdfs:label xml:lang="en">It indicates the checking of operations concerned with the navigational safety aboard that are carried out by the office
    </owl:ObjectProperty>
    <!-- http://www.semanticweb.org/losey/ontologies/2022/2/untitled-ontology-48#agentOnWatchAction -->
    <owl:ObjectProperty rdf:about="http://www.semanticweb.org/losey/ontologies/2022/2/untitled-ontology-48#agentOnWatchAction">
        <rdfs:label xml:lang="en">It indicates that the Officer Of the Watch stands watch in the bridge.</rdfs:label>
    </owl:ObjectProperty>
    <!-- http://www.semanticweb.org/losey/ontologies/2022/2/untitled-ontology-48#agentOnWatchFunctionLocation -->

    <owl:ObjectProperty rdf:about="http://www.semanticweb.org/losey/ontologies/2022/2/untitled-ontology-48#agentOnWatchFunctionLocation">
        <rdfs:label xml:lang="en">It indicates the positions in the bridge where the operations for the command and steering of the vessel are performed.<
    </owl:ObjectProperty>
    <!-- http://www.semanticweb.org/losey/ontologies/2022/2/untitled-ontology-48#agentOnWatchLocationCommunicationType -->

    <owl:ObjectProperty rdf:about="http://www.semanticweb.org/losey/ontologies/2022/2/untitled-ontology-48#agentOnWatchLocationCommunicationType">
        <rdfs:label xml:lang="en">It indicates the types of radiotelephone communications made by the crew members in the bridge.</rdfs:label>
    </owl:ObjectProperty>
```

**Fig. 88:** Extracto del código de la ontología

## 4.2.2. Glosario término-ontológico NavSAFE sobre la seguridad de la navegación marítima *(inglés-español)*. Muestra del subdominio guardia del puente de navegación

Consideramos que el dominio de la seguridad de la navegación marítima a partir de la información extraída del corpus especializado de dominio, *NavSAFE*, expresamente elaborado al efecto, ha quedado organizada y representada en inglés con 431 unidades terminológicas cuyas fichas terminográficas se han alojado previamente en la base de datos expresamente diseñada NavSAFE TermOnto Database. El dominio de la seguridad de la navegación marítima de a bordo del buque se ha formalizado e implementado en un editor de ontologías y, finalmente, se ha exportado la información término-ontológica con vistas al objetivo final que es el desarrollo de la herramienta *Glosario término-ontológico*

*NavSAFE*. Para ello se ha desarrollado una aplicación (*script*)[309] que analiza el texto plano[310], extrae la información de los campos de la ontología teniendo en cuenta las etiquetas XML y muestra toda esa información en un formato concreto. El *script* se ha implementado en PHP, de manera que el resultado puede verse fácilmente en un navegador web y copiarse o pegarse en cualquier editor de texto. El producto resultante, *NavSAFE: A Term-ontological Glossary of the Safety of Navigation (English-Spanish)* está disponible para ser consultado en la dirección URL http://www.lexytrad.es/apps/ontoprint/index.php por los usuarios de la comunicación especializada del sector marítimo, profesionales del entorno marítimo-naval, intérpretes y traductores especializados, filólogos, docentes de lenguas de especialidad, expertos en el dominio marítimo, investigadores y estudiantes de titulaciones marítimas y afines en el contexto universitario en tanto recurso de aprendizaje que integra lengua y conocimiento en el contexto real que ofrecen los corpus.

La figura 89 muestra la pantalla de inicio del *Glosario NavSAFE* que ofrece una interfaz en inglés y en español y la posibilidad de realizar búsquedas o de consultar la taxonomía completa del dominio. El glosario ofrece un manual de usuario en el que, además de indicar las modalidades de búsqueda y el tipo de información que se puede obtener, se exponen los fundamentos teórico-metodológicos que sustentan su elaboración.

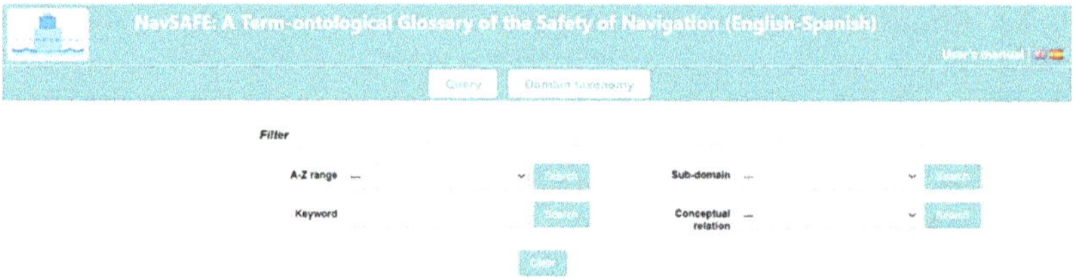


**Fig. 89:** Captura de pantalla con la pantalla de inicio del *Glosario bilingüe NavSAFE (inglés-español)*

309 El desarrollador del entorno informático ha sido el ingeniero informático Alejandro Fernández de Sola, a quien deseamos expresar nuestro agradecimiento.

310 Los archivos RDF son archivos de texto plano que usan etiquetas XML.

Una captura de pantalla parcial de la taxonomía del campo conceptual de la organización del tráfico marítimo se muestra en la figura 90:

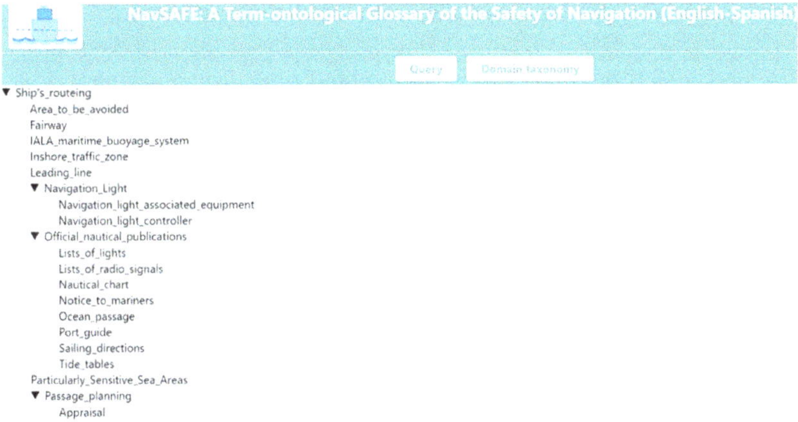


**Fig. 90:** Captura de pantalla con parte de la taxonomía del campo conceptual de organización del tráfico marítimo

Desde la pantalla de inicio, tanto en la interfaz en inglés como en español, el acceso al artículo se puede realizar mediante dos rutas:

- Ruta semasiológica: La aplicación permite filtrar las entradas realizando distintos tipos de búsqueda; puede mostrar entradas que pertenecen a un grupo alfabético determinado (A-C, D-F, G-I, J-L, M-O, P-R, S-U, V-X, Y-Z), como se ilustra en la figura 91, o mostrar entradas que contienen la(s) palabra(s) clave introducida(s) por el usuario. En ambos casos, se despliegan todos los términos en los que aparece la letra inicial del término, en el caso de que se haya usado el primer filtro, o la palabra clave, si se trata del segundo filtro, con sus equivalentes correspondientes en español. De esta forma, el usuario puede obtener, al instante, el equivalente en español en la misma pantalla.

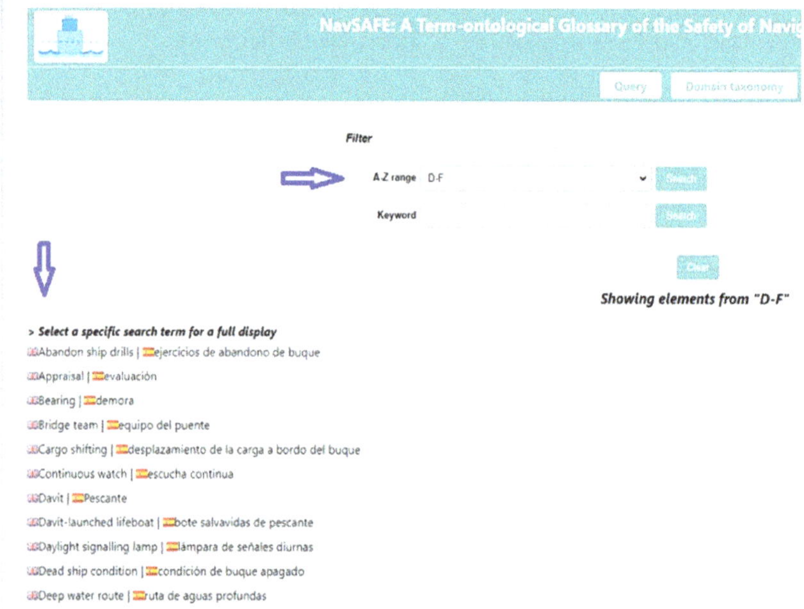


**Fig. 91:** Captura de pantalla del *Glosario NavSAFE* con la opción de búsqueda semasiológica por grupos alfabéticos

El usuario, a continuación, puede seleccionar el artículo de su interés para su despliegue completo.

- Ruta onomasiológica: Esta vía comprende dos modalidades. Una de ellas muestra entradas por campo conceptual a través de los 8 subdominios (véase figura 92) en los que hemos representado la seguridad de la navegación marítima a bordo del buque.

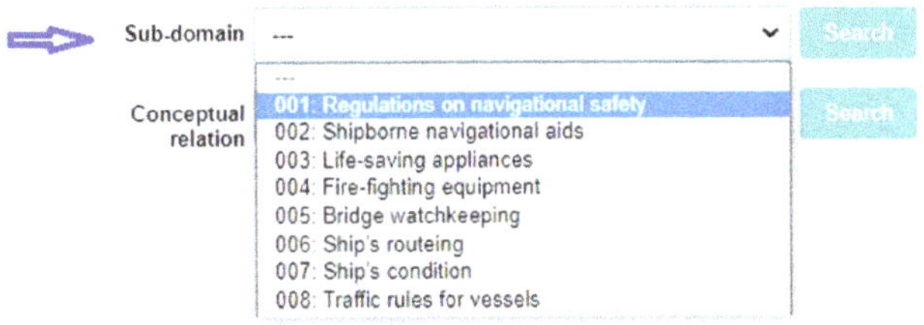


**Fig. 92:** Captura de pantalla del *Glosario NavSAFE* con la opción de búsqueda onomasiológica por subdominio

La segunda modalidad consiste en la búsqueda por relación conceptual, como se aprecia en la figura 93:

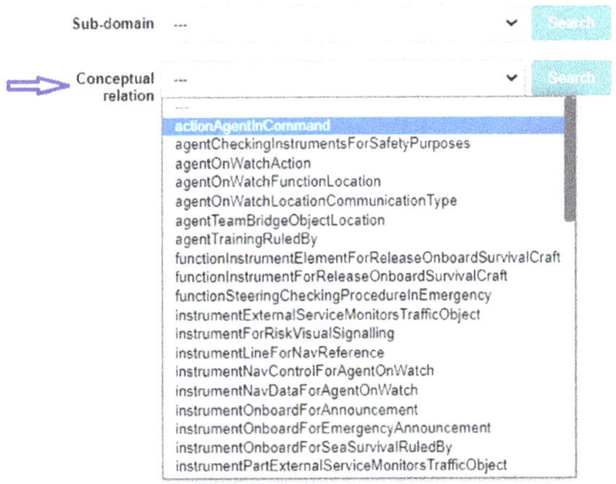


**Fig. 93:** Captura de pantalla del *Glosario NavSAFE* con la opción de búsqueda onomasiológica por relación conceptual

Si el usuario elige cualquiera de los artículos, se despliega todo el contenido de la microestructura del artículo, como se ilustra en la figura 94 para el artículo *bridge watchkeeping*.

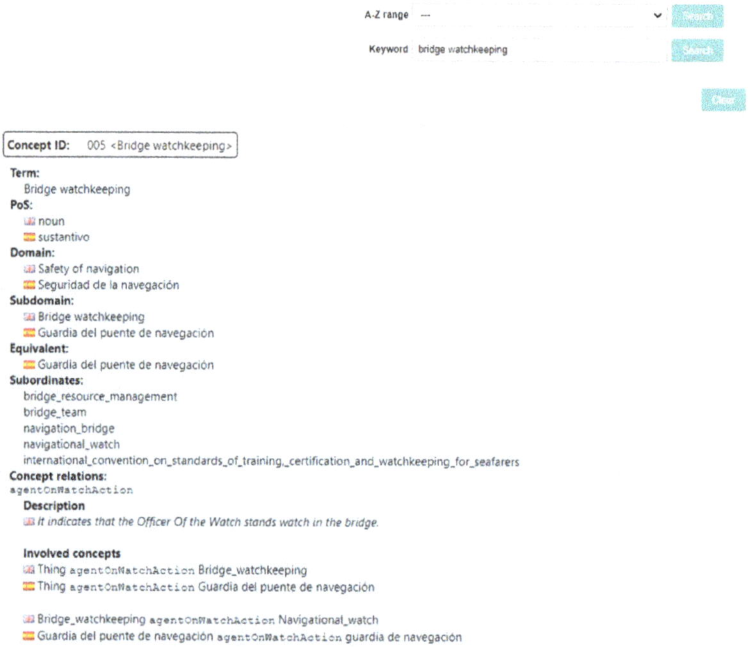


**Fig. 94:** Captura de pantalla del *Glosario NavSAFE* con los datos término-ontográficos del artículo *bridgewatchkeeping*

El Glosario bilingüe (inglés-español) NavSAFE completo se puede consultar en formato electrónico en la dirección URL http://www.lexytrad.es/apps/ontoprint/index.php. No obstante, en las siguientes páginas se ofrece una muestra de todos los artículos término-ontográficos sobre el subdominio de la guardia de navegación perteneciente al dominio de la seguridad de la navegación marítima de a bordo del buque en el contexto de la sección de puente.

## NAVSAFE: A Term-ontological Glossary of the Safety of Navigation (English-Spanish)

### Subdomain: Bridge watchkeeping

**Concept ID:** 00521111111 <Automatic control system>

**Term:**
Automatic control system

**PoS:**
noun

**Domain:**
Safety of navigation
Seguridad de la navegación

**Subdomain:**
Bridge watchkeeping
Guardia del puente de navegación

**Microdomain:**
Navigation bridge
Puente de navegación

**Equivalent:**
sistema de control automático

**Superordinates:**
control_system

**Concept relations:**
`objectSteeringControlSystemMode`

**Description**
*It indicates the controlling mode types of the ship's steering control system.*

**Involved concepts**
Control_system objectSteeringControlSystemMode Automatic_control_system
Control_system objectSteeringControlSystemMode sistema de control automático

**Definition:**

The automatic control system consists of the automatic steering, the automatic speed control and possibly the Dynamic Positioning System, as relevant.

El sistema de control automático consta del piloto automático, el control automático de la velocidad y probablemente el Sistema de Posicionamiento Dinámico, según corresponda.

**Term in context:**

*Automatic steering may only be useeful where precise manoeuvring is required, if the automatic control system supports the required precision, e. g. by considering speed through water for rudder control.*

*El gobierno automático quizás resulte útil solo cuando se requiera una maniobra precisa y si el sistema de control automático proporciona la precisión necesaria, por ejemplo tomando en consideración la velocidad por el agua para gobernar el timón.*

**Validation:**

validated

| **Concept ID:** 00521111323 <Bearing> |
|---|

**Term:**

Bearing

**PoS:**

noun

**Domain:**

Safety of navigation

Seguridad de la navegación

**Subdomain:**

Bridge watchkeeping

Guardia del puente de navegación

**Microdomain:**

Navigation bridge

Puente de navegación

**Equivalent:**

demora

**Superordinates:**
essential_information

**Concept relations:**
`instrumentNavDataForAgentOnWatch`

**Description**
*It indicates essential navigational data provided by instruments in the bridge to the Officer of the Watch.*

**Involved concepts**
Essential_information instrumentNavDataForAgentOnWatch Bearing
información esencial instrumentNavDataForAgentOnWatch demora

**Definition:**
The direction of one terrestrial point from another, expressed as an angular distance from north.
Dirección de un punto terrestre respecto de otro, expresada como distancia angular con respecto al norte.

**Term in context:**
*Provision should be made to obtain quickly the bearing of any object whose echo appears on the display.*
*Se debe prever la obtención rápida de la demora de cualquier objeto cuyo eco aparezca en la pantalla.*

**Validation:**
validated

**Concept ID:** 0052111115 <Bridge-to-bridge communications>

**Term:**
Bridge-to-bridge communications

**PoS:**
noun

**Domain:**
Safety of navigation
Seguridad de la navegación

**Subdomain:**

Bridge watchkeeping

Guardia del puente de navegación

**Microdomain:**

Navigation bridge

Puente de navegación

**Equivalent:**

comunicaciones de puente a puente

**Variant:**

comunicaciones de buque a buque

**Superordinates:**

conning_position

**Subordinates:**

intership_navigational_safety_communications

**Concept relations:**

`agentOnWatchLocationCommunicationType`

**Description**

*It indicates the types of radiotelephone communications made by the crew members in the bridge.*

**Involved concepts**

Conning_position agentOnWatchLocationCommunicationType Bridge-to-bridge_communications

puesto de órdenes de maniobra agentOnWatchLocationCommunicationType comunicaciones de puente a puente

Bridge-to-bridge_communications agentOnWatchLocationCommunicationType Intership_navigational_safety_communications

comunicaciones de puente a puente agentOnWatchLocationCommunicationType comunicaciones entre buques relativas a la seguridad de la navegación

**Definition:**

Bridge-to-bridge communications means safety communications between ships from the position from which the ships are normally navigated.

Comunicaciones de puente a puente: comunicaciones de seguridad entre buques, efectuadas desde el puesto habitual de gobierno.

**Term in context:**

*VHF channel 13 is designated by the Radio Regulations for bridge-to-bridge communications.*

*El canal 13 de VHF está asignado por el Reglamento de Radiocomunicaciones para las comunicaciones de puente a puente.*

**Validation:**

validated ✔

| **Concept ID:** <Bridge alert management> |
|---|

**Term:**

Bridge alert management

**Domain:**

Safety of navigation

Seguridad de la navegación

**Subdomain:**

Bridge watchkeeping

Guardia del puente de navegación

**Microdomain:**

Bridge Resource Management

Gestión de los recursos del puente

**Equivalent:**

Gestión de alertas en el puente

**Variant:**

BAM

**Superordinates:**

bridge_resource_management

**Concept relations:**

`onboardLocationInstrumentManagement`

**Description**

*It indicates the procedure to be followed for the management of the bridge instruments.*

**Involved concepts**

Bridge_Resource_Management onboardLocationInstrumentManagement Bridge_alert_management

Gestión de los recursos del puente onboardLocationInstrumentManagement Gestión de alertas en el puente

**Definition:**

It is the overall concept for management, handling and harmonized presentation of alerts on the bridge, to enable the bridge team to devote full attention to the safe operation of the ship and to immediately identify any abnormal situation requiring action to maintain the safe operation of the ship.

Representa el concepto global de la gestión, tramitación y presentación armonizada de las alertas en el puente a fin de que el personal del puente pueda concentrarse plenamente en la seguridad de la navegación e identificar de manera inmediata toda situación anormal que requiera la toma de medidas para que el buque siga funcionando en condiciones de seguridad.

**Term in context:**

*The Bridge Alert Management should distinguish between four priorities, emergency alarms, alarms, warnings, and cautions.*

**Concept ID:** 0054 <Bridge Resource Management>

**Term:**

Bridge Resource Management

**PoS:**

noun

**Domain:**

Safety of navigation

Seguridad de la navegación

**Subdomain:**

Bridge watchkeeping

Guardia del puente de navegación

**Equivalent:**

Gestión de los recursos del puente

**Variant:**

BRM

GRP

**Superordinates:**
bridge_watchkeeping

**Subordinates:**
bridge_alert_management

**Concept relations:**
`onboardLocationInstrumentManagement`

**Description**
*It indicates the procedure to be followed for the management of the bridge instruments.*

**Involved concepts**
Bridge_watchkeeping onboardLocationInstrumentManagement Bridge_Resource_Management
Guardia del puente de navegación onboardLocationInstrumentManagement Gestión de los recursos del puente

Bridge_Resource_Management onboardLocationInstrumentManagement Bridge_alert_management
Gestión de los recursos del puente onboardLocationInstrumentManagement Gestión de alertas en el puente

**Definition:**
Bridge Resource Management (BRM), or as it is also called Bridge Team Management (BTM), is the effective management and utilization of all resources, human and technical, available to the Bridge Team to ensure the safe completion of the vessel's voyage.
La gestión de los recursos del puente (BRM), o como también se denomina gestión del equipo del puente (BTM), es la gestión y utilización eficaz de todos los recursos, humanos y técnicos, de los que dispone el equipo del puente para garantizar la seguridad hasta el final de la travesía del buque.

**Term in context:**
*Every pilot should be trained in bridge resource management with an emphasis on the exchange of information that is essential to a safe transit.*
*Todo práctico debería recibir formación en la gestión de los recursos del puente especialmente en el intercambio de información que es esencial para un paso seguro.*

**Validation:**

validated

**Concept ID:** 0053 <Bridge team>

**Term:**

Bridge team

**PoS:**

noun

**Domain:**

Safety of navigation

Seguridad de la navegación

**Subdomain:**

Bridge watchkeeping

Guardia del puente de navegación

**Equivalent:**

equipo del puente

**Superordinates:**

bridge_watchkeeping

**Subordinates:**

helmsman
look-out
master
officer_of_the_watch
pilot
relieving_officer

**Concept relations:**

`agentTeamBridgeObjectLocation`

**Description**

*It indicates the team members whose functions are carried out in the navigational bridge.*

**Involved concepts**

Bridge_watchkeeping agentTeamBridgeObjectLocation Bridge_team

Guardia del puente de navegación agentTeamBridgeObjectLocation equipo del puente

Bridge_team agentTeamBridgeObjectLocation Helmsman
equipo del puente agentTeamBridgeObjectLocation timonel

Bridge_team agentTeamBridgeObjectLocation Look-out
equipo del puente agentTeamBridgeObjectLocation vigilante

Bridge_team agentTeamBridgeObjectLocation Master
equipo del puente agentTeamBridgeObjectLocation Capitán, capitana

Bridge_team agentTeamBridgeObjectLocation Officer_of_the_Watch
equipo del puente agentTeamBridgeObjectLocation Oficial encargado de la guardia de navegación

Bridge_team agentTeamBridgeObjectLocation Pilot
equipo del puente agentTeamBridgeObjectLocation Práctico

Bridge_team agentTeamBridgeObjectLocation Relieving_officer
equipo del puente agentTeamBridgeObjectLocation oficial de relevo de guardia

**Definition:**

It includes all the personnel on the bridge engaged in the navigation of the vessel. The Master, other members of the Bridge Team and the Pilot, when embarked, should work together and co-operate to ensure the safe navigation of the ship.

Incluye a todo el personal de puente encargado de la navegación del buque. El Capitán, otros miembros del equipo de puente, y el Práctico, cuando está a bordo, deben trabajar juntos y colaborar para asegurar la navegación segura del buque.

**Term in context:**

*At all times during sea passages, port approaches and pilotage, the Bridge Team should continue to work effectively to ensure the safety of the ship.*

*En todo momento durante las travesías, los accesos a los puertos y el practicaje, el equipo del puente deberá continuar trabajando de forma efectiva para asegurar la seguridad del buque.*

**Validation:**
validated

**Concept ID:** 0052111151 <Centre command console>

**Term:**
Centre command console

**PoS:**
noun

**Domain:**
Safety of navigation
Seguridad de la navegación

**Subdomain:**
Bridge watchkeeping
Guardia del puente de navegación

**Microdomain:**
Navigation bridge
Puente de navegación

**Equivalent:**
consola central de datos

**Superordinates:**
control_command

**Concept relations:**
`objectControlCommandPartInBridgeLocation`

**Description**
*It indicates the sections of the bridge control panel in the console of the Integrated Bridge System.*

**Involved concepts**
Control_command objectControlCommandPartInBridgeLocation Centre_command_console
mandos de gobierno objectControlCommandPartInBridgeLocation consola central de datos.

**Definition:**

It is the central section of the control command console.

Es la sección central de la consola de mandos de gobierno.

**Term in context:**

*Heading control and automatic speed control in the centre command console: ON command for the Automatic Steering; ON command for the Automatic Speed Control.*

*Control del rumbo y control automático de la velocidad en la consola central de mando: mando de CONEXIÓN para el piloto automático; mando de CONEXIÓN para el control automático de la velocidad.*

**Validation:**

validated ✓

| **Concept ID:** 00521111329 <Closest point of approach> |
|---|

**Term:**

Closest point of approach

**Domain:**

Safety of navigation

Seguridad de la navegación

**Subdomain:**

Bridge watchkeeping

Guardia del puente de navegación

**Microdomain:**

Navigation bridge

Puente de navegación

**Equivalent:**

Punto de Aproximación Máxima

**Variant:**

CPA

**Superordinates:**

essential_information

**Concept relations:**

`instrumentNavDataForAgentOnWatch`

**Description**

*It indicates essential navigational data provided by instruments in the bridge to the Officer of the Watch.*

**Involved concepts**

Essential_information instrumentNavDataForAgentOnWatch Closest_point_of_approach

información esencial instrumentNavDataForAgentOnWatch Punto de Aproximación Máxima.

**Definition:**

Closest Point of Approach is the limit as defined by the observer to give warning when a tracked target or targets will close to within these limits from own ship.

Punto de aproximación máxima es el límite con respecto al propio buque, establecidos por el observador para obtener un aviso cuando uno o varios blancos seguidos vayan a sobrepasarlos.

**Term in context:**

*Note needs to be taken of the fact that AIS provided information can given instantaneous CPA/TCPA results, in contra-distinction to radar plotting that eneds a "plotting interval" during which the radar plotting (particularly, if the target is manoeuvring or in a sea-way) give erroneous results. This needs to be carefully handled so as not to confuse the mariner in collision avoidance decision scenarios; [---]*

*Cabe señalar que la información aportada por el sistema SIA puede dar resultados CPA/TCPA instantáneos, a diferencia del punteo radar que requiere un "intervalo de punteo" durante el que el punteo radar produce resultados erróneos (especialmente si el blanco se encuentra efectuando maniobras o en mar encrespada), lo que requiere un manejo cuidadoso para no confundir a los navegantes cuando las circunstancias requieran la toma de decisiones para evitar un abordaje; [...]*

**Validation:**

validated ✔

**Concept ID:** 005211111 <Conning display>

**Term:**

Conning display

**PoS:**
noun

**Domain:**
Safety of navigation
Seguridad de la navegación

**Subdomain:**
Bridge watchkeeping
Guardia del puente de navegación

**Microdomain:**
Navigation bridge
Puente de navegación

**Equivalent:**
pantalla de órdenes de maniobra

**Superordinates:**
conning_position

**Concept relations:**
`instrumentVisualDisplayForAgentOnWatch`

**Description**
*It indicates the visual functionalities of the navigational instruments' presentation of information to the officer on watch at the conning position.*

**Involved concepts**
Conning_position instrumentVisualDisplayForAgentOnWatch Conning_display
puesto de órdenes de maniobra instrumentVisualDisplayForAgentOnWatch pantalla de órdenes de maniobra

**Definition:**
Conning display is an information display which brings together all the key information for conning the ship. This display is for use in demanding operations where the attention of the OOW must be mainly focused on the outside situation while also being dependent upon additional decision support by electronic means.
La pantalla de órdenes de maniobra presenta información en pantalla reuniendo toda la información clave para las maniobras del buque. Esta presentación es útil en las operaciones difíciles, en las que la atención del oficial

de guardia se ha de centrar principalmente en las condiciones exteriores, aunque también haya de guiarse por las decisiones adicionales que respondan a los medios electrónicos.

**Term in context:**

*Consideration should be given to the functionality of an information display (Conning Display) bringing together all the key information for conning the ship. This display is for use in demanding operations where the attention of the OOW must be mainly focused on the outside situation while also being dependent upon additional decision support by electronic means. The conning display may be other than the ECDIS screen, but in that case it should be integrated with ECDIS so as to provide full ECDIS functionality.*

*Se debería examinar la funcionalidad de la presentación en pantalla de información (pantalla de órdenes de maniobra) reuniendo toda la información clave para las maniobras del buque. Esta presentación es útil en las operaciones difíciles, en las que la atención del oficial de guardia se ha de centrar principalmente en las condiciones exteriores, aunque también haya de guiarse por las decisiones adicionales que respondan a los medios electrónicos. La pantalla de órdenes de maniobra puede no ser la pantalla del SIVCE, pero en estos casos se habría de integrar en el SIVCE para ofrecer todas las funcionalidades del SIVCE.*

**Validation:**

validated ✓

| **Concept ID:** 00521111 <Conning position> |
|---|

**Term:**

Conning position

**PoS:**

noun

**Domain:**

Safety of navigation

Seguridad de la navegación

**Subdomain:**

Bridge watchkeeping

Guardia del puente de navegación

**Microdomain:**

Navigation bridge

Puente de navegación

**Equivalent:**

puesto de órdenes de maniobra

**Superordinates:**

operating_station

**Subordinates:**

bridge-to-bridge_communications
conning_display
control_command
control_system
dynamic_positioning_system
essential_information
gmdss_log_keeping
gmdss_watchkeeping
heading_control
multifunction_display
navigation_bridge_visibility
operational_checks
routine_communications
steering_control
track_control_systems

**Concept relations:**

`agentCheckingInstrumentsForSafetyPurposes`

**Description**

*It indicates the checking of operations concerned with the navigational safety aboard that are carried out by the officer in command or conning officer.*

**Involved concepts**

Conning_position agentCheckingInstrumentsForSafetyPurposes Conning_position

puesto de órdenes de maniobra agentCheckingInstrumentsForSafetyPurposes puesto de órdenes de maniobra

Conning_position agentCheckingInstrumentsForSafetyPurposes Conning_position puesto de órdenes de maniobra agentCheckingInstrumentsForSafetyPurposes puesto de órdenes de maniobra

`agentOnWatchAction`

**Description**

*It indicates that the Officer Of the Watch stands watch in the bridge.*

**Involved concepts**

Conning_position agentOnWatchAction GMDSS_log_keeping

puesto de órdenes de maniobra agentOnWatchAction registro de mensajes de radio del Sistema Mundial de Socorro y Seguridad Marítima

Conning_position agentOnWatchAction GMDSS_watchkeeping

puesto de órdenes de maniobra agentOnWatchAction guardia del SMSSM

`agentOnWatchFunctionLocation`

**Description**

*It indicates the positions in the bridge where the operations for the command and steering of the vessel are performed.*

**Involved concepts**

Operating_station agentOnWatchFunctionLocation Conning_position

puesto de gobierno agentOnWatchFunctionLocation puesto de órdenes de maniobra

`agentOnWatchLocationCommunicationType`

**Description**

*It indicates the types of radiotelephone communications made by the crew members in the bridge.*

**Involved concepts**

Conning_position agentOnWatchLocationCommunicationType Bridge-to-bridge_communications

puesto de órdenes de maniobra agentOnWatchLocationCommunicationType comunicaciones de puente a puente

Conning_position agentOnWatchLocationCommunicationType Routine_communications puesto de órdenes de maniobra agentOnWatchLocationCommunicationType radiocomunicaciones generales

`instrumentNavControlForAgentOnWatch`

**Description**

*It indicates the control systems and instruments that are available aboard to the Officer of the Watch for the navigational watch.*

**Involved concepts**

Conning_position instrumentNavControlForAgentOnWatch Conning_position

puesto de órdenes de maniobra instrumentNavControlForAgentOnWatch puesto de órdenes de maniobra

Conning_position instrumentNavControlForAgentOnWatch Conning_position

puesto de órdenes de maniobra instrumentNavControlForAgentOnWatch puesto de órdenes de maniobra

Conning_position instrumentNavControlForAgentOnWatch Heading_control

puesto de órdenes de maniobra instrumentNavControlForAgentOnWatch control del rumbo

Conning_position instrumentNavControlForAgentOnWatch Track_control_systems

puesto de órdenes de maniobra instrumentNavControlForAgentOnWatch sistemas de control de la derrota

`instrumentNavDataForAgentOnWatch`

**Description**

*It indicates essential navigational data provided by instruments in the bridge to the Officer of the Watch.*

**Involved concepts**

Conning_position instrumentNavDataForAgentOnWatch Essential_information

puesto de órdenes de maniobra instrumentNavDataForAgentOnWatch información esencial

`instrumentVisualDisplayForAgentOnWatch`

**Description**

*It indicates the visual functionalities of the navigational instruments' presentation of information to the officer on watch at the conning position.*

**Involved concepts**

Conning_position instrumentVisualDisplayForAgentOnWatch Conning_display

puesto de órdenes de maniobra instrumentVisualDisplayForAgentOnWatch pantalla de órdenes de maniobra

Conning_position instrumentVisualDisplayForAgentOnWatch Multifunction_display

puesto de órdenes de maniobra instrumentVisualDisplayForAgentOnWatch pantalla multifuncional

Conning_position instrumentVisualDisplayForAgentOnWatch Navigation_bridge_visibility

puesto de órdenes de maniobra instrumentVisualDisplayForAgentOnWatch visibilidad desde el puente de navegación

`objectControlCommandInBridgeLocation`

**Description**

*It indicates the bridge control panel in the console of the Integrated Bridge System*

**Involved concepts**

Conning_position objectControlCommandInBridgeLocation Control_command

puesto de órdenes de maniobra objectControlCommandInBridgeLocation mandos de gobierno

`objectDynamicPositionControlledByInstrument`

**Description**

*It indicates a navigational system located in the bridge used to control the ship's position and heading through the ship's own propulsion system.*

**Involved concepts**

Conning_position objectDynamicPositionControlledByInstrument Dynamic_Positioning_System

puesto de órdenes de maniobra objectDynamicPositionControlledByInstrument Sistema de Posicionamiento Dinámico

`objectSteeringControlSystem`

**Description**

*It indicates the system in charge of controlling the steering of the ship.*

**Involved concepts**

Conning_position objectSteeringControlSystem Control_system

puesto de órdenes de maniobra objectSteeringControlSystem Control_system

**Definition:**

Conning position is the place on the bridge with a commanding view, used for monitoring and directing the ships movements. It means the place in the wheelhouse which is used by navigator(s) when commanding, manoeuvring and controlling a ship

El lugar de la caseta de gobierno es un lugar del puente de navegación desde el que se tiene una vista dominante usada para controlar y dirigir los movimientos del buque. Es el lugar de la caseta del timón utilizada por el navegante para ordenar, maniobrar y controlar a un buque.

**Term in context:**

*Control of the VHF radiotelephone channels, required for navigational safety, shall be immediately available on the navigation bridge convenient to the conning position and, where necessary, facilities should be available to permit radiocommunications from the wings of the navigation bridge. Portable VHF equipment may be used to meet the latter provision.*

*El control de los canales radiotelefónicos de ondas métricas necesarios para la seguridad de la navegación se podrá ejercer de modo inmediato desde el puente de navegación y al alcance del puesto de órdenes de maniobra y, si fuere necesario, se dispondrán también los medios que hagan posibles las radiocomunicaciones desde los alerones del puente de navegación. Para cumplir con esta prescripción se podrá utilizar equipo portátil de ondas métricas.*

**Validation:**

validated ✓

**Concept ID:** 00511 <Continuous watch>

**Term:**

Continuous watch

**PoS:**
noun

**Domain:**
Safety of navigation
Seguridad de la navegación

**Subdomain:**
Bridge watchkeeping
Guardia del puente de navegación

**Microdomain:**
Navigation bridge
Puente de navegación

**Equivalent:**
escucha continua

**Superordinates:**
navigational_watch

**Concept relations:**
`agentOnWatchAction`

**Description**
*It indicates that the Officer Of the Watch stands watch in the bridge.*

**Involved concepts**
Navigational_watch agentOnWatchAction Continuous_watch
guardia de navegación agentOnWatchAction escucha continua

**Definition:**
Continuous watch means that the radio watch concerned shall not be interrupted other than for brief intervals when the ship's receiving capability is impaired or blocked by its own communications or when the facilities are under periodical maintenance or checks.

Por escucha continua se entiende que la escucha radioeléctrica de que se trate no se interrumpirá salvo durante los breves intervalos en que la capacidad de recepción del buque esté entorpecida o bloqueada por sus propias comunicaciones o cuando sus instalaciones sean objeto de mantenimiento o verificación periódicos.

**Validation:**
validated ✓

**Concept ID:** 005211115 <Control command>

**Term:**
Control command

**PoS:**
noun

**Domain:**
Safety of navigation
Seguridad de la navegación

**Subdomain:**
Bridge watchkeeping
Guardia del puente de navegación

**Microdomain:**
Navigation bridge
Puente de navegación

**Equivalent:**
mandos de gobierno

**Superordinates:**
conning_position

**Subordinates:**
centre_command_console
port_wing
starboard_wing

**Concept relations:**
`objectControlCommandInBridgeLocation`

**Description**
*It indicates the bridge control panel in the console of the Integrated Bridge System*

**Involved concepts**
Conning_position objectControlCommandInBridgeLocation Control_command

puesto de órdenes de maniobra objectControlCommandInBridgeLocation mandos de gobierno

objectControlCommandPartInBridgeLocation

**Description**

*It indicates the sections of the bridge control panel in the console of the Integrated Bridge System.*

**Involved concepts**

Control_command objectControlCommandPartInBridgeLocation Centre_command_console

mandos de gobierno objectControlCommandPartInBridgeLocation consola central de datos

Control_command objectControlCommandPartInBridgeLocation Port_wing

mandos de gobierno objectControlCommandPartInBridgeLocation alerón de babor del puente de navegación

Control_command objectControlCommandPartInBridgeLocation Starboard_wing

mandos de gobierno objectControlCommandPartInBridgeLocation alerón de estribor del puente de navegación

**Definition:**

It is the console of the workstation from which the centralized access to the different bridge systems is controlled.

Es la consola del puesto desde la que se controla el acceso centralizado a los distintos sistemas del puente.

**Term in context:**

*Only one, clearly indicated task station should be in control of an automatic function and only one task station should at any time be assigned to accept control command.*

*Un solo puesto de tareas (claramente indicado) deberá estar en control de una función automática y solo una estación de trabajo deberá, en un momento dado, estar asignada para aceptar órdenes de control.*

**Validation:**

validated ✓

**Concept ID:** 0052111111 <Control system>

**Term:**
Control system

**PoS:**
noun

**Domain:**
Safety of navigation
Seguridad de la navegación

**Subdomain:**
Bridge watchkeeping
Guardia del puente de navegación

**Microdomain:**
Navigation bridge
Puente de navegación

**Superordinates:**
conning_position

**Subordinates:**
automatic_control_system
emergency_controls
manual_control_system

**Concept relations:**
`objectSteeringControlSystem`

**Description**
*It indicates the system in charge of controlling the steering of the ship.*

**Involved concepts**
Conning_position objectSteeringControlSystem Control_system
puesto de órdenes de maniobra objectSteeringControlSystem Control_system

`objectSteeringControlSystemMode`

**Description**
*It indicates the controlling mode types of the ship's steering control system.*

**Involved concepts**

Control_system objectSteeringControlSystemMode Control_system
Control_system objectSteeringControlSystemMode Control_system

Control_system objectSteeringControlSystemMode Automatic_control_system
Control_system objectSteeringControlSystemMode sistema de control automático

Control_system objectSteeringControlSystemMode Control_system
Control_system objectSteeringControlSystemMode Control_system

Control_system objectSteeringControlSystemMode Emergency_controls
Control_system objectSteeringControlSystemMode controles de emergencia

Control_system objectSteeringControlSystemMode Manual_control_system
Control_system objectSteeringControlSystemMode sistema de control manual

**Definition:**

The Control System is divided into automated systems, manual controls and emergency controls.

El sistema de control comprende: sistemas automatizados, manuales y de emergencia.

**Term in context:**

*The Vessel Operating Manual (VOM) should clarify the integration and the priority of subsystems within the control system.*

*El Manual de explotación del buque debe exponer claramente la integración y el grado de prioridad de los subsistemas dentro del sistema de control.*

*sistema de control*

**Validation:**

validated ✓

**Concept ID:** 00521111327 <Course Over Ground>

**Term:**
Course Over Ground

**PoS:**
noun

**Domain:**
Safety of navigation
Seguridad de la navegación

**Subdomain:**
Bridge watchkeeping
Guardia del puente de navegación

**Microdomain:**
Navigation bridge
Puente de navegación

**Equivalent:**
rumbo con respecto al fondo

**Variant:**
COG
rumbo efectivo

**Superordinates:**
essential_information

**Concept relations:**
`instrumentNavDataForAgentOnWatch`

**Description**
*It indicates essential navigational data provided by instruments in the bridge to the Officer of the Watch.*

**Involved concepts**
Essential_information instrumentNavDataForAgentOnWatch Course_Over_Ground
información esencial instrumentNavDataForAgentOnWatch rumbo con respecto al fondo

**Definition:**

The course which a vessel makes good over ground, after allowing for the effect of currents, tidal streams, and leeway caused by wind and sea.

El rumbo que lleva un buque con respecto al suelo, tras tener en cuenta el efecto de las corrientes, de las corrientes de marea y el abatimiento causado por el viento y el mar.

**Term in context:**

*Course over ground (COG): automatically updated from ship's main position sensor connected to AIS, if that sensor calcuates COG.*

*Rumbo con respecto al fondo: actualizado automáticamente por el sensor principal de situación conectado al SIA, si dicho sensor calcula este parámetro.*

**Validation:**

validated ✓

**Concept ID:** 00521111103 <DP control system>

**Term:**

DP control system

**PoS:**

noun

**Domain:**

Safety of navigation

Seguridad de la navegación

**Subdomain:**

Bridge watchkeeping

Guardia del puente de navegación

**Microdomain:**

Navigation bridge

Puente de navegación

**Equivalent:**

Sistema de control del posicionamiento dinámico

**Superordinates:**

dynamic_positioning_system

**Concept relations:**

`objectDynamicPositionControlledByInstrumentPart`

**Description**

*It indicates a part system of the dynamic positioning system.*

**Involved concepts**

Dynamic_Positioning_System objectDynamicPositionControlledByInstrumentPart DP_control_system

Sistema de Posicionamiento Dinámico objectDynamicPositionControlledByInstrumentPart Sistema de control del posicionamiento dinámico

**Definition:**

Dynamic Positioning control system (DP control system) means all control components and systems, hardware and software necessary to dynamically position the vessel. The DP-control system consists of the following: computer system/joystick system, sensor system, display system (operator panels), position reference system, and associated cabling and cable routeing.

Sistema de control del posicionamiento dinámico (sistema de control del PD) comprende todos los componentes y sistemas de control, el equipo físico y el soporte lógico necesarios para mantener el buque en situación por medios dinámicos. El sistema de control del PD consta de lo siguiente: el sistema informático/el sistema de la palanca de mando; el sistema o sistemas de sensores; los puestos de control y el sistema de presentación visual (paneles del operador); el sistema o sistemas de referencia de la situación; el cableado conexo y el recorrido del cable; y las redes.

**Term in context:**

*Main and backup DP control systems should be so arranged that at least one system will be able to perform automatic position keeping after any single failure.*

*Los sistemas principal y de reserva de control del PD deberían estar dispuestos de manera tal que, como mínimo, un sistema pueda continuar manteniendo automáticamente la situación tras un fallo único de cualquier tipo.*

**Validation:**

validated ✔

**Concept ID:** 0052111110 <Dynamic Positioning System>

**Term:**

Dynamic Positioning System

**PoS:**
noun

**Domain:**
Safety of navigation
Seguridad de la navegación

**Subdomain:**
Brisge watchkeeping
Guardia del puente de navegación

**Microdomain:**
Navigation bridge
Puente de navegación

**Equivalent:**
Sistema de Posicionamiento Dinámico

**Variant:**
DP-system
PD

**Superordinates:**
conning_position
**Subordinates:**
dp_control_system
power_system
thruster_system

**Concept relations:**
`objectDynamicPositionControlledByInstrument`

**Description**
*It indicates a navigational system located in the bridge used to control the ship's position and heading through the ship's own propulsion system.*

**Involved concepts**
Conning_position objectDynamicPositionControlledByInstrument Dynamic_Positioning_System
puesto de órdenes de maniobra objectDynamicPositionControlledB-yInstrument Sistema de Posicionamiento Dinámico
`objectDynamicPositionControlledByInstrumentPart`

**Description**
*It indicates a part system of the dynamic positioning system.*

**Involved concepts**

Dynamic_Positioning_System objectDynamicPositionControlledByInstrumentPart DP_control_system

Sistema de Posicionamiento Dinámico objectDynamicPositionControlledByInstrumentPart Sistema de control del posicionamiento dinámico

Dynamic_Positioning_System objectDynamicPositionControlledByInstrumentPart Power_system

Sistema de Posicionamiento Dinámico objectDynamicPositionControlledByInstrumentPart sistema de suministro de energía

Dynamic_Positioning_System objectDynamicPositionControlledByInstrumentPart Thruster_system

Sistema de Posicionamiento Dinámico objectDynamicPositionControlledByInstrumentPart sistema de impulsores

**Definition:**

Dynamic positioning system (DP-system) is a computer-based system which controls the heading and position of a vessel automatically through the use of the vessel's own propulsion systems.Dynamic positioning system means the complete installation necessary for dynamically positioning a vessel comprising the following sub-systems: power system, thruster system, and DP-control system.

El sistema de posicionamiento dinámico es un sistema controlado por ordenador que automáticamente mantiene la posición y rumbo mediante el uso de los sistemas propios de propulsión del buque. El sistema de posicionamiento dinámico es la instalación completa necesaria para mantener la situación del buque por medios dinámicos y que comprende, entre otros, los siguientes subsistemas: sistema de suministro de energía, sistema de impulsores y sistema de control de PD.

**Term in context:**

*A DP-system consists of components and systems acting together to achieve sufficiently reliable position keeping capability*

*Todo sistema de PD comprende componentes y sistemas que funcionan simultáneamente y permiten al buque mantener su situación de manera suficientemente fiable.*

**Validation:**

validated

**Concept ID:** 00513 <Effective watch handover>

**Term:**
Effective watch handover

**PoS:**
noun

**Domain:**
Safety of navigation
Seguridad de la navegación

**Subdomain:**
Bridge watchkeeping
Guardia del puente de navegación

**Microdomain:**
Navigation bridge
Puente de navegación

**Equivalent:**
cambio de guardia efectivo

**Superordinates:**
navigational_watch

**Concept relations:**
`agentOnWatchAction`

**Description**
*It indicates that the Officer Of the Watch stands watch in the bridge.*

**Involved concepts**
Navigational_watch agentOnWatchAction Effective_watch_handover
guardia de navegación agentOnWatchAction cambio de guardia efectivo

**Definition:**
Effective watch handover should take place ensuring all pertinent information is exchanged between the oncoming and off-going Bridge Team members.

Un cambio de guardia efectivo tiene lugar cuando se asegura de que toda la información relevante entre los miembros del equipo de puente salientes y entrantes de guardia se intercambia.

**Validation:**
validated ✓

**Concept ID:** 00521111113 <Emergency controls>

**Term:**
Emergency controls

**PoS:**
noun

**Domain:**
Safety of navigation
Seguridad de la navegación

**Subdomain:**
Guardia del puente de navegación

**Microdomain:**
Navigation bridge
Puente de navegación

**Equivalent:**
controles de emergencia

**Superordinates:**
control_system

**Concept relations:**
`objectSteeringControlSystemMode`

**Description**
*It indicates the controlling mode types of the ship's steering control system.*

**Involved concepts**
Control_system objectSteeringControlSystemMode Emergency_controls

Control_system objectSteeringControlSystemMode controles de emergencia

**Definition:**

The emergency controls are the main engine shut down and the override controls for steering and propulsion. The emergency controls should have direct access to the steering and propulsion devices without any automation functions.

Los controles de emergencia son los dispositivos para desactivar el motor principal y neutralizar el aparato de gobierno y de propulsión. Estos controles de emergencia actuarán directamente sobre el aparato de gobierno y los dispositivos de propulsión sin ninguna función automática.

**Term in context:**

*A malfunction of the automation system should not prohibit switchover to the manual controls or to the emergency controls.*

*Un fallo en el funcionamiento del sistema de automatización no deberá excluir la conmutación a los controles manuales o a los controles de emergencia.*

**Validation:**

validated ✔

| **Concept ID:** 005211113 <Essential information> |
| --- |

**Term:**

Essential information

**PoS:**

noun

**Domain:**

Safety of navigation

Seguridad de la navegación

**Subdomain:**

Bridge watchkeeping

Guardia del puente de navegación

**Microdomain:**

Navigation bridge

Puente de navegación

**Equivalent:**

información esencial

**Superordinates:**

conning_position

**Subordinates:**

bearing
closest_point_of_approach
course_over_ground
heading
relative_course
relative_speed
target
time_to_closest_point_of_approach
true_course
true_speed

**Concept relations:**

`instrumentNavDataForAgentOnWatch`

**Description**

*It indicates essential navigational data provided by instruments in the bridge to the Officer of the Watch.*

**Involved concepts**

Conning_position instrumentNavDataForAgentOnWatch Essential_information

puesto de órdenes de maniobra instrumentNavDataForAgentOnWatch información esencial

Essential_information instrumentNavDataForAgentOnWatch Bearing

información esencial instrumentNavDataForAgentOnWatch demora

Essential_information instrumentNavDataForAgentOnWatch Closest_point_of_approach

información esencial instrumentNavDataForAgentOnWatch Punto de Aproximación Máxima

Essential_information instrumentNavDataForAgentOnWatch Course_Over_Ground

información esencial instrumentNavDataForAgentOnWatch rumbo con respecto al fondo

Essential_information instrumentNavDataForAgentOnWatch Heading
información esencial instrumentNavDataForAgentOnWatch rumbo

Essential_information instrumentNavDataForAgentOnWatch Relative_course
información esencial instrumentNavDataForAgentOnWatch rumbo relativo

Essential_information instrumentNavDataForAgentOnWatch Relative_speed
información esencial instrumentNavDataForAgentOnWatch velocidad relativa

Essential_information instrumentNavDataForAgentOnWatch Target
información esencial instrumentNavDataForAgentOnWatch blanco

Essential_information instrumentNavDataForAgentOnWatch Time_to_closest_point_of_approach
información esencial instrumentNavDataForAgentOnWatch Tiempo al Punto de Aproximación Máxima

Essential_information instrumentNavDataForAgentOnWatch True_course
información esencial instrumentNavDataForAgentOnWatch rumbo verdadero

Essential_information instrumentNavDataForAgentOnWatch True_speed
información esencial instrumentNavDataForAgentOnWatch velocidad relativa

**Definition:**
Indispensable information to be available as required for the relevant functions. Information that is necessary for the monitoring and control of functions required for the safe navigation of the ship. Examples of essential

information include but are not limited to: heading, position, speed and depth; rudder angle; proximity to danger.

Información indispensable que debe estar disponible según se necesite para las funciones pertinentes. información que es necesaria para la vigilancia y el control de las funciones requeridas para la navegación segura del buque. Los ejemplos de tal información incluyen sin que esta lista sea exhaustiva: el rumbo, la situación, la velocidad y el puntal; el ángulo del timón; la proximidad al peligro.

**Term in context:**

*Display and update of essential information available in the equipment as well as safety related automatic functions should not be inhibited due to operation of the equipment.*

*La presentación en pantalla y la actualización de la información esencial disponible en el equipo al igual que las funciones automáticas relacionadas con la seguridad no se deberían inhibir por el funcionamiento del equipo.*

**Validation:**

validated ✓

**Concept ID:** 00521111161 <Failure analysis>

**Term:**

Failure analysis

**PoS:**

noun

**Domain:**

Safety of navigation

Seguridad de la navegación

**Subdomain:**

Bridge watchkeeping

Guardia del puente de navegación

**Microdomain:**

Navigation bridge

Puente de navegación

**Equivalent:**

análisis de fallo

**Superordinates:**

operational_checks

**Concept relations:**

agentCheckingInstrumentsForSafetyPurposes

**Description**

*It indicates the checking of operations concerned with the navigational safety aboard that are carried out by the officer in command or conning officer.*

**Involved concepts**

Operational_checks agentCheckingInstrumentsForSafetyPurposes Failure_analysis

controles de funcionamiento agentCheckingInstrumentsForSafetyPurposes análisis de fallo

**Definition:**

The logical, systematic examination of an item, including its diagrams or formulas, to identify and analyse the probability, causes and consequences of potential and real failures. The failure analysis aims to demonstrate that the system has a fail-to-safe functionality.

La evaluación sistemática y lógica de un elemento, incluidos sus diagramas o fórmulas, con el objetivo de identificar y analizar las probabilidades, las causas y las consecuencias de fallos potenciales y reales. El análisis de fallo tiene como objetivo demostrar que el sistema tiene funciones que permite solucionar los fallos.

**Term in context:**

*A failure analysis, at functional level, should be performed and documented for the alert management.*

*Un análisis de fallos, en el nivel funcional, debería ser realizado y documentado para la gestión de alertas.*

**Validation:**

validated ✓

**Concept ID:** 0052111113 <GMDSS log keeping>

**Term:**

GMDSS log keeping

**PoS:**
noun

**Domain:**
Safety of navigation
Seguridad de la navegación

**Subdomain:**
Bridge watchkeeping
Guardia del puente de navegación

**Microdomain:**
Navigation bridge
Puente de navegación

**Equivalent:**
registro de mensajes de radio del Sistema Mundial de Socorro y Seguridad Marítima

**Superordinates:**
conning_position

**Concept relations:**
`agentOnWatchAction`

**Description**
*It indicates that the Officer Of the Watch stands watch in the bridge.*

**Involved concepts**
Conning_position agentOnWatchAction GMDSS_log_keeping
puesto de órdenes de maniobra agentOnWatchAction registro de mensajes de radio del Sistema Mundial de Socorro y Seguridad Marítima

**Definition:**
It is a Global Maritime Distress and Safety System radio log that should be kept in order to provide a record of all events connected with the radio communications facilities on board.
Es un registro de mensajes de radio del Sistema Mundial de Socorro y Seguridad Marítima que ha de mantenerse para disponer de una relación de todos los eventos relacionados con las instalaciones de radiocomunicaciones de a bordo.

**Validation:**
validated ✓

**Concept ID:** 0052111112 <GMDSS watchkeeping>

**Term:**

GMDSS watchkeeping

**PoS:**

noun

**Domain:**

Safety of navigation

Seguridad de la navegación

**Subdomain:**

Bridge watchkeeping

Guardia del puente de navegación

**Microdomain:**

Navigation bridge

Puente de navegación

**Equivalent:**

guardia del SMSSM

**Superordinates:**

conning_position

**Concept relations:**

`agentOnWatchAction`

**Description**

*It indicates that the Officer Of the Watch stands watch in the bridge.*

**Involved concepts**

Conning_position agentOnWatchAction GMDSS_watchkeeping

puesto de órdenes de maniobra agentOnWatchAction guardia del SMSSM

**Definition:**

A GMDSS watchkeeping enables a ship to send and receive distress, urgency and safety information so that the OOW should hold a General or Restricted Operator's Certificate (GOC/ROC) as appropriate, and be familiar with the requirements and procedures for GMDSS watchkeeping. In particular it is necessary to ensure that all GMDSS communications are under the control of an appropriately certified operator; communication procedures and discipline are followed so that interference with other radio users is avoided; and frequencies are used for their correct purpose.

La guardia del SMSSM permite que se pueda enviar y recibir información de socorro, urgencia y seguridad, de modo que el ODG tendrá que estar en posesión de un Certificado de Operador General o Restringido (GOC/ROC), según corresponda, y estar familiarizado con los requisitos y procedimientos de la guardia del SMSSM. En particular, es necesario garantizar que las comunicaciones del SMSSM estén bajo el control de un operador debidamente certificado; que se sigan los procedimientos y la disciplina de comunicación para evitar interferencias con otros usuarios de radio y que las frecuencias se utilicen para su propósito correcto.

**Validation:**

validated

**Concept ID:** 0052111131 <Heading>

**Term:**

Heading

**PoS:**

noun

**Domain:**

Safety of navigation

Seguridad de la navegación

**Subdomain:**

Bridge watchkeeping

Guardia del puente de navegación

**Microdomain:**

Navigation bridge

Puente de navegación

**Equivalent:**

rumbo

**Variant:**

course

rumbo de proa

**Superordinates:**

essential_information

**Concept relations:**

`instrumentNavDataForAgentOnWatch`

**Description**

*It indicates essential navigational data provided by instruments in the bridge to the Officer of the Watch.*

**Involved concepts**

Essential_information instrumentNavDataForAgentOnWatch Heading

información esencial instrumentNavDataForAgentOnWatch rumbo

**Definition:**

The horizontal direction the vessel's bows at a given moment measured in degrees clockwise from north

Dirección horizontal de la proa del buque en un momento dado, medida en grados a partir del norte, en dirección de las agujas del reloj.

**Term in context:**

*Heading: automatically updated from the ship's heading sensor connected to AIS.*

*Rumbo: actualizado automáticamente por el sensor de rumbo conectado al SIA.*

**Validation:**

validated ✔

**Concept ID:** 005211118 <Heading control>

**Term:**

Heading control

**PoS:**

noun

**Domain:**

Safety of navigation

Seguridad de la navegación

**Subdomain:**

Bridge watchkeeping

Guardia del puente de navegación

**Microdomain:**

Navigation bridge

Puente de navegación

**Equivalent:**

control del rumbo

**Superordinates:**

conning_position

**Concept relations:**

`instrumentNavControlForAgentOnWatch`

**Description**

*It indicates the control systems and instruments that are available aboard to the Officer of the Watch for the navigational watch.*

**Involved concepts**

Conning_position instrumentNavControlForAgentOnWatch Heading_control

puesto de órdenes de maniobra instrumentNavControlForAgentOnWatch control del rumbo

**Definition:**

Heading control will steer to maintain the ship's heading but, unlike automatic track-keeping, does not have the ability to compensate for the effects of wind and tidal-stream/current on the ship's course over ground (COG).

El control de rumbo permite gobernar para mantener el rumbo de proa del buque pero, a diferencia del mantenimiento automático de la derrota, no tiene la capacidad de compensar los efectos en el buque del viento o de la corriente de marea en el rumbo del buque sobre el fondo.

**Term in context:**

*The heading control and the automatic speed control should be switched on with only one command each and they should be installed in the heading control operation panel.*

*El control del rumbo y el control automático de la velocidad dispondrán de un solo mando cada uno, los cuales irán instalados en el cuadro de control de rumbo.*

**Validation:**
validated

**Concept ID:** 00533 <Helmsman>

**Term:**
Helmsman

**PoS:**
noun

**Domain:**
Safety of navigation
Seguridad de la navegación

**Subdomain:**
Bridge watchkeeping
Guardia del puente de navegación

**Microdomain:**
Bridge team
Equipo del puente

**Equivalent:**
timonel

**Variant:**
helmsperson (variant introduced in 2019)

**Superordinates:**
bridge_team

**Concept relations:**
`agentTeamBridgeObjectLocation`

**Description**
*It indicates the team members whose functions are carried out in the navigational bridge.*

**Involved concepts**

Bridge_team agentTeamBridgeObjectLocation Helmsman

equipo del puente agentTeamBridgeObjectLocation timonel

**Definition:**

A person who steers the vessel while underway; this person acknowledges and executes steering instructions from the Officer of the Watch (OOW) and advises the OOW of any steering concerns.

La persona que gobierna el buque, recibe y ejecuta las instrucciones de gobierno del oficial de guardia (ODG) y le asesora sobre aspectos concernientes al gobierno del buque.

**Term in context:**

*A helmsman should be available at all times and be ready to take over steering control in conditions where automatic systems are inappropriate. Manual steering should be used whenever appropriate including in: areas of high traffic density; conditions of restricted visibility; and any other potentially hazardous situations and particularly when an automatic steering system may provide insufficient control.*

*Un timonel debería estar disponible todo el tiempo y estar preparado para tomar el control del gobierno del buque en condiciones en las que es inapropiado el uso de los sistemas automáticos. El gobierno manual debería usarse siempre que sea apropiado, lo que incluye zonas de alta densidad de tráfico, condiciones de visibilidad restringida y cualquier otra situación que sea potencialmente peligrosa y, particularmente, cuando un sistema de gobierno automático proporcione un control insuficiente.*

**Validation:**

validated ✓

**Concept ID:** 0055 <International Convention on Standards of Training, Certification and Watchkeeping for Seafarers>

**Term:**

International Convention on Standards of Training, Certification and Watchkeeping for Seafarers

**Domain:**

Safety of navigation

Seguridad de la navegación

**Subdomain:**

Bridge watchkeeping

Guardia del puente de navegación

**Microdomain:**

Bridge team

Equipo del puente

**Equivalent:**

Convenio internacional sobre normas de formación, titulación y guardia para la gente de mar

**Superordinates:**

bridge_watchkeeping

**Concept relations:**

`agentTrainingRuledBy`

**Description**

*It indicates that the crew members of a ship have to comply with seaman training requirements provided by the STCW Code, and be certified.*

**Involved concepts**

Bridge_watchkeeping agentTrainingRuledBy International_Convention_on_Standards_of_Training,_Certification_and_Watchkeeping_for_Seafarers

Guardia del puente de navegación agentTrainingRuledBy Convenio internacional sobre normas de formación, titulación y guardia para la gente de mar.

**Definition:**

The Convention prescribes minimum standards relating to training, certification and watchkeeping for seafarers which countries are obliged to meet or exceed.

El Convenio establece normas mínimas sobre formación, titulación y guardia para la gente de mar que los países están obligados a cumplir o superar.

**Term in context:**

*Candidates of certification shall provide satisfactory proof that they meet the standards of medical fitness specified in section A-I/9 of the International Convention on Standards of Training, Certification and Watchkeeping for Seafarers*

*THE 2010 MANILA CONFERENCE, HAVING ADOPTED the Manila amendments to the International Convention on Standards of Training, Certification and Watchkeeping for Seafarers, 1978 and to the Seafarers' Training, Certification and Watchkeeping Code, as amended (STCW Convention and Code), RECOGNIZING the importance of the overall medical fitness of masters and ships' crews to the safety of life and property at sea and the protection of the marine environment, TAKING COGNIZANCE OF the international standards of medical fitness for seafarers included in the STCW Convention and Code and the Maritime Labour Convention, 2006, INVITES the International Maritime Organization, in co-operation with the International Labour Organization and the World Health Organization, to develop guidelines to implement the aforementioned standards.*

*LA CONFERENCIA DE MANILA DE 2010, HABIENDO ADOPTADO las enmiendas de Manila al Convenio internacional sobre normas de formación, titulación y guardia para la gente de mar, 1978, y al Código de formación, titulación y guardia para la gente de mar, en su forma enmendada (el Convenio y el Código de Formación), RECONOCIENDO la importancia que la aptitud física general de los capitanes y tripulantes de los buques reviste para la seguridad de la vida humana y de los bienes en el mar y para la protección del medio marino, TENIENDO CONOCIMIENTO de las normas internacionales de aptitud física para la gente de mar incluidas en el Convenio y el Código de Formación y en el Convenio sobre el trabajo marítimo, 2006, INVITA a la Organización Marítima Internacional a que, en colaboración con la Organización Internacional del Trabajo y la Organización Mundial de la Salud, elabore directrices para implantar las normas antedichas.*

**Concept ID:** 00521111151 <Intership navigational safety communications>

**Term:**

Intership navigational safety communications

**PoS:**

noun

**Domain:**

Safety of navigation

Seguridad de la navegación

**Subdomain:**

Bridge watchkeeping

Guardia del puente de navegación

**Microdomain:**

Navigation bridge

Puente de navegación

**Equivalent:**

comunicaciones entre buques relativas a la seguridad de la navegación.

**Superordinates:**

bridge-to-bridge_communications

**Concept relations:**

`agentOnWatchLocationCommunicationType`

**Description**

*It indicates the types of radiotelephone communications made by the crew members in the bridge.*

**Involved concepts**

Bridge-to-bridge_communications agentOnWatchLocationCommunicationType Intership_navigational_safety_communications

comunicaciones de puente a puente agentOnWatchLocationCommunicationType comunicaciones entre buques relativas a la seguridad de la navegación.

**Definition:**

Intership navigation safety communications are those VHF radiotelephone communications conducted between ships for the purpose of contributing to the safe movement of ships.

Las comunicaciones entre buques relativas a la seguridad de la navegación son las comunicaciones radiotelefónicas por VHF que se realizan entre los buques con el propósito de contribuir al tráfico seguro de los buques.

**Validation:**

validated ✓

**Concept ID:** 00534 <Look-out>

**Term:**
Look-out

**PoS:**
noun

**Domain:**
Safety of navigation

**Subdomain:**
Bridge watchkeeping
Guardia del puente de navegación

**Microdomain:**
Bridge team
Equipo del puente

**Equivalent:**
vigilante

**Variant:**
vigía

**Superordinates:**
bridge_team

**Concept relations:**
`agentTeamBridgeObjectLocation`

**Description**
*It indicates the team members whose functions are carried out in the navigational bridge.*

**Involved concepts**
Bridge_team agentTeamBridgeObjectLocation Look-out
equipo del puente agentTeamBridgeObjectLocation vigilante

**Definition:**
The bridge team member in charge of keeping a proper observation of possible hazards, an all round look-out by sight and hearing, reporting all sightings and/or sound signals to the Officer of the Watch.

Miembro del equipo de puente encargado de mantener una observación adecuada de los posibles peligros, de vigilar tanto visual como auditivamente y de informar de cualquier avistamiento y de cualquier señal auditiva al Oficial de Guardia.

**Term in context:**

*Masts or other structural features may cause shadow or blind sectors on the display. The OOW and look-out should be aware of the need to check these blind sectors regularly.*

*La arboladura y otros rasgos estructurales pueden producir sombras o sectores ciegos en la presentación en pantalla. El ODG y el vigía deberían ser conscientes de la necesidad de comprobar estos sectores ciegos regularmente.*

**Validation:**

validated ✓

| **Concept ID:** 00521111112 <Manual control system> |
|---|

**Term:**

Manual control system

**PoS:**

noun

**Domain:**

Safety of navigation

Seguridad de la navegación

**Subdomain:**

Bridge watchkeeping

Guardia del puente de navegación

**Microdomain:**

Navigation bridge

Puente de navegación

**Equivalent:**

sistema de control manual

**Superordinates:**

control_system

**Concept relations:**

`objectSteeringControlSystemMode`

**Description**

*It indicates the controlling mode types of the ship's steering control system.*

**Involved concepts**

Control_system objectSteeringControlSystemMode Manual_control_system

Control_system objectSteeringControlSystemMode sistema de control manual

**Definition:**

The manual control system contains individual steering and propulsion controls and possibly an integrated Joystick control.

El sistema de control manual incorpora los mandos individuales del aparato de gobierno y de propulsión, y probablemente el mando de la palanca universal integrada.

**Validation:**

validated

**Concept ID:** 00531 <Master>

**Term:**

Master

**PoS:**

noun

**Domain:**

Safety of navigation

Seguridad de la navegación

**Subdomain:**

Bridge watchkeeping

Guardia del puente de navegación

**Microdomain:**

Bridge team

Equipo del puente

**Equivalent:**

Capitán, capitana

**Variant:**

Captain

**Superordinates:**

bridge_team

**Subordinates:**

standing_orders

**Concept relations:**

`actionAgentInCommand`

**Description**

*It indicates the orders given in the bridge by the Master of the ship.*

**Involved concepts**

Master actionAgentInCommand Standing_orders

Capitán, capitana actionAgentInCommand Órdenes permanentes

`agentTeamBridgeObjectLocation`

**Description**

*It indicates the team members whose functions are carried out in the navigational bridge.*

**Involved concepts**

Bridge_team agentTeamBridgeObjectLocation Master

equipo del puente agentTeamBridgeObjectLocation Capitán, capitana

**Definition:**

The Master has overall authority and remains responsible for all decisions with respect to the safe conduct of navigation and protection of the environment.

El Capitán/la Capitana es la máxima autoridad y es responsable de todas las decisiones que se tomen respecto a la seguridad de la navegación y a la protección del medioambiente.

**Term in context:**

*Prior to each voyage, the master of every ship shall ensure that the intended route from the port of departure to the first port of call is planned using adequate and appropriate charts and other nautical publications necessary for the intended voyage, containing accurate, complete and up-to-date information regarding those navigational limitations and hazards which are of a permanent or predictable nature and which are relevant to the safe navigation of the ship.*

*Antes de cada viaje, el capitán de todo buque se asegurará de que la ruta prevista desde el puerto de salida hasta el primer puerto de escala se ha planeado utilizando cartas adecuadas y correctas y otras publicaciones náuticas necesarias para el viaje proyectado, que contengan información precisa, completa y actualizada relativa a las restricciones y riesgos para la navegación de naturaleza permanente o previsible que afecten a la seguridad de la navegación del buque.*

**Validation:**
validated ✓

**Concept ID:** <Multifunction display>

**Term:**
Multifunction display

**Domain:**
Safety of navigation
Seguridad de la navegación

**Subdomain:**
Bridge watchkeeping
Guardia del puente de navegación

**Microdomain:**
Navigation bridge
Puente de navegación

**Equivalent:**
pantalla multifuncional

**Superordinates:**
conning_position

**Concept relations:**
`instrumentVisualDisplayForAgentOnWatch`

**Description**

*It indicates the visual functionalities of the navigational instruments' presentation of information to the officer on watch at the conning position.*

**Involved concepts**

Conning_position instrumentVisualDisplayForAgentOnWatch Multifunction_display

puesto de órdenes de maniobra instrumentVisualDisplayForAgentOnWatch pantalla multifuncional

**Definition:**

A single visual display unit that can present, either simultenously or through a series of selectable pages, information from more than a single function of an Integrated Navigation System.

Unidad de pantalla única que puede presentar visualmente, ya sea de manera simultánea o a través de una serie de páginas seleccionables, información procedente de una o más funciones del SIN.

**Term in context:**

*Presentation of navigational information [...],... this standard should harmonize the following: 1. display and interaction of objects; 2. multifunction displays; 3. co-location, merging, processing, fusion of graphical information; and 4. indication of quantity, status, integrity and accuracy of information.*

*Presentación de información náutica [...], ...dicha norma armonizaría los siguientes aspectos: 1. presentación visual e interacción de objetos; 2. pantallas multifuncionales; 3. superposición, amalgamación, procesamiento, fusión de la información gráfica y 4. indicación de la cantidad, estado, integridad y precisión de la información.*

**Concept ID:** 0052 <Navigation bridge>

**Term:**

Navigation bridge

**PoS:**

noun

**Domain:**

Safety of navigation

Seguridad de la navegación

**Subdomain:**

Bridge watchkeeping

Guardia del puente de navegación

**Equivalent:**
puente de navegación

**Variant:**
puente de mando; puente de gobierno

**Superordinates:**
bridge_watchkeeping

**Subordinates:**
workstation

**Concept relations:**
`agentOnWatchFunctionLocation`

**Description**
*It indicates the positions in the bridge where the operations for the command and steering of the vessel are performed.*

**Involved concepts**
Bridge_watchkeeping agentOnWatchFunctionLocation Navigation_bridge
Guardia del puente de navegación agentOnWatchFunctionLocation puente de navegación

Navigation_bridge agentOnWatchFunctionLocation Workstation
puente de navegación agentOnWatchFunctionLocation puesto

**Definition:**
That area from which the navigation and ship control is exercised, including the wheelhouse and bridge wings.
La sección desde la que se ejerce el control del buque y de la navegación y que incluye la zona del timón y los alerones de puente.

**Term in context:**
*When the navigation bridge is unmanned, the alarm shall sound in a place where a responsible member of the crew is on duty.*
*En el caso de que el puente de navegación no esté tripulado, sonará una alarma en el lugar en el que un miembro responsable de la tripulación está de guardia.*

**Validation:**
validated ✔

**Concept ID:** 005211114 <Navigation bridge visibility>

**Term:**
Navigation bridge visibility

**PoS:**
noun

**Domain:**
Safety of navigation
Seguridad de la navegación

**Subdomain:**
Bridge watchkeeping
Guardia del puente de navegación

**Microdomain:**
Navigation bridge
Puente de navegación

**Equivalent:**
visibilidad desde el puente de navegación

**Superordinates:**
conning_position

**Concept relations:**
`instrumentVisualDisplayForAgentOnWatch`

**Description**
*It indicates the visual functionalities of the navigational instruments' presentation of information to the officer on watch at the conning position.*

**Involved concepts**
Conning_position instrumentVisualDisplayForAgentOnWatch Navigation_bridge_visibility
puesto de órdenes de maniobra instrumentVisualDisplayForAgentOnWatch visibilidad desde el puente de navegación

**Definition:**
It refers to the adequate conditions of visibility from the navigation bridge for navigational safety.
Indica las condiciones adecuadas de visibilidad desde el puente de navegación para la seguridad de la navegación.

**Term in context:**

*Regulation 22. Navigation bridge visibility 1 Ships of not less than 55 m in length, as defined in regulation 2.4, constructed on or after 1 July 1998, shall meet the following requirements: .1 The view of the sea surface from the conning position shall not be obscured by more than two ship lengths, or 500 m, whichever is less, forward of the bow to 108 on either side under all conditions of draught, trim and deck cargo; .2 No blind sector, caused by cargo, cargo gear or other obstructions outside of the wheelhouse forward of the beam which obstructs the view of the sea surface as seen from the conning position, shall exceed 108. The total arc of blind sectors shall not exceed 208. The clear sectors between blind sectors shall be at least 58. However, in the view described in .1, each individual blind sector shall not exceed 58; .3 The horizontal field of vision from the conning position shall extend over an arc of not less than 2258, that is from right ahead to not less than 22.58 abaft the beam on either side of the ship; .4 From each bridge wing, the horizontal field of vision shall extend over an arc of at least 2258, that is from at least 458 on the opposite bow through right ahead and then from right ahead to right astern through 1808 on the same side of the ship; .5 From the main steering position, the horizontal field of vision shall extend over an arc from right ahead to at least 608 on each side of the ship; .6 The ship's side shall be visible from the bridge wing; .7 The height of the lower edge of the navigation bridge front windows above the bridge deck shall be kept as low as possible. In no case shall the lower edge present an obstruction to the forward view as described in this regulation; .8 The upper edge of the navigation bridge front windows shall allow a forward view of the horizon, for a person with a height of eye of 1,800 mm above the bridge deck at the conning position, when the ship is pitching in heavy seas. The Administration, if satisfied that a 1,800 mm height of eye is unreasonable and impractical, may allow reduction of the height of eye but not to less than 1,600 mm; .9 Windows shall meet the following requirements: To help avoid reflections, the bridge front windows shall be inclined from the vertical plane top out, at an angle of not less than 108 and not more than 258; Framing between navigation bridge windows shall be kept to a minimum and not be installed immediately forward of any work station; Polarized and tinted windows shall not be fitted; A clear view through at least two of the navigation bridge front windows and, depending on the bridge configuration, an additional number of clear-view windows shall be provided at all times, regardless of weather conditions.*

*Regla 22 Visibilidad desde el puente de navegación. 1. Los buques de eslora no inferior a 55 m, según se define esta en la regla 2.4, construidos el 1 de julio de 1998, o posteriormente, cumplirán las siguientes prescripciones: .1 La vista de la superficie del mar desde el puesto de órdenes de maniobra no deberá quedar oculta en más del doble de la eslora, o de 500 m si esta longitud es menor, a proa de las amuras y a 10° a cada banda en todas las condiciones de calado, asiento y cubertada. 2. Ningún sector ciego debido a la carga, el equipo de manipulación de la carga u otras obstrucciones que haya fuera de la caseta de gobierno a proa del través, que impida la vista de la superficie del mar desde el puesto de órdenes de maniobra, excederá de 10°. El arco total de sectores ciegos no excederá de 20°. Los sectores despejados entre sectores ciegos serán de 5° como mínimo. No obstante, en el campo de visión descrito en .1, cada sector ciego no excederá de 5°. 3. El campo de visión horizontal desde el puesto de órdenes de maniobra abarcará un arco no inferior a 225° que se extienda desde la línea de proa hasta 22,5° a popa del través en ambas bandas del buque. 4. Desde cada alerón del puente, el campo de visión horizontal abarcará un arco de 225° como mínimo que se extienda 45° en la amura de la banda opuesta a partir de la línea de proa, más 180° de proa a popa en la propia banda. 5. Desde el puesto principal de gobierno, el campo de visión horizontal abarcará un arco que vaya desde proa hasta 60° como mínimo a cada lado del eje del buque. 6. El costado del buque será visible desde el alerón del puente. 7. La altura del borde inferior de las ventanas delanteras del puente de navegación sobre el nivel de la cubierta del puente será la mínima posible. El borde inferior no constituirá en ningún caso una obstrucción de la vista hacia proa según se describe en esta regla. .8 El borde superior de las ventanas delanteras del puente de navegación permitirá que un observador cuyos ojos estén a una altura de 1 800 mm por encima de la cubierta del puente pueda ver el horizonte a proa desde el puesto de órdenes de maniobra cuando el buque cabecee en mar encrespada. Si considera que esa altura de 1 800 mm no es razonable ni factible, la Administración podrá permitir que se reduzca, pero no a menos de 1 600 mm. 9. Las ventanas cumplirán las prescripciones siguientes: a fin de evitar reflejos, las ventanas delanteras del puente estarán inclinadas con respecto al plano vertical, con el tope hacia afuera, formando un ángulo no inferior a 10° ni superior a 25°; se reducirá al mínimo la presencia de elementos estructurales entre las ventanas del puente de navegación, y no se instalará ninguno de ellos inmediatamente delante de cualquier puesto de operaciones; no se instalarán ventanas con cristal polarizado o ahumado; en todo momento, e independientemente de las condiciones meteorológicas, al menos dos de las ventanas del puente de navegación proporcionarán una vista clara y, según la configuración del puente, habrá otras ventanas que proporcionen también una vista clara.*

**Validation:**

validated ✔

**Concept ID:** 0051 <Navigational watch>

**Term:**
Navigational watch

**Domain:**
Safety of navigation
Seguridad de la navegación

**Subdomain:**
Bridge watchkeeping
Guardia del puente de navegación

**Microdomain:**
Navigation bridge
Puente de navegación

**Equivalent:**
guardia de navegación

**Superordinates:**
bridge_watchkeeping

**Subordinates:**
continuous_watch
effective_watch_handover
radio_watchkeeping
safety_of_navigation

**Concept relations:**
`agentOnWatchAction`

**Description**
*It indicates that the Officer Of the Watch stands watch in the bridge.*

**Involved concepts**
Bridge_watchkeeping agentOnWatchAction Navigational_watch
Guardia del puente de navegación agentOnWatchAction guardia de navegación

Navigational_watch agentOnWatchAction Continuous_watch
guardia de navegación agentOnWatchAction escucha continua

Navigational_watch agentOnWatchAction Effective_watch_handover
guardia de navegación agentOnWatchAction cambio de guardia efectivo

Navigational_watch agentOnWatchAction Radio_watchkeeping
guardia de navegación agentOnWatchAction guardia de radio

`objectInstrumentsFunctionPurpose`

**Description**

*It indicates the objective of the function of the vessel's instrument*

**Involved concepts**

Navigational_watch objectInstrumentsFunctionPurpose Safety_of_navigation

guardia de navegación objectInstrumentsFunctionPurpose seguridad de la navegación

**Definition:**

A navigational watch is a period of watchkeeping during which the OOW shall supervise every situation that may affect the safety of navigation and marine environment protection.

Una guardia de navegación es un periodo de vigilancia durante el cual el ODG ha de supervisar toda situación que pueda afectar a la seguridad de la navegación y a la protección del medio marino.

**Term in context:**

*All personnel who have bridge navigational watch or advisory duties will be part of the Bridge Team.*

*Every officer in charge of a navigational watch serving on a seagoing ship of 500 gross tonnage or more shall hold a certificate of competency.*

*Todo oficial que deba realizar una guardia de navegación en un buque de arqueo bruto de 500 toneladas o más deberá estar en posesión de un certificado de competencias.*

*Todo personal que tenga guardias de navegación de puente o desempeñe tareas de consejo será parte del equipo del puente.*

**Concept ID:** 0052111171 <Off-course alarm>

**Term:**

Off-course alarm

**PoS:**
noun

**Domain:**
Safety of navigation
Seguridad de la navegación

**Subdomain:**
Bridge watchkeeping
Guardia del puente de navegación

**Microdomain:**
Navigation bridge
Puente de navegación

**Equivalent:**
alarma de fuera de rumbo

**Superordinates:**
steering_control

**Concept relations:**
`instrumentNavControlForAgentOnWatch`

**Description**
*It indicates the control systems and instruments that are available aboard to the Officer of the Watch for the navigational watch.*

**Involved concepts**
Steering_control instrumentNavControlForAgentOnWatch Off-course_alarm
control de gobierno del buque instrumentNavControlForAgentOnWatch alarma de fuera de rumbo

**Definition:**
This is an alarm, which is part of the steering control system, whose function is to warn the OOW when the ship deviates from its heading.
Esta es una alarma que forma parte del sistema de control de gobierno del buque, cuya función es advertir al ODG de cuándo el buque se desvía de su rumbo de proa.

**Term in context:**
*A course monitor should be provided which actuates an adequate "off course" audible alarm signal after a course deviation of a preset amount.*

*Una señal de alarma acústica adecuada que indique "off course" o "fuera de rumbo" tras la desviación de rumbo según una cifra preestablecida deberá proporcionarse por un control de rumbo.*

**Validation:**
valdiated

**Concept ID:** 00532 <Officer of the Watch>

**Term:**
Officer of the Watch

**PoS:**
noun

**Domain:**
Safety of navigation
Seguridad de la navegación

**Subdomain:**
Bridge watchkeeping
Guardia del puente de navegación

**Microdomain:**
Bridge team
Equipo del puente

**Equivalent:**
Oficial encargado de la guardia de navegación

**Variant:**
OOW
ODG

**Superordinates:**
bridge_team

**Concept relations:**
`agentTeamBridgeObjectLocation`

**Description**
*It indicates the team members whose functions are carried out in the navigational bridge.*

**Involved concepts**

Bridge_team agentTeamBridgeObjectLocation Officer_of_the_Watch

equipo del puente agentTeamBridgeObjectLocation Oficial encargado de la guardia de navegación

**Definition:**

The officer in charge of the navigational watch and the Bridge Team. The Officer of the Watch (OOW) is the Master's representative and is responsible at all times for the safe navigation of the ship, in full compliance with the Convention on the International Regulations for the Prevention of Collisions at Sea (COLREGS).

El oficial encargado de la guardia de navegación y del equipo de puente. El oficial de guardia de la navegación (ODG) representa al capitán y es responsable en todo momento de la seguridad de la navegación, en cumplimiento con el Reglamento Internacional para Prevenir Abordajes (RIPA).

**Term in context:**

*The Officer of the Watch is responsible for navigating safely, with particular regard to avoiding collision and stranding.*

*El Oficial de la guardia de navegación es responsable de la seguridad de la navegación, especialmente en lo relativo a evitar el abordaje y el encallamiento.*

**Validation:**

validated ✓

**Concept ID:** 005211 <Operating compartment>

**Term:**

Operating compartment

**PoS:**

noun

**Domain:**

Safety of navigation

Seguridad de la navegación

**Subdomain:**

Bridge watchkeeping

Guardia del puente de navegación

**Microdomain:**
Navigation bridge
Puente de navegación

**Equivalent:**
compartimento de gobierno

**Superordinates:**
workstation

**Subordinates:**
operating_station

**Concept relations:**
`agentOnWatchFunctionLocation`

**Description**
*It indicates the positions in the bridge where the operations for the command and steering of the vessel are performed.*

**Involved concepts**
Workstation agentOnWatchFunctionLocation Operating_compartment
puesto agentOnWatchFunctionLocation compartimento de gobierno

Operating_compartment agentOnWatchFunctionLocation Operating_station
compartimento de gobierno agentOnWatchFunctionLocation puesto de gobierno

**Definition:**
Operating compartment means the enclosed area from which the navigation and control of the craft is exercised.
Compartimento de gobierno es el área cerrada desde la que se lleva a cabo el control y la navegación de la embarcación.

**Validation:**
validated ✓

**Concept ID:** 0052111 <Operating station>

**Term:**
Operating station

**PoS:**
noun

**Domain:**
Safety of navigation
Seguridad de la navegación

**Subdomain:**
Bridge watchkeeping
Guardia del puente de navegación

**Microdomain:**
Navigation bridge
Puente de navegación

**Equivalent:**
puesto de gobierno

**Superordinates:**
operating_compartment

**Subordinates:**
conning_position

**Concept relations:**
`agentOnWatchFunctionLocation`

**Description**
*It indicates the positions in the bridge where the operations for the command and steering of the vessel are performed.*

**Involved concepts**
Operating_compartment agentOnWatchFunctionLocation Operating_station
compartimento de gobierno agentOnWatchFunctionLocation puesto de gobierno

Operating_station agentOnWatchFunctionLocation Conning_position

puesto de gobierno agentOnWatchFunctionLocation puesto de órdenes de maniobra

**Definition:**

Operating station means a confined area of the operating compartment equipped with necessary means for navigation, manoeuvring and communication, and from where the functions of navigating, manoeuvring, communication, commanding, conning and lookout are carried out.

El puesto de gobierno es un área confinada del compartimento de gobierno equipada con todos los medios necesarios para la navegación, la maniobra y la comunicación y desde el que las funciones de navegar, maniobrar, comunicar, ordenar, gobernar y vigilar se llevan a cabo.

**Validation:**

validated

**Concept ID:** 0052111116 <Operational checks>

**Term:**

Operational checks

**PoS:**

noun

**Domain:**

Safety of navigation

Seguridad de la navegación

**Subdomain:**

Bridge watchkeeping

Guardia del puente de navegación

**Microdomain:**

Navigation bridge

Puente de navegación

**Equivalent:**

controles de funcionamiento

**Variant:**
operational tests

**Superordinates:**
conning_position

**Subordinates:**
failure_analysis

**Concept relations:**
agentCheckingInstrumentsForSafetyPurposes

**Description**
*It indicates the checking of operations concerned with the navigational safety aboard that are carried out by the officer in command or conning officer.*

**Involved concepts**
Operational_checks agentCheckingInstrumentsForSafetyPurposes Operational_checks
controles de funcionamiento agentCheckingInstrumentsForSafetyPurposes controles de funcionamiento

Operational_checks agentCheckingInstrumentsForSafetyPurposes Failure_analysis
controles de funcionamiento agentCheckingInstrumentsForSafetyPurposes análisis de fallo

Operational_checks agentCheckingInstrumentsForSafetyPurposes Operational_checks
controles de funcionamiento agentCheckingInstrumentsForSafetyPurposes controles de funcionamiento

**Definition:**
Operational checks on navigational equipment should be undertaken when preparing for sea and prior to port entry and at any other time required by the Safety Management System.
Los controles de funcionamiento del equipo de navegación deberán realizarse cuando se esté preparando el buque para zarpar y antes de entrar en puerto y en cualquier otro momento que requiera el sistema de gestión de la seguridad.

**Term in context:**

*Operational checks of shipboard navigational equipment shall be carried out at sea as frequently as practicable and as circumstances permit, in particular before hazardous conditions affecting navigation are expected.*

*En el curso de la navegación, con la mayor frecuencia posible y cuando las circunstancias lo permitan, se someterá al equipo náutico de a bordo a pruebas operacionales, especialmente cuando se prevean situaciones que entrañen peligro para la navegación.*

**Validation:**

validated

**Concept ID:** 00536 <Pilot>

**Term:**

Pilot

**PoS:**

noun

El práctico colaboró con el capitán y con el equipo de puente y aplicó los principios de la Gestión de los Recursos del Puente.

**Domain:**

Safety of navigation

Seguridad de la navegación

**Subdomain:**

Bridge watchkeeping

Guardia del puente de navegación

**Microdomain:**

Bridge team

Equipo del puente

**Equivalent:**

Práctico

**Superordinates:**

bridge_team

**Subordinates:**

pilot_transfer_arrangements

**Concept relations:**

`agentTeamBridgeObjectLocation`

**Description**

*It indicates the team members whose functions are carried out in the navigational bridge.*

**Involved concepts**

Bridge_team agentTeamBridgeObjectLocation Pilot

equipo del puente agentTeamBridgeObjectLocation Práctico

`objectInstrumentForTransferringAgent`

**Description**

*It indicates the devices used for the safe embarkation and disembarkation of the pilot to and from the vessel.*

**Involved concepts**

Pilot objectInstrumentForTransferringAgent Pilot_transfer_arrangements

Práctico objectInstrumentForTransferringAgent medios para el transbordo de prácticos

**Definition:**

The pilot is a qualified person with local knowledge and expertise who guides vessels into or out of port safely, or wherever navigation may be considered hazardous, particularly when a shipmaster is unfamiliar with the area. Pilot services involve the conduct of a safe passage plan.

El práctico es personal cualificado del puerto con conocimiento del lugar y experiencia que guía a los buques a entrar y a salir del puerto de forma segura o en cualquier punto del lugar en el que la navegación pueda considerarse peligrosa, especialmente si el capitán del buque no está familiarizado con el área marítima en cuestión. Los servicios del práctico incluyen la realización segura del plan de travesía.

**Term in context:**

*The Pilot cooperated with the Master and Bridge Team and made use of the principles of Bridge Resource Management.*

*The pilot will embark at 12:00 hours local time.*

*El práctico colaboró con el capitán y con el equipo del puente y puso en práctica los fundamentos de la Gestión de los Recursos del Puente.*
*El práctico embarcará a las 12:00 horas hora local.*

**Validation:**
validated ✔

**Concept ID:** 0053611 <Pilot ladder>

**Term:**
Pilot ladder

**PoS:**
noun

**Domain:**
Safety of navigation
Seguridad de la navegación

**Subdomain:**
Bridge watchkeeping
Guardia del puente de navegación

**Microdomain:**
Bridge team
Equipo del puente

**Equivalent:**
escala de práctico

**Superordinates:**
pilot_transfer_arrangements

**Concept relations:**
`objectInstrumentForTransferringAgent`

**Description**
*It indicates the devices used for the safe embarkation and disembarkation of the pilot to and from the vessel.*

**Involved concepts**

Pilot_transfer_arrangements objectInstrumentForTransferringAgent Pilot_ladder

medios para el transbordo de prácticos objectInstrumentForTransferringAgent escala de práctico

**Definition:**

It is a ladder especially designed for the safe embarkation and disembarkation of a pilot which requires a climb of not less than 1.5 m and not more than 9 m above the surface of the water, so positioned and secured that it is clear of any possible discharges from the ship; it is within the parallel body length of the ship and, as far as is practicable, within the mid-ship half length of the ship; each step rests firmly against the ship's side; where constructional features, such as rubbing bands, would prevent the implementation of this provision, special arrangements shall, to the satisfaction of the Administration, be made to ensure that persons are able to embark and disembark safely; the single length of pilot ladder is capable of reaching the water from the point of access to, or egress from, the ship and due allowance is made for all conditions of loading and trim of the ship, and for an adverse list of 15º; the securing strong point, shackles and securing ropes shall be at least as strong as the side ropes.

Es una escala especialmente diseñada para permitir el embarco y desembarco seguro del práctico, que se requiere cuando no sea necesario trepar menos de 1,5 m ni más de 9 m desde la superficie del agua, colocada y fijada de modo que quede a resguardo de cualquier posible descarga del buque; quede situada en la parte del buque en que los costados son paralelos y, en la medida de lo posible, dentro de la mitad central del buque; cada peldaño esté asentado firmemente contra el costado del buque. Cuando haya elementos estructurales del buque, tales como cintones, que impidan el cumplimiento de esta disposición, se habilitarán los medios necesarios para garantizar de manera satisfactoria a juicio de la Administración el embarco y desembarco de las personas en condiciones de seguridad; la escala, de un solo tramo, baste para alcanzar el agua desde el lugar de acceso al buque o de salida de este, y se tomen las medidas necesarias para que esta condición se cumpla en cualquier estado de carga y asiento del buque y con una escora a la banda contraria de 15°; los puntos de sujeción reforzados, los grilletes y los cabos de sujeción serán al menos tan resistentes como los cabos laterales.

**Validation:**

validated ✔

**Concept ID:** 0053612 <Pilot mechanical hoist>

**Term:**
Pilot mechanical hoist

**PoS:**
noun

**Domain:**
Safety of navigation
Seguridad de la navegación

**Subdomain:**
Bridge watchkeeping
Guardia del puente de navegación

**Microdomain:**
Bridge team
Equipo del puente

**Equivalent:**
elevador mecánico del práctico

**Superordinates:**
pilot_transfer_arrangements

**Concept relations:**
`objectInstrumentForTransferringAgent`

**Description**
*It indicates the devices used for the safe embarkation and disembarkation of the pilot to and from the vessel.*

**Involved concepts**
Pilot_transfer_arrangements objectInstrumentForTransferringAgent Pilot_mechanical_hoist
medios para el transbordo de prácticos objectInstrumentForTransferringAgent elevador mecánico del práctico

**Definition:**
It is a moving ladder designed to lift and lower one person on the side of the ship, or as a platform to lift and lower one or more persons on the side of the ship. A mechanical pilot hoist so located that it is within the parallel body

length of the ship and, as far as is practicable, within the mid-ship half length of the ship and clear of all discharges.

Se trata de una escalera mecánica diseñada para subir y bajar a una persona por uno de los costados del buque, o como una plataforma que sube y baja a una o a más personas por uno de los costados del buque. El elevador mecánico de práctico se coloca de modo que quede en la parte del buque en que los costados son paralelos y, en la medida de lo posible, dentro de la mitad central y alejado de toda descarga.

**Term in context:**

*A pilot mechanical hoist shall be of such design and construction to ensure that the pilot can be embarked and disembarked in a safe manner, including a safe access from the hoist to the deck and vice versa.*

*Un elevador mecánico de práctico deberá tener tal diseño y construcción que asegure que el práctico pueda ser embarcado y desembarcado de una forma segura, lo que incluye el acceso seguro desde el elevador hasta la cubierta y viceversa.*

**Validation:**

validated ✔

**Concept ID:** 005361 <Pilot transfer arrangements>

**Term:**

Pilot transfer arrangements

**PoS:**

noun

**Domain:**

Bridge watchkeeping

Guardia del puente de navegación

**Microdomain:**

Bridge team

Equipo del puente

**Equivalent:**

medios para el transbordo de prácticos

**Superordinates:**
pilot

**Subordinates:**
pilot_ladder
pilot_mechanical_hoist

**Concept relations:**
`objectInstrumentForTransferringAgent`

**Description**
*It indicates the devices used for the safe embarkation and disembarkation of the pilot to and from the vessel.*

**Involved concepts**
Pilot objectInstrumentForTransferringAgent Pilot_transfer_arrangements
Práctico objectInstrumentForTransferringAgent medios para el transbordo de prácticos

Pilot_transfer_arrangements objectInstrumentForTransferringAgent Pilot_ladder
medios para el transbordo de prácticos objectInstrumentForTransferringAgent escala de práctico

Pilot_transfer_arrangements objectInstrumentForTransferringAgent Pilot_mechanical_hoist
medios para el transbordo de prácticos objectInstrumentForTransferringAgent elevador mecánico del práctico

**Definition:**
They are the equipment and arrangements for pilot transfer. IMO arrangements shall be provided to enable the pilot to embark and disembark safely on either side of the ship.
Son los equipos y medios para el transbordo de prácticos. Según las disposiciones de la OMI, se dispondrán los medios necesarios para que el práctico pueda embarcar y desembarcar con seguridad por ambos costados del buque.

**Term in context:**
*Ship designers are encouraged to consider all aspects of pilot transfer arrangements at an early stage in design.*

*The most common pilot transfer arrangements are pilot ladder, pilot ladder in combination with accommodation ladder, and pilot mechanical hoist.*

*The pilot transfer arrangements shall be kept clean, properly maintained and stowed and shall be regularly inspected to ensure that they are safe to use. They shall be used solely for the embarkation and disembarkation of personnel.*

**Validation:**

validated ✓

**Concept ID:** 0052111152 <Port wing>

**Term:**

Port wing

**PoS:**

noun

**Domain:**

Safety of navigation

Seguridad de la navegación

**Subdomain:**

Bridge watchkeeping

Guardia del puente de navegación

**Microdomain:**

Navigation bridge

Puente de navegación

**Equivalent:**

alerón de babor del puente de navegación

**Superordinates:**

control_command

**Concept relations:**

`objectControlCommandPartInBridgeLocation`

**Description**

*It indicates the sections of the bridge control panel in the console of the Integrated Bridge System.*

**Involved concepts**
Control_command objectControlCommandPartInBridgeLocation Port_wing
mandos de gobierno objectControlCommandPartInBridgeLocation alerón de babor del puente de navegación

**Definition:**
It is a part of the control command located on the left-hand section of the command console.
Es una parte del mando de gobierno localizada a la izquierda de la consola de datos.

**Term in context:**
*Emergency controls in the port wing: ON command for individual EMERGENCY propulsion controls.*
*Controles de emergencia en el alerón de babor del puente de navegación: mando de CONEXIÓN para los controles individuales de EMERGENCIA de la propulsión.*

**Validation:**
validated ✓

**Concept ID:** 00521111101 <Power system>

**Term:**
Power system

**PoS:**
noun

**Domain:**
Safety of navigation
Seguridad de la navegación

**Subdomain:**
Bridge watchkeeping
Guardia del puente de navegación

**Microdomain:**
Navigation bridge
Puente de navegación

**Equivalent:**
sistema de suministro de energía

**Superordinates:**
dynamic_positioning_system

**Concept relations:**
`objectDynamicPositionControlledByInstrumentPart`

**Description**
*It indicates a part system of the dynamic positioning system.*

**Involved concepts**
Dynamic_Positioning_System objectDynamicPositionControlledByInstrumentPart Power_system
Sistema de Posicionamiento Dinámico objectDynamicPositionControlledByInstrumentPart sistema de suministro de energía

**Definition:**
Power system means all components and systems necessary to supply the DP system with power.
Sistema de suministro de energía comprende todos los componentes y sistemas necesarios para proporcionar energía al sistema de PD.

**Term in context:**
*The power system includes but is not limited to: 1- prime movers with necessary auxiliary systems including piping, fuel, cooling, pre-lubrication and lubrication, hydraulic, pre-heating, and pneumatic systems; 2. generators; 3. switchboards; 4. distribution systems (cabling and cable routeing); 5. power supplies, including uninterruptible power supplies (UPS); and 6. power management system(s) (as appropriate).*
*El sistema de suministro de energía comprende, sin que dicha lista sea exhaustiva: 1. los motores primarios con los sistemas auxiliares necesarios, incluidos los sistemas de tuberías, combustible, refrigeración, prelubricación y lubricación, hidráulico, precalentamiento y neumático; 2. los generadores; 3. los cuadros de distribución; 4. el sistema de distribución (cableado y recorrido de los cables); 5. la alimentación de energía, incluidos los suministros ininterrumpibles de energía, y 6. el sistema o sistemas de gestión de la potencia (según proceda).*

**Validation:**
validated ✓

**Concept ID:** 00512 <Radio watchkeeping>

**Term:**
Radio watchkeeping

**PoS:**
noun

**Domain:**
Safety of navigation
Seguridad de la navegación

**Subdomain:**
Bridge watchkeeping
Guardia del puente de navegación

**Microdomain:**
Navigation bridge
Puente de navegación

**Equivalent:**
guardia de radio

**Superordinates:**
navigational_watch

**Concept relations:**
`agentOnWatchAction`

**Description**
*It indicates that the Officer Of the Watch stands watch in the bridge.*

**Involved concepts**
Navigational_watch agentOnWatchAction Radio_watchkeeping
guardia de navegación agentOnWatchAction guardia de radio

**Definition:**
A radio watch should be maintained on all frequencies necessary to receive distress, urgency and safety messages appropriate to the sea area in which the ship is operating. The OOW is responsible for ensuring compliance with the ship's radio watchkeeping requirements.
Una guardia de radio deberá mantenerse en todas las frecuencias que sean necesarias para recibir los mensajes de socorro, de urgencia y de seguridad

de la zona marítima adecuada en la que el buque está operando. El ODG es responsable de asegurar que se cumple con los requisitos de la guardia de radio del buque.

**Validation:**
validated ✔

**Concept ID:** 00521111326 <Relative course>

**Term:**
Relative course

**PoS:**
noun

**Domain:**
Safety of navigation
Seguridad de la navegación

**Subdomain:**
Bridge watchkeeping
Guardia del puente de navegación

**Microdomain:**
Navigation bridge
Puente de navegación

**Equivalent:**
rumbo relativo

**Superordinates:**
essential_information

**Concept relations:**
`instrumentNavDataForAgentOnWatch`

**Description**
*It indicates essential navigational data provided by instruments in the bridge to the Officer of the Watch.*

**Involved concepts**
Essential_information instrumentNavDataForAgentOnWatch Relative_course

información esencial instrumentNavDataForAgentOnWatch rumbo relativo

**Definition:**

The direction of motion of a target related to own ship as deduced from a number of measurements of its range and bearing on the radar, expressed as an angular distance from north.

Dirección del movimiento de un blanco en relación con la situación del propio buque, expresada como distancia angular con respecto al Norte. Se deduce de repetidas mediciones de la distancia y la demora del blanco en el radar del propio buque.

**Validation:**

validated ✓

**Concept ID:** 00521111328 <Relative speed>

**Term:**

Relative speed

**PoS:**

noun

**Domain:**

Safety of navigation

Seguridad de la navegación

**Subdomain:**

Bridge watchkeeping

Guardia del puente de navegación

**Microdomain:**

Navigation bridge

Puente de navegación

**Equivalent:**

velocidad relativa

**Superordinates:**

essential_information

**Concept relations:**

`instrumentNavDataForAgentOnWatch`

**Description**

*It indicates essential navigational data provided by instruments in the bridge to the Officer of the Watch.*

**Involved concepts**

Essential_information instrumentNavDataForAgentOnWatch Relative_speed

información esencial instrumentNavDataForAgentOnWatch velocidad relativa

**Definition:**

The speed of a target related to own ship, as deduced from a number of measurements of its range and bearing on the radar.

La de un blanco en relación con la situación del propio buque. Se deduce de repetidas mediciones de la distancia y la demora en el radar del propio buque.

**Validation:**

validated ✔

| **Concept ID:** 00535 <Relieving officer> |
|---|

**Term:**

Relieving officer

**PoS:**

noun

**Domain:**

Safety of navigation

Seguridad de la navegación

**Subdomain:**

Bridge watchkeeping

Guardia del puente de navegación

**Microdomain:**

Bridge team

Equipo del puente

**Equivalent:**

oficial de relevo de guardia

**Superordinates:**

bridge_team

**Concept relations:**

`agentTeamBridgeObjectLocation`

**Description**

*It indicates the team members whose functions are carried out in the navigational bridge.*

**Involved concepts**

Bridge_team agentTeamBridgeObjectLocation Relieving_officer

equipo del puente agentTeamBridgeObjectLocation oficial de relevo de guardia

**Definition:**

The relieving officer is the one whom the salient officer of the watch hands the watch over. The relieving officer shall ensure that the members of the relieving watch are fully capable of performing their duties, particularly as regards their adjustment to night vision.

El oficial de relevo de guardia es aquel a quien el oficial saliente de la guardia entrega la guardia. Se asegurará de que los miembros de la guardia de relevo estén completamente capacitados para desempeñar sus obligaciones, especialmente en lo concerniente al ajuste a la visión nocturna.

**Term in context:**

*The relieving officer shall ensure that the members of the relieving watch are fully capable of performing their duties, particularly as regards their adjustment to night vision. Relieving officers shall not take over the watch until their vision is fully adjusted to the light conditions.*

*El oficial de relevo se asegurará de que todos los miembros de la guardia de relevo están en perfecto estado para cumplir sus cometidos, especialmente por lo que respecta a la adaptación de su visión a las condiciones nocturnas. Los oficiales de relevo no se harán cargo de la guardia hasta que su propia visión se haya adaptado completamente a las condiciones de luminosidad reinantes.*

**Validation:**

validated ✓

**Concept ID:** 0052111114 <Routine communications>

**Term:**
Routine communications

**PoS:**
noun

**Domain:**
Safety of navigation
Seguridad de la navegación

**Subdomain:**
Bridge watchkeeping
Guardia del puente de navegación

**Microdomain:**
Navigation bridge
Puente de navegación

**Equivalent:**
radiocomunicaciones generales

**Superordinates:**
conning_position

**Concept relations:**
`agentOnWatchLocationCommunicationType`

**Description**
*It indicates the types of radiotelephone communications made by the crew members in the bridge.*

**Involved concepts**
Conning_position agentOnWatchLocationCommunicationType Routine_communications
puesto de órdenes de maniobra agentOnWatchLocationCommunicationType radiocomunicaciones generales

**Definition:**
Routine and general communications are all those DSC, radio-telephony and satellite communications not related to emergencies or safety.

Radiocomunicaciones generales son las relativas al tráfico operacional y de correspondencia pública, distinto del de los mensajes de socorro, urgencia y seguridad, que se cursa por medios radioeléctricos.

**Term in context:**

*The OOW should ensure that routine and general communications do not interfere with emergency communications.*

*El oficial de la guardia de navegación deberá asegurarse de que las radiocomunicaciones rutinarias y generales no interfieren con las comunicaciones de emergencia.*

**Validation:**

validated

**Concept ID:** 005141 <Safe navigation>

**Term:**

Safe navigation

**PoS:**

noun

**Domain:**

Safety of navigation

**Subdomain:**

Bridge watchkeeping

Guardia del puente de navegación

**Microdomain:**

Navigational watch

Guardia de navegación

**Equivalent:**

navegación segura

**Superordinates:**

safety_of_navigation

**Concept relations:**

`objectInstrumentsFunctionPurpose`

**Description**

*It indicates the objective of the function of the vessel's instrument*

**Involved concepts**

Safety_of_navigation objectInstrumentsFunctionPurpose Safe_navigation

seguridad de la navegación objectInstrumentsFunctionPurpose navegación segura

**Definition:**

Safe navigation means that the ship is not exposed to unnecessary danger and that at all times the ship can be controlled within acceptable limits.

Una navegación segura significa que el buque no está expuesto a peligros innecesarios y que el buque puede estar controlado en todo momento dentro de límites aceptables.

**Validation:**

validated

**Concept ID:** 00514 <Safety of navigation>

**Term:**

Safety of navigation

**PoS:**

noun

**Domain:**

Bridge watchkeping

Guardia del puente de navegación

**Subdomain:**

Navigational watch

Guardia de navegación

**Equivalent:**

seguridad de la navegación

**Superordinates:**

navigational_watch

**Subordinates:**
safe_navigation

**Concept relations:**
`objectInstrumentsFunctionPurpose`

**Description**
*It indicates the objective of the function of the vessel's instrument*

**Involved concepts**
Navigational_watch objectInstrumentsFunctionPurpose Safety_of_navigation
guardia de navegación objectInstrumentsFunctionPurpose seguridad de la navegación

Safety_of_navigation objectInstrumentsFunctionPurpose Safe_navigation
seguridad de la navegación objectInstrumentsFunctionPurpose navegación segura

**Definition:**
Navigational safety consists in carrying a vessel from the point of departure to the point of destination without threats to the health and life of people aboard, economic losses and threats to the environment.
La seguridad de la navegación consiste en llevar a un buque del punto de salida al punto de destino sin que la salud y la vida de las personas de a bordo se vean amenazadas, sin pérdidas económicas y sin que la protección del medioambiente marino se vea amenazada.

**Validation:**
validated

| **Concept ID:** 005311 <Standing orders> |
|---|

**Term:**
Standing orders

**PoS:**
noun

**Domain:**
Safety of navigation
Seguridad de la navegación

**Subdomain:**

Bridge watchkeeping

Guardia del puente de navegación

**Microdomain:**

Bridge team

Equipo del puente

**Equivalent:**

Órdenes permanentes

**Superordinates:**

master

**Concept relations:**

`actionAgentInCommand`

**Description**

*It indicates the orders given in the bridge by the Master of the ship.*

**Involved concepts**

Master actionAgentInCommand Standing_orders

Capitán, capitana actionAgentInCommand Órdenes permanentes

**Definition:**

Master's orders to the officer of the watch that must be obeyed.

Órdenes del capitán que el oficial encargado de la guardia debe cumplir.

**Term in context:**

*It is the responsibility of the Master to establish standing orders and to ensure that all Deck Officers are aware of these orders.*

*Es responsabilidad del capitán fijar las órdenes permanentes y asegurarse de que todos los oficiales de puente las entiendan.*

**Validation:**

validated ✔

**Concept ID:** 0052111153 <Starboard wing>

**Term:**

Starboard wing

**PoS:**

noun

**Domain:**
Safety of navigation
Seguridad de la navegación

**Subdomain:**
Bridge watchkeeping
Guardia del puente de navegación

**Microdomain:**
Navigation bridge
Puente de navegación

**Equivalent:**
alerón de estribor del puente de navegación

**Superordinates:**
control_command

**Concept relations:**
`objectControlCommandPartInBridgeLocation`

**Description**
*It indicates the sections of the bridge control panel in the console of the Integrated Bridge System.*

**Involved concepts**
Control_command objectControlCommandPartInBridgeLocation Starboard_wing
mandos de gobierno objectControlCommandPartInBridgeLocation alerón de estribor del puente de navegación

**Definition:**
It is a part of the console command located on the right-hand section of the command console.
Es una parte del mando de gobierno localizada a la derecha de la consola de datos.

**Term in context:**
*Manual follow up controls in the starboard wing: On command for the Follow Up rudder control. Independent control for dual rudders. ON command for individual Follow Up propulsion controls*
*Servomandos manuales del sistema en el alerón de estribor: Mando de CONEXIÓN para el control de los servotimones. Control Independiente para timones dobles. Mando de CONEXIÓN para los controles individuales de la servopropulsión.*

**Validation:**
validated

**Concept ID:** 005211117 <Steering control>

**Term:**
Steering control

**PoS:**
noun

**Domain:**
Safety of navigation
Seguridad de la navegación

**Subdomain:**
Bridge watchkeeping
Guardia del puente de navegación

**Microdomain:**
Navigation bridge
Puente de navegación

**Equivalent:**
control de gobierno del buque

**Superordinates:**
conning_position

**Subordinates:**
off-course_alarm

**Concept relations:**
`instrumentNavControlForAgentOnWatch`

**Description**
*It indicates the control systems and instruments that are available aboard to the Officer of the Watch for the navigational watch.*

**Involved concepts**
Steering_control instrumentNavControlForAgentOnWatch Steering_control

control de gobierno del buque instrumentNavControlForAgentOnWatch control de gobierno del buque

Steering_control instrumentNavControlForAgentOnWatch Off-course_alarm
control de gobierno del buque instrumentNavControlForAgentOnWatch alarma de fuera de rumbo

Steering_control instrumentNavControlForAgentOnWatch Steering_control
control de gobierno del buque instrumentNavControlForAgentOnWatch control de gobierno del buque

**Definition:**
Steering control of the ship will usually comprise manual steering and an automatic pilot (autopilot) or other track control system.
El control de gobierno del buque normalmente comprende el gobierno manual y automático (autopiloto) u otro sistema de control de derrota.

**Term in context:**
*At each steering position there should be a gyro repeater and rudder angle indicator.*

**Validation:**
validated

| **Concept ID:** 0052111132 <Target> |
|---|

**Term:**
Target

**PoS:**
noun

**Domain:**
Safety of navigation
Seguridad de la navegación

**Subdomain:**
Bridge watchkeeping
Guardia del puente de navegación

**Microdomain:**

Navigation bridge

Puente de navegación

**Equivalent:**

blanco

**Superordinates:**

essential_information

**Concept relations:**

`instrumentNavDataForAgentOnWatch`

**Description**

*It indicates essential navigational data provided by instruments in the bridge to the Officer of the Watch.*

**Involved concepts**

Essential_information instrumentNavDataForAgentOnWatch Target

información esencial instrumentNavDataForAgentOnWatch blanco

**Definition:**

Target means any object fixed or moving whose position and motion is determined by measurements of range and bearing on radar.

Cualquier objeto fijo o móvil cuya posición y movimiento se determinan a través de mediciones de la distancia y demora en el radar.

**Term in context:**

*If the user wants detailed information on a target (activated or sleeping), the user may select it. Then the data received, as well as the calculated CPA and TCPA values, will be shown in an alpha-numeric window. The special navigation status will also be indicated in the alpha numeric data field and not together with the target directly.*

*Si el usuario desea información pormenorizada de un blanco (activado o dormido), la podrá seleccionar. Seguidamente, los datos recibidos, así como los valores del CPA y del TCPA, aparecerán indicados en una ventanilla alfanumérica. También aparecerá indicado en el campo de datos alfanuméricos, y no junto al blanco, el estado especial de navegación.*

**Validation:**

validated ✓

**Concept ID:** 00521111102 <Thruster system>

**Term:**

Thruster system

**PoS:**

noun

**Domain:**

Safety of navigation

Seguridad de la navegación

**Subdomain:**

Bridge watchkeeping

Guardia del puente de navegación

**Microdomain:**

Navigation bridge

Puente de navegación

**Equivalent:**

sistema de impulsores

**Superordinates:**

dynamic_positioning_system

**Concept relations:**

`objectDynamicPositionControlledByInstrumentPart`

**Description**

*It indicates a part system of the dynamic positioning system.*

**Involved concepts**

Dynamic_Positioning_System objectDynamicPositionControlledByInstrumentPart Thruster_system

Sistema de Posicionamiento Dinámico objectDynamicPositionControlledByInstrumentPart sistema de impulsores

**Definition:**

Thruster system means all components and systems necessary to supply the DP-system with thrust force and direction.

Sistema de impulsores comprende todos los componentes y sistemas necesarios para proporcionar fuerza de empuje y dirección al sistema de PD.

**Term in context:**

*The thruster system includes: thrusters with drive units and necessary auxiliary systems including piping, main propellers and rudders if these are under the control of the DP-system, thruster control electronics, manual thruster controls, and associated cabling and cable routeing.*

*El sistema de impulsores comprende: 1. los impulsores con sus unidades motrices y sistemas auxiliares necesarios, incluidos los sistemas de tuberías, refrigeración, hidráulicos y de lubricación, etc.; 2. las principales hélices y timones, si están controlados por el sistema de PD; 3. el sistema o sistemas de control de los impulsores; 4. los aparatos de control manual de los impulsores; el cableado conexo y el recorrido del cable; y las redes.*

**Validation:**

validated

| **Concept ID:** 00521111330 <Time to closest point of approach> |
|---|

**Term:**

Time to closest point of approach

**Domain:**

Safety of navigation

Seguridad de la navegación

**Subdomain:**

Bridge watchkeeping

Guardia del puente de navegación

**Microdomain:**

Navigation bridge

Puente de navegación

**Equivalent:**

Tiempo al Punto de Aproximación Máxima

**Variant:**

TCPA

**Superordinates:**

essential_information

**Concept relations:**

`instrumentNavDataForAgentOnWatch`

**Description**

*It indicates essential navigational data provided by instruments in the bridge to the Officer of the Watch.*

**Involved concepts**

Essential_information instrumentNavDataForAgentOnWatch Time_to_closest_point_of_approach

información esencial instrumentNavDataForAgentOnWatch Tiempo al Punto de Aproximación Máxima

**Definition:**

Time to Closest Point of Approach Time is the limit in time defined by the observer to give warning when a tracked target or targets will close to within these limits from own ship.

Tiempo al punto de aproximación máxima es el límite del tiempo al punto de aproximación máxima con respecto al propio buque, establecidos por el observador para obtener un aviso cuando uno o varios blancos seguidos vayan a sobrepasarlos.

**Term in context:**

*When used with the appropriate graphical display, shipborne AIS enables provision of fast, automatic information by calculating Closest Point of Approach (CPA) and Time to Closest Point of Approach (TCPA) from the position information transmitted by the target vessels.*

*Cuando se utiliza con el equipo apropiado de presentación gráfica, el SIA de a bordo permite obtener información rápida y automática mediante el cálculo del punto de aproximación máxima (CPA) y del tiempo al punto de aproximación máxima (TCPA) a partir de la información sobre la situación recibida de los buques que constituyen los blancos.*

| **Concept ID:** 005211116 <Track control systems> |
|---|

**Term:**

Track control systems

**PoS:**

noun

**Domain:**
Safety of navigation
Seguridad de la navegación

**Subdomain:**
Bridge watchkeeping
Guardia del puente de navegación

**Microdomain:**
Navigation bridge
Puente de navegación

**Equivalent:**
sistemas de control de la derrota

**Variant:**
TCS

**Superordinates:**
conning_position

**Concept relations:**
`instrumentNavControlForAgentOnWatch`

**Description**
*It indicates the control systems and instruments that are available aboard to the Officer of the Watch for the navigational watch.*

**Involved concepts**
Conning_position instrumentNavControlForAgentOnWatch Track_control_systems
puesto de órdenes de maniobra instrumentNavControlForAgentOnWatch sistemas de control de la derrota

**Definition:**
Track control systems use position, course and speed information to keep a ship automatically on a planned track over the ground. Track control systems use position, course and speed information to keep a ship automatically on a planned track over the ground.
Los sistemas de control de derrota usan la información sobre la situación, el rumbo y la velocidad para mantener a un buque controlado de forma automática en una derrota con respecto al fondo planificada.

**Term in context:**

*Track control systems can be used to navigate between a series of waypoints with the OOW alerted before alterations of course are made.*

*[...] a heading or a track control system, or other means, to automatically control and keep to a heading and/or straight track.*

*Los sistemas de control de derrota se pueden usar para navegar entre una serie de puntos de control de derrota con el ODG alerta antes de que se produzcan cambios de rumbo.*

**Validation:**

validated ✔

| **Concept ID:** 00521111324 <True course> |
|---|

**Term:**

True course

**PoS:**

noun

**Domain:**

Safety of navigation

Seguridad de la navegación

**Subdomain:**

Bridge watchkeeping

Guardia del puente de navegación

**Microdomain:**

Navigation bridge

Puente de navegación

**Equivalent:**

rumbo verdadero

**Superordinates:**

essential_information

**Concept relations:**

`instrumentNavDataForAgentOnWatch`

**Description**

*It indicates essential navigational data provided by instruments in the bridge to the Officer of the Watch.*

**Involved concepts**

Essential_information instrumentNavDataForAgentOnWatch True_course

información esencial instrumentNavDataForAgentOnWatch rumbo verdadero

**Definition:**

The apparent heading of a target obtained by the vectorial combination of the target's relative motion and own ship's motion, expressed as an angular distance from north.

Dirección verdadera del movimiento de un blanco, expresada como distancia angular con respecto al Norte. Se obtiene por combinación vectorial del movimiento relativo del blanco y del movimiento del propio buque.

**Validation:**

validated ✓

| **Concept ID:** 00521111325 <True speed> |
|---|

**Term:**

True speed

**PoS:**

noun

**Domain:**

Safety of navigation

Seguridad de la navegación

**Subdomain:**

Bridge watchkeeping

Guardia del puente de navegación

**Microdomain:**

Navigation bridge

Puente de navegación

**Equivalent:**
velocidad relativa

**Superordinates:**
essential_information

**Concept relations:**
`instrumentNavDataForAgentOnWatch`

**Description**
*It indicates essential navigational data provided by instruments in the bridge to the Officer of the Watch.*

**Involved concepts**
Essential_information instrumentNavDataForAgentOnWatch True_speed
información esencial instrumentNavDataForAgentOnWatch velocidad relativa

**Definition:**
The speed of a target obtained by the vectorial combination of its relative motion and own ship's motion
La velocidad de un blanco, obtenida por combinación vectorial del movimiento relativo de ese blanco y del movimiento del propio buque.

**Validation:**
validated

**Concept ID:** 00521 <Workstation>

**Term:**
Workstation

**PoS:**
noun

**Domain:**
Safety of navigation
Seguridad de la navegación

**Subdomain:**
Bridge watchkeeping
Guardia del puente de navegación

**Microdomain:**

Navigation bridge

Puente de navegación

**Equivalent:**

puesto

**Superordinates:**

navigation_bridge

**Subordinates:**

operating_compartment

**Concept relations:**

`agentOnWatchFunctionLocation`

**Description**

*It indicates the positions in the bridge where the operations for the command and steering of the vessel are performed.*

**Involved concepts**

Navigation_bridge agentOnWatchFunctionLocation Workstation

puente de navegación agentOnWatchFunctionLocation puesto

Workstation agentOnWatchFunctionLocation Operating_compartment

puesto agentOnWatchFunctionLocation compartimento de gobierno

**Definition:**

Workstation is a station where display or operator control functions are provided in accordance with the requirements of the Guidelines for the Integrated Bridge Systems

Los puestos son aquellos emplazamientos provistos de pantallas de presentación visual o funciones de control por operador en cumplimiento de lo prescrito en las Normas para los Sistemas Integrados de Puente.

**Term in context:**

*Transfer of the manoeuvre from one workstation to another should be permitted only by principle of calling it to the active workstation. The previous workstation should never block this transfer. The switchover should be possible by only one command. It is not allowed to use mechanical switches to transfer the manoeuvring responsibility between manoeuvring stations. A mechanical switch may block the manoeuvre to some specific station during a critical situation.*

*La transferencia de las operaciones de maniobra de un puesto a otro solo se permitirá haciendo la transferencia al puesto activo. El puesto anterior no debe bajo ninguna circunstancia bloquear esta transferencia. Será posible efectuar la conmutación de un puesto a otro mediante un solo mandato. No se deben utilizar interruptores mecánicos para transferir la responsabilidad de la maniobra entre puestos de maniobra, ya que un interruptor de este tipo podría impedir que la maniobra se transfiera a una estación específica durante una situación crítica.*

**Validation:**

validated ✔

# Conclusiones

En pleno proceso de «transición digital», las nuevas tecnologías ponen a disposición de los usuarios multitud de recursos terminológicos adaptados a sus demandas o necesidades concretas. La gestión informatizada de la terminología brinda la oportunidad de diseñar nuevos recursos para la consulta y aprendizaje de términos que se adapten a este nuevo escenario, donde el usuario potencial de un dominio especializado que se acerca a una obra terminográfica espera encontrar un sistema digital interoperativo, hipertextual y multidimensional. Por norma general, cuando un usuario busca información sobre un término en otro idioma, suele interesarse por los contextos de aparición a nivel lingüístico y pragmático, por su representación multidimensional, a través de ilustraciones, esquemas, diagramas, etc., y agradece poder acceder a definiciones y a los distintos hipertextos a los que estas le puedan llevar para captar la comprensión del término en su contexto, que termina verificando con el equivalente en su lengua materna. Se demandan, cada vez más, recursos funcionales y ágiles, que ofrezcan información completa, procedente de una fuente de confianza y en un contexto real.

Este estudio no es ajeno a la realidad actual y a su enorme potencial científico para el estudio de las lenguas de especialidad. Concretamente, hemos diseñado e implementado un sistema de información término-ontográfico basado en corpus que permite al usuario acceder a información bilingüe sobre el dominio de la seguridad de la navegación marítima desde su gestión a bordo del buque. Ofrecemos, además, una estructuración y representación del entramado conceptual de una forma organizada de la terminología clave de este ámbito del conocimiento a través de la explotación de un corpus para desarrollar una término-ontología de dominio y terminológica. Nuestro objetivo inicial se ha materializado en un producto final: el *Glosario término-ontológico sobre la seguridad de la navegación marítima, NavSAFE (inglés-español).* Aunque existe una término-ontología previa sobre la seguridad de la navegación marítima en general, fruto de la tesis doctoral de Losey-León (2016b), en esta investigación se ha elaborado una ontología partiendo de cero porque el objeto de estudio es más restrictivo, se ciñe solo a una parcela de la seguridad de la navegación marítima; además, se ha materializado en un glosario electrónico especializado y disponible para su consulta.

Las principales ventajas del glosario basado en una ontología frente a un glosario corriente, son las siguientes: a) el acceso a la organización taxonómica de los conceptos que componen un dominio especializado; y b) la representación de las relaciones conceptuales, las cuales proporcionan un mayor refinamiento de las similitudes y diferencias entre los conceptos de un dominio o subdominio. En las ontologías prima la precisión frente a la completitud y la descripción explícita de la relación conceptual que se establece entre el concepto origen y el concepto meta contribuye a aumentar la comprensión de estos, no como entes del conocimiento aislados sino como partes integrantes de un sistema conceptual determinado. La consignación de esta información puede ser de especial soporte para los especialistas de la lengua que no dispongan del conocimiento experto en el dominio.

Nuestro estudio constituye una respuesta eficaz y tangible a la carencia detectada de recursos terminográficos sobre el dominio marítimo y, más concretamente, sobre uno de los subdominios más importantes: la seguridad de la navegación marítima. Viene a cubrir la necesidad de compilar la terminología de parcelas de dominios, cada vez más demandada, en sintonía con la tendencia actual de profesionales más especializados en sectores muy concretos. Ofrece, además, un recurso innovador, muy en la línea de las demandas actuales de los programas de formación en Inglés Marítimo, que reclama recursos de mayor especialización, como el que hemos presentado. Nos referimos a la revisión del curso modelo formativo 3.17 de Inglés Marítimo de la OMI —*Model Course 3.17. Maritime English* (IMO, 2015)—.

Desde el punto de vista metodológico, nuestra investigación se sitúa en un marco empírico-analítico con un enfoque hipotético-deductivo. Nos valemos de la lingüística de corpus para documentarnos y extraer información que nutrirá al recurso terminográfico. Mediante la explotación de corpus, ha sido posible indagar en las áreas conceptuales más activas en torno a las que se articula el conocimiento especializado y el caudal comunicativo del dominio de la seguridad de la navegación marítima. Adentrarnos en este enclave concreto ha supuesto investigar sus unidades terminológicas propias, a partir de corpus electrónicos escritos en inglés y en español, como ruta de acceso hacia sus conceptos de manera que, con todos estos elementos, hemos podido estructurar, organizar y representar el conocimiento de esta área especializada y todo ello supone la intervención de una término-ontología como la que hemos propuesto en nuestro trabajo.

Para ello, hemos utilizado métodos automáticos y semiautomáticos de exploración, de selección y de ordenación y relación, apoyados empíricamente por la unión de métodos estadísticos y lingüísticos para la detección y localización de las unidades terminológicas y la medición de su frecuencia y representatividad en contextos de uso real proporcionados por el corpus. En cuanto al procedimiento empleado, el hilo conductor del paso de la compilación del corpus a la elaboración de la terminología y, finalmente, a la ontología, es una secuencia de fases engarzadas de análisis, organización y descripción, hacia la formalización. Resulta imprescindible examinar, comparar, evaluar y organizar el entramado particular de relaciones en esta lengua de especialidad, la cual determina finalmente el modelo ontológico que sustenta esta investigación. En nuestro rol terminológico y, a partir de la toma de contacto con el dominio especializado, se ha ido seleccionando la información central que hemos considerado que será útil y primordial para su representación y, de ella, hemos extraído los campos conceptuales del dominio que, según hemos determinado, gira en torno a ocho. Una vez ubicados estos, nos hemos valido de los recursos documentales para establecer y seleccionar la tipología textual que compondrá nuestro corpus de estudio, de la extracción terminológica para localizar los candidatos a término y de los contextos y entorno en el que el término se halla inmerso para extraer sus relaciones conceptuales.

En este sentido, ponemos en valor los recursos de consulta basados en corpus y se presenta de forma pormenorizada una de las posibles formas de construir un producto terminográfico. Realizamos el estudio terminológico de un campo que no había sido apenas explorado aún, lo que supone un avance de lo que la investigación futura puede ofrecer para el estudio y compilación de otros dominios especializados. Parte de la originalidad del trabajo reside en haber conseguido engarzar las secuencias de metodologías de trabajo distintas en un proceso trifásico de compilación de corpus, extracción, formalización e implementación, hasta converger en un producto que aúna la combinación de terminología y ontología, el cual comprende 431 unidades terminológicas y 125 relaciones conceptuales.

El producto resultante es una término-ontología, combinación que parte de un enfoque semasiológico en el que se identifica la unidad terminológica ofrecida por el corpus hasta llegar a su formalización conceptual, de ahí que sea término-ontología en lugar de onto-terminología. El espacio de indagación es un corpus *ad hoc* desde el que se ha procedido a capturar la unidad terminológica y el contexto rico en conocimiento —*Knowledge Rich Context* (Meyer, 2001)— para abordar su proyección en la comunicación especializada. Todos estos datos se han formalizado, con distintos fines, en dos entornos tecnológicos, una base de datos y, posteriormente, un editor de ontologías, *Protégé* v. 5.1. La razón por la que, además de una base de datos, se ha elegido crear una ontología para representar los términos del dominio se halla en su expresividad, ya que esta permite desarrollar una taxonomía, formalizar los vínculos de las relaciones entre los conceptos y un lenguaje que permite el intercambio de datos a nivel global, utilidades fundamentales en la comunicación especializada.

Concretamente, la investigación se ha desarrollado en el marco de la automatización del procesamiento de la terminología a partir de un macrocorpus bilingüe paralelo compilado al efecto, NavSAFE, con un total de 1 214 488 palabras en inglés y de 1 336 785 palabras en español. Tanto el corpus NavSAFE_EN como el corpus NavSAFE_ES se han sometido al análisis del programa *ReCor 2.0* (Corpas, Seghiri y Maggi, 2006) para determinar su representatividad y, en ambos corpus, los resultados han sido óptimos. Se ha aplicado un modelo evolutivo para el trabajo término-ontológico, con acciones metodológicas basadas en procesos de refinamiento y apoyados en las técnicas asistidas por ordenador.

El tratamiento y explotación del corpus se ha extendido en tres fases: la fase de captación terminológica, en la que nos hemos valido de herramientas informáticas —*AntConc 3.5.8* (Anthony, 2019) y *TermoStat 3.0* (Drouin, 2003b)— para la extracción de los candidatos a término. En esta misma fase se procedió al refinamiento, selección y validación de 431 unidades terminológicas referidas a la categoría gramatical de sustantivo. Esta fase se completó con la localización de los equivalentes de traducción en español, para la que nos ayudamos del recurso de alineación automática de textos, *LF Aligner 4.0*. La concreción de distintas variantes de definición terminográfica también se ubicó en esta fase. En cuanto a la fase 2 de conceptualización, efectuada en cinco acciones, también fue precedida por el tratamiento automático de los textos para el análisis de los términos en contexto y de su conceptualización. Se elaboró una base de datos, NavSAFE TermOnto Database, para alojar los datos que íbamos obteniendo. En esta base de datos se configuró una plantilla conforme a un modelo de ficha terminográfica de 20 campos en inglés y en español. Durante esta fase se tomaron decisiones sobre la organización de las unidades terminológicas en una taxonomía final, se definieron las categorías conceptuales de los ocho subdominios, culminando esta etapa con la confección de un inventario de relaciones conceptuales a partir de la información obtenida del corpus. En la fase 3 o de formalización término-ontológica, se ha completado el objetivo del estudio con un trabajo llevado a cabo con el editor de ontología *Protégé v. 5.1*, en el que quedó organizado y representado el dominio objeto de nuestro estudio.

El modelado de la organización y representación terminológica de la seguridad de la navegación marítima se ajusta a una ontología ligera, de dominio —por ello, está restringida a las unidades terminológicas de categoría sustantiva— y terminológica; se ha adoptado un enfoque semasiológico en el tratamiento inicial de los datos terminológicos para analizarlos y clasificarlos hasta pergeñar su forma ontológica, de forma que su contenido sea lo suficientemente explícito en esta vertiente concreta de la comunicación especializada.

Se ha demostrado, por tanto, que el diseño de las acciones metodológicas conducentes a la formalización del dominio es válido, así como su replicabilidad en otros dominios especializados. En cuanto a las técnicas ideadas para la identificación automática de contextos ricos en conocimiento especializado, estas han resultado también válidas porque nos han permitido localizar y desbrozar las posibilidades del término y los resultados obtenidos se han verificado tanto documentalmente como a través de consultas con expertos en la materia de la seguridad de la navegación marítima. Se ha podido mostrar, igualmente, que las ontologías basadas en corpus y con fines de representación de un dominio a través de su terminología son herramientas desde las que se puede vehicular el conocimiento especializado.

En definitiva, cada una de las acciones de esta investigación, a saber, la compilación, el filtrado, la extracción, la selección, la conceptualización y la formalización de los datos terminológicos ha seguido un protocolo en el que se entrecruzan la terminología, la lingüística de corpus y la lingüística computacional. La metodología de trabajo se ha basado en unas pautas generales proporcionadas por estudios previos en el desarrollo de ontologías y por unos criterios específicos propios que fueron propiciados por la orientación terminológica y por el devenir de la investigación.

Consideramos, además, que la base de un corpus mejora la calidad del proyecto terminológico y puede ser muy útil para las siguientes áreas:

a. La labor del traductor especializado, que necesita conocer el contexto en el que el término vive, su organización, conexiones y limitaciones.
b. La formación del docente de lenguas de especialidad porque le puede proporcionar una visión general de la situación del conjunto de los términos en el eje del conocimiento de un dominio lo que le permite transmitirlo de forma contextualizada.
c. La actualización del experto en la materia, pues siempre puede ir adaptando la estructura a situaciones cambiantes y a los avances de su área de especialización.
d. El aprendizaje en este dominio de especialización porque permite integrar el conocimiento en el contexto de aprendizaje lingüístico y puede aumentar sus competencias en ambas materias.
e. El usuario general porque puede acceder a la información independientemente de la lengua origen dada la posibilidad de la homogeneidad de la estructuración de datos que permiten las ontologías de dominio. Además,

los datos estructurados en lenguaje RDF/OWL ofrecen la posibilidad de ser reutilizados e intercambiados. En última instancia, también poseen el potencial de ser datos enlazados (*linked data*), que es el método empleado en la web semántica para vincular los distintos datos que están en la web.

Por último, en cuanto a líneas de investigación futuras, planteamos la incorporación de la categoría verbal al glosario para expresar acciones y eventos asociados a los buques. Si bien hay estudios previos sobre los verbos utilizados para ciertas maniobras del buque como el remolque marítimo (Losey-León, 2020, 2021), estos no abordan otras acciones típicas como el atraque y desatraque, la carga y descarga de la mercancía y las acciones de evolución del buque. La representación de estas acciones, tan característica de los verbos en el dominio marítimo, hubiera necesitado de un diseño propio de las ontologías de tarea, diferente de las ontologías de dominio (caracterizadas por la presencia de sustantivos), por lo que han quedado fuera del estudio. No obstante, ofrecemos una pequeña muestra de la representación de tales acciones y eventos asociados sustantivos (en este caso, *vessel*), que ilustra la riqueza de los patrones verbales en NavSAFE (véase figura 95).

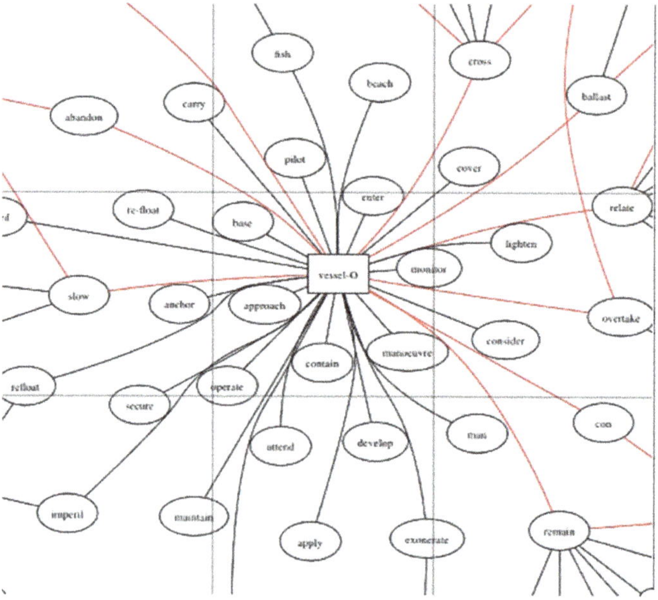


**Fig. 95:** Resultados obtenidos para la unidad terminológica monolexemática *vessel* a partir del patrón verbo+nombre (objeto) con el submódulo *Graph* del módulo *Decomposition* de TermoStat 3.0 (Drouin, 2003b)

# Bibliografía[311]


Aguado de Cea, G., Álvarez de Mon, I. y Montiel-Ponsoda, E. (2009a). From linguistic patterns to ontology structures. En *8th. International Conference on Terminology and Artificial Intelligence* (pp. 1–12). http://ceur-ws.org/Vol-578/paper15.pdf

Aguado de Cea, G., Gómez-Pérez, A., Montiel-Ponsoda, E. y Suárez-Figueroa, M. C. (2009b). Using linguistic patterns to enhance ontology development. En J. L. G. Dietz (Ed.), *KEOD 2009. Proceedings of the International Conference on Knowledge Engineering and Ontology Development* (pp. 1–9). INSTICC Press. https://dblp.org/rec/conf/ic3k/CeaGMS09

Aguado de Cea, G., Montiel-Ponsoda, E., Poveda-Villalón, M. y Giraldo-Pasmin, O. X. (2015). Lexicalizing Ontologies: The Issues behind the Labels. *Procedia. Social and Behavioral Sciences, 212,* 151–158. https://doi.org/10.1016/j.sbspro.2015.11.313

Alcina Caudet, A. (2015). Terminology Standards and Exchange Formats. *Revista Tradumàtica: tecnologies de la traducció*, 13, pp. 571–583.

Alcina Caudet, A. (2020). La representación de relaciones conceptuales en una ontología. En M. Ibáñez Rodríguez (Ed.), *Enotradulengua. Vino, lengua y traducción* (pp. 37–60). Peter Lang. http://repositori.uji.es/xmlui/bitstream/handle/10234/188329/AlcRep2020.pdf?sequence=1&isAllowed=y

Almeida, B. y Costa, R. (2021). OntoAndalus: An ontology of Islamic artefacts for terminological purposes. *Semantic Web Journal, 12*(2), 295–311. http://www.semantic-web-journal.net/system/files/swj2355.pdf

Álvarez de Miranda, P. (2008). Los repertorios léxicos de especialidad: una ojeada histórica. En C. Navarro, R. M. Rodríguez Abella, F. Dalle Pezze y R. Miotti (Eds.), *La comunicación especializada* (pp. 13–40). Peter Lang.

American Psychological Association (2020). *Publication Manual of the American Psychological Association.* APA. https://content.apa.org/record/2019-59141-000

Anthony, L. (2019). *AntConc 3.5.8.* [Software]. Waseda University. http://www.laurenceanthony.net/.


311 Se sigue el sistema de citación de referencias bibliográficas APA (American Psychology Association, 2020) en su 7.ª edición. Se desea hacer constar que todas las URL indicadas, estaban operativas a fecha de 3 de octubre de 2022.

Aston, G. (1997). Enriching the Learning Environment. En A. Wichmann, S. Fligelstone, T. McEnery y G. Knowles (Eds.), *Teaching and Language Corpora* (pp. 51-64). Longman.

Aston, G. (2001). Learning with corpora: An overview. En G. Aston (Ed.). *Learning with corpora* (pp. 7–45). Athelstan.

Atkins, S., Clear, J. y Ostler, N. (1992). Corpus Design Criteria. *Literary & Linguistic Computing, 7*(1), 1–16.

Aussenac-Giles, N. y Jacques, M.P. (2006). Designing and Evaluating Patterns for Ontology Enrichment from Texts. En S. Staabs y V. Svátek (Eds.) *Lecture Notes in Computer Science. Managing Knowledge in a World of Networks Proceedings. 15th International Conference, EKAW 2006* (pp. 158–165). Springer.

Aussenac-Giles, N., Despres, S. y Szulman, S. (2008). The TERMINAE Method and Platform for Ontology Engineering from Texts. En P. Buitelaar y P. Cimiano (Eds.), *Proceedings of the 2008 Conference on Ontology Learning and Population: Bridging the Gap between Text and Knowledge* (pp. 199–223). IOS Press.

Bachmann, R. (1993). RanDom: Representation Language for Domain Theories. En K. Hinkelmann y A. Laux (Eds.), *Knowledge Representation Techniques DFKI Workshop Proceedings* (pp. 11–22). Kaiserlaustern, Alemania. https://www.dfki.de/fileadmin/user_upload/import/5904_D-93-11.pdf

Bański, P., Bowers, J, y Erjavec, T. (2017). TEI-Lex0 guidelines for the encoding of dictionary information on written and spoken forms. En I. KOsem, C. Tiberius, M. Jakubíček, J. Kallas, S. Krek y V. Baisa (eds.). *Electronic Lexicography in the 21st Century: Proceedings of eLex 2017 Conference* (pp. 485–494). Lexical Computing. https://elex.link/elex2017/proceedings/eLex_2017_Proceedings.pdf

Barrière, C. (2002). Hierarchical refinement and representation of the causal relation. *Terminology, 8*(1), 91–111.

Barrière, C. y Agbago, A. (2006). TerminoWeb: A Software Environment for Term Study in Rich Contexts. Ponencia presentada en *Conference on Terminology, Standardisation and Technology Transfer (TSTT 2006)* (pp. 1–12). Agosto, Beijing, China. https://nrc-publications.canada.ca/eng/view/object/?id=c6b8dbed-1509-457f-919f-4c10a01b3900

Bautista Zambrana, M. R. (2013). *Diseño y elaboración de un glosario ontoterminológico multilingüe para el viaje combinado (español-inglés-alemán).* [Tesis Doctoral]. Universidad de Málaga, Málaga, España.

Bautista Zambrana, M. R. (2019). *Terminología y ontologías. Un estudio alemán-inglés-español basado en corpus.* Comares.

Belica, C. (1996). Analysis of Temporal Change in Corpora. *International Journal of Corpus Linguistics, 1*(1), 61-74.

Bernardini, S. (2004). Corpora in the classroom. An overview of some reflections on future developments. En J. M. Sinclair (Ed.), *How to use corpora in language teaching* (pp. 15–36). John Benjamins.

Berners-Lee, T., Hendler, J. y Lassila, O. (2001) The Semantic Web. *Scientific American, 284*(5), 34–43. http://www.jstor.org/stable/26059207

Biber, D. (1993). Representativeness in Corpus Design. *Literary & Linguistic Computing, 8*(4), 243–257.

Biébow, B., Szulman, S. y Clément, Av. J. B. (1999). TERMINAE: A Linguistics-Based Tool for the Building of a Domain Ontology. En D. Fensel y R. Studel (Eds.), *Knowledge Acquisition, Modeling and Management. EKAW 1999. Lecture Notes in Computer Science*, vol. 1621 (pp. 49–66). Springer. http://doi.org/10.1007/3-540-48775-1_4

Billami, M. B., Camacho-Collados, J., Jacquey, E. y Kister, L. (2014). Annotation sémantique et validation terminologique en texte integral en SHS. *ALN 2014 Actes de la 21 e conference sur le Traitement Automatique des Langues Naturelles* (pp. 363–376). (Marseille, 1–4 julio 2014). http://josecamachocollados.com/papers/TALN_Annotation_semantique.pdf

Boulanger, J. C. (1991). Une lecture socioculturelle de la Terminologie. *Cahiers de Linguistique Sociale*, 18, 13–30.

Boulanger, J. C. (1995). Présentation: images et parcours de la Socioterminologie. *Meta, XL*, 2, 195–205.

Bourigault, D. y Slodzian, M. (1999). Pour une terminologie textuelle. *Terminologie Nouvelle, 19*, 29–32.

Bowker, L. y Pearson, J. (2002). *Working with Specialised Language: A Practical Guide to Using Corpora*. Routledge.

Brodie, P. R. (2010) *Illustrated Dictionary of Cargo Handling*. Informa Law from Routledge.

Budin, G. (1994). Some hypotheses about concept representations. En *Proceedings of the 9th. European Symposium on LSP* (pp. 919–924). Fagbokforlaget.

Cabré Castellví, M. T. (1993). *La terminología. teoría, métodos, aplicaciones*. Antártide-Empúries.

Cabré Castellví, M. T. (1996). Terminology today. En H. Somers (Ed.), *Terminology, LSP and Translation. Studies in Language Engineering in Honour of Juan C. Sager* (pp. 15–33). John Benjamins Publishing Company.

Cabré Castellví, M. T. (1999). *La terminología: representación y comunicación. Elementos para una teoría de base comunicativa y otros artículos*. IULA. Universitat Pompeu Fabra.

Cabré Castellví, M. T. (2000). Elements for a theory of terminology: Towards an alternative paradigm. *Terminology, 6*(1), 1–23. https://doi.org/10.1075/term.6.1.03cab

Cabré Castellví, M. T. (2002). Textos especializados y unidades de conocimiento: metodología y tipologización. En J. García Palacio y M. T. Fuentes (Eds.), *Texto, Terminología y Traducción* (pp. 15–36). Ediciones Almar.

Cabré Castellví, M. T. (2003a). Investigar en terminología: posibilidades y líneas de trabajo. En E. Ortega (Dir.), *Panorama actual de la investigación en traducción e interpretación (volumen I)* (pp. 495–512). Editorial Atrio.

Cabré Castellví, M. T. (2003b). Theories of terminology. Their description, prescription and explanation. *Terminology, 9*(2), 163–199. https://doi.org/10.1075/term.9.2.03cab

Cabré Castellví, M. T. (2004). La terminología en la traducción especializada. En C. Gonzalo García y V. García Yebra (Eds.), *Manual de documentación y terminología para la traducción especializada* (pp. 89–122). Arco/Libros.

Cabré Castellví, M. T. (2005). *La terminología: representación y comunicación. Elementos para una teoría de base comunicativa y otros artículos.* IULA. Universitat Pompeu Fabra.

Cabré Castellví, M. T. (2006). From Terminological Data Banks to Knowledge Databases. En L. Bowker (Ed.), *Lexicography, Terminology and Translation. Text-based studies in honour of Ingrid Meyer* (pp. 93–106). The University of Ottawa Press.

Cabré Castellví, M. T., Estopà, R. y Lorente, M. (1996). Terminología y Fraseología. En *Actas del V Simposio Iberoamericano de Terminología* (pp. 1–23). RITerm. https://www.academia.edu/5304839/Terminolog%C3%ADa_y_Fraseolog%C3%ADa_MT_Cabre_M_LORENTE_R_ESTOP%C3%80_Actas_del_V_Simposio_de_Terminolog%C3%ADa_Iberoamericana_1996

Cabré Castellví, M. T. y Estopá, R. (2005). Unidades de conocimiento especializado: caracterización y tipología. En M. T. Cabré Castellví y C. Bach (Eds.), *Coneixement, llenguatge i discurs especialitzat.* Sèrie Monografies 7 (pp. 78–83). Universitat Pompeu Fabra, Institut Universitari de Lingüística Aplicada.

Camacho-Collados, J., Billami, M.B., Jacquey, E. y Kister, L. (2014). Approche statistique pur le filtrage terminologique des occurrences de candidats termes en texte intégral. En E. Née, J-M. Daube y M. Valette (Eds.), JADT 2014: 12es Journées Internationales d'Analyse statistique des Données Textuelles (pp. 121-133). Jadt.org. http://lexicometrica.univ-paris3.fr/jadt/jadt2014/01-ACTES/10-JADT2014.pdf

Carvalho, S., Roche, C. y Costa, R. (2015). Ontologies for terminological purposes: the EndoTerm Project. En P. Faber y T. Poibeau (Ed.), *Proceedings of the 11th International Conference on Terminology and Artificial Intelligence* (pp. 17–27). Universidad de Granada. http://ceur-ws.org/Vol-1495/paper_30.pdf

Carvalho, S., Costa, R. y Roche, C. (2018). The Role of Conceptual Relations in the Drafting of Natural Language Definitions: An Example from the Biomedical Domain. En I. Kernerman & S. Krek (Eds.), *Proceedings of the LREC 2018 Workshop «Globalex 2018 Lexicography & WordNets»* (pp. 10–16). ELRA. https://research.unl.pt/ws/portalfiles/portal/11540512/14_W33.pdf

Casas Gómez, M. (2006). Modelos representativos de documentación terminográfica y su aplicación a la terminología lingüística. *Revista de Lingüística y Lenguas Aplicadas, 1*, 25–36. https://doi.org/10.4995/rlyla.2006.680

Cavaglià, G. (2002). Measuring a corpus homogeneity using a range of measures for inter-document distance. En M. González Rodríguez y C. P. Suárez Araujo (Eds.), *Proceedings of the Third International Conference on Language Resources and Evaluation* (pp. 426–431). Mayo 2002, Las Palmas de Gran Canaria, España. http://www.lrec-conf.org/proceedings/lrec2002/pdf/232.pdf

Cimiano, P. McRae, J.P. y Buitelaar, P. (10 de mayo de 2016). Lexicon Model for Ontologies: Community Report, 10 May 2016. https://www.w3.org/2016/05/ontolex/

Condamines, A. y Rebeyrolle, J. (2001). Searching for and identifying conceptual relationships via a corpus-based approach to terminological knowledge base (CTKB). En D. Bourigault, C. Jacquemin y M.-C. L'Homme (Eds.), *Recent advances in computational terminology, xviii,* (pp. 127–148). John Benjamins Publishing Company.

Contreras, J. y Martínez Comeche, J. A. (2008). *Tutorial ontologías* [en línea]. https://core.ac.uk/download/pdf/11883351.pdf

Contreras Blanco, F. (2017). Humanterm y Sierterm: Entre el banco de datos terminológico y el diccionario del traductor. *Entreculturas, 9,* 405–418.

Cook, G. W. D. (2015). Birds out of Dinosaurs: The Death and Life of Applied Linguistics. *Applied Linguistics*, 36(4), 425–433. https://doi.org/10.1093/applin/amv038

Corcho, O., Fernández-López, M. y Gómez-Pérez, A. (2003). Methodologies, tools and languages for building ontologies. Where is their meeting point? *Data & Knowledge Engineering, 46*(1), 41–64.

Corpas Pastor, G. (2001). Compilación de un corpus *ad hoc* para la enseñanza de la traducción inversa especializada. *TRANS. Revista de Traductología, 5,* 155–184. http://www.trans.uma.es/pdf/Trans_5/t5_155-184_GCorpas.pdf

Corpas Pastor, G. (2008). *Investigar con corpus en traducción: los retos de un nuevo paradigma*. Peter Lang.

Corpas Pastor, G., Seghiri Domínguez, M. y Maggi, R. (2006). *ReCor 2.0. Nuevo método para determinar la representatividad de un corpus [software]* (España, Patente n.º G06F17/27A4). Oficina Española de Patentes y Marcas. https://patentados.com/2010/nuevo-metodo-para-determinar

Corpas Pastor, G. y Seghiri Domínguez, M. (2007). Determinación del umbral de representatividad de un corpus mediante el algoritmo N-Cor. *Procesamiento del Lenguaje Natural, 39*, 165–172. http://rua.ua.es/dspace/handle/10045/2997

Corpas Pastor, G., y Seghiri Domínguez, M., (2009). Virtual corpora as documentation resources: Translating travel insurance documents (English-Spanish). En A. Beeby, P. Rodríguez, y P. Sánchez-Gijón (Eds.), *Corpus Use and Translating: Corpus use for Learning to Translate and Learning Corpus Use to Translate*. (pp. 75–107). John Benjamins Publishing Company.

Correia, M. (2005). Para uma cooperação entre especialistas do dominio e terminólogos: o caso de dois dicionários náuticos portugueses. En M. Doria [Org.], *Atas da Conferência Internacional de Terminologia Marítima (ILTEC)* (pp. 73–80), [CD]. Lisboa, Portugal.

Costa, H., Oliveira, H.G. y Gomes, P. (2010). The impact of distributional metrics in the quality of relational triples. *Proceedings of the ECAI 2010 Workshop on Language Technology for Cultural Heritage, Social Sciences, and Humanities (LaTeCH 2010* (pp. 23-29). University of Lisbon.

Costa, H., Corpas, G. y Mitkov, R. (2015a). Measuring the Relatedness between Documents in Comparable Corpora. En T. Poibeau y P. Faber (Eds.), *Proceedings of the 11th International Conference on Terminology and Artificial Intelligence* (pp. 29–37). Universidad de Granada. http://ceur-ws.org/Vol-1495/paper_5.pdf

Costa, H., Zaretskaya, A., Corpas, G., Specia, L. y Seghiri. M. (Eds.) (2015b) *Expert. Proceedings of the EXPERT Scientific and Technoogical Workshop*. Editions Tradulex.

Daille, B. (2005). Variations and application-oriented Terminology engineering. *Terminology, 11*(1), 181–197.

Daille, B. (2017). *Term variation in specialized corpora. Characterisation, automatic discovery, and applications*. John Benjamins Publishing Company.

Daille, B., Habert, B., Jacquemin, C. y Royauté, J. (1996). Empirical observation of term variations and principles for their description. *Terminology, 3*(2), 197–257. https://doi.org/10.1075/term.3.2.02dai

Daille, B. y Morin, E. (2005) French-English terminology extraction from comparable corpora. En R. Dale, K.-F. Wong, J. Su y O.Y. Kwong (Eds.), *Natural Language Processing. IJCNLP 2005* (pp. 707–718). Springer Verlag.

De Bessé, B. (1997). Terminological definitions. En S. E. Wright y G. Budin (Comp.), *Handbook of Terminology Management. Volume I: Basic Aspects of Terminology Management* (pp. 63–74). John Benjamins Publishing Company.

Depecker, L. (2015). How to Build Terminology Science? En H. J. Kockaert y F. Steurs (Eds.), *Handbook of Terminology* (volume 1) (pp. 34–44). John Benjamins Publishing Company.

Desmet, I. (2007). Terminologie, culture et societé. Éléments pour une theéorie variationnista de la terminologie et des langues de spécialité. *Cahiers du Rifal, 26. Réseau International francophone d'aménagement linguistique*, (pp. 3–13). http://www.termisti.org/rifal/PDF/rifal26/crf-26-00.pdf.

Dirección General de Traducción del Parlamento Europeo (s.f.). *TermCoord. What we do. TermCoord in Action!* Recuperado el 23 de agosto de 2021 de https://termcoord.eu/what-we-do/.

Directive 2009/45/EC of the European Parliament and of the Council of 6 May 2009 on Safety Rules and Standards for Passenger Ships. Recuperado de https://eur-lex.europa.eu/legal-content/en/TXT/?uri=CELEX:32009L0045

Drouin, P. (2003a). Term extraction using non-technical corpora as a point of leverage. *Terminology, 9*(1), 99–115. https://doi.org/10.1075/term.9.1.06dro

Drouin, P. (2003b). *TermoStat Web 3.0.* [software]. http://termostat.ling.umontreal.ca/

Drouin, P. (2004). Detection of domain specific terminology using corpora comparison. En M. T. Lino, M. F. Xavier, F. Ferreira, R. Costa y R. Silva (Eds.), *Proceedings of the Fourth International Conference on Language Resources and Evaluation (LREC 2004)* (pp. 79–82). European Language Resources Association.

Drouin, P. (2007). Identification automatique du lexique scientifique transdisciplinaire. *Revue Française de linguistique appliquée, 12*(2), 45–64.

Durán Muñoz, I. (2010). Herramientas para la elaboración de recursos ontoterminográficos: estado de la cuestión. En M. Ibáñez Rodríguez (Ed.), *Lenguas de especialidad y terminología* (pp. 111–123). Comares.

Durán Muñoz, I. (2011a). *El trabajo ontoterminográfico aplicado a la traducción de textos del turismo de aventura (español-inglés-alemán). Fases de preparación, elaboración y edición.* [Tesis Doctoral]. Universidad de Málaga, Málaga, España.

Durán Muñoz, I. (2011b). Criterios específicos para la elaboración y diseño de los corpus especializados en Terminografía. En M. L. Carrió Pastor y M. A. Candel Mora (Eds.), *Actas del III Congreso Internacional de Lingüística de Corpus: las tecnologías de la información y las comunicaciones. Presente y futuro en el análisis de corpus* (pp. 43–50). Universitat Politécnica de Valencia.

Durán Muñoz, M. I. y Bautista Zambrana, M. R. (2013). Applying Ontologies to Terminology: Advantages and Disadvantages. *Hermes. Journal of Language and Communication in Business, 51*, 65–77. https://doi.org/10.7146/hjlcb.v26i51.97438

Edo Marzá, N. (2012). Lexicografía especializada y lenguajes de especialidad: Fundamentos teóricos y metodológicos para la elaboración de diccionarios especializados. *Lingüística, 27*(1), 98–114. http://www.scielo.edu.uy/pdf/ling/v27n1/v27n1a06.pdf

Estellés Palanca, A. y Alcina, A. (2008). Clasificación de características en Terminología. *Fòrum de Recerca, 13*, 327–336. https://dialnet.unirioja.es/servlet/articulo?codigo=4713040

Estellés Palanca, A. (2014). *Ontología de características de la baldosa cerámica desde la Terminología.* [Tesis Doctoral]. Universitat Jaume I. Castellón de la Plana, España. http://hdl.handle.net/10803/669086

Estopà Bagut, R. (2009). Los extractores de terminología: logros y escollos. En A. Alcina, E. Valero y E. Rambla (Eds.), *Terminología y Sociedad del conocimiento* (pp. 117–146). Peter Lang.

Evert, S. (2005). *The Statistics of Word Co-occurrences: Word Pairs and Collocations* (Tesis doctoral). University of Stuttgart, Alemania.

Faber, P. (2009). The Cognitive Shift in Terminology and Specialized Translation. *MonTI. Monografías de traducción e interpretación*, *1*(1), 107–134. https://doi.org/10.6035/MonTI.2009.1.5

Faber, P. (2011). The dynamics of specialized knowledge representation: Simulational reconstruction or the perception-action interface. *Terminology, 17*(1), 9–29. https://doi.org/10.1075/term.17.1.02fab

Faber, P. (Ed.). (2012). *A Cognitive Linguistic View of Terminology and Specialized Language.* De Gruyter Mouton.

Faber, P. y Mairal, R. (1999). *Constructing a Lexicon of English Verbs.* Mouton de Gruyter.

Faber, P., Márquez Linares, C. y Vega Expósito, M. (2005). Framing Terminology: A Process-Oriented Approach. *Meta: journal des traducteurs/Meta: Translators' Journal, vol. 50*(4), 1–10. https://www.erudit.org/fr/revues/meta/2005-v50-n4-meta1024/019916ar/

Faber, P., Montero Martínez, S., Castro Prieto, M. R., Senso Ruiz, J., Prieto Velasco, J. A., León Arauz, P., Márquez Linares, C. y Vega Expósito, M. (2006). Process-Oriented Terminology Management in the Domain of Coastal Engineering. *Terminology 12*(2), 189–213. https://doi:10.1075/term.12.2.03fab

Faber, P., León Araúz, P., Prieto Velasco, J.A. y Reimerink, A. (2007). Linking Images and Words: the description of specialized concepts. *International Journal of Lexicography, 20*(1), 39–65. https://doi.org/10.1093/ijl/ecl038

Faber, P. y L'Homme, M.-C. (2014). Lexical semantics approaches to terminology: An Introduction. *Terminology, 20*(2), 143–150. https://doi.org/10.1075/term.20.2.01int

Fauconnier, G. y Turner, M. (1996). Blending as a Central Process of Grammar. En A. Goldberg (Ed.). Conceptual Structure, Discourse, and Language (pp. 113-129. Stanford Center for the Study of Language and Information [CSLI] distributed by Cambridge University Press.

Fauconnier, G. y Turner, M. (1998). Conceptual Integration Networks. *Cognitive Science, 22*(2), 133–187. https://doi.org/10.1016/S0364-0213(99)80038-X

Fauconnier, G. y Turner, M. (2001). Conceptual Integration Networks. http://www.inform.umd.edu/EdRes/Colleges/ARHU/Depts/English/englfac/Mturner/cin.web

Fedor de Diego, A. (1995). *Terminología: teoría y práctica.* Ediciones Equinoccio.

Felber, H. (1984). Terminology Manual. United Nations Educational, Scientific and Cultural Organization & International Information Centre for Terminology.

Felber, H. y Picht, H. (1984). *Métodos de terminografía y principios de investigación terminológica.* Instituto Miguel de Cervantes. CSIC.

Feliu, J., Solé, E., Tebé, C. y Cabré, M.T. (octubre de 2002). Las relaciones conceptuales: un elemento esencial en la estructuración del conocimiento especializado. En *Actas del VIII Simposio Iberoamericano de Terminología* (pp. 1–19). Cartagena de Indias, Colombia. https://sites.google.com/view/riterm/es/simposio/anteriores

Feliu, J. (2004). *Relacions conceptual i terminologia: anàlisi i proposta de detecció semiautomàtica.* [Tesis doctoral.] Universitat Pompeu Fabra, Barcelona, España.

Fernández-López, M., Gómez-Pérez, A. y Juristo, N. (1997). Methontology: From Ontological Art Towards Ontological Engineering. En *Proceedings of the Ontological Engineering AAAI-97 Spring Symposium Series* (pp. 33–40), 24–26 March 1997, Stanford University. https://oa.upm.es/5484/1/METHONTOLOGY_.pdf

Fillmore, C. J. (1976). Frame semantics and the nature of language. *Annals of the New York Academy of Sciences: Conference on the Origin and Development of Language and Speech, 280,* 20–32. https://www1.icsi.berkeley.edu/pubs/ai/framesemantics76.pdf

Fillmore, C. J. (1977). Scenes-and-frames Semantics, Linguistic Structures Processing. En A. Zampolli (Ed.), *Linguistic Structures Processing. (Fundamental Studies in Computer Science,* vol. 5) (pp. 55–88). North Holland Publishing.

Fillmore, C. J. (1982). Frame semantics. En The Linguistic Society of Korea (Ed.), *Linguistics in the Morning Calm* (pp. 111–137). Hanshin Publishing Co.

Fillmore, C. J. (1985). Frames and the Semantics of Understanding. *Quaderni id Semantica VI/*2, 222-254.

Fillmore, C. J. y Baker, C. (2010). A Frames Approach to Semantic Analysis. En B. Heine y H. Narrog (Eds.), *The Oxford Handbook of Linguistic Analysis* (pp. 791–816). Oxford University Press.

Flowerdew, L. (2004). The argument for using English specialized corpora to understand academic and professional language. En U. Connor y T. Upton (Eds.) *Discourse in the professions: Perspectives from Corpus Linguistics* (pp. 11–33). John Benjamins.

Francis, W. N. (1982). Problems Assembling and Computerizing Large Corpora. En S. Johansson (Ed.), *Computer corpora in English language research* (pp. 7–24). Norwegian Computer Centre for the Humanities.

Freixa, J. y Fernández-Silva, S. (2017). Terminological variation and the unsaturability of concepts. En P. Drouin, A. Francoeur, J. Humbley y A. Picton (Eds), *Multiple Perspectives on Terminological Variation* (pp. 155–181). John Benjamins.

Fuertes-Olivera, P. A. (2008) Pedagogical Application of Specialized corpora in ESP Teaching: the case of the UVaSTE Corpus. *Scripta Manent 3*(2), 68–81.

Galinski, C. y Budin, G. (1993). Comprehensive Quaility Control in Standards Text Production and Retrieval. En R. A. Strehlow y S. E. Wright (Eds.), *Standardizing Terminology for Better Communication: Practice, Applied Theory, and Results* (pp. 65–74). American Society for Testing and Materials.

Gambier, Y. (1991). Travail et vocabulaire spécialisés: Prolegomènes à une Socioterminologie. *Meta, 36*(1), 44–60.

Gambier, Y. (1993). Vers une histoire sociale de la Terminologie. *Le Langage et L'homme, 28*(4), 233–246.

García Palacios, J., Maroto, N. y Torres del Rey, J. (2018). La gestión de la neología terminológica: puesta en marcha de una aplicación colaborativa. En M. Núñez Singala (Ed.), *Terminoloxía e normalización* (pp. 47–60). Servizo de Publicacións e Intercambio Científico da Universidade de Santiago de Compostela.

Gaudin, F. (1993a). *Pour une socioterminologie. Des problèmes sémantiques aux pratiques institutionnelles*. Publication de l'Université de Rouen.

Gaudin, F. (1993b). Socioterminologie: du signe au sens, construction d'un champ. *Meta: journal des traducteurs. Meta: Translators' Journal, 38*(2), 293–301.

Gaudin, F. (2003). *Socioterminologie. Une approche sociolinguistique de la terminologie*. Duculot, coll. Champs linguistiques.

Gavioli, L. (2001). The learner as researcher: Introducing corpus concordancing in the classroom. En G. Aston (Ed.), *Learning with corpora* (pp. 108–137). Athelstan.

Gavioli, L. (2005) *Exploring corpora for ESP learning*. John Benjamins Publishing Company.

Geeb, F. (2009). Lexicographical data in natural-language systems. En S. Nielsen y S. Tarp (Eds.), *Lexycography in the 21st century. In honour of Henning Bergenholtz* (pp. 207–234). John Benjamins Publishing Company.

Gélinas-Suprenant, H. y Hussman, E. (1993). Terminology: A New Profession in a Canadian Context. En R. Strehlow y S.E. Wright (eds.), *Standardizing Terminology for Better Communication: Practice, Applied Theory, and Results* (pp. 22–29). ASTM American Society for Testing and Materials.

Gledhill, C. (2000). The discourse function of collocation in research article introductions. *English for Specific Purposes, 19,* 115–135. https://doi.org/10.1016/S0889-4906(98)00015-5

Goldberg, A. E. (1995). *Constructions: A Construction Grammar Approach to Argument Structure*. The University of Chicago Press.

Gómez-Pérez, A. (2004). Ontology Evaluation. En S. Staab y R. Studer (Eds.) *Handbook on Ontologies* (pp. 251–273). Springer. https://oa.upm.es/6427/1/Ontology_Evaluation_1stEd.pdf

Gómez-Pérez, A., Fernández-López, M. y Corcho, O. (2004). *Ontological Engineering: with examples from the area of knowledge management*, e-commerce *and the semantic Web*. Springer-Verlag.

Gómez-Pérez, J. M. y Ruiz, C. (2010). Ontological Engineering and the Semantic Web. En J. D. Velásquez y L. C. Jain (Eds.), *Advanced Techniques in Web Intelligence-1, SCI311* (pp. 191–224). Springer-Verlag.

Gries, S. Th. (2013). 50 something years of work collocations. What is or should be next.... *International Journal of Corpus Linguistics, 18*(1), 137–165.

Gries, S. Th. (2014). Frequencies, probabilities, association measures in usage-/exemplar-based linguistics: some necessary clarifications. En N. Gisborne y W. Hollman (Eds.), *Theory and Data in Cognitive Linguistics* (pp. 15–48). John Benjamins Publishing Company.

Gruber, T. R. (1993). A Translation Approach to Portable Ontology Specifications. *Knowledge Acquisition, 5*(2), 199–220. http://ksl-web.stanford.edu/KSL_Abstracts/KSL-92-71.html

Gruber, T. R. (1995). Toward Principles for the Design of Ontologies Used for Knowledge Sharing. *International Journal Human-Computer Studies, 43,* 907–928. http://tomgruber.org/writing/onto-design.pdf

Gruber, T. R. (2009). Ontology. En L. Liu y M. Tamer Özsum (Eds.), *Encyclopedia of Database Systems.* Springer-Verlag. https://tomgruber.org/writing/ontology-in-encyclopedia-of-dbs.pdf

Grüninger, M. y Fox, M. S. (1995). Methodology for the Design and Evaluation of Ontologies. En *Proceedings of the Workshop on Basic Ontological Issues in Knowledge Sharing. IJCAI-95* (pp. 1–10). Recuperado de http://stl.mie.utoronto.ca/publications/gruninger-ijcai95.pdf el 12 de enero de 2015.

Guantiva Acosta, R., Cabré Castellví, M. T. y Castellà Lidon, J. M. (2008). Clasificación de textos especializados a partir de su terminología. *Íkala, revista de lenguaje y cultura, 13*(19), 15–39. http://www.scielo.org.co/pdf/ikala/v13n19/v13n19a2.pdf

Guarino, N. (1998). Formal Ontology in Information Systems. En N. Guarino (Ed.), *Formal Ontology in Information Systems. Proceedings of the First International Conference (FOIS'98)* (pp. 3–15). IOS Press.

Gutiérrez Rodilla, B. M. (1998). *La ciencia empieza en la palabra. Análisis e historia del lenguaje científico.* Ediciones Península.

Harris, B. (1988). Bi-text, a new concept in translation theory. *Language Monthly, 54,* 8–10.

Hodge, G. (2000). *Systems of knowledge organization for digital libraries: Beyond traditional authority files.* The Council on Library and Information Resources. https://www.clir.org/wp-content/uploads/sites/6/pub91.pdf

Hunston, S. (2002). *Corpora in Applied Linguistics.* Cambridge University Press.

Ide, N. y Véronis, J. (1995). Encoding Dictionaries. *Computers and the Humanities, 29*(2), 167–179.

Infoterm (2005). *Directrices para políticas terminológicas. Organización Educativa, Científica y Cultural de las Naciones Unidas.* http://www.infoterm.info/pdf/activities/guidelines/DirectricesparaPolticasTerminolgicas_es.pdf

International Association of Marine Aids to Navigation and Lighthouse Authorities. (2018). *Navguide 2018. Marine Aids to Navigation Manual.* IALA.

International Chamber of Shipping. (2022). *Bridge Procedures Guide* (6th edition). ICS.

International Labour Organization (2006). *Maritime Labour Convention.* ILO. .

International Maritime Organization (1972). *The Convention on the International Regulations for Preventing Collisions at Sea*. IMO.

International Maritime Organization. (1974). *The International Convention for the Safety of Life at Sea. SOLAS*. IMO.

International Maritime Organization (1978). *Protocol of 1978 relating to the International Convention for the Prevention of Pollution from Ships, 1973*. IMO.

International Maritime Organization. (1978/2017). *The International Convention on Standards of Training, Certification and Watchkeeping for Seafarers (STCW Convention)*. IMO.

International Maritime Organization (1985). *Standard Marine Navigational Vocabulary*. IMO

International Maritime Organization. (2002). *IMO's Standard Marine Communication Phrases*. IMO.

International Maritime Organization. (1978). *Protocol of 1978 relating to the International Convention for the Prevention of Pollution from Ships*, 1973. IMO.

International Maritime Organization. (2005). *International Code of Signals*. IMO.

International Maritime Organization. (2009). *SOLAS consolidated edition. Consolidated text of the International Convention for the Safety of Life at Sea, 1974, and its protocol of 1988: articles, annexes and certificates. Incorporating all amendments in effect from 1 July 2009*. IMO.

International Maritime Organization. (2010). *Manila Amendments to the Seafarers' Training, Certification and Watchkeeping (STCW Code)*. IMO.

International Maritime Organization. (2011). *SOLAS Amendments 2010 and 2011*. IMO.

International Maritime Organization. (2015). *The International Code for Fire Safety Systems (FFS Code)*. IMO.

International Maritime Organization. (2015). *Maritime English. Model course 3.17*. IMO.

International Maritime Organization y International Civil Aviation Organization. (2016). *IAMSAR Manual*. IMO e ICAO.

International Maritime Organization. (2017). *The International Life-Saving Appliance Code (LSA Code)*. IMO.

International Maritime Organization. (2018). *The International Safety Management Code (ISM Code)*. IMO.

International Telecommunications Union (2012). *International Telecommunications Union Radio Regulations*. ITU

ISO (2000). *ISO. 1087-1: 2000. Terminology work. Vocabulary. Part I*. ISO.

ISO (1999). *ISO 12200: 1999. Computer applications in Terminology. Machine-readable terminology interchange format (MARTIF)- Negotiated interchange*. ISO.

ISO (2009). *ISO 704: 2009. Terminology work. Principles and methods*. ISO.

ISO. (2019). *ISO-24613-1: 2019. Language Resource Management. Lexical Markup Framework (LMF). Part I: Core Model*. ISO. https://www.iso.org/standard/68516.html

ISO. (2019). *ISO 12620: 2019. Management of terminology resources. Data category specifications*. ISO. https://www.iso.org/standard/69550.html

ISO. (2019). *ISO 1087: 2019. Terminology work and terminology science-Vocabulary*. ISO. https://www.iso.org/standard/62330.html

ISO. (2013). *ISO 25964-2*: 2013. *Information and documentation -thesuri and interoperability with other vocabularies- Part 2: interoperability with other vocabularies*. ISO.

ISO (2022). *ISO 704: 2022. Terminology work. Principles and methods*. ISO.

Izquierdo, A. M. y Poveda, E. (2003). *Glosario sobre seguridad marítima*. Parlamento Europeo.

Jacquemin, C. (2001). *Spotting and Discovering Terms through Natural Language Processing*. MIT Press.

Jacquemin, C. y Bourigault, D. (2003). Term extraction and automatic indexing. En R. Mitkov (Ed.), *Handbook of Computational Linguistics* (pp. 599–615). Oxford University Press.

Kageura, K. y Umino, B. (1996). Methods of automatic term recognition: A review. *Terminology, 3*(2), 259–289.

Kageura, K. (2002). *The Dynamics of Terminology. A Descriptive Theory of Term Formation and Terminological Growth*. John Benjamins Publishing Company.

Kay, P. y Fillmore, C. (1994). *Grammatical Constructions and Linguistic Generalizations*. Manuscrito, Dpto. de Lingüística, Universidad de Berkeley.

Kerremans, K. (2004). Categorisation frameworks in Termontography. *Linguistica Antverpiensia New Series, 3*, 263–277. https://lans-tts.uantwerpen.be/index.php/LANS-TTS/article/view/116

Kerremans, K., Temmerman, R. y Tummers, J. (2003). Representing Multilingual and Culture-Specific Knowledge in a VAT Regulatory Ontology: Support from the Termontography Method. En R. Meersman y Z. Tari (Eds.), *OTM Workshops 2003, LNCS 2889* (pp. 662–674). Springer-Verlag.

Khomiakova, O. (12 de abril de 2021). An interview with Marie-Claude L'Homme. Why is Terminology your Passion? *TermCoord*. https://termcoord.eu/2021/04/interview-with-marie-claude-lhomme/

Kudashev, I., Carlson, L. y Kudasheva, I. (2010). TermFactory: Collaborative Editing of Term Ontologies. En U. Bhreathnach y F. Barra-Cusack (Eds.), *Terminology and Knowledge Engineering Conference 2010. Presenting Terminology and Knowledge Engineering Resources Online: Models and Challenges* (pp. 479–500). Fiontar, Dublin City University.

L'Homme, M.-C. (2007). Using Explanatory and Combinatory Lexicology to Describe Terms. En L. Warner (Ed.), *Selected Lexical and Grammatical Issues in the Meaning-Text Theory: In honour of Igor Mel'čuk* (pp. 163–198). John Benjamins Publishing Company. http://doi.org/10.1075/slcs.84.06hom

L'Homme, M.-C. (2008). Le DiCoInfo. Méthodologie pour une nouvelle génération de dictionnaires spécialisés. *Traduire. Revue francaise de la traduction*, 217, 78–103. https://doi.org/10.4000/traduire.966

L'Homme, M.-C. (2012). Adding Syntactic-semantic Information to Specialized Dictionaries: an application of the FrameNet methodology. *Lexicographica, 28*(1), 233–252. https://doi.org/10.1515/lexi.2012-0012

L'Homme, M.-C. (2018). Maintaining the balance between knowledge and the lexicon in terminology: a methodology based on Frame Semantics. *Lexicography, 4*(1), 3–21. https://doi.org/10.1007/s40607-018-0034-1

L'Homme, M.-C. (2021) Why is terminology your passion?/entrevistada por Olina Khomiakova. Termcoord. https://termcoord.eu/2021/04/interview-with-marie-claude-lhomme/

L'Homme, M.-C., Heid, U., y Sager, J.C. (2003). Terminology during the past decade (1994–2004). *Terminology, 9*(2), 151–161.

L'Homme, M.-C. y Marshman, E. (2006). Terminological Relationships. En L. Bowker (Ed.), *Lexicography, terminology and translation. Text-based studies in honour of Ingrid Meyer* (pp. 67–79). University of Ottawa Press.

L'Homme, M.-C., Robichaud, B. y Subirats, C. (2014). Discovering Frames in Specialized Domains. En N. Calzolari, K. Choukri, T. Declerck, H. Loftsson, B. Maegaard, J. MAriani, A. Moreno, J. Odijk y S. Piperidis (Eds.), *Proceedings of the Ninth International Conference on Language Resources and Evaluation (LREC'14).* (pp. 1364–1371). Reykjavik, Islandia. LREC. http://www.lrec-conf.org/proceedings/lrec2014/index.html

Lafon, P. (1980). Sur la variabilité de la fréquence fes formes dans un corpus. *MOTS, 1,* 128–165.

Lakoff, G. (1987). *Women, Fire, and Dangerous Things: What Categories Reveal About the Mind*. University of Chicago Press.

Lakoff, G. y M. Johnson (1980). *Metáforas de la vida cotidiana*. Cátedra.

Langacker, R. W. (1982). Space Grammar, Analysability, and the English Passive. *Language, 58*, 22-80.

Langacker, R. W. (1987). *Foundations of Cognitive Grammar, vol. 1: Theoretical Prerequisites*. Stanford University Press.

Langacker, R. W. (1990). *Concept, Image, and Symbol: The Cognitive Basis of Grammar. Cognitive Linguistics Research 1*. Mouton de Gruyter.

Langacker, R. W. (1991). *Foundations of Cognitive Grammar, vol. 2: Descriptive Application*. Stanford University Press.

Laurén, C. y Picht, H. (1993). Vergleich der terminologischen Schulen. En C.Laurén y H. Picht (Eds.), *Ausgewahle Texte zur Terminologie* (pp. 493–539). IITF/Infoterm.

Lebart, L. y Salem, A. (1994). *Statistique textuelle*. Dunod.

Lebart, L. (1998). Classification problems in text analysis and information retrieval. En A. Rizzi, M. Vichy y H.-H. Bock (Eds.), *Advances in Data Science and Classification* (pp. 473–482). Springer.

Leech, G. (1991/2013). The state of the art in Corpus Linguistics. En K. Aijmer y B. Altenberg (Eds.), *English Corpus Linguistics* (pp. 8–29). Routledge.

León Araúz, P. y Faber, P. (2010). Natural and Contextual Constraints for Domain-specific Relations. En V. Barbu Mititelu, V. Pekar y E. Barbu (Eds.), *Proceedings of LREC 2010. Workshop Semantic Relations. Theory and Applications* (pp. 12–17).Valetta, Malta. http://www.lrec-conf.org/proceedings/lrec2010/workshops/W9.pdf

León Araúz, P., Reimerink, A. y Faber, P. (2019). Eco-lexicon and by-products: integrating and reusing terminological resources. *Terminology, 25*(2), 222–258.

León Araúz, P. y M. Cabezas García (2020). Term and Translation Variation of Multiword Terms. *MonTI. Monografías de Traducción e Interpretación. Special Issue, 6*, 210–247. https://doi.org/10.6035/MonTI.2020.ne6.7

Lerat, P. (1995). *Las lenguas especializadas*. Ariel.

López-Rodríguez, C. I., Faber, P. y Tercedor Sánchez, M. (2006). Terminología basada en el conocimiento para la traducción y la divulgación médicas: el caso de ONCOTERM. *Panace@, 7*(24), 228–240.

Lorente Casafont, M. (2014). Hacia la terminología 3.0: Evolución del uso de las tecnologías en terminología. En C. Vargas-Sierra (Ed.), *TIC, trabajo colaborativo e interacción en Terminología y Traducción* (pp. 9–26). Comares.

Losey-León, M.-A. (2015a). Corpus design and compilation process for the preparation of a bilingual glossary (English-Spanish) in the logistics and maritime transport field: LogisTRANS. *Procedia-Social and Behavioral Sciences, 173C*, 293–299. http://doi.org/10.1016/j.sbspro.2015.02.068

Losey-León, M.-A. (2015b). Corpus-based contrastive analysis of keywords and collocations across sister-specialized subcorpora in the maritime transport field. *Procedia-Social and Behavioral Sciences, 198C*, 526–534. http://doi.org/10.1016/j.sbspro2015.07.475

Losey-León, M.-A. (2016a). Computerisation of phrase-to-phrase matching from a Standard Marine Communication Phrases corpus: A preliminary empirical study. En Gloria Corpas Pastor (Ed.) *Computerised and Corpus-based Approaches to Phraseology: Monolingual and Multilingual Perspectives* (pp. 48–58). Tradulex.

Losey-León, M.-A. (2016b). *Organización y representación término-ontológica del dominio de la seguridad de la navegación marítima (inglés-español)* [Tesis doctoral no publicada]. Universidad de Cádiz, Cádiz, España.

Losey-León, M.-A. (2018). Guidelines for the Design and Generation of Corpus-Based Terminology-Oriented Instructional Material. *Encuentro. Revista del Departamento de Filología Moderna, 27*, 173–188. https://erevistas.publicaciones.uah.es/ojs/index.php/encuentro/article/view/1903

Losey-León, M.-A. (2020). Las construcciones fraseológicas verbales argumentativas inglesas en las maniobras de remolque marítimo (VAC): Detección y representación de sus propiedades sintácticas y semánticas. *Pragmalingüística, 28*, 82–107. https://revistas.uca.es/index.php/pragma/article/view/6451/6819

Losey-León, M.-A. (2021). Estudio contrastivo de las colocaciones verbales en el ámbito marítimo en inglés y en español y representación fraseográfica con Oxygen XML Editor 22.1. En G. Corpas Pastor, M. R. Bautista Zambrana y C. M. Hidalgo-Ternero (Eds.), *Sistemas fraseológicos en contraste: Enfoques computacionales y de corpus* (pp. 143–161). Comares.

Lozano-Tello, A. (2002). *Métrica de idoneidad de ontologías.* [Tesis doctoral]. Servicio de Publicaciones. Universidad de Extremadura, España.

Maroto García, M. N. y Alcina Caudet, A. (2009). Formal Description of Conceptual Relationships with a View to Implementing them in the Ontology Editor Protégé. *Terminology, 15*(2), 240–265. http://doi.org/10.1075/term.15.2.04mar

Marshman, E. (2008). Expressions of uncertainty in candidate knowledge-rich contexts: A comparison in English and French specialized texts. *Terminology, 14*(1), 124–151.

McEnery, T. (2003). Corpus Linguistics. En R. Mitkov (Ed.), *The Oxford Handbook of Computational Linguistics* (pp. 448–463). Oxford University Press.

McEnery, T. y Wilson, A. (2001). *Corpus Linguistics*. Edinburgh University Press.

McEnery, T., Xiao, R. y Tono, Y. (2006). *Corpus-based Language Studies. An Advanced Resource Book*. Routledge.

McEnery, T. y Hardie, A. (2012). *Corpus Linguistics: Method, Theory and Practice*. Cambridge University Press.

McGuinness, D. y Van Harmelen, F. (2004). OWL web ontology language overview [en línea]. http://www.w3.org/TR/owl-features/

Melby, A., Lommel, A. y Morado Vázquez, L. (2014). Bitext. En S. Chan (Ed.) *Routledge Encyclopedia of Translation Technology* (pp. 409–424). Routledge.

Mel'čuk, I. (1995). The future of the lexicon in linguistic description and the explanatory combinatorial dictionary. En I. H. Lee (Ed.). *Linguistics in the Morning Calm*, 3 (Selected Papers from SICOL-1992) (pp. 181–270). Seoul.

Mel'čuk, I., Clas, A. y Polguère, A. (1995). *Introduction à la lexicologie explicative et combinatoire*. Duculot.

Meyer, C. F. (2002). *English Corpus Linguistics: An Introduction*. Cambridge University Press.

Meyer, I. (1993). Concept Management for Terminology: A Knowledge Engineering Approach. En R.A. Strehlow y S. E. Wright (Eds.), *Standardizing Terminology for Better Communication: Practice, Applied Theory, and Results. ASTM STP1166* (pp. 140–151). American Society for Testing and Materials.

Meyer, I. (2001). Extracting Knowledge-Rich Contexts for Terminography: a conceptual and methodological framework. En D. Bourigault, C. Jacquemin y M.-C. L'Homme (Eds.) *Recent Advances in Computational Terminology* (pp. 279–302). John Benjamins Publishing Company.

Meyer, I., Eck, K., y Skuce, D. (1997). Systematic Concept Analysis within a Knowledge-Based Approach to Terminology. En S. E. Wright y G. Budin (Eds.) *Handbook of Terminology Management*, vol. 1. (pp. 98–118). John Benjamins.

Meyer, I. y Mackintosh, K. (1996a). The Corpus from a Terminographer's Viewpoint. *International Journal of Corpus Linguistics, 1*(2), 257–285.

Meyer, I. y Mackintosh, K. (1996b). Refining the Terminographer's Concept-analysis Methods: How can phraseology help?. *Terminology, 3*(1), 1–26. https://doi.org/10.1075/term.3.1.02mey

Meyer, I., Skuce, D. y Bowker, L. (1992). Towards a New Generation of Terminological Resources. En C. Boitet (Coord.), *Proceedings of the 14th International Conference on Computational Linguistics COLING'92* (pp. 956–960). GETA (IMAG) & Association Champollion.

Mineiro, A., Doria, M., Antunes, M. y Correia, M. (2006). Hiponimia e meronimia num corpus da Náutica em português europeu. En M.T. Cabré, R. Estopà y C. Tebé (Eds.), *Actas del IX Simposio Iberoamericano de Terminología RITERM04. La Terminología en el siglo XXI* (pp. 361–380). IULA. Universitat Pompeu Fabra.

Ministerio de Fomento (2008). El salvamento marítimo en España. Ministerio de Fomento.

Mizoguchi, R., Vanwelkenhuysen, J. y Ikeda, M. (1995). Task Ontology for Reuse of Problem Solving Knowledge. En N.J.I. Mars (Ed.). *Towards Very Large Knowledge Bases* (pp. 46–59). IOS Press.

Mollá, D. y Vicedo, J. L. (2007). Question answering in restricted domains: An overview. *Computational Linguistics, 33*(1), 41–61.

Monroe, J. W. y Stewart, R. J. (2005). *Dictionary of Maritime and Transportation Terms.* Cornell Maritime Press.

Monterde Rey, A. M. (2003). Creación de un programa informático generador de sistemas de conceptos como apoyo a la enseñanza de la Terminología. En N. Gallardo San Salvador (Dir.), *Terminología y traducción: un bosquejo de su evolución* (pp. 91-106). Atrio.

Moreno Ortiz, A. (2000) Ontoterm$^{TM}$: un sistema abierto de representación conceptual. *Procesamiento del lenguaje natural, 26*, 1–2. http://journal.sepln.org/sepln/ojs/ojs/index.php/pln/article/viewFile/3460/1948

Moreno Ortiz, A. (2004). Representación de la información terminológica en OntoTerm: un sistema gestor de bases de datos terminológicas basado en el conocimiento. En P. Faber Benítez y C. Jiménez Hurtado (Coord.), *Investigar en terminología* (pp. 25–70). Comares.

Moreno Sandoval, A. (2009). Panorama actual de la ingeniería lingüística. En A. Alcina, E. Valero & E. Rambla (Eds.), *Terminología y sociedad del conocimiento* (pp. 102–115). Peter Lang.

Motta, D. F. da (1987). *Método relacional como nova abordagem para a construção de tesauros.* [Tesis doctoral]. Universidade Federal do Rio de Janeiro, Brasil. https://ridi.ibict.br/handle/123456789/730

Neches, R., Fikes, R. E., Finin, T., Gruber, T. R., Senator, T. y Swartout, W. R. (1991). Enabling technology for knowledge sharing. *AI Magazine, 12*(3), 36–56.

Noy, N. F. y McGuinness, D. L. (2001). *Ontology Development 101: A Guide to Creating your First Ontology* [online]. Standford Knowledge Systems Laboratory Technical Report KSL-01-05. https://protege.stanford.edu/publications/ontology_development/ontology101.pdf

Noy, N. F. y Musen, M. A. (2002). Evaluating Ontology-Mapping Tools: Requirements and Experience. En J. Angele y Y. Sure (Eds.). *EON2002, Proceedings of the OntoWeb-SIG3 Workshop at the 13th International Conference on Knowledge Engineering and Knowledge Management EKAW. CEUR Workshop Proceedings, 62* (1–14). CEUR-WS.org 2002. http://ceur-ws.org/Vol-62/EON2002_Noy.pdf

Nuopponen, A. (2006). A model for structuring concept systems of activity. En Y. Wang, Y. Wang y Y. Tian (Eds.), *Terminology, Standardization and Technology Transfer, Proceedings of rhte TSTT'06 Conference* (pp. 83–92). Encyclopedia of China Publishing House.

Nuopponen, A. (2014). Tangled Web of Concept Relations. Concept relations for ISO 1087-1 and ISO 704. En *Proceedings of the Terminology and Knowledge Engineering Conference 2014. KE 2014* (pp. 1–10). Junio, 2014, Berlín, Germany. https://hal.archives-ouvertes.fr/hal-01005882/

Nuopponen, A. (2018). Terminological Concept Sytems. En J. Humbley, G. Budin y C. Laurén (Eds.), *Languages for Special Purposes: an International Handbook* (pp. 453-468). De Gruyter Mouton.

Ortego Antón, M.T. (2011). La compilación de DiCoEnviro en español. En M.L. Carrió Pastor y M.A. Candel Mora (Eds.), *Actas del III Congreso internacional de lingüística de corpus. Las tecnologías de la información y las comunicaciones: Presente y futuro en el análisis de corpus* (pp. 291–299). Editorial Universitat Politècnica de València. http://olst.ling.umontreal.ca/pdf/Ortego2011.pdf

Papadopoulou, M. y Roche, C. 2017. Ontoterminology of Ancient Greek Garment. En *Actes de la conference TOTh 2017. Terminologie & Ontologie: Théories et Applications* (pp. 73–93). Université Savoie Mont Blanc. http://ontologia.fr/TOTh/Conference/TOTh2017/TOTh_2017.pdf

Pavel, S., y Nolet, D. (2002). *Handbook of terminology.* Minister of Public Works and Government Services.

Pearson, J. (1998). *Terms in Context.* John Benjamins Publishing.

Periñán Pascual, C. (2012). En defensa del procesamiento del lenguaje natural fundamentado en la lingüística teórica. *Onomázein, 26*, 13–48. http://www.fungramkb.com/resources/papers/022.pdf

Pimentel, J. (2012). JuriDiCO [software]. Observatoire de linguistique Sens-Texte (OLST). http://olst.ling.umontreal.ca/cgi-bin/juridico/search.cgi

Porter, M. (2001). The Porter Stemming Algorithm. https://tartarus.org/martin/PorterStemmer/index-old.html

Pozzi, M. (1999). The concept of 'concept' in terminology: a need for a new approach. En P. Sandrini (Ed.), *TKE'99 Terminology and Knowledge*

*Engineering Proceedings, Fifth Intenrational Congress on Terminology and Knowledge Engineering* (pp. 28–42). TermNet.

Ramis Ferrer, B., Mohammed, W. M., Ahmad, M., Iarovyi, S., Zhang, J., Harrison, R. y Martínez Lastra, J. L. (2021). Comparing ontologies and databases: a critical review of lifecycle engineering models in manufacturing. *Knowledge and Information Systems*, 63, 1271–1304. https://doi.org/10.1007/s10115-021-01558-4

Ramírez Polo, L. (2014). El trabajo colaborativo en Traducción y Terminología: situación actual y retos futuros. En C. Vargas Sierra (Ed.), *TIC, trabajo colaborativo e interacción en Terminología y Traducción* (p. 57–70). Comares.

Real Academia Española (2014). *Diccionario de la Lengua Española* (23.ª ed.). Espasa.

Real Academia Española (s.f.). Lingüística aplicada. En *Diccionario de la lengua Española*, 23.ª ed., [versión 23.5 en línea]. Recuperado el 13 de Agosto de 2021, de https://dle.rae.es/ling%C3%BC%C3%ADstico#GCaSKkG

Real Academia Española (s.f.). Conceptualizar. En *Diccionario de la lengua Española*, 23.ª ed., [version 23.5 en línea]. Recuperado el 13 de Agosto de 2021, de https://dle.rae.es/conceptualizar?m=form

Real Academia Española (s.f.). Terminología. En *Diccionario de la lengua Española*, 23.ª ed., [versión 23.5 en línea]. Recuperado el 28 de julio de 2021, de https://dle.rae.es/terminolog%C3%ADa?m=form

Real Academia Española (s.f.). Ontología. En *Diccionario de la lengua Española*, 23.ª ed., [versión 23.5 en línea]. Recuperado el 3 de enero de 2022, de https://dle.rae.es/ontolog%C3%ADa?m=form

Real Decreto 973/2009, de 12 de junio, por el que se regulan las titulaciones profesionales de la marina mercante. Boletín Oficial del Estado, 159, de 2 de julio de 2009. https://www.boe.es/eli/es/rd/2009/06/12/973

Resolución A.705(17) de 2019 [Organización Marítima Internacional] enmendada y adoptada el 14 de junio de 2019.

Rey, A. (1995). *Essays on Terminology.* John Benjamins.

Roche, C. (2005). Terminologie et ontologie. *Langages, 157,* 48–62. https://www.persee.fr/doc/lgge_0458-726x_2005_num_39_157_974

Roche, C. (2007). Le terme et le concept: fondements d'une ontoterminologie. En *Actes de la Premiére Conférence TOth Terminologie & Ontologie: Théories et Applications* (pp. 1–22). Institut Porphyre. Savoir et Connaissance. https://www.researchgate.net/publication/29642785_TOTh_2007_Terminologie_et_Ontologie_Theories_et_Applications_Annecy_1er_Juin_2007

Roche, C. (19–22 de junio de 2012). Should Terminology Principles Be Re-examined? En Aguado de Cea, G. et al. (Eds.). *Proceedings of the 10th*

*Terminology and Knowledge Engineering Conference (TKE 2012)*, pp. 17–32. Madrid, España.

Roche, C. (2020). *Specialized Dictionary.* http://christophe-roche.fr/projects/specialized-dictionary-2.

Roche, C., Calberg-Challot, M., Damas, L. y Rouard, P. (2009). Ontoterminology: a new paradigm for terminology. En J. L. G. Dietz (Ed.). *KEOD 2009. Proceedings of the International Conference on Knowledge Engineering and Ontology Development* (pp. 321–326). Madeira, Portugal. INSTICC Press. https://dblp.org/rec/conf/ic3k/RocheCDR09

Roche, C., Damas, L. y Roche, L. (2014). Multilingual Thesaurus: the Ontoterminology Approach. *International Committee for Documentation.* Septiembre, 2014, Dresden, Alemania. http://www.cidoc2014.de

Roche, C. y Papadopoulou, M. (2019). Mind the Gap: Ontology Authoring for Humanists. En A. Barton, S. Sepp y D. Porello (Eds.), *1st International Workshop for Digital Humanities and their Social Analysis (WODHSA). Proceedings of the Joint Ontology Workshops 2019.* (Medical University of Graz, Austria, 23–25 septiembre 2019). https://dblp.org/rec/conf/jowo/RocheP19

Rodrigo de Larrucea, J. (2015). *Seguridad marítima. Teoría general del riesgo.* Marge Books.

Rodríguez Reina, P. (2000). *El léxico náutico en los diccionarios bilingües italiano-español del siglo XX.* [Tesis doctoral]. Universidad de Málaga, Málaga, España.

Rondeau, G. (1983). *Introduction a la Terminologie.* Gaëtan Morin.

Ruiz de Mendoza Ibáñez, F. J. (2001). Lingüística cognitiva: semántica, pragmática y construcciones. *Círculo de lingüística aplicada a la comunicación, 8*, 1–20.

Ruiz de Mendoza Ibáñez, F. J. y Mairal, R. (2008). Levels of description and constraining factors in meaning construction: An introduction to the *Lexical Constructional Model. Folia Linguistica, 42*(3–4), 355–400.

Ruppenhofer, J., Ellsworth, M., Petruck, M., Johnson, C. y Scheffczyk, J. (2010). *FrameNet II: Extended Theory and Practice.* ICSI Technical Report. Recuperado el 12 de agosto de 2015 de https://framenet2.icsi.berkeley.edu/docs/r1.5/book.pdf

Ruppenhofer, J., Ellsworth, M., Petruck, M., Johnson, C. y Scheffczyk, J. (2016). *FrameNet II: extended theory and practice.* Recuperado el 27 de enero de 2017 de https://framenet.icsi.berkeley.edu/fndrupal/index.php?q=the_book

Sager, J. C. (1990). *A Practical Course in Terminology Processing.* John Benjamins Publishing Company.

Sager, J. C. y Kageura, K. (1995). Concept classes and conceptual structures: Their roles and necessity in terminology. *ALFA, 7*(8), 191–216.

Sager, J. C., Torruella Casañas, J. y Clavería Nadal, G. (1993). *Curso práctico sobre el procesamiento de la terminología*. Ediciones Pirámide.

Salgado, A., Costa, R., Tasovac, T. y Simões, A. (2019). TEI Lex-0 in Action: Improving the Encoding of the Dictionary of the *Academia das Ciências de Lisboa*. En I. Kosem, T., Zingano Kuhn, M. Correia, J. P. Ferreria, M. Jansen, I. Pereira, J. Kallas, M. Jakubíček, S. Krek y C. Tiberius (Eds.). *Electronic Lexicography in the 21st Century. Proceedings of the eLex2019 Conference* (pp. 417–433). Lexical Computing CZ s.r.o. https://elex.link/elex2019/wp-content/uploads/2019/09/eLex_2019_23.pdf

Saralegi, X., San Vicente, I. y López de Lacalle, M. (2008). Mining term extraction from domain restricted comparable corpora. *Procesamiento del lenguaje natural, 41*, 273–280. https://www.redalyc.org/pdf/5157/515751741031.pdf

Schmid, H. (1994). *TreeTagger. A language independent part-of-speech tagger.* https://www.cis.uni-muenchen.de/~schmid/tools/TreeTagger/

Schmid, H. (1995). *TreeTagger for Java*. https://reckart.github.io/tt4j/

Schober, D., Smith, B., Lewis, S. E., Kusnierczyk, W., Lomax, J., Mungall, C., Taylor, C. F., Rocca-Serra, P. y Sansone, S. A. (2009). Survey-based Naming Conventions for Use in OBO Foundry Ontology Development. *BMC Bionformatics, 10*, 125. https://www.ncbi.nlm.nih.gov/pmc/articles/PMC2684543/pdf/1471-2105-10-125.pdf

Scott, M. (2012). *Wordsmith Tools, version 6*. Lexical Analysis Software & Oxford University Press.

Seghiri, M. (2006). *Compilación de un corpus trilingüe de seguros turísticos (español-inglés-italiano).* [Tesis doctoral]. Servicio de Publicaciones. Universidad de Málaga, Málaga, España.

Simões, A. M. y Almeida, J. J. (2003). NATools-a statistical word aligner workbench. *Procesamiento del lenguaje natural, 31*, 217–224.

Simões, A. M. y Almeida, J. J. (2007). Parallel corpora based translation resources extraction. *Procesamiento del lenguaje natural, 39*, 265–272.

Sinclair, J. (1991). *Corpus, concordance and collocation.* Oxford University Press.

Sinclair, J. (2005). Corpus and Text-Basic Principles. En M. Wynne, (Ed.) *Developing Linguistic Corpora: a Guide to Good Practice* (pp. 1–16). Oxbow Books.

Sinclair, J. y Ball, J. (1996). EAGLES. Pre Preliminary Recommendations on Corpus Typology. *Eagles Document EAG-TCWG-CTYP/P.* http://www.ilc.cnr.it/EAGLES96/corpustyp/corpustyp.html

Soler, V. y Alcina, A. (2010). Patrones léxicos para la extracción de conceptos vinculados por la relación parte-todo en español. En A. Auger y C. Barrière (eds.), *Probing Semantic Relations: Exploration and Identification in Specialized Texts* (pp. 97–120). John Benjamins Publishing Company.

Staab, S., Studer, R., Schnurr, H. P. y Sure, Y. (2001). Knowledge Processes and Ontologies. *IEEE Intelligent Systems, 16*(1), 26–34. https://doi:10.1109/5254.912382

Stanford Center for Biomedical Informatics Research at the Stanford University School of Medicine (2016). *Protégé* v. 5.1. [software]. Stanford University.

Stellato, A., Fiorelli, M., Turbati, A., Lorenzetti, T., Gemert, W., Dechandon, D., Laaboudi-Spoiden, C., Gerencsér, A., Waniart, A., Costetchi, E. y Keizer, J. (2020). VocBench 3: A Collaborative Semantic Web Editor for Ontologies, Thesauri and Lexicons. *Semantic Web, 11*(5), 858–881. https://doi.org/10.3233/SW-200370

Stuart, D. (2016). *Practical Ontologies for Information Professionals.* Facet Publishing.

Studer, R., Benjamins, V. R. y Fensel, D. (1998). Knowledge engineering: principles and methods. *Data & knowledge engineering, 25*(1–2), 161–197.

Suárez-Figueroa, M. C. y Gómez-Pérez, A. (2009). NeOn Methodology for Building Ontology Networks: A Scenario-based Methodology. (pp. 160–167). Recuperado de https://research.uni-sofia.bg/bitstream/10506/672/1/S3T2009_24_AGomez-Perez_MCSuarez-Figueroa.pdf el 15 de enero de 2015

Suárez-Figueroa, M. C., Gómez-Pérez, A. y Fernández-López, M. (2012). The NeOn Methodology for Ontology Engineering. En M. C. Suárez-Figueroa et al. (Eds.), *Ontology Engineering in a Networked World* (pp. 9–34). Springer-Verlag.

Svartvik, J. (2007). Corpus Linguistics 25+years on. En R. Facchinetti (Ed.), *Corpus Linguistics 25 years on* (pp. 9–25). Brill.

Swales, J. M. (1990). *Genre analysis: English in academic and research settings.* Cambridge: Cambridge University Press.

Temmerman, R. (1998). Why traditional terminology theory impedes a realistic description of categories and terms in the life sciences. *Terminology, 5*(1), 77–92. https://doi.org/10.1075/term.5.1.07tem

Temmerman, R. (2000). *Towards New Ways of Terminology Description.* John Benjamins Publishing Company.

Temmerman, R. (2001). Sociocognitive Terminology Theory. En M. T. Cabré y J. Feliu (Eds.), *Terminología y Cognición*, (pp. 75–92). Universitat Pompeu Fabra.

Temmerman, R. & Kerremans, K. (2003). Termontography: Ontology building and the sociocognitive approach to terminology description. En E. Hajicová, A. Kotešovcová y J. Mirovský (Eds.), *Proceedings of CIL17* (pp. 1–10). Matfyzpress, MFF UK. https://www.academia.edu/851013/Termontography_Ontology_building_and_the_sociocognitive_approach_to_terminology_description

Temmerman, R. y Geentjens, S. (2010). Ontological support for multilingual domain-specific translation dictionaries. En M. Thelen y F. Steurs (Eds.), *Terminology in Everyday Life* (pp. 137–146). John Benjamins Publishing Company.

Tenorio Rebolledo, I. C. (2005). Las formas de composición nominal en español y sus denominaciones. *Lenguaje, 33,* 379–404.

Torruella, J. y Llisterri, J. (1999). Diseño de corpus textuales y orales. En J. M. Blecua, G. Clavería, C. Sánchez y J. Torruella (Eds.), *Filología e informática. Nuevas tecnologías en los estudios filológicos* (pp. 45–77). Editorial Milenio. https://gramatica.usc.es/~gamallo/aulas/lingcomputacional/biblio/LinguisticaDeCorpus.pdf

Tribble, C. (1997). Improvising corpora for ELT: Quick and dirty ways of developing corpora for language teaching. En B. Lewandowska-Tomaszczyk y J. Melia (Eds.), *PALC'97: Practical Applications in Language Corpora* (pp. 106-117). Lodz University Press.

UNE-ISO 1087-1 (2009) *Trabajos terminológicos. Vocabulario, parte 1: teoría y aplicación.* https://www.en.aenor.com/_layouts/15/r.aspx?c=N0042704

UNE-ISO 1087-2 (2009). *Trabajos terminológicos. Vocabulario. Parte 2: Aplicaciones informáticas.*

Uschold, M. (2015). Ontology and Database Schema: What's the difference? *Applied Ontology, 10*(3–4), 243–258. http://doi.org/10.3233/AO-150158

Uschold, M. y King, M. (1995). Towards a Methodology for Building Ontologies. En D. Skuce (Ed.), *IJCAI95 Workshop on Basic Ontological Issues in Knowledge Sharing* (pp. 1–10). The University of Edinburgh.

Uschold, M. y Gruninger, M. (1996). *Ontologies: Principles, Methods and Applications.* Edinburgh: The University of Edinburgh.

Van Heijst, G., Schreiber, A. Th., y Wielinga, B. J. (1997). Using explicit ontologies in KBS development. *International Journal of Human-computer Studies, 45,* 183–292.

Vargas Sierra, C. (2006): Diseño de un corpus especializado con fines terminográficos: el Corpus de la Piedra Natural. *Debate Terminológico, 2.* RITERM (Red Iberoamericana de Terminología). https://rua.ua.es/dspace/bitstream/10045/9426/1/chelo_vargas_sierra.pdf

Vargas Sierra, C. (Ed.) (2014). *TIC, trabajo colaborativo e interacción en Terminología y Traducción.* Comares.

Villayandre Llamazares, M. (2008). Lingüística con corpus (I). *E. H. Filología 30,* 329–349.

Villayandre Llamazares, M. (2010). *Aproximación a la lingüística computacional.* [Tesis doctoral], León, Universidad de León. http://buleria.unileon.es/xmlui/handle/10612/903.

Wei, T., Roche, C., Papadopoulou, M. y Jia, Y. (2020). An Ontology of Chinese Ceramic Vases. En D. Aveiro, J. Dietz y J. Filipe (Eds.) *Proceedings of the 12th International Joint Conference on Knowledge Discovery, Knowledge Engineering and Knowledge Management-KEOD* (pp. 53–63). http://doi.org/10.5220/0010110600530063

Weissenhofer, P. (1995). *Conceptology in Terminology Theory, Semantics and Word- Formation: A morpho-conceptually based approach to classification as exemplified by the English baseball terminology.* Termnet

Wielinga, B. J. y Schreiber, A. T. (1993). Reusable and shareable knowledge bases: A European perspective. En *Proceedings International Conference on Building and -sharing of Very Large-Scaled Knowledge Bases'93* (pp. 103–115). 1 a 4 de diciembre de 1993, Tokio, Japón. Japan Information Processing Development Center.

Wiens, V., Lohmann, S. y Auer, S. (2018). WebVOWL Editor: Device-Independent Visual Ontology Modeling. En M. Van Erp, M. Atre, V. López, K. Srinivas y C. Fortuna (Eds.). *Proceedings of the ISWC 2018 Posters & Demonstrations, Industry and Blue Sky Ideas Tracks. CEUR Workshop Proceedings, vol. 2189.* CEUR. http://ceur-ws.org/Vol-2180/paper-75.pdf

Wüster, E. (1968). *The Machine Tool: An Interlingual Dictionary of Basic Concepts.* Technical Press.

Wüster, E. (1974). Die Allgemeine Terminologielehre. Ein Grenzgebiet Zwischen Sprachwissenschaft, Logik, Ontologie, Informatik und den Sach wiessenchaftten. *Linguistics. An Interdisciplinary Journal of the Language Sciences, 12*(119), 61–106.

Wüster, E. (1979/1998). *Introducción a la teoría general de la terminología y a la lexicografía terminológica. (Título original: Einfürung in die allgemeine Terminolgielechre und Terminologische Lexikographie).* IULA. Universitat Pompeu Fabra.

Yanina Vivas, L. (2012). *Procesamiento de relaciones conceptuales en pacientes con lesiones neurológicas focales.* Ediciones Universidad de Salamanca.

Zamora Roselló, M. R. (2009). *Régimen jurídico de la seguridad marítima.* Netbiblo.

Zeng, M. L. y Chan, L. M. (2004). Trends and issues in establishing interoperability among knowledge organization systems. *Journal of the American Society for Information Science and Technology, 55*(5), 377–395. http://doi.org/10.1002/asi.10387

Zeng, M. L. (2008). Knowledge Organization Systems. *Knowledge Organization, 35*(2–3), 160–182.

Zilberberg, L.-J. (2010). *Dictionary of Trade and Technical Terms of International Shipping (English-French-Spanish).* Universe.

Zubiría Samper, M. (1998). *Pedagogías del siglo XXI: Mentefactos I.* Fundación Alberto Merani.

Zweigenbaum, P. y Grabar, N. (2003). Corpus-based associations provide morphological variants to medical terminologies. *AMIA 2003 Annual Symposium Proceedings* (pp. 768–772). https://www.ncbi.nlm.nih.gov/pmc/articles/PMC1480343/pdf/amia2003_0768.pdf

**Studien zur romanischen Sprachwissenschaft und interkulturellen Kommunikation**

Herausgegeben von Gerd Wotjak, José Juan Batista Rodríguez und Dolores García-Padrón

Die vollständige Liste der in der Reihe erschienenen Bände finden Sie auf unserer Website https://www.peterlang.com/view/serial/SRSIK

Band 110 Joaquín García Palacios / Goedele De Sterck / Daniel Linder / Nava Maroto / Miguel Sánchez Ibáñez / Jesús Torres del Rey (eds): La neología en las lenguas románicas. Recursos, estrategias y nuevas orientaciones. 2016.

Band 111 André Horak: Le langage fleuri. Histoire et analyse linguistique de l'euphémisme. 2017.

Band 112 María José Domínguez Vázquez / Ulrich Engel / Gemma Paredes Suárez: Neue Wege zur Verbvalenz I. Theoretische und methodologische Grundlagen. 2017.

Band 113 María José Domínguez Vázquez / Ulrich Engel / Gemma Paredes Suárez: Neue Wege zur Verbvalenz II. Deutsch-spanisches Valenzlexikon. 2017.

Band 114 Ana Díaz Galán / Marcial Morera (eds.): Estudios en Memoria de Franz Bopp y Ferdinand de Saussure. 2017.

Band 115 Mª José Domínguez Vázquez / Mª Teresa Sanmarco Bande (ed.): Lexicografía y didáctica. Diccionarios y otros recursos lexicográficos en el aula. 2017.

Band 116 Joan Torruella Casañas: Lingüística de corpus: génesis y bases metodológicas de los corpus (históricos) para la investigación en lingüística. 2017.

Band 117 Pedro Pablo Devís Márquez: Comparativas de desigualdad con la preposición de en español. Comparación y pseudocomparación. 2017.

Band 118 María Cecilia Ainciburu (ed.): La adquisición del sistema verbal del español. Datos empíricos del proceso de aprendizaje del español como lengua extranjera. 2017.

Band 119 Cristina Villalba Ibáñez: Actividades de imagen, atenuación e impersonalidad. Un estudio a partir de juicios orales españoles. 2017.

Band 120 Josefa Dorta (ed.): La entonación declarativa e interrogativa en cinco zonas fronterizas del español. Canarias, Cuba, Venezuela, Colombia y San Antonio de Texas. 2017.

Band 121 Celayeta, Nekane / Olza, Inés / Pérez-Salazar, Carmela (eds.): Semántica, léxico y fraseología. 2018.

Band 122 Alberto Domínguez Martínez: Morfología. Procesos Psicológicos y Evaluación. 2018.

Band 123 Lobato Patricio, Julia / Granados Navarro, Adrián: La traducción jurada de certificados de registro civil. Manual para el Traductor-Intérprete Jurado. 2018.

Band 124 Hernández Socas, Elia / Batista Rodríguez, José Juan / Sinner, Carsten (eds.): Clases y categorías lingüísticas en contraste. Español y otras lenguas. 2018.

Band 125 Miguel Ángel García Peinado / Ignacio Ahumada Lara (eds.): Traducción literaria y discursos traductológicos especializados. 2018.

Band 126 Emma García Sanz: El aspecto verbal en el aula de español como lengua extranjera. Hacia una didáctica de las perífrasis verbales. 2018.

Band 127 Miriam Seghiri. La linguística de corpus aplicada al desarrollo de la competencia tecnológica en los estudios de traducción e interpretación y la enseñanza de segundas lenguas. 2020.

Band 128 Pino Valero Cuadra / Analía Cuadrado Rey / Paola Carrión González (eds.): Nuevas tendencias en traducción: Fraseología, Interpretación, TAV y sus didácticas. 2018.

Band 129 María Jesús Barros García: Cortesía valorizadora. Uso en la conversación informal española. 2018.

Band 130 Alexandra Marti / Montserrat Planelles Iváñez / Elena Sandakova (éds.): Langues, cultures et gastronomie : communication interculturelle et contrastes / Lenguas, culturas y gastronomía: comunicación intercultural y contrastes. 2018.

Band 131 Santiago Del Rey Quesada / Florencio del Barrio de la Rosa / Jaime González Gómez (eds.): Lenguas en contacto, ayer y hoy: Traducción y variación desde una perspectiva filológica. 2018.

Band 132 José Juan Batista Rodríguez / Carsten Sinner / Gerd Wotjak (Hrsg.): La Escuela traductológica de Leipzig. Continuación y recepción. 2019.

Band 133 Carlos Alberto Crida Álvarez / Arianna Alessandro (eds.): Innovación en fraseodidáctica. tendencias, enfoques y perspectivas. 2019.

Band 134 Eleni Leontaridi: Plurifuncionalidad modotemporal en español y griego moderno. 2019.

Band 135 Ana Díaz-Galán / Marcial Morera (eds.): Nuevos estudios de lingüística moderna. 2019.

Band 136 Jorge Soto Almela: La traducción de la cultura en el sector turístico. Una cuestión de aceptabilidad. 2019.

Band 137 Xoán Montero Domínguez (ed.): Intérpretes de cine. Análisis del papel mediador en la ficción audiovisual. 2019.

Band 138 María Teresa Ortego Antón: La terminología del sector agroalimentario (español-inglés) en los estudios contrastivos y de traducción especializada basados en corpus: los embutidos. 2019.

Band 139 Sara Quintero Ramírez: Lenguaje creativo en el discurso periodístico deportivo. Estudio contrastivo en español, francés e inglés. 2019.

Band 140 Laura Parrilla Gómez: La interpretación en el contexto sanitario: aspectos metodológicos y análisis de interacción del intérprete con el usuario. 2019.

Band 141 Yeray González Plasencia: Comunicación intercultural en la enseñanza de lenguas extranjeras. 2019.

Band 142 José Yuste Frías / Xoán Manuel Garrido Vilariño (Hrsg.): Traducción y Paratraducción. Líneas de investigación. 2020.

Band 143 María del Mar Sánchez Ramos: Documentación digital y léxico en la traducción e interpretación en los servicios públicos (TISP): fundamentos teóricos y prácticos. 2020.

Band 144 Florentina Mena Martínez / Carola Strohschen: Teaching and Learning Phraseology in the XXI Century. Phraseologie Lehren und Lernen im 21. Jahrhundert. Challenges for Phraseodidactics and Phraseotranslation . Herausforderungen für Phraseodidaktik und Phraseoübersetzung. 2020.

Band 145 Yuko Morimoto / Rafael García Pérez: De la oración al discurso: estudios en español y estudios contrastivos. 2020.

Band 146 Miguel Ibáñez Rodríguez: ENOTRADULENGUA. Vino, lengua y traducción. 2020.

Band 147 Miguel Ángel García Peinado / José Manuel González Calvo: Estudios de literatura y traducción. 2020.

Band 148 Fernando López García: La involuntariedad en español. 2020.

Band 149 Julián Sancha Vázquez: La injerencia del sexo en el lenguaje. Dos siglos de historia del género gramatical en español. 2020.

Band 150 Joseph García Rodríguez: La fraseología del español y el catalán. Semántica cognitiva, simbolismo y contrastividad. 2020.

Band 151 Melania Cabezas-García: Los términos compuestos desde la Terminología y la Traducción. 2020.

Band 152 Inmaculada Clotilde Santos Díaz: El léxico bilingüe del futuro profesorado. Análisis y pautas para estudios de disponibilidad léxica. 2020.

Band 153 Alfonso Corbacho Nuevas reflexiones sobre la fraseología del insulto. 2020.

Band 154 Míriam Buendía Castro: Verb Collocations in Dictionaries and Corpus: an Integrated Approach for Translation Purposes. 2020.

Band 155 Guiomar Topf Monge: Traducir el género. Aproximación feminista a las traducciones españolas de obras de Annemarie Schwarzenbach.2020.

Band 156 Miriam Seghiri / Lorena Arce-Romeral: La traducción de contratos de compraventa inmobiliaria: un estudio basado en corpus aplicado a España e Irlanda. 2021.

Band 157 Emmanuel Bourgoin Vergondy / Ramón Méndez González (eds.): Traducción y paratra ducción.Líneas de investigación II. 2021.

Band 158 Clara Inés López Rodríguez / Beatriz Sánchez Cárdenas: Theory and Digital Resources for the English-Spanish Medical Translation Industry. 2021.

Band 159 Alicia Mariscal: Categorización de los errores ortográficos en zonas de contacto lingüístico entre inglés y español. 2021.

Band 160 Esther Linares Bernabéu: Gender and Identity in Humorous Discourse Genero e identidad en el discurso humorístico. 2021.

Band 161 Matteo De Beni / Dunia Hourani Martín (eds.): Corpus y estudio diacrónico del discurso especializado en español. 2021.

Band 162 María Clara von Essen: Identidad y contacto de variedades. La acomodación lingüística de los inmigrantes rioplatenses en Málaga. 2021.

Band 163 Juana Luisa Herrera Santana/Ana Díaz-Galán: Aportaciones al estudio de las lenguas. Perspectivas teóricas y aplicadas. 2021.

Band 164 Juan M. Carrasco González: Dialectología fronteriza de Extremadura. Descripción e historia de las variedades lingüísticas en la frontera extremeña. 2021.

Band 165 Álvaro Molina García: Fundamentos acústico-perceptivos de la escisión prestigiosa de /θ/. Estudio sociofonético en Málaga. 2021.

Band 166 Pau Bertomeu Pi: Peticiones en alemán y español. Un estudio contrastivo a partir de "Gran Hermano". 2022.

Band 167 Teresa Ortego Antón: La investigación en tecnologías de la traducción. Parámetros de la digitalización presente y la posible incidencia en el perfil de los futuros profesionales de la comunicación interlingüística. 2022.

Band 168 Jaime Sánchez Carnicer: Traducción y discapacidad. Un estudio comparado de la terminología inglés-español en la prensa escrita. 2022.

Band 169 Jaime Sánchez Carnicer: Traducción y discapacidad. Un estudio comparado de la terminología inglés-español en la prensa escrita. 2022.

Band 170 Patricia Buján Otero / Lara Domínguez Araújo (eds.): Traducción & Paratraducción III (working title). 2022.

Band 171 Juan Cuartero Otal / Montserrat Martínez Vázquez / Regina Gutiérrez Pérez / Juan Pablo Larreta Zulategui (eds.): La interfaz Léxico-Gramática. Contrastes entre el español y las lenguas germánicas. 2022.

Band 172 Miguel Ibáñez Rodríguez: Enotradulengua. Géneros y tipos textuales en el sector del vino. 2022.

Band 173 Sara Quintero Ramírez: Estudio pragmático-textual de marcadores discursivos en crónicas audiovisuales de eventos deportivos. 2022.

Band 174 Yeray González Plasencia / Itziar Molina Sangüesa (eds.): Enfoques actuales en investigación filológica. 2022.

Band 175 Irma Mora Aguiar: De Numidia a Canarias: el viaje de la escritura líbico-bereber. 2022.

Band 176 Ferreiro-Vázquez, Óscar [ed.]: Avances en las realidades traductológicas: tecnología, ocio y sociedad a través del texto y del paratexto. 2022.

Band 177 Félix Rodríguez González (ed.): Enciclopedia del anglicismo VOL I Anglicismos en el español contemporáneo. Una visión panorámica. 2022.

Band 178 Enciclopedia del anglicismo VOL I Anglicismos en el español contemporáneo. Una visión panorámica. 2022.

Band 179 Alicia Mariscal: Bilingüismo y contacto lingüístico en la comunidad de Gibraltar a partir del análisis contrastivo y de errores. 2022.

Band 180 María Araceli Losey León / Gloria Corpas Pastor: La terminología del dominio de la seguridad de la navegación marítima en inglés y en español: formalización ontológica a partir de recursos digitales y corpus especializados. 2023.

www.peterlang.com

www.ingramcontent.com/pod-product-compliance
Ingram Content Group UK Ltd.
Pitfield, Milton Keynes, MK11 3LW, UK
UKHW021821290926
8980IPUK00004B/186

9 783631 874295